Karl Lenz, Martin Rudolph, Ursel Sickendiek (Hrsg.)
Die alternde Gesellschaft

Dresdner Studien zur Erziehungswissenschaft und Sozialforschung

Herausgegeben von der
Fakultät Erziehungswissenschaften
der Technischen Universität Dresden

Karl Lenz, Martin Rudolph, Ursel Sickendiek (Hrsg.)

Die alternde Gesellschaft

Problemfelder gesellschaftlichen Umgangs mit Altern und Alter

Juventa Verlag Weinheim und München 1999

Die Deutsche Bibliothek - CIP-Einheitsaufnahme

Die alternde Gesellschaft : Problemfelder gesellschaftlichen Umgangs mit Altern und Alter / Karl Lenz ... (Hrsg.). - Weinheim; München : Juventa Verlag, 1999
(Dresdner Studien zur Erziehungswissenschaft und Sozialforschung)
ISBN 3-7799-1306-2

Umschlaggestaltung: Atelier Warminski, 63654 Büdingen
Printed in Germany

ISBN 3-7799-1306-2

Inhalt

Karl Lenz, Martin Rudolph und Ursel Sickendiek

Alter und Altern aus sozialgerontologischer Sicht

Für die Wissenschaft vom Alter(n) hat sich eine eigene Bezeichnung etabliert; sie wird als Gerontologie bezeichnet (vgl. Reimann/Reimann 1994; Baltes/Baltes 1994). Die Bezeichnung leitet sich vom griechischen Wort „geron“, der Greis, ab. Die Gerontologie hat den Anspruch, Alter und Altern unter medizinischen, psychologischen, soziologischen, pädagogischen, historischen, wirtschaftswissenschaftlichen und anderen Fragestellungen zu erforschen. Diese Aufzählung macht schon deutlich, daß die Gerontologie interdisziplinär angelegt ist. In Abgrenzung von einer durch die Medizin bestimmte und damit durch eine naturwissenschaftlich-experimentelle Sichtweise dominierte Gerontologie, wird die Ausrichtung an sozialwissenschaftlichen Fragestellungen als Sozialgerontologie bezeichnet.

Aus der sozialgerontologischen Perspektive wird im folgenden eine Einführung in zentrale Problemfelder des gesellschaftlichen Umgangs mit Alter und Altern gegeben. Ausgehend von demographischen Befunden zur alternden Gesellschaft wird das Alter im zweiten Abschnitt zunächst als soziokulturelles Konstrukt dargestellt. Der dritte Abschnitt beschäftigt sich mit theoretischen Modellen der Sozialgerontologie. Lebenslagen alter Menschen in der Gegenwart werden dann im Hinblick auf die materiellen Ressourcen, Wohnverhältnisse und auf das Altern von Migrant/innen betrachtet. Abschließend stehen mit der Zukunft der Alterssicherung, der Pflege- und Hilfebedürftigkeit und den Generationenverhältnissen und -beziehungen ausgewählte Folgeprobleme im Mittelpunkt.

1. Alternde Gesellschaft - demographische Befunde

1.1 Indikatoren des Alterungsprozesses

Die deutsche Gegenwartsgesellschaft ist - wie auch die der Nachbarstaaten - eine alternde Gesellschaft. Der Prozeß des demographischen Alterns ist seit vielen Jahrzehnten angelegt und wird sich in dieser - und auch in anderen Gesellschaften - in der Zukunft fortsetzen. Mit dem Befund der alternden Gesellschaft wird zum Ausdruck gebracht, daß die Bevölkerung immer mehr alte

Menschen umfaßt und dadurch das Durchschnittsalter der Gesamtbevölkerung ansteigt (zu den Maßen für die demographische Alterung vgl. Dinkel 1994).

Es ist weithin gebräuchlich, wenngleich nicht unproblematisch, den Alterungsprozeß anhand des Anteils der über 60jährigen in einer Gesellschaft anschaulich zu machen. In der Abbildung 1 ist dieser Anteil, getrennt für Frauen und Männer, für die Wohnbevölkerung in Deutschland für den Zeitraum von 1900 bis 1995 ausgewiesen.

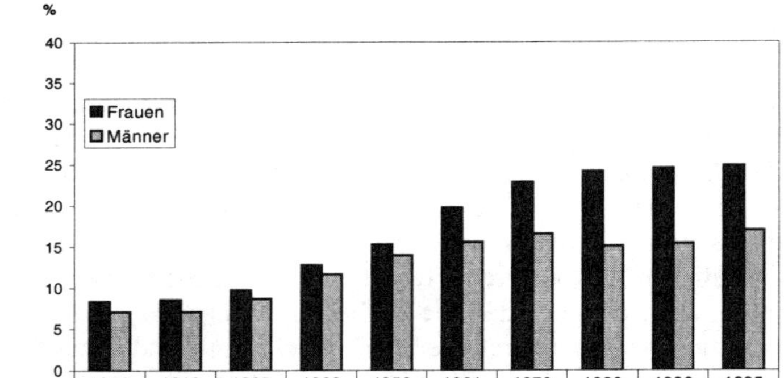

	1900	1910	1925	1939	1950	1961	1970	1980	1990	1995
Frauen	8,4	8,6	9,8	12,8	15,3	19,8	22,9	24,2	24,6	24,9
Männer	7,1	7,1	8,7	11,7	14	15,6	16,6	15,1	15,4	17

Abb. 1: Anteil der Bevölkerung ab dem 60. Lebensjahr in Deutschland von 1900 bis 1995 in % (Quelle: Höhn/Roloff et al. 1994: 6 und Statistisches Bundesamt, eigene Darstellung)

Der Anteil der über 60jährigen Frauen ist im Laufe des 20. Jahrhunderts von 8,4% auf 24,9% angestiegen und hat sich damit fast verdreifacht! Auch bei den Männern ist ein starker Anstieg, wenn auch nicht so ausgeprägt, von 7,1% auf 17,0% zu verzeichnen. Schon diese Zahlen machen deutlich, daß die demographische Alterung überproportional von den Frauen getragen wird; eine Entwicklungstendenz, die in der Fachliteratur als „Feminisierung des Alters" (vgl. Tews 1993) bezeichnet wird.

Dieser Alterungsprozeß wird - wie Bevölkerungsprognosen zeigen - in der weiteren Zukunft andauern. Nach der 8. koordinierten Bevölkerungsvoraussage des Statistischen Bundesamtes wird der Anteil der 60jährigen und älteren Frauen an der weiblichen Gesamtbevölkerung bis zum Jahre 2040 auf ca. 38%, der der Männer an der männlichen Gesamtbevölkerung auf knapp 32% ansteigen (vgl. Abb. 2). Es wird also weiterhin mehr alte Frauen als Männer geben, jedoch verkleinert sich der Abstand. Waren 1990 knapp 63% der Menschen im Alter ab 60 Jahren Frauen, werden es 2040 noch rund 55% sein. Dieser starke Anteil der Frauen ist neben der längeren Lebenserwartung der Frauen, die fortbestehen wird, durch die großen Verluste bei den Männern in den beiden Weltkriegen bedingt. Da aber diese Kriegsjahrgänge in der Zukunft nach und nach aussterben werden, verschwindet die kriegsbedingte ungleiche Besetzung der Altersjahrgänge zunehmend.

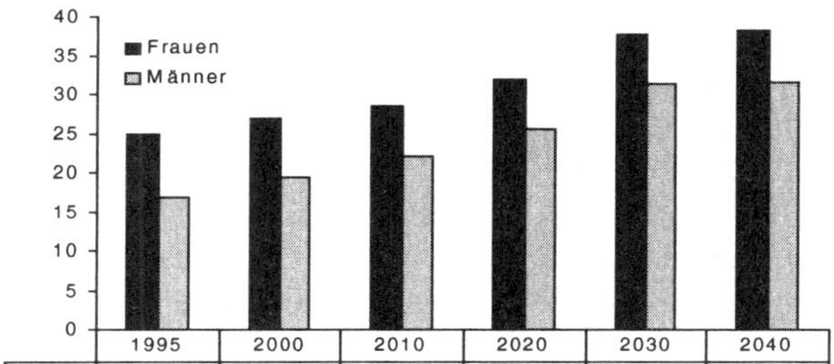

	1995	2000	2010	2020	2030	2040
Frauen	24,9	26,9	28,5	32,0	37,8	38,3
Männer	17,0	19,5	22,1	25,7	31,5	31,7

Abb. 2: Anteil der Bevölkerung ab dem 60. Lebensjahr in Deutschland in der Zukunft in % (Quelle: Statistisches Bundesamt, eigene Darstellung)

Unter Außerachtlassung der Geschlechteranteile kann der bereits vollzogene und sich weiter vollziehende Alterungsprozeß der deutschen Gesellschaft für den Zeitraum von 1900 bis 2040 anhand der folgenden Eckwerte veranschaulicht werden:

- 1900 war jeder bzw. jede zwölfte 60 Jahre und älter,
- 1990 war es dann bereits jeder bzw. jede fünfte und
- 2040 wird es jeder bzw. jede dritte sein.

Neben dem Anstieg des Anteils alter Menschen in der Bevölkerung kann mit dem Alterungsprozeß auf ein weiteres Phänomen verwiesen werden, das damit in einer engen Verbindung steht, aber bislang noch unsichtbar geblieben ist: Es gibt nicht nur mehr alte Menschen, sondern die alten Menschen werden auch immer älter. Zunehmend mehr Menschen werden 80 Jahre und älter. Die Enquête-Kommission „Demographischer Wandel“ des Bundestages verwendet für diese Altersgruppe den Begriff der „Hochaltrigen“ (vgl. Enquête-Kommission 1994). Diese Gruppe der betagten Menschen umfaßte 1871 0,4% der Gesamtbevölkerung. 1950 waren es dann 1%; bis 1995 ist ihr Anteil auf knapp 4% angestiegen. Für das Jahre 2040 rechnet man damit, daß dann 8,4% der Bevölkerung 80 Jahre und älter sein werden, bei den Frauen sogar fast 11% (Männer: 6,4%) (vgl. Grünheid 1998). Dieser Trend zum hohen Alter läßt sich auch mit der Anzahl der Personen veranschaulichen, deren Leben ein ganzes Jahrhundert umspannt. Zu Beginn des 20. Jahrhunderts lebten im Deutschen Reich nicht einmal 10 Personen, die ihren 100. Geburtstag feiern konnten. Vor Beginn des 2. Weltkrieges waren es dann knapp 20 Menschen. Anfangs der 90er Jahre sind es bereits mehr als 3.200 und bis zum Jahr 2000 wird ihre Zahl auf 13.000 anwachsen (vgl. Prahl/Schroeter 1996; Olbermann/Reichert 1993).

1.2 Ursachen des demographischen Alterungsprozesses

Wo liegen die Ursachen des demographischen Alterungsprozesses? Es sind drei Faktoren, die den demographischen Alterungsprozeß positiv oder negativ beeinflussen können: (1) die Fertilität, (2) die Mortalität und (3) die Migration (vgl. Höpflinger 1998; Dinkel 1994). Bei dauerhaft konstanten Geburten-, Sterblichkeits- und Wanderungsniveaus wäre die Altersstruktur der Population konstant; Veränderungen finden ihren Niederschlag in der Alterszusammensetzung.

(1) Variationen in der Fertilität stellen den wichtigsten Einflußfaktor der Altersstruktur dar. Während durch steigende Geburtenzahlen das Durchschnittsalter einer Bevölkerung sinkt, trägt eine rückläufige Geburtenhäufigkeit zu ihrer Erhöhung bei, also zum demographischen Altern. Der Alterungsprozeß der deutschen Gesellschaft resultiert aus dem säkularen Geburtenrückgang, der bereits im letzten Viertel des 19. Jahrhunderts einsetzte (vgl. Höhn/Roloff et al. 1994). Mittlerweile ist es - in Ablösung der (rohen) Geburtenrate - üblich geworden, als Maßzahl für die Geburtenentwicklung die zusammengesetzte Geburtenrate (engl.: Total Fertility Rate, kurz: TFR) zu verwenden, die die unter den gegebenen Fertilitätsbedingungen zu erwartende Anzahl der Lebendgeborenen je Frau angibt. Dieser Maßzahl liegt eine Momentaufnahme zugrunde; sie unterstellt, daß die in einem Kalenderjahr bestehenden Fertilitätsbedingungen über die gesamte reproduktive Lebensphase einer Frau unverändert andauern. Diese Querschnittsdaten dürfen nicht mit kohortenspezifischen Daten verwechselt werden, die für einen Geburtenjahrgang die tatsächlich geborenen Kinder angeben (vgl. Abb. 4). Kohortenspezifische Geburtendaten hinken der Gegenwart immer hinterher. Sie setzen voraus, daß die Gebärphase bereits abgeschlossen ist. Für jüngere Kohorten kann man sich zwar mit Schätzungen behelfen; vorausgesetzt ist allerdings immer, daß ein gewisser Teil der Geburten eines Geburtenjahrganges bereits realisiert ist.

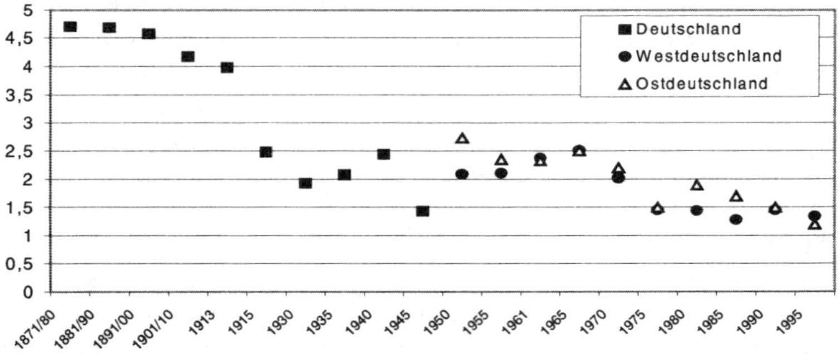

	1871/ 80	*1881/ 90*	*1891/ 00*	*1901/ 10*	*1913*	*1915*	*1930*	*1935*	*1940*	*1945*
Deutschland	4,7	4,68	4,57	4,17	3,98	2,48	1,93	2,08	2,44	1,43
	1950	*1955*	*1961*	*1965*	*1970*	*1975*	*1980*	*1985*	*1990*	*1995*
Westdeutschland	2,09	2,11	2,37	2,51	2,02	1,45	1,44	1,28	1,45	1,34
Ostdeutschland	2,73	2,35	2,33	2,5	2,2	1,5	1,9	1,7	1,5	1,2

* Daten ab 1950 in ostdeutsche und westdeutsche Frauen getrennt

Abb. 3: Kinder je Frau im jeweiligen Kalenderjahr: Total Fertility Rate TFR (Quelle: Schwarz 1997: 20, Grünheid/Mammey 1997: 404, eigene Darstellung*)

Ende des 19. Jahrhunderts lag die zusammengesetzte Geburtenrate (TFR, vgl. Abb. 3) noch auf dem Niveau von etwa fünf Kindern. Die Abbildung 3 zeigt, daß sich in diesem Zeitraum ein massiver Absturz der Geburtenzahlen ereignete, mit einem ersten Tiefpunkt nach dem ersten Weltkrieg. Anschließend weist die zusammengesetzte Geburtenrate bis Mitte der 60 Jahre starke Schwankungen auf, um dann - ausgehend von einem im Vergleich zum 19. Jahrhundert deutlich niedrigeren Niveau - erneut abzunehmen. Im Vergleich der beiden deutschen Staaten zeigt sich von 1955 bis 1975 eine nahezu völlig identische Entwicklung der Geburtenrate. Anders als die BRD konnte die DDR durch eine pronatalistische Bevölkerungspolitik Mitte der 70er Jahre einen Anstieg der Geburten erreichen, der allerdings nur von kurzer Dauer war. Bereits mit Beginn der 80er Jahre nimmt die Geburtenrate wieder ab und nähert sich den westdeutschen Vergleichswerten an. Der politische und wirtschaftliche Umbruch in Ostdeutschland markiert einen massiven Einschnitt in der Geburtenentwicklung. Der Tiefpunkt wurde in den Jahren 1993 und 1994 mit 0,77 Geburten pro Frau erreicht. Seither steigt die zusammengefaßte Geburtenrate wieder an, ist aber weiterhin mit einem Wert von 0,93 im Jahr 1996 deutlich niedriger als in Westdeutschland (1996: 1,39) (vgl. Grünheid/Mammey 1997). In Westdeutschland erreichte die zusammengefaßte Geburtenrate 1985 mit 1,28 Kindern pro Frau den bislang niedrigsten Stand.

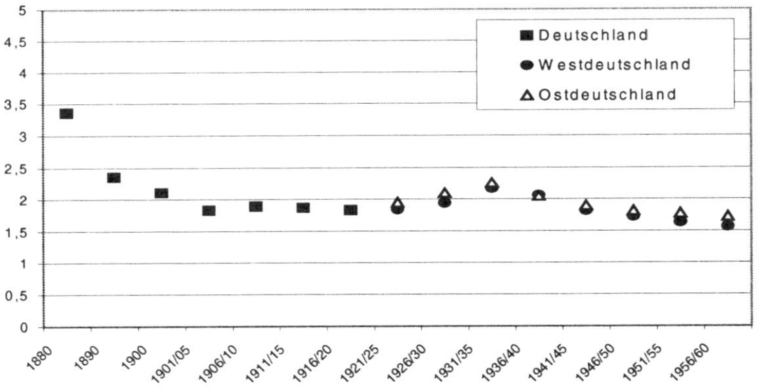

	1880	*1890*	*1900*	*1901/05*	*1906/10*	*1911/15*	*1916/20*	
Deutschland	3,36	2,36	2,11	1,83	1,89	1,87	1,83	
	1921/25	*1926/30*	*1931/35*	*1936/40*	*1941/45*	*1946/50*	*1951/55*	*1956/60*
Westdeutschland	1,84	1,94	2,17	2,06	1,82	1,73	1,64	1,57
Ostdeutschland	1,95	2,1	2,26	2,05	1,9	1,82	1,78	1,73

Abb. 4: Kinder je Frau des jeweiligen Geburtsjahrgangs: Cumulated Fertility Rate CFR* (Quelle: Schwarz 1997: 21, Dobritz 1992: 177, eigene Berechnungen; Erhebungen für die ostdeutschen Frauen reichen nur bis 1958, für die westdeutschen bis 1960)

Bis 1970 in Westdeutschland und bis 1972 in der DDR reichten die Geburtenwerte aus, um den einfachen Generationenersatz zu gewährleisten. Ab diesem Zeitpunkt waren die jährlichen Geburten hierfür zu gering. Auch der vorübergehende Anstieg der Geburten in der DDR ab Mitte der 70er Jahre reichte nicht aus, das erforderliche Reproduktionsniveau wieder zu erreichen.

Von Anfang an wird der Geburtenrückgang von einer breiten Diskussion über seine Ursachen begleitet. Die verschiedenen Facetten und Etappen dieser Diskussion können hier nicht nachgezeichnet werden; in einer Gesamtschau kann festgehalten werden, daß die Ursachen für den langfristigen Geburtenrückgang vor allem in den veränderten sozio-ökonomischen Rahmenbedingungen gesehen werden, die über innerfamiliale Kosten-Nutzen-Kalküle zu einer Verminderung des familialen Stellenwerts von Kindern führten. Für die langfristige Tendenz zu weniger Kindern sind nach Hans Linde (1984) vor allem drei historisch aufeinanderfolgende Entwicklungen von zentraler Bedeutung: (1) die Ausgliederung der Produktion und Erwerbstätigkeit aus dem Familienhaushalt, (2) der Ausbau sozialer Sicherungssysteme, der eine Entkoppelung der persönlichen Versorgung und Altersvorsorge von der Eigenfamilie bewirkte sowie (3) die mit der industriellen Massenproduktion einhergehende Verstärkung individueller Konsumoptionen. Das Zusammenspiel dieser komplexen Entwicklungen bewirkte, daß die Kinder für die Eltern immer stärker einen instrumentellen Wert verloren und vorrangig zu einem emotionalen Gut wurden, das unauflösbar in Konkurrenz zu anderen Handlungsoptionen steht. Für die besondere emotionale Erfahrung der Generationenbeziehung reichen ein Kind oder zwei Kinder völlig aus, die Konkurrenzsituation zwischen verschiedenen Optionen der Lebensgestaltung macht sogar einen völligen Verzicht auf Kinder möglich.

(2) Neben der Fertilität hat auch die Mortalität einen nachhaltigen Einfluß auf den demographischen Alterungsprozeß. Von Mortalitätsvariationen können unterschiedliche Effekte ausgehen (vgl. Dinkel 1994): Ereignet sich die Mortalitätsreduktion vor allem in den jüngeren Altersgruppen, so trägt dies zu einer Verjüngung der Bevölkerung bei. Veränderungen der Sterblichkeitsbedingungen tragen dann zu einem Alterungsprozeß bei, wenn die Lebenserwartung älterer Menschen stärker ansteigt als die der jüngeren Altersgruppen. In den entwickelten Ländern findet man inzwischen eine sehr niedrige Säuglings- und Kindersterblichkeit. Die potentiellen Mortalitätsfortschritte in den jungen Lebensjahren sind hier zum größten Teil bereits realisiert. Die weitere Zunahme der Lebenserwartung kommt in diesen Ländern ganz überwiegend durch die Reduktion des Sterberisikos in mittleren und höheren Altersgruppen zustande.

In der Abbildung 5 ist die Entwicklung der Lebenserwartung von Frauen und Männern in Deutschland im Zeitraum vom Ende des 19. Jahrhunderts bis in die Gegenwart abgetragen. Immer dann, wenn nur von Lebenserwartung die Rede ist, handelt es sich um die Lebenserwartung eines Neugeborenen. Zudem ist zu beachten, daß es sich bei diesen Angaben nicht um die tatsächlich erreichte Lebenszeit der jeweiligen Geburtskohorten handelt. Dies wird schon dadurch deutlich, daß dies nur für die ältesten Kohorten überhaupt möglich wäre. Aussagen über die tatsächlich erreichte Lebensdauer kann man erst machen, wenn alle Mitglieder einer Kohorte gestorben sind. Die Angaben über die Lebenserwartung stammen aus sog. Periodensterbetafeln, bei deren Berechnung unterstellt wird, daß die im Betrachtungszeitraum vorhandene altersspezifische Sterblichkeit über die gesamte Lebenszeit eines Neugeborenen andauert.

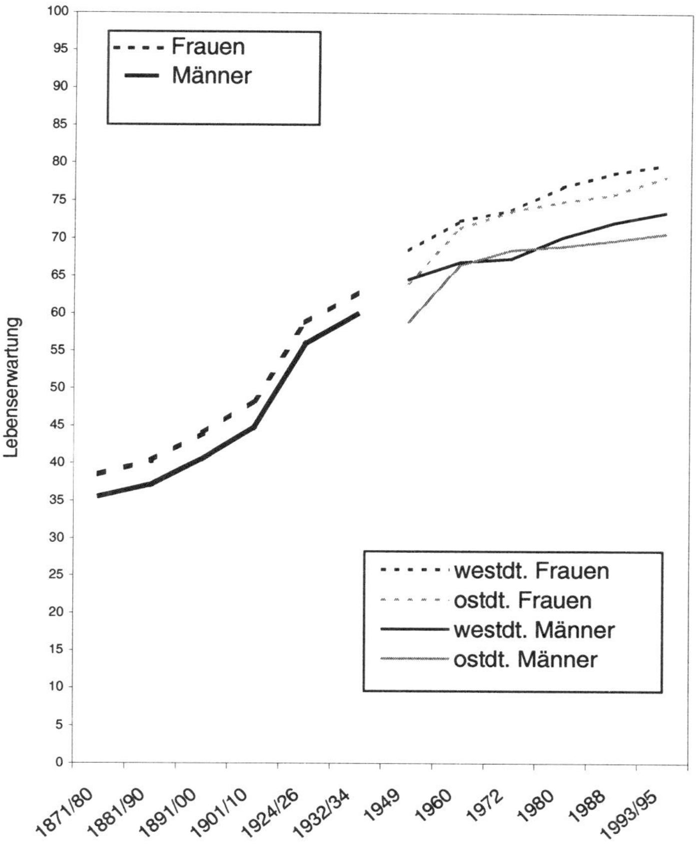

	1871/ 80	*1881/ 90*	*1891/ 00*	*1901/ 10*	*1924/ 26*	*1932/ 34*
Frauen	38,5	40,3	44,0	48,3	58,8	62,8
Männer	35,6	37,2	40,6	44,8	56,0	59,9
	1949	*1960*	*1972*	*1980*	*1988*	*1993/ 95*
Ostdt. Frauen	64,1	71,4	73,7	74,9	75,9	78,2
Ostdt. Männer	58,9	66,5	68,5	69,0	69,8	70,7
Westdt. Frauen	68,5	72,4	73,8	76,9	78,7	79,8
Westdt. Männer	64,6	66,9	67,4	70,2	72,2	73,5

Abb. 5: Lebenserwartung Neugeborener in Deutschland (Quelle: Dinkel 1994: 71 und Grünheid/Mammey 1997: 416, eigene Darstellung)

Die Lebenserwartung eines männlichen Neugeborenen ist im Zeitraum von 1871/80 bis 1993/95 von knapp 36 Jahren auf deutlich über 70 Jahre in Westdeutschland und auf knapp über 70 Jahre in Ostdeutschland angestiegen. Noch stärker entwickelte sich der Anstieg für das weibliche Geschlecht: Hier schnellte die Lebenserwartung von knapp 39 Jahren auf knapp unter 80 Jahre hoch. Die gestiegene Lebenserwartung ist vor allem die Folge der stark rückläufigen Säuglingssterblichkeit. Während in den 70er Jahren des 19. Jahrhunderts noch 23,5% der Lebendgeborenen das erste Lebensjahr nicht überlebten, sterben inzwischen nur noch etwa 6 von 1.000 Neugeborenen im Laufe des ersten Lebensjahres (vgl. Höhn/Roloff et al. 1994). Zu dieser rapide sinkenden Säuglingssterblichkeit haben die verbesserte Ernährung, Verbesserungen der privaten und öffentlichen Hygiene sowie medizinische Fortschritte nachhaltig beigetragen.

Männer haben eine kürzere Lebenserwartung als Frauen, und dieser Vorsprung hat sich im Beobachtungszeitraum der Abbildung 5 von knapp drei auf fast sechseinhalb Jahre in Westdeutschland bzw. auf siebeneinhalb Jahre in Ostdeutschland ausgedehnt. Geschlechtsspezifische Mortalitätsunterschiede scheinen überhaupt ein universelles Phänomen zu sein (vgl. Dinkel 1994). Schon im Säuglingsalter weisen männliche Kinder ein höheres Sterberisiko auf als weibliche. Dies könnte ein Hinweis darauf sein, daß die erhöhte Sterblichkeit von Männern eine biologische Ursache hat. Allerdings trägt dazu auch das unterschiedliche Gesundheits- und Risikoverhalten von Frauen und Männern bei. Rauchen, starker Alkoholkonsum und ungesunde Ernährung findet man stärker bei Männern, auch sind sie häufiger an Unfällen mit tödlichem Ausgang beteiligt. Gründe für das Anwachsen des Abstandes zwischen den Geschlechtern sind vor allem in diesem geschlechtsdifferenten Gesundheits- und Risikoverhalten zu suchen. Nicht zu halten ist nach Reiner H. Dinkel (1994) die These vom generell größeren und damit sterblichkeitserhöhenden Streß männlicher Lebensrollen. Auch in Gesellschaften, in denen Frauen zu fast gleichen Anteilen berufstätig sind wie Männer - wie es in der DDR der Fall war - trägt dies nicht zu einer Reduktion der längeren Lebensdauer der Frauen bei. Dies ist um so bemerkenswerter, als die hohe Erwerbstätigkeit der DDR-Frauen mit keiner nennenswerten Entlastung von der Haus- und Familienarbeit einhergegangen ist. Trotz hoher Erwerbsbeteiligung, trotz streßhaltiger Doppel- und Dreifachbelastung hatten die ostdeutschen Frauen einen nahezu ebenso großen Vorsprung in der Lebenserwartung wie die westdeutschen Frauen. Daß die geschlechtsspezifische Differenz in der Lebenserwartung in Ostdeutschland sogar größer war als in Westdeutschland (+ 7,5 zu + 6,3), hat sich erst nach der „Wende“ ergeben.

Auffällig ist, daß die Lebenserwartung in der BRD ab Mitte der 70er Jahre stärker angestiegen ist als in der DDR. Sie war Ende der 80er Jahre bei den Frauen um 2,8 Jahre, bei den Männern um 2,4 Jahre höher. Zunächst scheint es nahezuliegen, hierin Auswirkungen unterschiedlicher Umweltbelastungen zu sehen. Allerdings ergibt sich die höhere Gesamtsterblichkeit nicht durch „eher umweltabhängige“ Todesursachen wie Tumore, Erkrankungen von Lunge und Bronchien, sondern ging in erster Linie auf eine besonders hohe kardiovaskuläre Mortalität zurück (vgl. Dinkel 1994). Ausschlaggebend für die höhere Sterblichkeit dürften folglich eher die Ernährungsgewohnheiten, ein geringeres Gesundheitsbewußtsein oder auch die medizinische Versorgung gewesen sein.

(3) Ein dritter Einflußfaktor der demographischen Alterung ist die Migration. Da es - von Ausnahmen abgesehen (z.B. Zuzug von Rentner/innen aus der DDR) - vor allem jüngere Menschen sind, die bereit sind, die Last einer Migration auf sich zu nehmen, verstärken Abwanderungen die demographische Alterung und Zuwanderungen schwächen diese ab. Im 19. Jahrhundert war Deutschland ein Auswanderungsland, was sich erst nach und nach im 20. Jahrhundert verändert hat. Nach dem 2. Weltkrieg entwickelten sich die Wanderungsprozesse in den beiden Teilen konträr. Die DDR hatte starke negative Wanderungssalden zu verzeichnen. Diese Wanderungsströme führten fast ausschließlich in die Richtung der Bundesrepublik; bis zum Zusammenbruch waren es 5,8 Millionen (vgl. Höhn/Roloff et al. 1994). Im Unterschied dazu entwickelte sich die BRD zu einem Einwanderungsland. Neben den Wanderungsgewinnen aus der Zuwanderung aus der DDR setzte seit Anfang der 60er Jahre die Zuwanderung ausländischer Arbeitnehmer („Gastarbeiter“) und ihrer Familienangehörigen ein. Diese Zuwanderung war anfangs politisch erwünscht und wurde stark gefördert. Trotz aller in den 70er Jahren einsetzenden Restriktionen setzte sich die Zuwanderung fort, in den 80er und 90er Jahren vor allem getragen durch den Zuzug von deutschstämmigen Aussiedler/innen und von Asylsuchenden. 1992 hatte Deutschland einen Wanderungszugewinn von 782.000 Personen, der infolge des Kriegsfolgenbereinigungsgesetzes und der Neuregelung des Asylrechts bis 1996 auf 282.000 absank (vgl. Grünheid/Mammey 1997).

(West-)Deutschland war - von wenigen Jahren abgesehen - in der Nachkriegszeit ein Einwanderungsland und wird es auch in der Zukunft bleiben. Diese Wanderungszugewinne wirken sich „verjüngend“ auf die Altersstruktur der deutschen Wohnbevölkerung aus. Allerdings darf dieser verjüngende Effekt nicht überschätzt werden (vgl. Dinkel 1990). Die Zuwanderung kann den demographischen Alterungsprozeß keineswegs stoppen, sondern diesen nur in einem begrenzten Maße verringern. Dieser dämpfende Effekt kann durch ein Zahlenbeispiel illustriert werden: In den vorgestellten Zahlen der 8. koordinierten Bevölkerungsprognose wurde eine jährliche Zuwanderung von 100.000 Personen angenommen. Wenn die Zuwanderung aber nicht 100.000, sondern 300.000 Personen betragen würde, dann wäre der Anteil der 60jährigen und älteren bis zum Jahr 2030 um knapp 2% niedriger, also bei 32,7% und nicht bei 34,6% (vgl. Sommer 1994: 501).

1.3 Alterungsprozeß als integraler Bestandteil der Modernisierung

Die fortschreitende Tendenz zu einer alternden Gesellschaft ist keineswegs ein deutsches Phänomen. Mit einem Anteil von - für beide Geschlechter zusammengefaßt - 20,3% der Personen über 60 Jahre im Jahr 1990 liegt Deutschland geringfügig über dem europäischen Durchschnitt von 18,1%. Einen höheren

Altenanteil als Deutschland weisen Schweden und Norwegen auf; Belgien, Dänemark, Großbritannien, Italien, Schweiz, Österreich haben einen ähnlich hohen Anteil wie Deutschland (vgl. BMFSFJ 1994; Höhn 1997). Bis 2030 wird sich der Anteil der über 60jährigen in Europa auf 28,1% erhöhen. Einen geringfügig höheren Altenanteil (Deutschland: 34,6%) wird in dieser fernen Zukunft dann Italien aufweisen.

Ein demographisches Altern findet nicht nur in Europa statt. In Nordamerika wird der Anteil der 60jährigen und älteren von 16,6% im Jahre 1990 auf 25,4% (2030) anwachsen. Noch deutlich schneller schreitet dieser Prozeß in Japan voran; hier wird ein Anstieg im Zeitraum von vier Jahrzehnten von 17,4% (1990) auf 35,0% (2030) prognostiziert (vgl. Roloff 1996). Dies macht deutlich, daß ein rasch fortschreitender Alterungsprozeß der Bevölkerung ein gemeinsames Phänomen aller Industrieländer ist. Überall in Europa und in den überseeischen Industrieländern wird man es in Zukunft verstärkt mit einer alternden Gesellschaft zu tun haben. Ein Blick darüber hinaus lehrt, daß sich auch in den Schwellen- und Entwicklungsländern ein starker Trend in Richtung einer Verschiebung der Alterszusammensetzung zugunsten der älteren Jahrgänge abzeichnet. In Asien und Lateinamerika wird der Anteil der über 60jährigen von einem Stand von 7,6% bzw. 7,2% im Jahre 1990 bis 2030 auf 16,0% bzw. 15,9% ansteigen (vgl. Roloff 1996). Das läßt erkennen, daß der Alterungsprozeß offenkundig engstens verbunden ist mit dem Modernisierungsprozeß. Die Modernisierung einer Gesellschaft geht Hand in Hand mit der Alterung ihrer Bevölkerung!

Die Alterung ist eingebettet in den Verlauf des demographischen Übergangs, der am Anfang der modernen Gesellschaft steht und diese begleitet (vgl. als Überblick Schmid 1984; Höpflinger 1997). Den Ausgangspunkt des Prozesses des demographischen Übergangs bildet eine „Bevölkerungsweise" oder ein „demographisches Regime", das ein hohes Mortalitäts- und Fertilitätsniveau aufweist. Vermittelt über eine längere Phase des Auseinanderfallens, die dadurch ausgelöst wird, daß die Sterblichkeit schneller sinkt als die Geburten, wird dieses „alte" Muster durch eine „Bevölkerungsweise" oder ein „demographisches Regime" mit niedrigem Mortalitäts- und Fertilitätsniveau abgelöst. Der demographische Übergang ist ein idealtypischer Verlauf; in der empirischen Ausgestaltung weist dieser Übergang von Land zu Land, von Epoche zu Epoche jeweils Besonderheiten und Variationen auf.

Im Zuge des idealtypischen demographischen Übergangs ergeben sich jeweils unterschiedliche Ausformungen des Altersaufbaus einer Bevölkerung. Deutlich wird dabei, daß die übliche Redeweise von der Alters- bzw. Bevölkerungspyramide - synonym zu Altersstruktur - irreführend ist, da die Pyramide nur eine in einer bestimmten Phase des demographischen Übergangs typische Form des Altersaufbaus ist. Insgesamt lassen sich vier idealtypische Grundformen der Altersstruktur auffinden, die jeweils einer Phase des demographischen Übergangs zugeordnet sind (vgl. Horeochi 1991; Höhn/Hullen 1993; Höpflinger 1997):

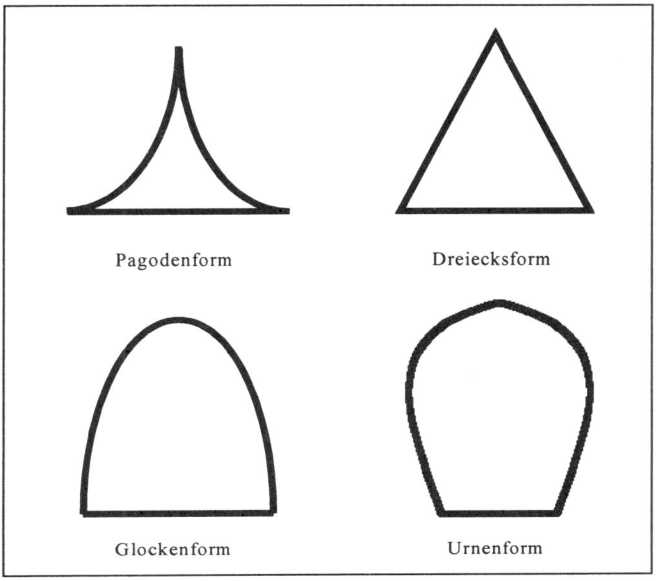

Abb. 6: Idealtypische Grundformen von Bevölkerungspyramiden (Quelle: Höpflinger 1997: 183)

Am Anfang des demographischen Übergangs hat die Altersstruktur eine Pagodenform. Diese Alterstruktur ergibt sich aus einer hohen Sterblichkeit und einer hohen Geburtenhäufigkeit. Die Folge ist eine sehr junge Bevölkerung mit relativ geringer Lebenserwartung.

Durch den Rückgang der Sterblichkeit von Kindern und jungen Erwachsenen nimmt der Altersaufbau dann allmählich die Gestalt einer Pyramide an. Der Rückgang der Sterblichkeit trägt zu einem erheblichen Bevölkerungswachstum bei. Zum Zeitpunkt der Volkszählung 1910 entsprach der Altersaufbau der deutschen Bevölkerung weitgehend dieser Form. Die Alterspyramide ist keineswegs die klassische oder normale Form des Altersaufbaus, sondern lediglich die typische Altersstruktur während der Wachstumsphase des demographischen Übergangs.

Zeitverzögert setzt dann auch der Rückgang der Fertilität ein. Mit dem Einsetzen des Geburtenrückganges kommt es zur fertilitätsgeleiteten demographischen Alterung. Der Altersaufbau nimmt nun immer stärker eine Glockenform an. Die Bevölkerung wächst immer langsamer und schrumpft schließlich. Dem schließt sich eine Phase an, in der die Fertilität unter das Niveau der Mortalität sinkt. Manche Bevölkerungswissenschaftler, z.B. Ron Lesthaeghe (1992), sprechen hierbei von einem zweiten demographischen Übergang. Mit dem Überschreiten einer Lebenserwartung von 70 Jahren und einem anhaltend niedrigen Geburtenniveau setzt eine fertilitäts- und mortalitätsgeleitete Alterung und Schrumpfung der Bevölkerung ein. Der Altersaufbau entwickelt sich in Richtung einer Urnenform. Bis zum Jahr 2040 wird sich der Altersaufbau der deutschen Wohnbevölkerung weitgehend - wie Abbildung 7 verdeutlicht - dieser Urnenform angenähert haben.

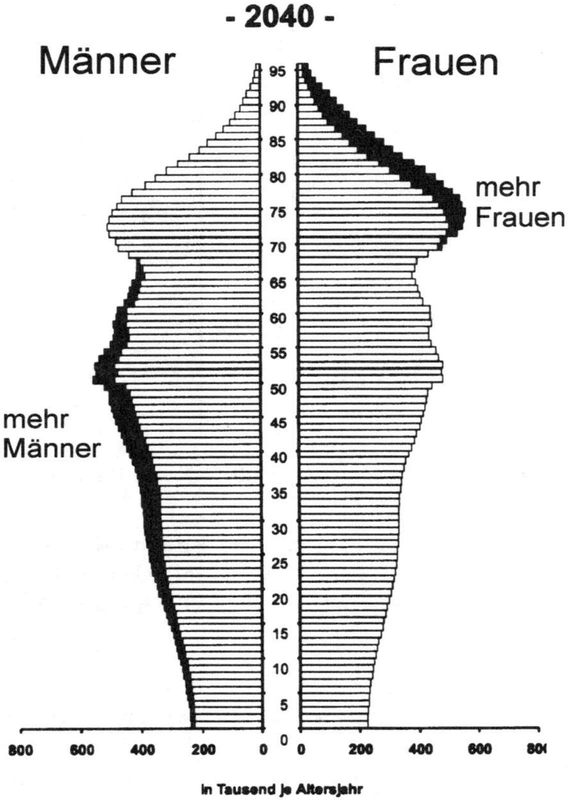

Abb. 7: Altersaufbau der Bevölkerung in Deutschland (Quelle: BMFSF 1998: 50)

2. Alter als soziokulturelles Konstrukt

Bisher haben wir es uns leicht gemacht und Alter - wie es in der Demographie üblich ist - an einer bestimmten Anzahl absolvierter Lebensjahre festgemacht. Ein Blick in die Geschichte und in andere Kulturen zeigt jedoch, daß das, was als Alter gilt, nicht an eine bestimmte Anzahl von Lebensjahren gebunden ist. Was in einer Gesellschaft als Alter bezeichnet wird, ist keine Konstante, sondern eine kulturelle Festschreibung. Alter ist dem sozialen Wandel unterworfen, so daß gegenwärtige Erscheinungsbilder zwar manchmal in die Vergangenheit zurückverfolgt werden können, eine kategoriale Klärung hingegen stößt auf Hindernisse. Michael Mitterauer (1982: 15) warnt: „Der Versuch, aus der Gegenwartsgesellschaft gewonnene Kriterien der Abgrenzung von Alter auf die Vergangenheit zu übertragen, stößt schon über relativ kurze zeitliche Distanzen auf unüberwindliche Schwierigkeiten. Umgekehrt lassen sich die vielfältigen historischen Konzepte der Lebenslaufgliederung nicht sinnvoll auf die Jetztzeit anwenden". Wenn im folgenden der Versuch unternommen wird, Alter in unterschiedlichen Gesellschaftstypen zu charakterisieren, so soll durch die dargestellten Differenzen für die Besonderheit des Alters heute sensibilisiert werden.

In den Sozialwissenschaften ist es vielfach üblich, drei Gesellschaftstypen zu unterscheiden (vgl. Habermas 1981; Luhmann 1997; Eder 1980; Tenbruck 1972): (1) die segmentäre Gesellschaft, (2) die stratifikatorische Gesellschaft (Hochkultur), (3) die funktional-differenzierte bzw. moderne Gesellschaft. Historisch und geographisch werden diese drei Gesellschaftsformen auf Mitteleuropa und den Mittelmeerraum bezogen. In der folgenden Betrachtung werden ökonomische, politische und kulturelle Aspekte im Vordergrund stehen.

Die Form der Darstellung dient ausschließlich dazu, markante Trennungslinien zwischen den Gesellschaftsformen und deren spezifischen Sozialformen zu ziehen. Beim gesellschaftstheoretisch Interessierten werden wegen der kategorialen Schlichtheit und der holzschnittartigen Gegenüberstellungen sowie der gesellschafts-dynamischen Enthaltsamkeit der Darstellung erhebliche Zweifel der Tauglichkeit des Versuchs aufkommen. Der historisch Interessierte hingegen wird die Breite des Materials und die historische Differenzierung als unzulänglich empfinden. Als Einstieg und Überblick hingegen mag er trotz allem dienen.

2.1 Alter in der segmentären Gesellschaft

Die segmentäre Gesellschaft ist eine Subsistenzwirtschaft. Die autarken sozialen Einheiten (Segmente) sind den natürlichen topographischen Gegebenheiten in unvorstellbarer Direktheit der Witterung ausgesetzt. Wetter, Hunger, Krankheit bilden den Horizont des Alltags, der kaum zu mildern, abzuschwächen oder zu heilen ist. Ressourcen zur Bewältigung des Lebens sind ausschließlich die körperliche Arbeitskraft und die natürliche Umwelt, die durch nichts gebändigt werden können, die Abhängigkeit davon ist umfassend und kann mit dem Begriff „Ausgeliefertsein" beschrieben werden.

Alter im Sinne eines durchschnittlich erwartbaren langandauernden Lebenslaufs ist in dieser Gesellschaft sehr unwahrscheinlich, da die Lebensbedingungen sehr eingeschränkt sind. Ein Lebensalter von 30 Jahren wird vielfach als Optimum genannt. Die Auseinandersetzung dieser Gesellschaft mit der Natur erfolgt unmittelbar durch die körperliche Arbeitskraft; allein diese ist für das Überleben der Einzelnen und des gesamten Segments ausschlaggebend.

Geschlechtsspezifische Differenzierungen beziehen sich weniger auf die Arbeitsteilung im Sinne der Auseinandersetzung mit der äußeren Natur als auf die biologische Reproduktion und die damit verbundenen Tätigkeiten. Deshalb ist das Erreichen des Alters für Männer wahrscheinlicher als für Frauen, da Geburten sehr häufig von Frauen und Kindern nicht überlebt werden. Bei allen Mitgliedern fordern Krankheiten, Mangelernährung sowie Hunger und für Frauen auch Geburten ihren ständigen hohen Tribut, so daß ein hohes Alter eine Ausnahmeerscheinung in diesen Gesellschaften darstellt.

Dies bedeutet jedoch nicht, daß Alter für diese Gesellschaft keine Rolle gespielt hat. Das Gegenteil trifft zu. Die mit dem Alter verbundenen Erfahrungen in allen Bereichen des Lebens, die nicht an die unmittelbare Situationsbewältigung geknüpft sind, wie z.B. die Einschätzung von Witterung, Fruchtbarkeit eines Gebietes etc., sind wesentliche Wissensbestände. Alter ist gleichbedeutend mit herausgehobenem sozialen Status, verleiht Autorität und in gewisser Weise Macht. In einer wirtschaftsgeschichtlichen Analyse zeigt Karl A. Wittfogel (1936) die ökonomischen Grundlagen der Altenherrschaft, aber auch der Altentötung und -aussetzung in segmentären Gesellschaften. Die „sich in extremen Gegensätzen bewegende Stellung der Alten in, neben, über die Familie“ (Wittfogel 1936: 487) teilt er in drei Hauptfälle: a) Gleichstellung mit den Erwachsenen, b) bevorzugte Stellung in Familie/Horde/Stamm, c) sie werden „mit zunehmenden Jahren zunehmend als Last betrachtet, werden im Notfalle von ihren jüngeren Angehörigen verlassen, ausgesetzt oder umgebracht“ (Wittfogel 1936: 488). Indem er nach dem Entwicklungsstand des „sachlichen Elementes des Wirtschaftsprozesses“ der segmentären Gesellschaft differenziert und diese in ein Verhältnis zur (verbleibenden) Körperkraft und zu Erfahrung/Wissen setzt, verweist er auf unterschiedliche Quellen des Altenstatus. „Arbeitsgegenstand und -mittel dürfen hier nicht derartige Ausmaße annehmen, daß ihre Bewältigung eine besonders starke Ausbildung physischer Energie nötig macht“ (Wittfogel 1936: 490), dann ist die Ausbildung einer „Gerontokratie“ möglich. Sind dagegen körperliche Leistungskraft überwiegend für die Sicherung des Segments nötig, „dann kann, zumal auf dem Boden einer insgesamt wenig ertragreichen Lebensordnung, Wert und Stellung der Alten bis auf den Nullpunkt herabsinken“ (Wittfogel 1936: 491).

Die Binnendifferenzierung segmentärer Gesellschaften ist gering und erfolgt nach Alter und Geschlecht innerhalb familialer Institutionen, die Netzwerke sozialer Verbindungen und Loyalitäten sind. Die familiale Institution läßt sich als Primärgruppe beschreiben; diese ist gering organisiert und steht in direktem Bezug zueinander. Segmentäre Gesellschaften bestehen nur aus Primärgruppen; sie sind eigentlich eine einzige locker gegliederte Primärgruppe, die andauernd und umgreifend ihre Mitglieder beansprucht. Gleichzeitig begrenzt die familiale Arbeitskraft die Produktivkraftentfaltung.

Das Herrschaftsgefüge ist durch die Generationenabfolge geregelt, wobei „Häuptlingsfunktionen“ sachlich und zeitlich begrenzt sind. Für Konfliktfälle gibt es einen Ältestenrat, der vor allem mediative Aufgaben hat. Dauerhafte Herrschaft kann über wirtschaftliche Macht nicht erreicht werden, da es dauerhafte Güter nicht gibt. Das gesellschaftliche Prinzip der Generationenabfolge hebt den Status Alter aus dem Segment hervor, in dem es einerseits mediative Konfliktregelungsfunktionen (vgl. Roberts 1981; Wesel 1997), aber auch regulative politische Entscheidungs- und Führungsfunktionen an die Erfahrung im Alter bindet; andererseits sind solche Funktionen zeitlich befristet und bei günstigen ökonomischen und ökologischen Bedingungen von allen Personen, die alt werden, erreichbar.

Basis der kulturellen Sphäre dieses Gesellschaftstyps ist die direkte Kommunikation, also der unmittelbare Austausch zwischen Menschen, der auf dauerhaftem und direktem Kontakt beruht. Der dadurch ermöglichte Bezug auf praktische und allen gleich bekannte Situationen verlangt von den Beteiligten geringe Anforderungen an sprachliche Formung und Aussagen. Darüber hinaus verfügt diese Gesellschaft über eine stark ausgeprägte Stabilität, die nicht zuletzt auf der Macht der Gewohnheit und Tradition fußt. Gewohnheit und Tradition sind die Eigenheiten dieser Gesellschaft schlechthin. Die Weltdeutungen und Wissensbestände sind Allgemeingut der segmentären Gesellschaft mit den Ausnahmen von magischem Wissen und Ritualen.

Die Gewichtung kultureller Deutungen der Lebensphasen in der segmentären Gesellschaft nimmt Leopold Rosenmayr (1983) vor. Er geht davon aus, daß „die Grundmuster der Teilung in Lebensabschnitte (...) den geschichtlich herausgebildeten Formen der Arbeitsteilung“ (Rosenmayr 1983: 43) entsprechen, betont aber gleichzeitig, daß die gesellschaftliche Interpretation der Lebensabschnitte, die von den „Deutungssystemen in Philosophie und Religion hervorgebracht worden sind, (...) eine eigene Prägekraft (haben), die weit über die individuellen Gestaltungsmuster hinausgehen“ (Rosenmayr 1983: 43). Leopold Rosenmayr fokussiert die „kosmologisch-magische Weltsicht“ segmentärer Gesellschaften und verweist auf die bedeutsame Bindegliedfunktion der Alten zwischen den lebenden Generationen und den Ahnen. Danach haben alte Menschen eine Nähe zu den Ahnen, die wiederum über lange Ketten mit der Schöpfungszeit verbunden sind. So sind Anworten auf die Frage „Wo kommen wir her?“ möglich. Die Ahnenverehrung bedeutet auch eine Sicherung des eigenen Weges ins Jenseits und antwortet so auf die Frage „Wo gehen wir hin?“. Da Ahnen ebenso Unheil stiften wie auch Heil bringen können, verleiht die besondere Nähe der Alten zu ihnen eine kulturell bedingte Achtung.

Die Stabilität der segmentären Gesellschaft, der nicht vorhandene gesellschaftliche Wandel, bedeutet auch eine Nichtveränderung von Weltdeutungen und Wissensbeständen. Die Tradierung des gesellschaftlichen Wissens verläuft ausschließlich durch direkte Kommunikation. All dies führt zu konstanten menschlichen Erfahrungen im Umgang mit Umwelt und Leben, die schließlich zu Kumulation von Wissen im Alter führen. Die Reziprozität direkter Kommunikation als ausschließliche Tradierungsform ist bei allen entscheidenen Fragen auf solche

„Zentren des Wissens“ und der Erfahrung angewiesen. Die Zentralität in bedeutsamen Kommunikationen unterstützt den Status der Alten.

2.2 Alter in der Hochkultur

Die Hochkultur ist nach wie vor in lokale Segmente aufgeteilt, aber gleichzeitig ist sie gekennzeichnet durch überlokale Herrschaft, die sich in Zentren, oft Städten, befindet. Die Aufspaltung der Gesellschaft in Herrschaft und Beherrschte, in Besitzende und Besitzlose erfolgt nicht nur in vertikalem Sinne von oben nach unten, der Herrschaftsapparat ist in sich mehrfach gegliedert. Auf der horizontalen Ebene findet sich die typische Zweiteilung in weltliche und geistliche Herrschaft. Die Bevölkerung lebt ganz überwiegend auf dem Land; die Landwirtschaft ist der dominante Sektor und meist in grund- und gutsherrschaftliche Verhältnisse eingebunden. Regionale und lokale Arbeitsteilung als gesellschaftliches Prinzip löst die (reine) Subsistenzwirtschaft ab.

Die Hochkultur ist ständisch gegliedert. Die Geburt bestimmt den gesellschaftlichen Status und dies führt zu einer sozialen Statik des gesellschaftlichen Lebens. Der Stand beruht auf der erblichen Stellung und macht einen bestimmten Lebensstil zur Pflicht. Der ständische Aufbau der Gesellschaft führt zu einer deutlichen Hierarchie und zu einer stark differenzierten Unterschicht. Die Arbeitsteiligkeit ist jedoch weniger bestimmend für den Sozialstatus; es ist nicht nur die Arbeit, die trennt, sondern die Nähe bzw. die Distanz zur Herrschaftsschicht.

Die gesellschaftliche (weltliche und geistliche) Verknüpfung von Lineage und Stand erweist sich als eine (komplexe) Familienorganisation, in der jede Person die Verbindung zu den vorhergehenden und nachfolgenden Familienmitgliedern herstellt. Die Abfolge darf nicht unterbrochen werden und muß durch die Sicherung des Monopols der Überlokalität (z.B. Heirat) ausgeweitet werden. Dies verpflichtet den Lebensstil auf Kontinuität und Loyalität, macht das Leben selbst zum gottgegebenen Leben und verpflichtet die Mitglieder, die Lineage als Quelle ihrer Macht zu erhalten. In der Verknüpfung der Macht und der Nähe zu den Vorfahren im Oberhaupt der Familie einerseits sowie seines gelebten Lebens für die Lineage andererseits konzentrieren sich viele Herrschaftsbezüge, sie kontinuiert die Generationenabfolge.

Der durch Gewalt und Herrschaft bewirkte Zwang zur dauerhaften Überproduktion verschiebt die Möglichkeiten für das Erleben des Alters zugunsten der höheren Stände (vgl. Imhof 1988). Immer noch ist das Erreichen des Alters im heutigen Sinn für die gesamte Bevölkerung schwierig und selten, aber die Freistellung einer Herrschaftsschicht vom Lebenserwerb unterwirft Alter und Tod zudem ständischen Gesetzen. Das Leben und die mögliche Lebensverlängerung von Adel und Klerus geht auch auf Kosten der die Überproduktion erarbeitenden Bevölkerung. Überlokalität bringt das Privileg zur Mobilität für die herrschenden Stände, sie können z.B. bei Seuchen die Residenz wechseln (vgl. Imhof 1988; Kuczynski 1980; Rouciére 1990).

Die Veränderung der Lebensphase Alter ergibt sich bei den gesellschaftlichen Gruppen, die Träger der neuen Funktionen und Rollen sind. Für die Mehrzahl der Bevölkerung trifft die Beschreibung des Alters aus der segmentären Gesellschaft noch weitestgehend zu; sie waren kaum Veränderungen des Lebenslaufs ausgesetzt. Für sie gilt weiterhin lebenslanges, körperliches Arbeiten; die eigene Arbeitskraft ist für alte Menschen die wichtigste Stütze (vgl. ausführlich Borscheid 1987). Die Herrschaft (be-)handelt das Volk als Sache, die mit zunehmendem Alter an Wert verliert, als „unnütze Esser", die die Überproduktion schmälern. Nur Arbeit und Familie bieten die Möglichkeit zu überleben. Man arbeitet, auch wenn die Arbeiten gegen Lebensende nicht mehr in dem Umfang aufgenommen oder durchgeführt werden können, wie bei voller körperlicher Leistungsfähigkeit. Es besteht eine Abhängigkeit von der Herrschaft und weiterhin von territorialen, regionalen, geographischen Gegebenheiten. Die biologischen Risiken wie Krankheit, Seuchen und Hunger und viele kriegerische Auseinandersetzungen und Verwüstungen bedrohen das Leben.

Die Normen regeln die Legitimität von Über- und Unterordnung, die ständische Loyalität der Herrschenden zueinander. Über- und Unterordnung gelten aber nicht nur für gesellschaftliche, lokale/überlokale und geschlechtsspezifische Herrschaftsbereiche, sondern auch für die Hierarchie der Generationen. Sie sichern die Verpflichtung zu Gott, zum Herrn, zum Mann und Oberhaupt der Lineage. Letztendlich begründen die Normen Standesbewußtsein und sichern Herrschaft, die durch Personen (re-)präsentiert und ausgeübt wird; an der Spitze der jeweiligen (über-)lokalen Gesellschaftspyramide stehen (alte) Männer.

Die sich neubildende Herrschaftsstruktur schafft eine Fülle gesellschaftlicher Funktionen mit entsprechenden Rollen: die Armee (Krieger), die letztlich Herrschaft und Herrschaftsgebiet sichert, Verwaltungen (Amtsdiener, Schreiber), die Herrschaft repräsentieren, durchsetzen und exekutieren, aber auch Justiz, niederer Klerus, Handel und Institutionen (Ämter) für Wissen und Wissenstransfer (Schriftgelehrte, Lehrer, Philosophen, Weise). Alle diese Rollen werden ausschließlich von Männern ausgeübt, sie sind ererbt, man erhält sie als Lehen oder kauft sie, sie sind öffentlich und politisch.

Die horizontale und vertikale Zweiteilung setzt sich auch im Hauswesen durch und zwingt alle Mitglieder in ein Korsett von Verhaltenszuweisungen (Ariès/ Duby 1989: 79ff). Zwischen Mann und Frau besteht eine geschlechterhierarchische Arbeitsteilung. Der Mann ist das Oberhaupt der Familie, Frauen sind hingegen im wesentlichen in das Hauswesen eingebunden. Ihr Beitrag zur Reproduktion des Hauses ist mit hohem Lebensrisiko verbunden. „Die allgemeinen Bedingungen des biologischen Lebens der Frau, ihres Schicksals als Mutter, waren so, daß das Risiko, wegen wiederholter Schwangerschaften und Aborte zu sterben, den normalen Horizont eines Frauenlebens bestimmte. Dieses Risiko ist durch ein gesellschaftliches Arrangement im ganzen Reich schichtenspezifisch geformt worden. Was man von den Frauen in den Städten ebenso erwartete wie von denen in nichtstädtisch organisierten Gemeinschaften, war etwas völlig anderes als eine globale Reproduktion der Bevölkerung, ihre Aufgabe war es, die Übertragung eines privilegierten Sozialstatus zu sichern, und, das war von den einfacheren Frauen gefordert, die Reproduktion des Menschenmaterials zu gewährleisten, auf dem die Zivilisation des Menschen ruhte“ (Rousselle 1993: 340).

Die Sicherung des Standes oder die Möglichkeit des eigenen Alters war gebunden an eine genügende Anzahl überlebender Kinder. Im Vergleich zu heute dominierte der instrumentelle Wert von Kindern. Eine ausreichend große Anzahl von Kindern zu haben war unerläßlich, da die Kinder wichtige Arbeitskräfte waren und zugleich eine Basis für die eigene Alterssicherung darstellten.

Herrschaft und Besitz wurden in der Generationenabfolge weitergegeben. Die Regelung des Übergangs, also die Festlegung des Zeitpunktes, zu dem die Nachfolgegeneration ihren vollen (Rechts-)Status erlangte, wurde über feste, allgemeingültige Regeln codifiziert. Aus diesen (Besitz- und Macht-)Übertragungen resultierten eine große Anzahl rechtlicher und sozialer Probleme, die zunehmend zu Spannungen zwischen den Generationen führten. Wer übergibt wie den Familienbesitz an wen und zu welchem Zeitpunkt? Die Vielfalt der Lösungsmöglichkeiten und die Dringlichkeit der Lösung dieser Problemlagen zeigt sich in vielen Dokumenten, die aus allen Zeiten der Hochkultur erhalten sind. Wer ist von wem abhängig, wer gewährt oder entzieht materielle Ressourcen? Die Existenzsicherung des einen kann den anderen in seinen Lebensvollzügen spürbar behindern.

Je nach Region erfolgte auf dem Lande die Besitzübergabe an die nächste Generation nach dem Realteilungssystem, bei dem das Erbe zu gleichen Teilen unter den Erbberechtigten aufgeteilt wurde, oder nach dem Anerbensystem, bei dem der Hof im ganzen an einen Nachfolger - nicht immer notwendigerweise das älteste Kind - weitergegeben wurde. In den Anerbengebieten konnte - und dies ist eine Besonderheit in Mitteleuropa - die Hofübernahme noch zu Lebzeiten des Vaters erfolgen. Die Hofübergabe durch den Vater bedeutete zugleich einen (freiwilligen) Verzicht auf die Autoritätsposition; von nun an hatte der erbende Sohn das Sagen. Für den Sohn war mit dem Wechsel in die Autoritätsposition zugleich die Heiratserlaubnis verbunden. Diese Koppelung von Hofübernahme und Heirat bewirkte in vielen Fällen ein hohes Heiratsalter. Vor allem die Erschöpfung der eigenen Arbeitskraft veranlaßte die Bauern zur Hofübergabe. Sie waren durchaus bestrebt, diesen Schritt möglichst lange aufzuschieben. Das „alte“ Bauernpaar wechselte mit der Hofübergabe in das „Ausgedinge“, das bei größeren Bauernhöfen ein eigenes Haus mit Garten und Stall, bei kleineren Höfe lediglich einen einzelnen Raum umfaßte. Diese hauswirtschaftliche Form einer Alterssicherung erlangte erstmals im 17. Jahrhundert eine größere Bedeutung und erreichte ihren Höhepunkt im 19. Jahrhundert. Das Ausgedinge schuf die Möglichkeit eines arbeitsreduzierten, wenngleich nicht arbeitsfreien Ruhestandes (vgl. Ehmer 1990; Borscheid 1994).

In den bäuerlichen Übergabeverträgen wurden die Ansprüche der alten Eltern im Detail festgeschrieben. Der hohe Regelungsbedarf läßt erkennen, daß ein gespanntes Verhältnis zwischen den Generationen eher die Regel als die Ausnahme war. Nicht nur im bäuerlichen Milieu scheinen die Auseinandersetzungen über die Regelung der Besitzübertragung zu Generationenkonflikten Anlaß zu geben, die sowohl literarisch (z.B. der aus dem 14. Jahrhundert stammende Versepos „Helmbrecht“ von Werner der Gärtner; Neuausgabe: 1974) als auch durch zahllose verbliebene Schriftstücke belegt sind. Deutlich wird dabei die zentrale Stellung und die Verfügungsmacht, aber auch die kodifizierte (im Gegensatz zur despotischen) Gebundenheit des Status des (Familien-)Oberhaupts.

Ein bedeutendes Kriterium für das Alter von Frauen war der historisch sehr unterschiedliche Rechtsstatus als Witwe und als Erbin. Er reichte vom Verbot der Wiederverheiratung (vgl. Rousselle 1993: 370) bis zur „geduldeten“ Eigenständigkeit auf Zeit (in einigen Zünften), aber mit hohem sozialen Druck zur Wiederverheiratung. Das bedeutete für das Alter der Frau als Witwe, daß sie sich dem ältesten Sohn unterzuordnen hatte oder zur Weiterführung des Hauses wieder heiraten mußte. Der privilegierte Zugang in die geistliche Welt der Klöster war, wenn auch dort eingeschränkt, nur dem Adel vorbehalten.

Die Oberschicht besitzt das Monopol der überlokalen Verbindungen und einen großen Wissensvorsprung. Das Wissen wird generiert durch zwei Kulturtechniken, die damals einigen wenigen vorbehalten waren, heute dagegen selbstverständlich sind: Lesen und Schreiben. Wissensbestände und Kulturtechniken sind exklusiv, schließen große Bevölkerungsteile aus. Nur die Herrschaftsschicht hat Zugang zu den kulturellen Objektivationen (z.B. Schlösser, Bibliotheken, Seminare etc.), die sich typischerweise in der Hochkultur herausbilden. Die Hochkultur des Adels und des hohen Klerus überformt zunehmend die Kultur der niedrigen Stände und führt langfristig zu einer Vereinheitlichung lokaler Rechtsnormen, Sitten und religiöser Glaubensvorstellungen zur Vereinheitlichung eines Gebietes in kultureller Hinsicht.

Die Verhaltenszuweisungen werden auch in „Altersbildern“ (vgl. Cole/Winkler 1988) fixiert, die aus diesen Kulturen überliefert sind. Sie bringen die dominante Stellung des Mannes in der Gesellschaft ebenso zum Ausdruck, wie eine klare Gliederung des Lebens. In sinnfälligen Zuordnungen wird körperlichen Entwicklungen Verhalten zugeschrieben und zugleich mit psychischen Veränderungen im Lebenslauf verbunden. So sind z.B. aus der Antike Theorien des Kreislaufs des Lebens in vier Lebensaltern bekannt. Kindheit, Jugend, Mannesalter und Greisenalter werden mit den vier Temperamenten (Sanguinik, Cholerik, Melancholie, Phlegma), den vier Qualitäten (warm, feucht, trocken, kalt) sowie den vier Elementen (Luft, Feuer, Erde, Wasser) und vier Jahreszeiten verbunden. Auch eine biologische Dreigliederung (Wachstum, Stillstand, Niedergang) mit den entsprechenden normativen Imperativen ist ebenso tradiert, wie eine astrologische Einteilung in sieben Lebensalter (6. Alter Jupiter: Ruhe, Besonnenheit; 7. Alter Saturn: Melancholie).

Diese Modelle wurden bildhaft erweitert zu auf- und absteigenden Treppen und im 16./17. Jahrhundert, vor allem in England, mit Bildern einer gestuften Lebensbühne veranschaulicht, bei der jede Stufe einen Schritt auf der Lebensbühne darstellt, auf der bestimmte Rollen zu spielen sind. Dies kann durchaus als Reflex auf die sich durchsetzende Marktgesellschaft der Städte gedeutet werden, die im 16. und 17. Jahrhundert sowohl in Norditalien, um Paris, aber auch in einigen städtischen Zentren Englands zur dominanten Wirtschaftsform wurde (vgl. Braudel 1988). Die bildlichen Motive des Auf- und Abstiegs spiegeln dabei sowohl die gesellschaftliche Struktur der sozialen Über- bzw. Unterordnung als auch die Hierarchie der Lebensalter wider, allerdings muß dabei der besondere Statusschutz durch die Religion („Respektiere Vater und Mutter") einbezogen werden. Die Treppenmotive heben Stärke und Produktivität der mittleren Lebensjahre hervor, messen dem Alter jedoch einen besonderen Platz im Hinblick auf den Weg in die „ewige Erlösung" zu. Die Nähe zum Tod, der in diesen Gesellschaften für alle alltäglich war, begünstigt die Stellung der Alten.

Die Ausgestaltung der Altersrolle des Adels unterlag je nach unterschiedlicher historischer Interpretation des Klerus religiösen Interpretationen. So verpflichtete z.B. die Vorstellung eines strafenden Gottes im 11. Jahrhundert, mit den Implikationen von Hölle und Pein, den Adel häufig zu Schenkungen (vgl. Duby 1984: 74ff) an Klöster. Im Alter war dann der Rückzug ins Kloster möglich. Die Schenkungen sollten zum einen die Verstorbenen der Lineage im Jenseits erretten (so konnten sie zum Fürsprecher werden) sowie andererseits der Vorbereitung der eigenen ewigen Freuden im Paradies dienen. Eine ähnliche Funktion wird der Heiligen- und Reliquienverehrung zugesprochen. Solche weltlichen Vorbereitungen waren, da der Tod allgegenwärtig ist, nicht nur ein Problem des Alters. Der Rückzug ins Kloster war gleichbedeutend mit weltlicher und geistlicher Vor- und Fürsorge.

Die Kumulation des Wissens im Alter wird durch die Bezeichnungen „Weiser", „Schriftgelehrter", Philosoph etc. in Begriffen ausgedrückt, die bis heute mit Assoziationen von Alter und Würde behaftet sind, während negative Zuschreibungen wie Altersgeiz, der lächerliche, vertrottelte Alte (Pantalone), die „Dreibeinigkeit" des Alters bereits normative Spannungen zwischen Status und Leistungsvermögen kennzeichnen.

Herrschaft, Eigentum und Stand brechen in gesellschaftlichen Randbereichen das familiale Prinzip der Altersfür- und -vorsorge, z.B. durch den Eintritt des Adels im Alter in Klöster, aber auch durch die Versorgung Alter in Hospitälern und Armenhäusern in den Städten. Die Freisetzung von der eigenen Reproduktionsarbeit im Alter, die bei den herrschenden Schichten ohnedies gegeben war, erfolgte so für eine kurze Zeit des Lebens und nur für sehr wenige Alte überhaupt; erste Vorformen der institutionalisierten Betreuung alter Menschen waren es jedoch noch nicht (vgl. Irsiger/Lassotta 1989).

2.3 Alter in der Moderne

Wenn wir uns dem Alter in der Moderne zuwenden, ist zum einen aufzuzeigen, welche Veränderungen des Alters sich im Kontrast von der Hochkultur zur modernen Gesellschaft ereignet haben, zum anderen ist der Blick auch auf die Gegenwart zu richten und sind Tendenzen des aktuellen Strukturwandels des Alters aufzuzeigen.

Das Aufkommen der modernen Gesellschaft wird getragen von drei Revolutionen: der Aufklärung als kultureller Revolution, der Französischen Revolution Ende des 18. Jahrhunderts als politischer Revolution und der Ausbreitung der industriellen Produktionsweise als ökonomischer Revolution. Die moderne Gesellschaft ist durch eine fortgeschrittene funktionale Differenzierung gekennzeichnet. Eine umfangreiche Arbeitsteilung hat eine immer häufigere Verflechtung der Einzelnen mit immer mehr Vorgängen zur Folge. Die Arbeit wird von der Produktion im Haus gelöst und wird in eigene Arbeitsstätten verlagert. Diese Einrichtungen definieren eigene Rechte und Pflichten für die vertragliche Regelung der Arbeit. Die Arbeit selbst wird nach ökonomischen und technischen Regeln gestaltet und verlangt von den zur Arbeit „Freigesetzten" Unterwerfung unter den Arbeitsvertrag, Leistung und zunehmend Mobilität. Die sozialen Beziehungen verändern sich. Die Menschen werden aus ihren dauerhaften, lokalen Bezügen freigesetzt.

Während die Hochkultur überwiegend eine Bauerngesellschaft war, in der der große Anteil der Menschen auf dem Lande lebte und im ersten Sektor tätig war, steigt nun die industrielle Produktion zum neuen Leitsektor auf. Die arbeitende Bevölkerung im ersten Sektor nimmt rasch ab, und am Ende des 20. Jahrhunderts sind es weniger als 5% der Arbeitsbevölkerung, die noch in der Landwirtschaft tätig sind. Die erforderlichen Lebensmittel werden nicht mehr selbst produziert, der Lebensunterhalt erfolgt nun über Erwerbsarbeit. So bleibt der Bevölkerung nur noch der Verkauf der Arbeitskraft und der Konsum. Die industrielle Produktionsweise verändert den Charakter der Arbeit; sie wird entpersönlicht, intensiviert und im 19. Jahrhundert auch extensiviert durch Arbeitstage von 14-18stündiger Dauer und den Einbezug von Frauenarbeit und auch Kinderarbeit. Die Extensivierung der Arbeit wird dann im Laufe des 20. Jahrhunderts zurückgenommen, zugunsten von immer bedeutender werdenden Bildungszeiten, wachsender Freizeit und von gesellschaftlich alimentierten Altersruhezeiten.

Der rein ökonomische Status der Lohnarbeiterexistenz wird durch politische Entscheidungen gemildert. Staatliches Handeln wird zum wohlfahrtsstaatlichen Entscheiden über die Medien Recht und Geld. Die rechtliche Absicherung der Lohnarbeiterexistenz erfolgt über das Verfassungsrecht, das Staatsbürgerrecht (beide zunächst nur für Männer), das Vertragsrecht und das Arbeits- und Tarifrecht. Eine wohlfahrtsstaatliche Absicherung existentieller Risiken der Lohnarbeiterexistenz durch die aufkommende Renten-, Kranken- und Arbeitslosenversicherungen bewirkt eine Monetarisierung.

Vom Status zur eigenständigen Lebensphase

Mit dem Aufkommen der Moderne kommt es zu einer Institutionalisierung des Lebenslaufs (vgl. Kohli 1985). Es etabliert sich ein neues Lebenslaufregime, dessen zwei zentrale Merkmale die Verzeitlichung und Chronologisierung sind. Verzeitlichung meint, daß das Lebensalter nun zu einem zentralen Strukturprinzip des Lebenslaufs wird. Chronologisierung weist daraufhin, daß das Muster der Zufälligkeit der Lebensereignisse abgelöst wird durch einen vorhersehbaren, planbaren Lebenslauf. Zentrale Lebensereignisse (z.B. Heirat, Geburt des ersten Kindes usw.) werden potentiell für alle erreichbar, und der Streubereich von Lebensereignissen verringert sich drastisch. Die lebensbegleitenden Institutionen vergesellschaften die Biographien und führen zu einer Standardisierung der Lebensphasen. Es bildet sich eine - für Frauen und Männer unterschiedliche - „Normalbiographie“ (Levy 1977) heraus. Die Standardisierung des Lebenslaufs ist eingebettet in einen umfassenden Individualisierungsprozeß und der Lebenslauf erfährt eine besondere Prägung durch die Ausrichtung auf das Erwerbssystem und durch sozialstaatliche Regelungen. Dieses Zusammenwirken schreibt eine Dreiteilung des Lebens in eine Vorbereitungs-, eine Aktivitäts- und eine Ruhephase fest. Dies verändert Alter nachhaltig. In der Zeit vor der Moderne war Alter ein Status, den einige wenige Personen in ihrem sozialen Setting - ohne Festlegung auf ein bestimmtes Lebensalter - erreichten. Nunmehr wird Alter zur eigenständigen Lebensphase und zu einer Lebensform (vgl. Kohli 1985).

Die wohlfahrtsstaatliche Ausgestaltung der Lohnarbeiterexistenz schafft die Möglichkeit einer Freisetzung aus der Arbeitsverpflichtung ab einem bestimmten Lebensalter. Der Zwang lebenslanger Arbeit wird abgelöst durch die Möglichkeit eines arbeitsfreien Lebensabends (vgl. Borscheid 1994). Zugleich wird nun auch festgeschrieben, daß derjenige alt ist, der (endgültig) aus dem Berufsleben ausgeschieden ist. Entscheidend für die Entstehung des Ruhestandes, der sich nach und nach für immer mehr Personen eröffnete, war die schrittweise Einführung eines Rentensystems. Den Ausgangspunkt für das Schaffen von Pensionskassen bildete das Problem der Versorgung der Hinterbliebenen von Pfarrern, Staatsbeamten und Militär. Hinzu kam dann die Versorgung für nicht mehr dienstfähige Beamte und Soldaten. Im ausgehenden 18. Jahrhundert begann man dann erstmals, die Unterstützungsleistungen von individuell geteilten Gnadenakten in Rechtsansprüche umzuwandeln. Die Leistungen waren aber weiterhin an den Tod bzw. an die Invalidität gebunden. Zum Vorbild für die soziale Sicherung der Arbeiter wurde die seit dem Mittelalter bekannte Knappschaftsversorgung im Bergbau. Die wachsende Anzahl von Menschen, die ihr Einkommen aus Lohnarbeit bezogen und über keine anderen Subsistenzmittel verfügten, machte ein Unterstützungssystem für Arbeiter erforderlich. Den Einstieg stellt in Deutschland das Invaliditäts- und Altersversicherungsgesetz von 1889 dar. Auch dieses Gesetz stellte vor allem noch auf die Invalidität ab und behandelte das Alter eher beiläufig. Als Gegenleistung für ihre Beiträge wurde den Versicherungspflichtigen ab dem 70. Lebensjahr eine Rente in Aussicht gestellt, die anfangs nur etwa einem Sechstel ihres bisherigen Einkommens entsprach.

Im Laufe der Zeit erwuchs aus diesen Hilfen für die Invalidität ein an den Rückzug aus dem Erwerbsleben gebundener Anspruch auf materielle Unterstützung. Das Rentensystem bewirkte dadurch eine Entberuflichung des Alters. Aus den Altersangaben, die zunächst lediglich als Verwaltungsvereinfachung gedacht waren, entstand nach und nach die Festlegung eines starren Berechtigungsalters für Rentenleistungen. Die Altersgrenze konnte dabei bei 70 Jahren, 65 Jahren oder 60 Jahren liegen. Durch das Rentensystem hat der Wohlfahrtsstaat die Alterssicherung entfamilialisiert. Die Familien wurden von einer materiellen Unterstützung der alten Menschen, sofern ihre eigene Arbeitskraft zum Lebensunterhalt nicht mehr ausreichte, entlastet. Im 20. Jahrhundert wurde der Kreis der im Rentensystem involvierten Erwerbsbevölkerung immer weiter ausgedehnt und die anfangs bescheidenen Leistungen erheblich erhöht. Zusammenwirkend tragen diese sozialpolitischen Interventionen dazu bei, daß sich - zumindest für Männer - eine Generalisierung des Ruhestandes als eine eigenständige Lebensphase vollzieht und ein arbeitsfreies Alter zu einem Normalentwurf wird, der aufgrund der Konzentration der Sterblichkeit auf das höhere Lebensalter von immer mehr Menschen und immer länger gelebt wird.

Mit dem Aufkommen der Moderne ging der Aufstieg des bürgerlichen Familienmodells Hand in Hand (vgl. Lenz/Böhnisch 1997). Von grundlegender Bedeutung für dieses Modell war die Trennung von Produktion und Reproduktion, von Arbeit und Leben. Diese beiden Lebensbereiche wurden jeweils der alleinigen Zuständigkeit eines Geschlechts zugeordnet. Der Mann geht außer Haus der Erwerbsarbeit nach und sichert durch sein Einkommen den Unterhalt der Familie. Die Frau hat sich voll und ganz dem häuslich-familialen Bereich zu widmen, die Kindererziehung wird zu ihrer wesentlichen Pflicht. Ihre Aufgaben verlieren den Charakter, eine produktive Tätigkeit, überhaupt Arbeit, zu sein. Arbeit wird auf das verengt, was Geld bringt und zur materiellen Sicherung des Lebensunterhalts beiträgt. Für Arbeiterfrauen war dieses Ideal der nichtberufstätigen Mutter lange Zeit nicht lebbar, wenngleich es weithin als erstrebenswert aufgefaßt wurde. Für die bürgerlichen Frauen war eine Erwerbstätigkeit ausgeschlossen, und erst im ausgehenden 19. Jahrhundert ist es ihnen in ersten Ansätzen gelungen, diese Verhäuslichung zu durchbrechen und in Berufsfelder einzudringen. Lange Zeit liefen zwei konträre Prozesse gleichzeitig ab: Während Frauen aus „besseren Kreisen“ versuchten, im Erwerbssystem Fuß zu fassen, waren gerade Frauen aus Arbeiterfamilien bestrebt, sich vom Joch der Lohnarbeit zu befreien und sich das bürgerliche Frauenideal zu eigen zu machen. Da die neue Alterssicherung an die Erwerbsarbeit gebunden war, bedeutete dies, daß Frauen keine oder nur geringe eigene Rentenansprüche erwarben. Im Laufe des 20. Jahrhunderts ist die Erwerbsarbeit der Frauen - auch durch eine geringere Kinderzahl - erheblich angestiegen und ist inzwischen meist mehr als ein bloßer Hinzuverdienst. Da aber den Frauen trotz dieser Enthäuslichungstendenzen weiterhin eine primäre Zuständigkeit für die Familie zugeschrieben wird, wirkt sich die Fixierung der Alterssicherung an die Erwerbsarbeit für sie negativ aus.

Das bürgerliche Familienmodell bringt auch eine Emotionalisierung des Binnenraums der Familie hervor. Die romantische Liebe wird zum zentralen ehestiftenden Motiv. Was zunächst nur ein Ideal war, das aufgrund des Angewiesenseins der bürgerlichen Frau auf ein angemessenes und verläßliches Versorgtwerden durch den Ehemann auch gar nicht realisierbar war, wird im 20. Jahrhundert in immer weiteren Kreisen verhaltensbestimmend (vgl. Lenz 1998). Der Erhalt der Abstammung und die Wahrung bzw. die Erweiterung des Besitzes durch Heirat treten als Motive der Partnerwahl zugunsten von Liebe zurück. Die gegenseitige Zuneigung und sexuelle Anziehungskraft verbindet die „Partner" persönlicher, emotionalisiert den Binnenraum der Ehe bzw. der Zweierbeziehung. Auf die Mitglieder der Familie und deren Beziehung untereinander wirkt die Veränderung der Motivlage zurück. Auch die Eltern-Kind-Beziehung hat sich stark emotionalisiert. Kinder haben ihren instrumentellen Wert als Arbeitskräfte und Alterssicherung verloren; im Vordergrund steht der emotionale Wert der Kinder. Die materielle Existenzsicherung des Alters ist nicht mehr an die Anzahl überlebender Kinder gebunden. Für die Autorität der älteren Generation in der Familie haben lange Zeit wesentliche Quellen (Besitz, Abstammung) deutlich an Relevanz eingebüßt. Die Einführung von Rentenkassen hat auch bewirkt, daß Alter materiell von Familie unabhängig ist. Die Generationenbeziehungen müssen sich nunmehr vor allem durch ihre sozial-emotionale Qualität erweisen, durch den Rückhalt, den sich die Familienmitglieder gegenseitig gewähren und der die Familie zum letzten Ort der uneigennützigen Anerkennung der Person als Person macht. Für die emotional auf die Familie bezogenen Alten ist diese dann der Ort, von dem sie im Alter emotional das zurückbekommen (wollen), was sie ihren Kindern in deren Kindheit vermittelt haben. Die Entfamilialisierung der Alterssicherung, daß also Nachkommen nicht mehr „lebendige Versicherungen werden, von denen man alle Mühe später mit Zinsen zurückerwartet" (Horkheimer 1936: 69), gilt jedoch nur im Hinblick auf die materielle Ebene. Die Pflege und Betreuung der alten Menschen bleibt weitgehend in der Zuständigkeit der Familien.

Die Ausrichtung der Moderne auf die Zukunft zwingt die Gegenwart unter einen ständigen Entscheidungsdruck und entwertet die Vergangenheit. Wenn nur noch gewiß ist, daß sich alles ändert, scheint es obsolet, nach Entwicklungen und Prozessen zu fragen, die zur Gegenwart geführt haben. „Ich las einmal die Geschichte einer Gruppe von Menschen, die in einem unbekannten, sehr hohen Turm immer höher stiegen. Die ersten Generationen drangen bis zum fünften Stock vor, die zweiten bis zum siebenten, die dritten bis zum zehnten. Im Laufe der Zeit gelangten die Nachkommen bis in das hundertste Stockwerk. Dann brach das Treppenhaus ein. Die Menschen richteten sich im hundertsten Stockwerk ein. Sie vergaßen im Laufe der Zeit, daß ihre Ahnen je auf unteren Stockwerken gelebt hatten und wie sie auf das hundertste Stockwerk heraufgelangt waren. Sie sahen die Welt und sich selbst aus der Perspektive des hundertsten Stockwerks, ohne zu wissen, wie Menschen dahin gelangt waren. Ja sie hielten sogar die Vorstellungen, die sie sich aus der Perspektive ihres Stockwerkes machten, für allgemein menschliche Vorstellungen" (Elias 1988: 115f). Die Gegenwart und die darin geronnene Vergangenheit werden ihres Gehaltes für die Zukunft beraubt. Ein solches Zeit- und Geschichtsverständnis wirkt auf das Verständnis und den Umgang mit alten Menschen zurück. Diese dokumentieren die körperliche Geronnenheit der gesellschaftlichen Vergangenheit und werden daher bestenfalls als willkommene Zeitzeugen befragt, ihre Schlußfolgerungen, Ratschläge und Prognosen werden hingegen als Anekdoten bzw. Memoiren goutiert (vgl. Kuczyinski 1994, 1997). Alte Menschen hemmen dann nur noch Entwicklungen, da sie z.B. den Umgang mit Bankautomaten nicht beherrschen, im Straßenverkehr zu langsam sind oder die neuen Kulturtechniken der Informations- und Kommunikationstechnologien nicht mehr lernen wollen.

Die Menschen in der Moderne leben in einer von Menschen gemachten Umwelt, dies betrifft sowohl die sozialen Beziehungen als auch die Natur. Die gesellschaftlichen Imperative sind längst auf die Dynamiken der Veränderung ausgerichtet und verlangen Anpassungsbereitschaft und lebenslanges Lernen. Wer dies nicht zeigt (oder nicht mehr zeigen kann), sieht sich einer nicht mehr zu bewältigenden Umwelt ausgesetzt. Es bleibt dann nur noch der Rückzug in selbstverfügbare Räume (z.B. die eigene Wohnung) oder die Ausgrenzung in ghettoähnlichen Institutionen (vgl. Alten-Inseln der Japaner, Sun-City etc.). Die Teilnahme an der alltäglichen gesellschaftlichen Öffentlichkeit wird strukturell ausgegrenzt. Für alte Menschen (selbstverständlich auch für Kinder) ist der Straßenverkehr in bestimmten Ausprägungen längst eine solche Ausschlußstruktur. „In einer Zeit, in der sich der historische Wandel immer schneller vollzieht, stellt die Ausgrenzung der Alten eine unabänderliche, unleugbare Tatsache dar“ (Bobbio 1997: 26).

Die privaten Bereiche bleiben dem eigenen Belieben vorbehalten. Sie bieten keine feste Sinnhaftigkeit, es sei denn, die Menschen gewinnen diese für sich, sie geben ihren privaten Rollen Umriß und Sinn. Dies macht alte Menschen in großem Umfang von ihrer Biographie abhängig. Ob die Freisetzung, also die Entberuflichung und die Entfamilialisierung, im Alter dann mit Sinn gefüllt werden kann bzw. als subjektive Leere und Nicht-mehr-gebraucht-werden empfunden wird, ist somit eine Leistung des Subjekts. Stützende gesellschaftliche Normen, also eine ideelle Form der Generationensolidarität, sind allenfalls im sozialen Nahraum noch erkennbar, aber sie bleiben privat und damit beliebig. „Respektiere Vater und Mutter“ gilt dann noch für die familiären Beziehungen, aber keineswegs als universale Regel für den Umgang mit Alter. Im Privaten mag der Austausch von Lebenseinschätzungen und Lebenserfahrungen noch einen Stellenwert einnehmen, gesellschaftlich bedeutendes Wissen wird längst organisiert gewonnen und weitergegeben.

Einen deutlichen Eindruck, wie alte Menschen mit dieser ständigen Anhäufung von Wissen umgehen, gibt Norberto Bobbio: „Dir bleibt keine Zeit, Dich über eine geistige Strömung zu informieren, und ich sage nicht einmal ‚sich aneignen’, ich begnüge mich mit dem Ausdruck ‚informieren’, denn schon taucht eine neue Strömung am Horizont auf. Man darf durchaus von ‚Moden’ sprechen. Mir schwindelt, wenn ich daran denke, wieviel Aufstiege und Niedergänge, wieviele strahlende Auftritte, auf die jähen Abstürze folgten, wieviele unvermutete Umschwünge vom Gedenken in das Vergessen ein Mensch in meinem Alter schon erlebt hat. Du kannst sie nicht alle verfolgen. Irgendwann bist du gezwungen, keuchend anzuhalten, und dann tröstest du dich und sagst dir: ,Es lohnt sich nicht'" (Bobbio 1997: 29).

In Anlehnung an Carl Améry meint Norberto Bobbio, daß die Grenze des Alters, „in kultureller Hinsicht über sich selbst hinauszuwachsen" (Bobbio 1997: 30), mit etwa 50 erreicht ist. So bleibt die Sinnsuche der alten Menschen vor allem auf sich selbst verwiesen, auf ihre Biographie, ihre Erinnerung und ihre Auseinandersetzung mit dem letzten Lebensschritt, dem Tod. Und damit sind sie beinahe die einzigen Menschen, die sich wägend oder bilanzierend mit ihrem Leben als Ganzem - von der Geburt bis zum Tod - in seiner Sinnhaftigkeit auseinandersetzen können und müssen. Eine Perspektive und ein Thema mit gesellschaftlicher Bedeutung, zumindest aber lohnend für den intergenerativen Diskurs.

Strukturwandel des Alters

In seiner Kurzgeschichte „Die unwürdige Greisin" aus dem Jahre 1954 hat Bertolt Brecht vieles vorweggenommen, was sich in der Gegenwart als Veränderungen der Altersrollen beobachten läßt. Brecht schildert aus der Sicht des Enkels die letzten zwei Lebensjahre der Großmutter in den 20er Jahren, indem er ihre Verhaltensänderungen nach dem Tod des Ehemanns beschreibt. Die Kinder der unwürdigen Greisin sind verwundert, daß die alte Frau (sie ist 72 Jahre) auf einmal das Kino besucht. „Man muß verstehen, daß das nichts Gewöhnliches war, jedenfalls nicht in den Augen ihrer Kinder" (Brecht 1954: 191) und zwar aus zwei Gründen. Erstens entspricht das „Halbstarkenmilieu" nicht den Orten, an denen sich eine alte Frau aufhalten könne, und zweitens, die wichtigere Begründung: „Der Eintritt war gewiß billig, da aber das Vergnügen ungefähr unter den Schlekkereien rangierte, bedeutete es ‚hinausgeworfenes Geld'. Und Geld hinauszuwerfen war nicht respektabel" (Brecht 1954: 191). Als die alte Frau anfängt, jeden zweiten Tag im Gasthaus zu essen, obwohl sie doch ein Leben lang für Familie und Bedienstete gekocht hatte, fragt sich der Sohn, was in sie gefahren sei. Nachdem sie sich auch noch Ausflüge im prächtigen Pferdegefährt und zudem sogar eine Reise in eine zwei Stunden entfernte Stadt zum Pferderennen leistet, fragt zumindest ein vor Ort noch ansässiger Sohn, ob nicht ein Arzt hinzugezogen werden müsse. Schließlich wird sie zur Wohltäterin für eine junge Frau, die als „Krüppel" bezeichnet wird. Sie nimmt sie mit ins Kino und kauft ihr einen Sonnenhut. Ihre Zeit verbringt die alte Frau in Geselligkeit mit neuen Freunden. Familiale Begegnungen werden auf sonntägliches Kaffeetrinken beschränkt. Dagegen unternimmt die Greisin ausgedehnte Spaziergänge durch die Heimat- und Nachbargemeinde und zwar während der Nacht. Nach ihrem Tod, so berichtet der Enkel, wird bekannt, daß die alte Frau eine Hypothek auf das Haus nahm, zum Verbleib des damit erlangten Geldes gibt es nur Vermutungen.

Wenn wir nun am Ende des 20. Jahrhunderts das „Unwürdige" der Greisin bestimmen wollen, so sind uns die Reaktionen der Geschwister auf das Konsum- und Freizeitverhalten der Mutter eher fremd und kleinlich. Wer kennt nicht die heutigen Kämpfe der erwachsenen Kinder mit den alten Eltern, daß diese sich an ihrem Lebensabend mehr gönnen, ausgedehnten Urlaub machen, Geselligkeiten aufsuchen, sich das Leben so angenehm wie möglich machen sollten. Es sind eher die Maßstäbe der Annäherung und immer seltener die Lebenseinstellungen, die in diesen Bereichen die Unterschiede der Generationen ausmachen. Nur das im letzten Abschnitt der Nacherzählung erwähnte Tabu ist ein zwischen allen Generationen geteiltes. Vorhandenen Besitz im Alter aufzubrauchen, erscheint auch noch gegenwärtig als Verletzung der Norm, die Besitz als Erbe bewahren soll. Dieser Aspekt der „Unwürdigkeit" der Greisin dauert auch gegenwärtig unverändert an.

Der Lebensstil der „unwürdigen Greisin" hat ansonsten ihre Unwürdigkeit verloren. Er ist vielmehr inzwischen zum modernen Leitbild des Alters in der Gesellschaft der Gegenwart geworden, die „unwürdige Greisin" erweist sich als Vorläuferin der „jungen Alten". Eine wichtige Voraussetzung ist die Steigerung des materiellen Wohlstands im Alter, der nach dem 2. Weltkrieg für die große Mehrzahl alter Menschen in Deutschland erreicht wurde (vgl. Backes 1998).

Durch die Monetarisierung des Alters in der Moderne mit ihrer entfamilialisierenden und entberuflichenden Wirkung werden die alten Menschen zu einer mächtigen Konsumentenmacht. Für sie werden eigene Produkte (z.B. Mode), eigene Dienstleistungen (z.B. Tourismus) und Angebote (z.B. Werbefahrten ins Blaue) auf den Markt gebracht. Ganze Branchen leben von den Geldern alter Menschen (z.B. Mallorca als größtes kommerzielles Altenheim jedes Jahr von November bis April). Gerade der Konsumbereich zeigt in seiner Produkt- und Dienstleistungsdifferenzierung, wie sehr die biographisierte, singularisierte und pluralisierte Bevölkerungsgruppe der Alten integriert wird (vgl. auch Böhnisch i.d.Bd.). Die mehrtägige Hochgebirgswanderung bzw. die mehrwöchige Rollhoteltour durch Indien gehören ebenso dazu wie der Bildungsurlaub auf einer Mittelmeerkreuzfahrt, der Kreativurlaub mit Töpfern und Aquarellmalen in der Toskana, die Kutschenfahrt durch die Lüneburger Heide etc. Für jede Biographie, jede Gesellungsform und jeden Geldbeutel sind Angebote vorhanden. Selbstverständlich richtet sich die Ausgestaltung der Angebote bis hin zur Essensgestaltung (Portionengröße, Diät und Essenszeiten) an der Zielgruppe aus.

Die Monetarisierung des Alters ist auch die Grundlage für altersspezifische Wohn- und Gesellungsformen (ausführlich hierzu vgl. Abschnitt 4.2 in dieser Einleitung; Fegebank i.d.Bd.). Vom Kauf der Wohnung in einer Altensiedlung oder in einem „Stift" über die (betreute) Altenwohnung oder das Zimmer in der Wohngemeinschaft der Grauen Panther bis hin zur Vernetzung in Altengenossenschaften reicht das Spektrum. Über die Wohnform sind damit altersspezifische soziale Beziehungen meist unter Gleichaltrigen beabsichtigt, die in extremen Formen ganze Siedlungsgebiete (z.B. in Alpen- und Seenähe in Oberbayern) bzw. Städte (z.B. Sun City in Florida) überformen.

Die Anzahl der Geburten nimmt im 20. Jahrhundert, wie im Abschnitt 1 dieser Einleitung bereits angesprochen, deutlich ab. Das Risiko der Frauen bei der Geburt verringerte sich ebenso, wie auch die Kindersterblichkeit erheblich abgesenkt wurde. Für die Frauen ist damit eine Verlängerung der Lebenszeit verbunden. Zudem wird diese mögliche Lebenszeit immer weniger durch Schwangerschaften und Stillen ausgefüllt. Diese Freisetzung der Frau, die vor allem eine Entpflichtung des Körpers (vgl. auch Rudolph i.d.Bd.) ist, ist eine zusätzliche Zeit für Erwerbsarbeit, aber auch die Bedingung der Möglichkeit von Alter.

An der Hierarchie der geschlechtsspezifischen Arbeitsteilung ändert sich wenig. Die beherrschende Figur der Arbeitsteilung ist die Lohnarbeiterexistenz. Nach wie vor steht die Erwerbsarbeit (des Mannes) über der Arbeit für die soziale Reproduktion (der Frau). Der Ehemann ist weithin überwiegend der Hauptverdiener. Im Haushalt bleibt die Frau zuständig für Wohnung, Ernährung, Sauberkeit sowie für die Fürsorge für die Kinder. Lebensbegleitende familienergänzende bzw. -ersetzende Institutionen (Kindergarten, Vorschule, Schule, Krankenhäuser, Altenheime etc.) mit professionalisiertem Personal übernehmen wesentliche Funktionen der sozialen Reproduktion. Dennoch besteht eine Tendenz zur Vergesellschaftung der Reproduktionsarbeit. Der Frau in der Familie verbleibt die lebenspraktische Begleitung und Betreuung des Nachwuchses, die Hausaufgabenlehrerinnenrolle, die Pflege der (Schwieger-)Eltern und vor allem die Gestaltung des sozial-emotionalen Rückzugs- und Rückhaltsraums für den Mann und die Kinder. Durch den Wohnungskomfort, die Technisierung des Haushalts, den Konsum von Kleidung und Ernährung und vor allem durch die geringere Kinderzahl wird die Frau in deutlich gesteigertem Umfang von Haushaltspflichten freigesetzt für Erwerbsarbeit. Der gesellschaftliche Bedarf an der weiblichen Arbeitskraft ist aber sehr unterschiedlich. In Phasen ökonomischer Hochkonjunktur verliert die Frauenerwerbsarbeit ihren kompensatorischen Charakter, in Krisenzeiten dagegen sind es wiederum die Frauen, die als erste entlassen werden. So sind die Frauen das primäre Arbeitsreservoir der modernen Gesellschaft. Die gesellschaftliche Festlegung der Frau auf Mutterschaft fordert von ihr, daß sie ihre Biographie an den Möglichkeiten des Arbeitsmarktes orientiert, während der Arbeitsmarkt bislang wenige Zugeständnisse an die weibliche Biographie macht. Deshalb bleibt die ökonomische Abhängigkeit vielfach bis in das Alter bestehen, da die kürzere Lebensarbeitszeit und die „anderen“ Biographieverläufe der Frauen nicht entsprechend Berücksichtigung finden.

Da die gesellschaftliche Umverteilung im Kern an die Lohnarbeiterexistenz geknüpft ist, wird die Altenpolitik zu einem Gradmesser der wohlfahrtsstaatlichen Entwicklung. Der Beginn des postfordistischen Zeitalters mit dem ökonomischen Umbruch in den 70er Jahren (vgl. Hobsbawm 1995), der nicht mehr konjunkturelle, sondern steigende, strukturelle Arbeitslosigkeit bringt, bricht die wohlfahrtsstaatliche Dynamik. „Es war die historische Tragödie der Krisenjahre, daß die Produktion den Menschen nun deutlich schneller ausgrenzte, als die Marktwirtschaft neue Arbeitsplätze für ihn schaffen konnte“ (Hobsbawm 1995: 516). Die strukturelle Arbeitslosigkeit verändert die Grundlage der materiellen Absicherung. Die Höhe der Renten bzw. das Renteneintrittsalter stehen politisch zur Neuentscheidung an (ausführlicher dazu vgl. 5.1 dieser Einleitung). Diese Krise ist auch eine ökologische Krise, die die Begrenztheit der natürlichen Ressourcen der Erde demonstriert und den moralischen Vorwurf beinhaltet, auf Kosten der Folgegeneration zu leben. Damit werden aber auch Fragen der Gerechtigkeit im Generationenverhältnis aufgeworfen (ausführlicher dazu vgl. 5.3 dieser Einleitung).

Zeigt die Altenpolitik der 70er und anfangs der 80er Jahre noch eine deutliche sozialpolitische Indienstnahme von Entwürfen des Altseins (vgl. Kondratowitz 1995) und damit verbunden auch noch eine wohlfahrtsstaatliche Absicherung (z.B. Alterskompetenz, Alterskapital, Senior, Neue Alte), so kippt diese Politik ab Mitte der 80er und vor allem in den 90ern in eine zunehmend moralisierende Tonlage. Insbesondere die Thematisierung der Kosten des Altseins im Bereich der Krankenversicherung erreicht eine große inhaltliche Nähe zu Themen der Lebensverlängerung vs. würdiges Sterben und Euthanasie (vgl. Dießenbacher 1995; Rie 1990; Schulenburg 1995). In dieser meist von der Wirtschaftlichkeit geprägten Debatte wird mit „Grenznutzen", Kosten-Nutzen und alterskohortenspezifischen Ausgaben argumentiert. Alter erscheint dann im Krankenversicherungsbereich als überdurchschnittlich Kosten verursachende, nicht mehr finanzierbare Lebensphase. Mit dem Verweis auf angelsächsische Modelle der Finanzierung, die z.B. bestimmte Operationen ab einem gewissen Alter nicht mehr vorsehen, wird der Nutzen der Lebensverlängerung im Alter in Frage gestellt. Hierin zeigen sich am Ende des 20. Jahrhunderts Tendenzen einer Infragestellung der Würde von gebrechlichen, verwirrten, kranken Alten, denen über die Kosten ihrer Abweichung von der Normalität die Lebensberechtigung angezweifelt wird. Die Aufwertung des produktiven Alters ist in Gefahr, das nicht mehr produktive Alter - indirekt zumindest - zu einem unnützen zu machen.

Zum Alter gehören die jungen Alten ebenso wie die schwerpflegebedürftigen alten Menschen. In der Gegenwart wird offenkundig, daß sich das Alter durch eine hohe Heterogenität auszeichnet. Das Alter hat verschiedene Gesichter. Es stellt sich die Frage, ob es überhaupt noch möglich und zulässig ist, die Jahre nach der Verrentung in eine Lebensphase zu pressen. Der englische Sozialhistoriker Peter Laslett (1995), der Kindheit und Jugend als „erstes Alter" und das Erwachsenenalter als „zweites Alter" bezeichnet, schlägt in Bezug auf diesen Lebensabschnitt eine Differenzierung in das „dritte" und „vierte Alter" vor. Das „dritte Alter" ist für Laslett die Zeit der persönlichen Errungenschaft und der persönlichen Erfüllung, das „vierte Alter" die Zeit der unabänderlichen Abhängigkeit, der Altersschwäche und des Todes. Einen anderen Weg, die Heterogenität des Alters oder - wie es auch genannt wird - das differentielle Alter deutlich zu machen, zeigt die großangelegte Berliner Altersstudie (BASE) (vgl. Mayer et al. 1997). Ausgehend von 23 Indikatoren wird hier eine Clusteranalyse durchgeführt, die zur Identifizierung von elf Untergruppen führte. Diese Untergruppen alter Menschen werden in der Tab. 1 mit einer Kurzcharakterisierung wiedergegeben.

Gruppe Kurzcharakteristika	%
1 körperlich und geistig sehr fit, lebensfroh	8,4
2 sozial verankert, engagiert und lebensfroh	4,8
3 geistig fit, sozial aktiv, hoher Sozialstatus	10,5
4 durchschnittlich leistungsfähig, aktiv und unterstützt	13,1
5 herzkrank, aber zufrieden, psychisch stabil	6,4
6 relativ gesund und selbständig	16,7
7 kognitiv und sensorisch eingeschränkt	4,5
8 krank, depressiv, ängstlich und einsam	15,6
9 zurückgezogen, passiv, freudlos, wenig unterstützt	8,4
10 kognitiv und sensorisch sehr eingeschränkt (dement), hilfsbedürftig, passiv, fremdbestimmt, sozial benachteiligt, freudlos	5,8
11 sehr gebrechlich, kognitiv und sensorisch sehr eingeschränkt, depressiv und einsam	5,4

Tab. 1: Übersicht über Untergruppen alter Menschen in Westberlin in % (Quelle: Mayer/Baltes 1996: 621/622)

Die ersten drei Gruppen, mit einem Gesamtanteil von 23,7%, umfassen Personen, die relativ gesund sind, ein hohes Maß an sozialen Aktivitäten und eine hohe Leistungsfähigkeit aufweisen. Die Gruppen 4 bis 6 weisen ein durchschnittliches Niveau psychischer und intellektueller Leistungsfähigkeit auf; Unterschiede bestehen im sozioökonomischen Status und in der Gesundheit. Die übrigen fünf Gruppen mit einem Anteil von 36,2% weisen stärkere Beeinträchtigungen auf. Die Gruppen 7, 10 und 11 weisen kognitive, körperliche oder sensorische Beeinträchtigungen auf; in der Gruppe 8 und 9 finden sich Personen mit unterschiedlichen Depressionsprofilen. Die Zugehörigkeit zu diesen Gruppen steht in einem engen Zusammenhang zum Alter. Die 70- bis 84jährigen finden sich vor allem in den Gruppen 1, 2, 3, 4 und 6; die über 85jährigen dagegen in den Gruppen 7, 10 und 11.

Das Alter wird immer vielfältiger, und dadurch verwischen sich immer stärker die Grenzziehungen zur vorangegangenen Lebensphase. Am Ende des 20. Jahrhunderts werden deutliche Auflösungstendenzen der Institutionalisierung des Lebenslaufs sichtbar (vgl. Kohli 1985). Die Erosionsprozesse der Industriemoderne wirken sich unmittelbar auf das Erwerbssystem aus, durch das das Lebenslaufsystem seine besondere Prägung erfahren hat. Die klare Dreiteilung von Vorbereitungs-, Erwerbs- und Ruhephase wird dadurch angegriffen und modifiziert. Durch den Trend zum frühen Ruhestand verliert das Berechtigungsalter immer mehr an sozialer Relevanz (ausführlicher dazu in Abschnitt 5.1 dieser Einleitung und Wiesner i.d.Bd.). Der Berufsausstieg der Alterskohorten streut über einen immer länger werdenden Zeitraum. „Freigestellt" von der Erwerbsarbeit sind immer mehr Menschen, nicht nur im Alter, sondern durch Phasen der Arbeitslosigkeit auch in der vorangehenden Lebensphase. Auch die Ausbreitung der Altersteilzeit und damit eines graduellen Ausstieges aus Erwerbszusammenhängen trägt dazu bei, daß die Grenzziehung an Eindeutigkeit verliert. Da nach dem Ausscheiden aus dem Beruf heute vielfach eine Aussicht auf zahlreiche Lebensjahre in einem guten gesundheitlichen Zustand gegeben ist, erweist sich die Zeit, die dann folgt, vielfach nicht als „Ruhestand“, sondern kann eher als eine neue Aktivitätsphase bezeichnet werden. Bildungsangebote werden wahrgenommen, bis hin zum Nachholen der versäumten Promotion, neue Formen bezahlter Tätigkeiten werden angenommen und ein breites Spektrum sozialen Engagements ausgeübt.

3. Gerontologische Theorien, Theorieansätze und Modelle

Die Herausbildung des Alters als eigenständiger Lebensabschnitt bildete die Grundlage für das Aufkommen der Gerontologie. Der russische Nobelpreisträger Elie Metchnikoff verwandte 1903 in seinem Buch „Etude sur la nature humaine“ als erster den Begriff der Gerontologie zur Benennung der Wissenschaft des Alter(n)s. Ausgehend von ersten Anfängen erlebte die Gerontologie seit den 60er Jahren einen starken Aufschwung.

Die Gerontologie verstand sich zunächst als Altersforschung, d.h. als wissenschaftliche Auseinandersetzung mit Eigenschaften von Menschen, die sich im Zustand des „Altseins“ befinden. Inzwischen widmet sich die Gerontologie verstärkt dem Prozeß des Alterns, einem Prozeß, der - folgt man den Altersklassen in der empirischen Forschung - etwa nach dem 50. oder 55. Lebensjahr einsetzt und bis ins sehr hohe Alter Veränderungen der Persönlichkeit, der Gesundheit oder des körperlichen und geistigen Leistungsvermögens mit sich bringen kann. In bezug auf die wissenschaftsdisziplinäre Verortung der Gerontologie herrscht die Auffassung vor, daß sie ein Forschungsfeld darstellt, welches sich aus zahlreichen „Mutterdisziplinen“ (Kühnert/Niederfranke 1993) speist, dabei aber nicht den Rang einer eigenständigen Disziplin erreicht: So widmen sich verschiedene Wissenschaften neben Forschungszielgruppen im Kindes-, Jugend-, jüngeren oder mittleren Erwachsenenalter auch alten Menschen und betreiben damit Gerontologie. Die Summe dieser Beiträge über die Disziplinen hinweg ergibt das interdisziplinäre Wissenschaftsfeld der Gerontologie. Zu den Mutterdisziplinen zählen neben den eher auf physiologische Phänomene orientierten Fächern Medizin und Biologie heute die Psychologie, Erziehungswissenschaften, Soziologie, Geschichtswissenschaften und Philosophie wie inzwischen auch Zweige der Ökonomie und Rechtswissenschaften. Sicherlich ist bislang die Feststellung zutreffend, daß integrierende theoretische Perspektiven für das gerontologische Feld nicht existieren, was sich angesichts der Breite der Mutterdisziplinen auch als schwieriges Unterfangen erweist. Hinter der (Sozial-)Gerontologie verbirgt sich eine Ansammlung von Wissensbeständen und Theoriebildungen, die sich nur stellenweise durch anschlußfähige Forschungsergebnisse oder interdisziplinäre Theorien zu Knotenpunkten verknüpfen.

Ausgehend von einer interdisziplinären Betrachtung psychologischer und soziologischer Wissenschaftsbeiträge werden im folgenden Theorien, Modelle und theoretische Konzepte aufgezeigt, die in der (Sozial-)Gerontologie fragengenerierend, forschungsleitend und interpretationsbestimmend waren und sind. Als Strukturierungskriterium für den Theorien-Überblick wird - neben einer Berücksichtigung der Chronologie ihres Auftauchens - eine Dreiteilung vorgenommen: Zunächst werden Theorien oder theoretische Standpunkte aufgeführt, die anstreben, Konstanten in Alterungsprozessen bzw. einheitlich generalisierte Modelle der Alterung vorzulegen. Diese Theorien beinhalten normative Vorstellungen über das „normale, natürliche und gesunde" Altern und homogenisieren Alterungsprozesse weitgehend. An zweiter Stelle stehen Theorien oder Modelle, die der Vielfältigkeit des Alterns Rechnung tragen und Erklärungsmuster für die Unterschiedlichkeit innerhalb von alternden Generationen und zwischen Alters- und Alternsphänomenen verschiedener Kohorten durch zeitgeschichtliche Epochen vorlegen. Sie lassen sich unter dem Oberbegriff der Theorien differentiellen Alterns fassen. Drittens erscheinen seit den 80er Jahren theoretische Standpunkte im Feld der Gerontologie, die weniger grundlegend Alterung an sich zu erklären in Anspruch nehmen, sondern eher allgemeine soziologische und psychologische Paradigmen an bisherige gerontologische Konzepte anlegen. Es handelt sich hierbei um gesellschafts- und gerontologiekritische Theorien.

3.1 Normative Alternstheorien und -modelle

Defizit-Modell der kognitiven Entwicklung
Das Defizit-Modell der kognitiven Entwicklung im Alter ist bereits vor dem Zweiten Weltkrieg in den USA im Rahmen von faktorenanalytischen psychologischen Untersuchungen entstanden. Es geht von einer generellen Abnahme der geistigen Leistungsfähigkeit mit steigendem Alter aus. Empirische Basis für die Defizit-Annahme waren u.a. Massen-Auswahltests für militärische Zwecke, Beförderungen etc., wobei Robert L. Yerkes (1921) feststellte, daß die Intelligenz von Männern bereits vom 30. Lebensjahr an nachlasse.

Die Defizit-Perspektive entspricht den bereits angesprochenen Abbildungen von Altersstufen oder Lebenszyklen mit treppen- oder kreisförmigen Darstellungen, bei denen ein mittleres Alter stets den höchsten Punkt einnimmt. Gemessen wurden vor allem damals als erwiesen geltende kognitive und Intelligenzfaktoren. Später gingen Vertreter/innen des Defizitmodells davon aus, daß bestimmte psychische Faktoren eine Abnahme zu verzeichnen haben, z.B. die Schnelligkeit oder Wendigkeit in der Reaktion auf Problemstellungen oder Anforderungen, andere Faktoren aber gleich bleiben können. Zudem sollten diesem Modell zufolge auch emotionale Qualitäten (Sensibilität, Empathie, Tiefe von Empfindungen usw.) zur Neige gehen.

Aufgrund von kritischeren Folgeuntersuchungen (kritisch vor allem den Versuchsanordnungen und den Testmethoden gegenüber, die z.B. schnelle Verarbeitung der gestellten Aufgaben erforderten) galt die Annahme eines allgemeinen Rückgangs der kognitiven Leistungen spätestens in den 80er Jahren als revidiert (Thomae 1985; Lehr 1987; Baltes/Kohli et al. 1989). Entgegengehalten wurde gerade auch aufgrund von Faktorenmessungen, daß verschiedene kognitive Faktoren auch weiter ansteigende Leistung aufweisen können, z.B. das Verfügen über Allgemeinwissen oder die sprachliche Kompetenz (vgl. Hasselhorn i.d.Bd.). Obwohl das Defizitmodell heute wissenschaftlich nahezu überwunden ist, bleibt es weiterhin im Alltagsdenken präsent und bestimmt wesentlich die Haltung gesellschaftlicher Instanzen gegenüber Alten und das eigene Selbstbild.

Disengagement-Theorie

Die Disengagement-Theorie basiert auf der empirischen Feststellung, daß Alte zumeist weniger soziale Kontakte pflegen als Jüngere und weniger in öffentlich wahrgenommenen Aktivitäten engagiert sind. Ihre Hauptvertreter/innen Elaine Cumming und William Henry (1961) nahmen deshalb ein generelles und weitgehend natürliches wie auch notwendiges Rückzugsverhalten aus Aktivitäten und Rollen des mittleren Alters als Charakteristikum des Alternsprozesses an. Als Ursache hierfür wird die entwicklungspsychologische Hinwendung zum herannahenden Tod und das biologische Altern angesehen. Die psychische wie auch soziale Abwendung erfüllt sowohl für die Alten selbst als auch für ihre soziale Umwelt den Zweck, auf den Tod vorzubereiten oder die Folgen des Todes durch die zunehmende Distanz zum „Leben" erträglicher zu machen.

Nach Cumming/Henry wird der Rückzug verstärkt durch materielle Einschränkungen und durch Ausdünnung des sozialen Netzwerks (Partner/inverlust, Verlust von gleichaltrigen Freund/innen). Sinkende Anforderungen der Gesellschaft an die Alten und sinkende Teilnahmebereitschaft und Interesse auf seiten der Alten selbst stellen ein neues Gleichgewicht und damit eine neue Lebenszufriedenheit her. Hierbei spielt insgesamt der intrinsisch motivierte Rückzug eine Rolle.

Entgegengehalten wird der Disengagement-Theorie, daß (a) der Rückzug vor allem bestimmt ist durch die berufliche Ausgliederung, (b) die soziale Ausgrenzung und Benachteiligung alter Menschen eine wesentliche und eigentliche Ursache des Rückzugs sei, (c) der Rückzug häufig nicht mit Zufriedenheit geschehe, was bei einer „Natürlichkeit" oder beim Zustandekommen eines neuen Mensch-Beziehungsumwelt-Gleichgewichts eigentlich der Fall sein sollte. Das empirisch festgestellte Disengagement wird heute eher als Reaktion der Alten auf zunehmenden Ausschluß interpretiert (Baltes/Baltes 1990; Lehr 1987; Rosenmayr 1991; Baltes/Montada 1996).

Aktivitätstheorie

Als Reaktion auf die Defizit- und die Disengagement-Theorie kann die bereits seit den 60er Jahren entworfene Aktivitätstheorie gewertet werden, die sich ebenfalls zentral der Frage der Zufriedenheit zuwendet (Tartler 1961; Baltes/

Baltes 1990, 1992; Baltes 1995; Baltes/Montada 1996). Die Aktivitätstheorie konstatiert zunächst neutral, daß mit dem Altwerden in den modernen Industriegesellschaften tatsächlich Rollen- und Funktionsverluste (in Beruf, Familie etc.) verbunden sind und diese in der Regel als negativ empfundenen Verluste häufig mit demotivierenden psychosozialen Folgen für die Alten verbunden sind; deshalb kommt es dann zum Rückzug und letztendlich auch zum schleichenden Verlust von Fähigkeiten. Da aber nicht grundsätzlich von einem Abbau kognitiver und sozialer Kompetenzen ausgegangen werden kann, kann durch kontinuierliche an die Alten gestellte Anforderungen und neue Sinngebungen das Leistungsvermögen erhalten bleiben oder sich in einzelnen Bereichen sogar noch steigern, bis ganz konkrete körperliche Veränderungen dem eine Grenze setzen (also z.B. Einschränkung der Sinnesorgane etc.). Die menschliche Natur sei auf Tätigkeit hin ausgerichtet, so die Grundannahme dieser Theorie, und deshalb laufe Untätigkeit der Natur zuwider. Tätigkeit muß dabei nicht unbedingt „Produktivität" bedeuten, sondern kann auch als unproduktiv bewertete Beschäftigungen wie Lernen von Fremdsprachen oder Lesen umfassen. Auch Krankheit und Behinderung schließen Aktivität in diesem breitgefaßten Sinn von Beschäftigung nicht aus, sondern erfordern nur besondere Formen der Aktivität. Wichtig ist demzufolge also die Kompensation der Rollen- und Funktionsverluste durch neue Aufgaben, Rollen, Aktivitäten.

Die Anforderungs-Leistungs-These ist empirisch vor allem medizinisch und psychologisch belegt. Sozialmedizinische Untersuchungen z.B. zeigen, daß verminderte körperliche Leistungsfähigkeit oder verminderte funktionale Kompetenzen nicht nur durch Krankheit und Alter bedingt seien, sondern vor allem durch Mangel an körperlicher Betätigung und durch allgemeine Passivität. Hochbetagte, die noch bei recht guter Gesundheit sind, haben ein eher aktives Leben geführt. Außerdem soll Aktivität - vor allem soziale, z.B. mit Bekannten, Freund/innen, Nachbar/innen - eine der wichtigsten Voraussetzungen für Lebenszufriedenheit oder für ein positives Selbstbild im Alter sein, wobei sowohl die Häufigkeit von Kontakten als auch deren emotionale Qualität relevant sind. Die Vertreter/innen der Aktivitätstheorie gehen deshalb auch davon aus, daß „aktives Altern normales Altern" sei und Rückzug und Passivität, die oft mit Unzufriedenheit einhergehen, Folgen von Rollen- und Aufgabenverlust sind.

Die Ausübung instrumenteller Alltagsaktivitäten (Körperpflege, Hausarbeit etc.), eingeschränkter beruflicher Tätigkeiten und vieler Freizeitaktivitäten sei den meisten Alten bis ins achte oder neunte Lebensjahrzehnt hinein potentiell möglich; Grenzen werden gesetzt durch Einschränkungen aus geistigen und physischen Krankheiten oder Behinderungen, die z.T. im Alter nicht mehr ausreichend medizinisch behandelt oder rehabilitiert werden (können). Einschränkungen finden vor allem in Form von sensorischen und motorischen Schwächen statt, aber auch in diesen Fällen ist das Ausüben angepaßter Aktivitäten wichtig, um die weitere Reduzierung zu verlangsamen. Margret und Paul Baltes (1990) verfeinern die Aktivitätstheorie mit dem „Prinzip der selektiven Optimierung mit Kompensation". Je älter (reifer) jemand wird, desto mehr ist er oder sie in der Lage, solche Lebensbereiche und Aktivitätsterrains auszuwählen und sich darauf zu konzentrieren, die subjektiv wichtig und positiv besetzt sind. Er oder sie verwendet Kraft und Aufmerksamkeit darauf, diese in der Lebensführung gut auszugestalten und sie im Alter aufrechtzuerhalten, auch wenn sie durch persönliche oder äußere Veränderungen bedroht sind. Einschränkungen oder Verschlechterungen werden durch Anpassungsleistungen oder Ersatzfunktionen kompensiert. Erfolgreich altert, so Baltes/Baltes, wem dieses gelingt. Als problematisch ist jedoch zu vermerken, daß die in der westlichen Gesellschaft für Alte verfügbaren Rollen und Aufgaben häufig Ersatz-Charakter oder Beschäftigungstherapiecharakter haben, wenig gesellschaftliche Wertschätzung erfahren (Rolle der Großmutter) oder auch von Alten selbst abgelehnt werden, da sie nicht ihrer Lebenserfahrung und Lebenswelt entsprechen.

Kritiker/innen der Aktivitätstheorie verweisen darauf, daß die Vorstellung „aktives Alter gleich gutes, erfolgreiches Alter“ zuwenig Augenmerk auf die gesellschaftlichen, ökonomischen und sozialen Bedingungen richtet, die mögliche Aktivität erleichtern oder beschränken und Passivität geradezu herbeiführen; aktiv zu sein oder nicht, liegt nicht allein oder primär in der subjektiven Willensentscheidung der Alten begründet, sondern vielmehr in den Chancen, die die Gesellschaft ihnen läßt. Sie konstatieren, „... daß diese Position in Wissenschaft und Politik Schwierigkeiten und Probleme des Alterns und in Alterssituationen der Tendenz nach unterbewertet und verharmlost“ (Enquete-Kommission 1994: 384). Außerdem liegt die Aktivitätstheorie zu eindeutig im Interesse einer Sozialpolitik, die einseitig auf Aktivität als Programm für alle setzt und konkrete sozioökonomische und gesundheitliche Problemlagen und vor allem auch Mißstände etwa im Pflegebereich aus der öffentlichen Auseinandersetzung ausblendet.

Der Aktivitätstheorie wird sehr fundamental in Kritik gestellt, daß ihr eine einseitige Orientierung an einem Begriff von Leistung und Leistungsfähigkeit zugrunde liegt. Christel Schachtner (1988: 20) kommt zu folgender Einschätzung: „Eines haben die beiden Konzepte (Defizit- und Aktivitätskonzept, Anm. d.A.) dennoch gemeinsam: nämlich die Orientierung an einer einzigen Normalität, an der die Fähigkeiten alter Menschen gemessen werden. Die Vertreter des Defizitmodells behaupten, daß die Alten dieser Normalität nicht mehr gerecht werden, die Vertreter des Gegenmodells weisen die generell unterstellte Normalitätsabweichung zurück. Doch auch für sie bleiben die Leistungsansprüche dieser Normalität Maßstab, der nicht hinterfragt wird. Damit laufen sie Gefahr, bei der Zurückweisung der den Älteren zugeschriebenen Schwächen stehenzubleiben. Sie verlieren leicht den Blick für den möglichen Realitätsgehalt dieser Zuschreibungen, übersehen, daß sich das Alter durch normabweichende Besonderheiten auszeichnet. ... Zum Alter gehören nun auch mal Falten, Veränderungen der Konzentrationsfähigkeit und -bereitschaft, zittrige Hände, ein schlaffer Bauch. Ob diese Alterserscheinungen als defizitär zu gelten haben, das ist eine ganz andere Frage. Sie wird entschieden vor dem Hintergrund dessen, was als wünschenswert angesehen wird.“

Weiterentwickelt wurde die Aktivitätstheorie in den letzten Jahren im Rahmen der Sozialgerontologie im Hinblick auf sozioökonomische und Schichtunterschiede innerhalb der alten Bevölkerung. Es wird darauf hingewiesen, daß je nach Schichtzugehörigkeit sehr unterschiedliche Chancen auf Rollen- und Aktivitätserhaltung bestehen und auch Wert auf die Auseinandersetzung mit der Lebenserfahrung der Alten gelegt wird (vgl. Karl 1991, 1993).

3.2 Theorien differentiellen Alterns

Differentielle Theorieansätze gehen nicht mehr von einem zwangsläufigen Abbautrend wie im Defizit-Ansatz aus, sondern führen Merkmale des Alterns, das in Phasen (Erikson 1966) und mit „Entwicklungsaufgaben" (Havighurst 1943, 1963) verläuft, auf individuelle Persönlichkeitseigenschaften und grundlegende Lebenshaltungen und deren Konstanz oder Veränderung zurück. Stark verallgemeinernde Ansätze zur Erklärung des Alterns werden abgelehnt, und stattdessen wird der Individualität und Heterogenität des Altwerdens und Altseins nachgegangen. Je nach persönlicher Lebensführung, Beruf, Bildung, Gewohnheiten, Haltungen und Orientierungen, nach ausgeübten Rollen, nach kognitiver und verhaltensmäßiger Starrheit oder Flexibilität und Lernfähigkeit als Charaktereigenschaften können sich einzelne Personen im Alterungsprozeß weiterentwickeln und sogar ihre geistigen Fähigkeiten ausbauen, andere verharren auf dem Status quo oder erleiden wirklich einen Abbau, da sie sich nicht neuen Anforderungen, wie die veränderte Lebensweise im Alter sie mit sich bringt, aussetzen oder diese nicht bewältigen können.

Alter in entwicklungspsychologischer Sicht

Aus der Entwicklungspsychologie kommend, arbeiteten Hans Thomae und Ursula Lehr u.a. seit etwa 1970 an der subjektorientierten Theorie des Alterns. Thomae und Lehr waren weniger daran interessiert, allgemeingültige Feststellungen über die Alterung an sich zu treffen, sondern zu erklären, wie die unterschiedlichen Beobachtungen und Forschungsresultate über das Leben alter Menschen in einen übergreifenden theoretischen Rahmen gefaßt werden können. Sie fragen danach, wie Individuen ihre Lebenssituation und die Veränderungen des Körpers und der eigenen Persönlichkeit subjektiv interpretieren, welche Erfahrungen aus dem Lebenslauf zu welchen Interpretationsmustern führen, welche Bedürfnisse jemand subjektiv verspürt und in welchem Verhältnis diese zu den wahrgenommenen Möglichkeiten (also den sozialen und anderen Umweltbedingungen) stehen. Von Bedeutung sind dieser Theorie zufolge weniger die objektive Lebenslage oder objektive Veränderungen, sondern die Haltung, mit der die alternde Person diesen begegnet und diese für sich deutet (Thomae 1971, 1983; Lehr 1978; 1987; 1991). Der wichtige Begriff dabei ist die „kognitive Repräsentanz" der Lebensbedingungen und -erfahrungen. Gegenstand der Altenhilfe könne entsprechend sein, ältere Menschen zu positiveren Interpretationen ihrer persönlichen Veränderungen, ihrer Lebenssituation und -lage zu ermutigen, d.h. also zur Umdeutung von wahrgenommenen Verhältnissen und Bedingungen.

Diese subjektorientierte Theorie des Alterns läßt sich in drei Grundüberlegungen fassen:

1. Für das Verhalten, die Haltungen und Einstellungen einer Person ist es bedeutsamer, wie die objektiven Bedingungen subjektiv wahrgenommen und gedeutet oder bewertet werden und weniger relevant, wie sie objektiv aussehen.
2. Veränderungen in der Lebenssituation werden subjektiv interpretiert; wie das geschieht, hängt von individuellen Bedürfnissen, Wünschen, Erwartungen, aber vor allem auch von gelebten Erfahrungen und daraus gezogenen Resümees ab. Wichtig sind hierbei auch das soziale Umfeld, die Bezugspersonen, die Gruppe, mit der sich jemand vergleicht. Diese Personen beeinflussen die individuellen Interpretationen und Relevanzsysteme.
3. Für Zufriedenheit mit dem Altwerden und Altsein ist eine Ausgeglichenheit zwischen individuellen Bedürfnissen und Erwartungen und subjektiv wahrgenommener Realität der Lebenssituation ausschlaggebend. Daraus folgt, daß Unzufriedenheit oder Unglücklichsein dadurch verbessert werden könne, daß die Betroffenen zu einer anderen Interpretation der Realität angeleitet werden; kraß formuliert: durch Manipulation der Wahrnehmung. Es gibt demnach nicht den generalisierbaren Verlauf der Alterung, sondern nur individuelle Verläufe.

In einer entwicklungspsychologischen Betrachtungsweise von Alter nimmt die Kontinuitätshypothese breiten Raum ein. Die Kontinuitätshypothese interpretiert - mit deutlichen Anleihen bei der lebenslaufbezogenen Perspektive - Alters- und Alterungsphänomene als Folge praktizierter Lebensführung und Lebensstile (Lehr 1987, 1991). Die Kontinuitätshypothese geht davon aus, daß zufrieden altert, wer weitgehend seinen oder ihren Lebensstil beibehalten kann (sei dieser aktiv oder passiv gewesen, also im Widerspruch zur Aktivitätstheorie). Aufgrund der kumulierenden Lebenserfahrungen und biographischen Entwicklungen prägt sich Individualität (nicht Individualismus!) immer mehr aus, und eine individuelle Form des Lebens im Alter wird gesucht. Charakteristische Haltungen werden beibehalten, und Zufriedenheit stellt sich ein, wenn Lebenslage und -bedingungen erlauben, daß der einmal eingeschlagene Weg weiter gegangen werden kann. Obwohl es zunächst paradox erscheint, können auch bewußt praktizierte „neue Lebensführungen" in diesem Modell interpretiert werden. Wer etwa nach der Pensionierung oder nach dem Verlust der Partner/in ein „neues Leben beginnt", hat dieses zumeist schon zuvor antizipiert oder gewünscht, konnte es nur aufgrund der Lebenssituation und der Einbindung in Zwänge nicht verwirklichen. Hier ist demzufolge eine Konstanz von Bedürfnissen, Wünschen, Vorlieben etc. vorhanden.

Krisen treten ein, wenn die Erwartung durch Veränderungen in der Lebenssituation durchkreuzt wird. Allerdings ist auch in bezug auf Krisen und Veränderungen zu berücksichtigen, daß Menschen, die öfter in ihrem Lebenslauf Änderungen oder manifeste Probleme zu bewältigen hatten, dieses auch im Alter leichter bewältigen und konstruktiv lösen (Faltermaier et al. 1992). Wer selten vor Problemen stand, wird im Alter durch Veränderungen leichter aus der Bahn geworfen - Kontinuität also nicht nur im Hinblick auf Lebensstil und -führung selbst, sondern auch in bezug auf Haltung gegenüber und Reaktion auf krisenhafte Lebensereignisse (Mader 1995).

Einwände gegen diese Position, vor allem von Autor/innen, die sich der sozioökonomischen Lage alter Menschen widmen, betonen, daß hier über die Bedeutung objektiver Sachverhalte hinweggegangen wird und lediglich die Repräsentanz von Wahrgenommenem eine Rolle spielt. Demzufolge sei es irrelevant, ob jemand (nicht nur) im Alter z.B. in materieller Not lebe, sofern er oder sie dieses als zufriedenstellendes Auskommen betrachte. Sozialpolitischen Forderungen nach Gewährleistung materieller Grundsicherungen werde damit der Boden entzogen.

Alter in der lebenslaufbezogenen Perspektive

Weitgehend als Pendant zu dieser entwicklungspsychologischen Perspektive hat sich in der Soziologie eine lebenslaufbezogene Perspektive entfaltet. In der Lebenslaufperspektive wird Altern nicht als quasi-natürlicher und vorbestimmter Verlauf aufgefaßt, der zu einem bestimmten Zeitpunkt einsetzt, sondern als lebenslanger, dynamischer und stark kontextgebundener Prozeß. Kontextuell relevant sind soziale Beziehungen und Milieus, die jeweiligen für Altersphasen geltenden kulturellen Bedeutungen und die soziostrukturelle Verortung innerhalb der Gesellschaft. Empirisch von Interesse sind vor allem altersbezogene Übergänge und damit verbundene Statuspassagen wie z.B. der Eintritt in das Rentenalter oder die Übernahme des Status der Großelternschaft (Schaie/Willis 1995). Die Übergänge und die individuelle „Einrichtung“ in der neuen Phase werden unter den Einflüssen von zeitgeschichtlichen Bedingungen, bestimmten gesellschaftlichen Phasen mit bestimmten Leitbildern und damit im Konzept der Kohorten betrachtet, sowohl mikrosoziologisch (in den USA Hagestad/Neugarten 1985; Elder 1991) wie makrosoziologisch (in Deutschland Kohli 1978, 1986; Mayer 1990; Mayer/Zuckerman 1993; Mader 1995). Untersucht wird beispielsweise, wie einschneidende historische Ereignisse - z.B. in den USA die „Great Depression“ der 20er Jahre (Elder 1974) und in Deutschland der Zweite Weltkrieg (Mayer 1990) - und der Zeitpunkt in der Biographie, zu dem eine bestimmte Geburtskohorte sie erlebt, also z.B. im frühen Jugendalter oder als junge Erwachsene, den weiteren Lebenslauf und die weitere Lebensführung prägen und strukturelle Unterschiede zwischen Geburtskohortengruppen auch im Alter nach sich ziehen. Hinzugezogen werden Konzepte wie Lebenslage und Sozialstruktur, der Begriff der kritischen Lebensereignisse (Mayer 1990) als ganze Generationen betreffende, kollektive

Erklärungsfaktoren oder die Standardisierung von (männlichen) Lebensläufen durch Erwerbsarbeit (Kohli 1986, 1993). Hiermit lassen sich Muster von Lebensführungen in bestimmten sozialstrukturellen Milieus wie auch Problembewältigungsmuster im Alter verständlich machen. Martin Kohli betont u.a., daß sich psychosoziale Probleme im Alter dadurch ergeben können, daß die heute alten Kohorten in einer weitgehend durch Erwerbsarbeit strukturierten Gesellschaft ihr junges und mittleres Erwachsenenalter verbracht haben. Für die in der individuellen Biographie und auch kollektiv zunehmenden Jahre nach dem Ende der Erwerbsarbeit fehlen jegliche Standardisierungen; dieses muß individuell kompensiert werden.

In diesem Zusammenhang ist auch auf das aus dem Strukturfunktionalismus stammende „age-stratification"-Modell zu verweisen. Matilda und John Riley (1994), Matilda Riley (1994) und Matilda Riley/Robert Kahn et al. (1994) untersuchen die Rolle sozialer Strukturen im Prozeß der individuellen Alterung und gesellschaftliche Altersschichtungen. Dabei formuliert ihr Ansatz drei Hauptkomponenten von „age stratification": die Bewegung von Geburtskohorten durch die Zeitverläufe, die Dissynchronität von individuellen und strukturellen Veränderungen über die erlebte Zeit hinweg und die Interdependenz von bestimmten Kohortenmerkmalen und sozialstrukturellen Phänomenen. Matilda Riley/Robert Kahn et al. (1994) erarbeiten dabei das Konzept des „structural lag". Die Lebenserwartung erhöht sich, ohne daß Strukturen für das Leben im Alter nach dem Ende der Erwerbstätigkeit oder der familialen Reproduktionsarbeit bestehen. Alte werden aus einem zuvor hochstrukturierten Leben in eine offene, nicht durch Vorgaben geregelte Situation entlassen. Nach Ansicht von Riley et al. fehlt der Gesellschaft eine verstärkte Altersintegration durch verschiedene strukturelle Bereiche hindurch.

Der wesentliche Beitrag der „age-stratification-theory" liegt in ihrem Versuch, die Effekte gesellschaftlicher Alters-Schichtung von denen langfristiger Lebenslaufmuster von Kohorten analytisch zu trennen sowie Variationen innerhalb der Gesamtgruppe älterer Menschen nach Kohorten zu verfolgen. Wie in allen struktur-funktionalistischen Theorien wird dabei jedoch weder individuellem Handeln oder der Selbststeuerung im Prozeß der Alterung Bedeutung zugemessen, noch untersucht, wie gesellschaftliche Machtkonstellationen Altersschichtungen produzieren.

In Verbindung mit der entwicklungspsychologischen Kontinuitätshypothese gewinnt das Stichwort der Alterskohorten an Relevanz, um wissenschaftliches Augenmerk auf das Altwerden verschiedener Geburtskohorten zu richten, statt von generalisierbaren Annahmen über die Alterung auszugehen (Schaie/Willis 1995). Durch epochale Ereignisse, zeitgeschichtlich bestimmte Lebensbedingungen, hegemoniale Ideologien und entsprechende Erfahrungen geprägt, altern Menschen heute insgesamt anders als vor 30 oder 100 Jahren. So sind in Deutschland etwa der Zweite Weltkrieg, das westdeutsche Wirtschaftswunder oder die ostdeutsche Wende Ereignisse, die prägende Einflüsse auf weite Teile einer Generation ausüben. Ausschlaggebend hierbei ist auch, in welcher Lebensphase Menschen von welchen Ereignissen und Ideologien betroffen oder berührt waren (Kohli 1986). Wurde z.B. eher die frühe Kindheit oder die Jugend und das junge Erwachsenenalter im Nationalsozialismus verlebt? Betraf die Familienrestauration und die Ausgliederung von Frauen aus der Erwerbsarbeit in den westdeutschen 50er Jahren eine Frau im jüngeren oder im mittleren Alter? Konnte eine Frauengeneration noch von den Frauenbildungs- und Erwerbseingliederungsprogrammen der DDR profitieren oder nicht mehr?

Auch auf Kohorten im Kontext makrosoziologischer Entwicklungen nehmen Autor/innen Bezug, die Alter unter sozioökonomischen Fragestellungen thematisieren (Bäcker 1992; Backes 1993a, 1993b; Bäcker/Naegele 1993; Naegele/Tews 1993; Dieck 1994; von Kondratowitz 1994; Veröffentlichungsreihen des Dortmunder Instituts für Sozialgerontologie und des Deutschen Zentrums für Altersfragen in Berlin). Als grundlegendes Bestimmungsmoment wird die Stellung der Alten im Verhältnis zur produktiven Arbeit, neuerdings auch die Rolle der Alten als Wirtschaftsfaktor (z.B. Konsument/innen) thematisiert. Hiermit wird deutlich, daß die sozioökonomische Betrachtungsweise - sofern sie nicht an grundlegende gerontologische Überlegungen gekoppelt ist - keine Theorie des Alterns an sich präsentiert, sondern im wesentlichen die Bedingungen, unter denen Alterung z.B. in Deutschland stattfindet, zum Inhalt hat.

Die Lebenslaufperspektive ist damit als ein sich aus verschiedenen disziplinären Zugängen speisender Erklärungsansatz geeignet, Geschichte, Sozialstruktur und individuelle Bedeutungen von Lebenserfahrungen in ein theoretisches Modell einzubinden. Nach Vern Bengtson et al. (1997) kann dem Lebenslauf-Ansatz (noch) nicht der Status einer in sich kohärenten gerontologischen Theorie zuerkannt werden - es handelt sich vielmehr um ein Rahmenkonzept, das wichtige Faktoren zur Erforschung und Erklärung von individuellen und gesellschaftlichen Alterungsprozessen in das Interesse rückt. Theoretisch weiterführend sind zudem Versuche, die „life-course"-Perspektive mit interpretativ-ethnomethodologischen Untersuchungskonzepten zu koppeln (Rubinstein 1990, 1992, s.u.).

3.3 Gerontologiekritische Theorien

Altern in feministischer Perspektive

Alter wird in der feministischen Perspektive sowohl auf individuelle Verläufe wie auf makrosoziologische Fragestellungen (z.B. sozioökonomische Ungleichheit) hin betrachtet. Feministische Ansätze kritisierten zunächst die mangelnde Berücksichtigung von Frauen in der Gerontologie bis in die frühen 80er Jahre hinein. Hier ist festzuhalten, daß häufig empirische Untersuchungen mit ausschließlich oder überwiegend männlichen Probanden durchgeführt und die Resultate als allgemeingültig für alte Menschen beiderlei Geschlechts bewertet wurden (Reinharz 1986). Zudem erwies sich als fragwürdig, inwieweit übliche empirische Studien zum kognitiven Leistungsvermögen Älterer, vor allem Intelligenztests, sich Operationalisierungen bedienten, die einseitig an Fähigkeiten ausgerichtet waren, die eher im typisch männlichen Lebenslauf entwickelt und trainiert werden und deshalb das „andere“ Leistungsprofil von (älteren) Frauen nicht erfassen (Lehr 1987). Das Geschlecht ist der feministischen Gerontologiekritik zufolge stets als systematische Variable zu berücksichtigen. Differenztheoretische wie sozial-konstruktivistische Auffassungen feministischer Wissenschaft sind sich darüber einig, daß das tendenziell negative Bild über (alte) Frauen Resultat patriarchaler Wissenschaftsparadigmen (Harding 1990, 1994) ist, mit denen Maßstäbe an persönliche Entwicklung und Lebensführung von Männern und Frauen angelegt werden, die sich an männlicher Normalität orientieren und der „anderen“ Qualität weiblichen Alterns nicht gerecht werden können. Dieselbe Kritik formulieren auch Gerontologinnen, die sich nicht als feministisch verstehen, aber in ihren Resümees gerontologischer Forschung die empirische Vernachlässigung alter Frauen bzw. für die Lebensführung alter Frauen relevanter Fragestellungen feststellen mußten (Fooken 1980, 1984; Lehr 1978, 1987; Müller-Daehn/Fooken 1993).

Unter makrosoziologischen Themenstellungen erarbeiten feministische Beiträge primär die Ungleichheit zwischen alten Männern und Frauen im Hinblick auf ökonomische Lage und gesellschaftlichen Einfluß sowie die strukturelle Aussonderung alter Frauen aus öffentlichen gesellschaftlichen Sphären. So wird die materielle Benachteiligung alter Frauen gegenüber gleichaltrigen Männern und gegenüber Jüngeren als Ergebnis eines diskriminierenden Rentenversicherungssystems und der gesellschaftlichen Abwertung von Reproduktionsarbeit sowie der zu Lasten von Frauen gehenden geschlechtsspezifischen Segregation von Erwerbsarbeit untersucht (Backes 1983, 1993a, 1993b; Calasanti/Zajicek 1993; Dieck 1994). Diese Perspektive wurde u.a. zu einer „feministischen politischen Ökonomie des Alterns“ (Arber/Ginn 1995) ausgeweitet, wobei z.B. die Bedeutung der Arbeit älterer Frauen in der Organisation informeller Pflege und Gesundheitsversorgung analysiert wird (Stoller 1993). Feministische Orientierungen stellen des weiteren unter Rückgriff auf die Lebenslaufperspektive das Geschlecht als primäres Organisationsprinzip von Biographien und von Erfahrungen des Altwerdens in den Mittelpunkt ihrer Analyse (Ginn/Arber 1995; Laws 1995).

Feministische Auseinandersetzungen mit (weiblichem) Altern bilden keineswegs eine einheitliche Theorie innerhalb der Gerontologie. Sie sind eher als theoretisch ausgefeilte Wendungen bestehender Theorienansätze wie der Entwicklungspsychologie, des Lebenslaufparadigmas, sozioökonomischer Erklärungsmuster oder des Konstruktivismus zu charakterisieren, die der Tatsache Rechnung tragen, daß mit der lebenslangen geschlechtsspezifischen Sozialisation keineswegs von einer Nivellierung von Geschlechterunterschieden im Alter ausgegangen werden kann und Lebenslagendisparitäten der Geschlechter im Alter ebenso erhalten bleiben. Insgesamt fehlen bisher Versuche systematischer feministischer Theoriebildungen zum Alter, da Alter und Alterung bislang wenig Interesse im feministischen Wissenschaftsfeld fanden (Reinharz 1986; McMullin 1995).

Altern aus sozial-konstruktivistischer Sicht

Als ein Vorläufer der sozialkonstruktivistischen Perspektive setzte sich das sozialpsychologische Konzept der Stigmatisierung in den 70er Jahren - jedoch später kaum explizit weiterverfolgt - mit den sozialen Attribuierungen zum höheren Lebensalter auseinander (Hohmeier/Pohl 1978). Zwar seien konkrete biologische Prozesse Ursachen von Veränderungen, zum Teil auch von geistigem Abbau, aber das Gesamtphänomen des psychosozialen Alterns ist nach Jürgen Hohmeier und Hans-Jürgen Pohl Resultat komplexer sozialer Zuschreibungen von Eigenschaften und dient der Identifizierung von Alten als „Problemgruppe". Die dem Alter zugeschriebenen Eigenschaften sind hauptsächlich negativer und abwertender Natur, deshalb kann von Stigmatisierung gesprochen werden. Dieser Druck von seiten der Umwelt ist so hoch und komplex, daß die Alten die Stereotype übernehmen, die sie selbst auch ihr Leben lang gelernt und als Junge auf Alte projiziert haben. Sie interpretieren sich selbst, ihre Wünsche und Bedürfnisse und ihre Probleme im Rahmen dieser Bilder und passen ihr Verhalten den Erwartungen an. Handlungsweisen, die Umwelterwartungen widersprechen, werden leicht als „aus der Rolle fallen" oder „senil" disqualifiziert und führen zu immensen Verunsicherungen und Resignation bei den Alten. Zum Stigmatisierungsprozeß trägt zudem noch bei, daß Stigmata leicht auf der Basis von vorschnellen Generalisierungen entstehen: An einer Person wird ein typisches Merkmal des Altseins wahrgenommen und davon ausgehend auf die gesamte Person geschlossen. Z.B. wird aufgrund von Schwerhörigkeit geschlossen, jemand sei „schon senil", die Person wird nicht mehr ernst genommen. Dieses wiederum verunsichert die Betroffenen, sie verhalten sich in der Folge möglicherweise mißtrauisch, und ihr weiteres Verhalten wird als Bestätigung der Senilität interpretiert.

Gegen vorschnelle Annahmen der „Natürlichkeit" derjenigen sozialen und psychischen Phänomene, die wir meinen als eindeutige Faktoren von Alterung klassifizieren zu können, wendet sich heute die sozial-konstruktivistische Perspektive zur Alterung. Ihr Anliegen ist das Verstehen des Alterungsprozesses des Individuums als Produkt sozialer Bedeutungskonstruktion und der Einflüsse (altersbezogener) sozialer Strukturen einer Gesellschaft (Neugarten 1985; Rubinstein 1990, 1992). Die theoretischen Wurzeln liegen u.a. im symbolischen Interaktionismus (Blumer 1973), in der phänomenologischen Soziologie (Berger/Luckmann 1969) und im Forschungsprogramm der Ethnomethodologie (Garfinkel 1967). Bei dem symbolischen Interaktionismus steht im Zentrum, wie sich Identitäten von Menschen im über das Symbolsystem der Sprache laufenden Kommunikationsprozeß zwischen Subjekten entwickeln und welcher Stellenwert dabei Verhaltenserwartungen zukommt. Hierbei ist von Bedeutung, daß über die Summe permanenter interaktioneller Aushandlungsprozesse in einer Gesellschaft verschiedene stabile normierte Verhaltenserwartungen und

Rollen gebildet werden, die an das Individuum herangetragen werden bzw. es beeinflussen. Wie das Geschlecht steht auch das Lebensalter eines Menschen mit der Identität und mit solchen relativ normierten Verhaltenserwartungen in Verbindung, da es wie das Geschlecht als offen wahrnehmbare (Aussehen, Stimme etc.) und „unhintergehbare“ Eigenschaft wesentlich in die Interaktion zwischen dem Subjekt und seiner sozialen Umgebung einfließt. Nahezu ebenso stark wie eine im äußerlichen Erscheinen uneindeutige Geschlechtszugehörigkeit kann auch eine unklare Alterszugehörigkeit (fremde) Interaktionspartner/innen verunsichern und sie dazu veranlassen, den anderen zu einer Offenbarung des (ungefähren) Alters aufzufordern.

Das Augenmerk des konstruktivistischen Ansatzes in der Gerontologie liegt demzufolge auf den Austauschprozessen zwischen (alten) Individuen und den Menschen und Institutionen, mit denen sie kommunizieren. In der Gesellschaft existieren bestimmte Annahmen und recht gefestigte Vorstellungen darüber, was ein alter Mensch „ist“. Aufgrund des äußerlichen Erscheinungsbildes oder des kalendarischen Alters werden jemandem Labels zugeschrieben wie „hilfebedürftig“, „leistungsschwach“, „weise“ oder „abgeklärt“, da diese dem sozial konstruierten Konzept des Alters entsprechen. Im sozialen Diskurs und durch wechselseitige Aushandlung übernehmen „Alte“ überwiegend diese Konzepte (die sie im übrigen selbst früher für damals Alte bereithielten) in ihre soziale Identität und vermutlich auch in ihre Selbst-Deutung (persönliche Identität), womit sie mehrheitlich das gesellschaftliche Konstrukt „Alter“ und die damit verbundenen Bedeutungen reproduzieren. Zwar hat das Subjekt die Wahl zwischen konformem Verhalten oder Zurückweisung der Verhaltenserwartungen, es kann aber der Festlegung auf ein mehr oder weniger bestimmtes Lebensalter kaum entgehen und sich damit auch nicht jenseits oder frei von den Erwartungen und Rollenzuschreibungen seiner Gesellschaft positionieren, die wesentlich über Lebensphasenkonzepte und standardisierte Lebensläufe aufgebaut sind.

Forschungsarbeiten dieses Ansatzes beziehen sich z.B. in Weiterführung der Arbeiten von Erving Goffman (1969, 1972) auf die soziale Konstruktion von Identität und Rollenmustern von Altenheimbewohner/innen (Gubrium 1975, 1993) oder von Altersgebrechlichkeit im Kontext professioneller Medizin und Pflege (Kaufman 1994) sowie auf die Konsequenzen des „Ageism“ (Laws 1995) in der Arbeit professioneller Kräfte der Altenhilfe.

Vern Bengtson et al. (1997) erachten den sozial-konstruktivistischen Ansatz in der Alternsforschung deshalb als wichtig für die Sozialgerontologie, weil mit seiner Hilfe diejenigen Prozesse auf der Ebene der Interaktion von Individuen im Rahmen gesellschaftlicher Überzeugungen beschrieben werden können, die die Bedeutung des Konzepts „Alter“ erst erleuchten. Andererseits geraten mit der radikalen Orientierung am Konstruktivismus makrosoziologische Phänomene wie historische, sozioökonomische oder Kohortenabfolgen außer Sicht. Altern wird nicht mehr unter der Frage thematisiert, inwieweit z.B. wirtschaftliche Veränderungen in einer Gesellschaft sich auf die materielle Lage der Alten auswirken.

Altern in der Kritischen Theorie

Diesem letzten Vorwurf entsprechen Ansätze, Alter und Altern vor dem Hintergrund der Kritischen Theorie zu untersuchen. Nicht als geschlossenes Modell, sondern eher als gemeinsame theoretische Analysefolie politisch-ökonomischer, feministischer oder „humanistischer" (Bengtson et al. 1997) Studien fungierend, bildet die Kritische Theorie eine Grundlage für zahlreiche, sich häufig aufeinander beziehende Veröffentlichungen in nordamerikanischen Journalen (u.a. The Gerontologist 1992). Inhaltliche Klammer ist dabei die makrosoziologische Frage nach gesellschaftlichen Machtverhältnissen und Interessen, die wesentliche sozioökonomische Bedingungen für das Leben im Alter, den individuellen Alterungsprozeß und sein subjektives Erleben herstellen (Minkler/Estes 1991; Minkler 1996). Harry R. Moody (1992) nennt als Ziele kritischer Gerontologie u.a. die Theoriebildung über subjektives Altern und über politische Praxis, die auf subjektive Alterungsprozesse wirkt. Analyse und Theoriebildung soll der Produktion emanzipatorischen Wissens über die gesellschaftliche Hervorbringung von Alternsphänomenen dienen und nach Dale Dannefer (1988), die die Normativität positivistischer Gerontologie kritisiert, die Herstellung positiver Alternsmodelle erleichtern. Besonders Lars Tornstam (1992) weist darauf hin, daß die traditionelle Gerontologie Alter und Alterung als soziales Problem, als mißliebiges gesellschaftliches Phänomen konzipiert. Jüngere oder zumindest nicht in Altersrollen lebende Forscher/innen erheben Daten über alte Menschen wie über Laborkaninchen und interpretieren sie in einer „problembestätigenden" Weise. Forschungsfragen stellen Jüngere aus ihrer Sicht und aus ihrem Interesse auf. Er plädiert für eine humanere Gerontologie, in der Alte selbst Forschungsfragen formulieren und Ergebnisse auslegen (1996).

Als Beispiel für kritische Gerontologie kann die Arbeit von Robert C. Atchley (1993) dienen. Er untersucht die soziale Institution des Ruhestands nach der Erwerbsarbeit als gesellschaftliches Verteilungsmuster, das den Interessen unterschiedlicher gesellschaftlicher Gruppen in unterschiedlicher Weise entgegenkommt. Der Ruhestand könnte laut Atchley als Freiheit von Erwerbsarbeit eine emanzipatorische Stufe im Lebenslauf darstellen, spielt jedoch unter aktuellen sozioökonomischen Bedingungen nicht diese Rolle, wenn Menschen eher erzwungenermaßen in den Ruhestand gehen oder wenn Ruheständler/innen als gesellschaftliche Verfügungsmasse betrachtet werden.

In der deutschen Gerontologie ist die Perspektive der expliziten Kritischen Theorie unterentwickelt; als eine der wenigen Vertreter/innen kann Christel Schachtner (1988) genannt werden. In der englischsprachigen Alternsforschung kommt dieser Perspektive neben der Erhellung der gesellschaftlich-politischen Bedingtheit und Produziertheit von Lebenslagen im Alter und Altersstrukturen das Verdienst zu, die traditionelle Gerontologie fortwährend herauszufordern, ihre konzeptionellen Grundlagen in Zweifel zu ziehen und sie als Instrument gesellschaftlicher Interessenpolitik, die Normen der Alterung durchsetzen will, kenntlich zu machen.

Der hiermit gebotene Überblick über gerontologische Theorien, theoretische Ansätze, Orientierungen und wissenschaftliche Perspektiven macht durch seinen eher aufzählenden als in ein Theorienentwicklungsmodell integrierenden Charakter die Schwierigkeit heutiger Sozialgerontologie deutlich.

Vern Bengtson et al. (1997) kritisieren an der sozialwissenschaftlichen Gerontologie, daß bisher kaum Gewicht auf die „kumulative Theorieentwicklung in der Alternsforschung" gelegt wurde. Bisher seien vorrangig reine Daten angesammelt worden, wie sie nachweisen, mehrheitlich anscheinend theorielos bzw. ohne explizite Bezugnahme auf theoretische Überlegungen oder gar Positionen. Somit ließe die wissenschaftstheoretische Fundierung der sozialwissenschaftlichen Gerontologie viel zu wünschen übrig, wodurch einzelnen Altersforscher/innen die Basis fehlt, ihre Daten in abgesicherter und nachvollziehbarer Weise mit vorhandenem Wissen zu verbinden.

4. Lebenslagen alter Menschen

Nach dem Überblick über theoretische Zugänge der Gerontologie sollen im folgenden die Lebenslagen alter Menschen in der Gegenwart thematisiert werden. Unsere Betrachtung konzentriert sich dabei zunächst auf die materiellen Lagen, auf Wohnverhältnisse sowie auf die Situation von Ausländer/innen. Im anschließenden Abschnitt werden im Zusammenhang mit gesellschaftlichen Folgeproblemen weitere Aspekte der Lebenslagen aufgegriffen.

4.1 Materielle Lage im Alter

Der aktuelle Altenbericht verweist darauf, daß sich die „materielle Wohlfahrt" im Alter stetig verbessert hat und insgesamt von einer verbreiteten relativ guten materiellen Situation gesprochen werden kann (vgl. BMFSFJ 1998). Noch nie haben alte Menschen so gute Einkommensquoten, verglichen mit Jüngeren, erreicht und soviel Vermögen besessen wie heute. Diese gute finanzielle Ausstattung ermöglicht ihnen u.a. die Partizipation am Konsum, an Kultur- und Freizeitgütern und die Verfügung über Wohnraum.

Renten sind die Hauptunterhaltsquelle der Mehrheit der alten Bevölkerung. Hierzu zählen Zahlungen aus der gesetzlichen Rentenversicherung (GRV), die Rentenversicherung der Arbeiter/innen (Landesversicherungsanstalten für Arbeiter, LVA), der Angestellten (Bundesversicherungsanstalt für Angestellte, BfA) und der Bundesknappschaft (Versicherung der Bergarbeiterschaft u.a.) sowie die daraus abgeleiteten Hinterbliebenenrenten (Witwenrente u.a.) umfaßt. Landwirte sind durch die landwirtschaftliche Alterskasse (LAK) versichert. Beamt/innen des Bundes, der Länder und Kommunen „im Ruhestand" beziehen Pensionen der öffentlichen Hand, ehemalige Selbständige Pensionen aus privatwirtschaftlichen Versicherungen oder korporativen Vereinigungen wie der Versicherung der Ärztekammern, Juristenkammern etc. Zusätzlich erhält ein Teil der westdeutschen ehemaligen Arbeiter/innen und Angestellten Betriebsrenten, zumeist nach langjähriger Zugehörigkeit zu denjenigen Mittel- und Großbetrieben, die eigene Betriebsrentenvereinbarungen schlossen. Weitere wichtige Einkommensquellen sind Vermögen und Vermögenserträge bspw. aus Immobilienbesitz, Geschäfts- und Produktiveigentum oder Geldanlagen. Aufgrund fehlender oder niedriger Rentenansprüche ist ein Teil der alten Menschen auf Sozialhilfe oder Wohngeld angewiesen.

Durch die Vielfalt der Quellen gestalten sich Untersuchungen der finanziellen Lage alter Menschen als aufwendig - reine Vergleiche von Pensions- und Rentenhöhen z.B. zeigen unvollständige Bilder. Die Studie der Infratest-Burke Sozialforschung „ASiD '95 - Alterssicherung in Deutschland 1995" (1997) liefert aussagekräftige Daten, da eine repräsentative Stichprobe sämtlicher bei einer Person zusammenkommender Beträge in Brutto- und Nettoeinkommen erhoben wurde. Auf diese Daten bezieht sich der Zweite Altenbericht des BMFSFJ (1998). Tab. 2 gibt Schichtungen der Nettoeinkommen in der BRD wieder.

Hinter den Durchschnittswerten verbergen sich erhebliche Einkommensunterschiede. Die insgesamt geringeren Altersgesamteinkünfte ostdeutscher Rentner/innen (Pensionen spielen im Osten keine nennenswerte Rolle) resultieren zunächst aus niedrigeren Altersrenten. Hierbei spielen besonders bei sehr alten Rentner/innen die zum Teil extrem geringen DDR-Mindestrenten, die auch in Relation zu den damaligen Lebenshaltungskosten äußerst knapp waren (Dallinger/Naegele 1993) und die Modalitäten des Rentenüberleitungsgesetzes mit nur zögerlicher Betragsanpassung eine Rolle. Verglichen mit den DDR-Renten stehen jedoch insgesamt die heutigen Rentner/innen besser da. Diejenigen, die zur Zeit Ende 60 bis 85 Jahre alt sind, können mehrheitlich zu den materiellen Gewinner/innen der „Wende" gerechnet werden. Ihre eher niedrigen Lohnquoten zahlen sich mit der dauerhaften Erwerbstätigkeit in mittleren Rentenbeträgen aus. Die Alterseinkommen streuen im Westen stärker als im Osten; extrem niedrige und sehr hohe Einkommen finden sich fast ausschließlich in Westdeutschland. In der früheren BRD war die Spanne der Erwerbseinkommen größer als in der DDR, und mehr alte Menschen lebten über längere Zeiten in unzureichend oder nicht gesicherten Lebenserwerbsverhältnissen (Arbeitslosigkeit, Sozialleistungsbezug, nicht rentenversicherungspflichtige Einkommen etc.), was sich im Alter in Minimaleinkommen auswirkt. Des weiteren beziehen mehr westdeutsche Rentner/innen und Pensionär/innen Einkommen aus Vermögen und Besitz.

DM	Ehepaare **		Alleinstehende Männer		ledige Frauen		geschiedene Frauen		Verwitwete Frauen	
	West	Ost	West	Ost	West	Ost	West	Ost	West	Ost
Größenklassen in %* < bis unter 400	0	-	1	-	2	-	0	-	0	0
400 bis < 600	0	-	1	-	3	1	0	1	1	0
600 bis < 1000	0	0	4	0	11	8	14	17	6	2
1000 bis < 1400	2	0	6	11	20	31	26	43	16	13
1400 bis < 2000	7	4	19	43	22	47	24	32	32	45
2000 bis < 3000	27	45	38	40	25	9	20	6	31	37
3000 bis < 4000	30	43	17	4	12	4	9	1	8	5
4000 bis < 5000	15	7	7	1	5	-	6	-	3	0
5000 bis < 10 000	15	2	6	1	2	-	1	-	2	-
10 000 und mehr	2	0	0	-	0	-	-	-	0	-
Durchschnittseinkommen	3769	3118	2710	2044	2112	1550	1890	1343	2086	1911
Durchschnitt Ost in % des Durchschnitts West		83		75		73		71		92

* Abweichungen der Summe von 100% sind rundungsbedingt
** Alle Ehepaare, bei denen der Mann 65 und älter ist

Tab. 2: Schichtung des monatlichen Nettoeinkommens von Ehepaaren und Alleinstehenden (Angaben in %) (Quelle: Infratest Burke: ASiD '95)

Erwerbsbiographien und Einkommenssituation

Auch wenn mit den verschiedenen historisch-politischen Wechselfällen des 20. Jahrhunderts für Teile der traditionell besitzenden Schichten Verluste verbunden waren und Vermögensgewinne anderer gesellschaftlicher Milieus zu verzeichnen sind, ist in der individuellen Lebensgeschichte heute alter Menschen die materielle Lage der Herkunftsfamilie häufig - zumindest tendenziell - bestimmend für die persönliche Erwerbseinkommens- und Vermögenssituation bis ins hohe Alter. Neben vererbtem Besitz an Produktiv-, Immobilien- und Geldvermögen spielt hierbei die Abhängigkeit des erworbenen Bildungsniveaus und der beruflichen Ausbildung von der sozialen Herkunft eine zentrale Rolle (vgl. Allmendinger/Brückner/Brückner 1991; Gather/Gerhard/Prinz/Veil 1991; Backes 1993a; Dieck/Naegele 1993). Der weitaus größten Mehrheit der heute alten Frauen und Männer, d.h. der Geburtsjahrgänge vor 1933 und Einschulungsjahrgänge vor 1939, war der Zugang zu weiterführenden Schulen versperrt. Bereits der Wechsel aus der Proletarier- oder Kleinbauernfamilie in das untere Angestellten- oder Beamtentum galt als sozialer Aufstieg, selbst wenn hiermit keine Einkommensverbesserungen verbunden waren. Ob Bildungsniveaus erreicht wurden, die Chancen für Berufe mit hohen Einkommen und späteren hohen Altersbezügen boten, war für die heute alten Männer und Frauen neben der Geschlechter- primär eine Klassenfrage.

Bei einer großen Zahl von westdeutschen Rentner/innen mit mittleren Einkommenshöhen macht sich allerdings bemerkbar, daß mit den Grundsätzen der „sozialen" Marktwirtschaft und den Phasen von Hochkonjunkturen mit einer relativen gesellschaftlichen Stärke der Gewerkschaften seit 1950 Löhne in verschiedenen prosperierenden Produktions- und Dienstleistungsbranchen kontinuierlich stiegen und viele Betriebe während der Vollbeschäftigung bis Ende der 70er Jahre Betriebsrentenversicherungen und Arbeiterkapitalbeteiligungen einrichteten, mit denen sie Arbeitskräfte an das Unternehmen banden. Im öffentlichen Dienst fanden entsprechende Gehälteranpassungen statt und wurden Zusatzaltersversorgungen unter Arbeitgeberbeteiligung aufgebaut, die auch den Pensionär/innen des unteren und mittleren Beamtentums heute akzeptable Altersbezüge bieten. Vor allem die dauerhaften Beschäftigungsverhältnisse einer großen Zahl der heutigen Rentner/innen aus der Arbeiterschaft wie dem Angestelltentum zahlen sich im bundesdeutschen Rentenberechnungsmodell als ertragreich für die Altersrenten aus - die als Orientierungswert geltende „Standardrente" der GRV legt 45 Jahre anrechenbare Versicherungszeiten zugrunde, die von vielen der derzeitigen männlichen Versicherten auch tatsächlich noch erreicht werden. Risiken innerhalb dieser Verläufe ergaben sich bei fehlenden Berufsbildungsabschlüssen („ungelernte Arbeiter/innen"), bei Frauen durch überwiegend „lückenhafte" Erwerbstätigkeit der Familienarbeit halber (s.u.) und durch den Niedergang von Produktionsbranchen und damit verbundener Langzeitarbeitslosigkeit. Krankheit und Behinderung sind weitere Risiken, wenn diese zu ständiger Berufsunfähigkeit oder vorzeitigem Abbruch des Erwerbslebens führen. Sie sind über das öffentliche System der GRV nur unzureichend versichert.

Die Mehrheit der heutigen älteren ostdeutschen Rentner/innen war nicht mehr jung genug, um nach der Gründung der DDR von den peu à peu einsetzenden schulischen und Berufsbildungsreformen und -programmen, die sich gerade gegen das Verbleiben im Bildungsniveau der Herkunftsfamilie richteten, profitieren zu können (vgl. Müller-Daehn/Fooken 1993). In Ostdeutschland spielen jedoch neben der für die DDR relativen Höhe der früheren Lohneinkommen, besonders der qualifizierten Arbeiterschaft bei einer allgemein gesellschaftlich niedrigen Spannbreite zwischen Niedrigst- und Höchsterwerbseinkommen, vor allem die dauerhaften Erwerbsarbeitszeiten beider Geschlechter eine Rolle für die aktuellen Altersbezüge.

In Ost- wie Westdeutschland sind allerdings unter den „jungen" Rentner/innen und „Vorruheständler/innen" Opfer der wirtschaftlichen Entwicklung mit hoher Arbeitslosigkeit und zunehmender Einschränkung sozialer Sicherungssysteme für Nicht-Erwerbstätige. Wer im Alter von Mitte 50 arbeitslos wurde und keinen neuen Arbeitsplatz finden konnte, muß auch bei Vorruhestandsregelungen gravierende Einschnitte an der Altersrente hinnehmen (vgl. Wiesner i.d.Bd.). Zu befürchten ist, daß die zunehmende Deregulierung von Erwerbsarbeitsverhältnissen, die Reduzierung von Lohnersatzleistungen und die steigenden Diskontinuitäten in den Erwerbsbiographien der heute mittleren Altersgruppen in absehbarer Zeit wieder zu mehr „Altersarmut" führen werden. Hiervon betroffen sein werden vor allem Bezieher/innen niedriger oder unregelmäßiger Einkommen, die weder Beiträge für private Altersversicherungen aufbringen noch Wohneigentum erwerben können.

Geschlechterunterschiede

Ein wesentlicher Faktor der Ungleichheit der Alterseinkommen ist das Geschlecht. Frauen beziehen durch alle ehemaligen beruflichen Niveaus hindurch und über die Ost-West-Differenz hinweg niedrigere eigene Renten und Pensionen als Männer. Diese Tatsache ergibt sich aus der Diskriminierung von Frauen im Berufsleben sowie aus dem - wie Gertrud Backes (1993a) nachweist - Frauen benachteiligenden Rentenberechnungsverfahren der GRV Deutschlands. Sie wirkt sich besonders bei alleinstehenden Frauen aus. Nach der ASiD '95 gruppieren sich eigene GRV-Renten westdeutscher Männer um den Betrag von 2.000 DM, bei westdeutschen Frauen unter 1.000 DM. Die durchschnittliche eigene GRV-Rente von Frauen im Westen beträgt nur 40% der Beträge der Männer, im Osten 60% (Infratest Burke 1997).

Bei alten Ehepaaren fallen zumeist, neben möglichem Vermögen, zwei Einkommen zusammen: die fast immer höhere Rente oder Pension des Mannes und die niedrigere, z.T. extrem schmale der Frau. Alte verheiratete Frauen sind somit zumeist durch ein mehr oder weniger solides Haushaltseinkommen über ihren Ehemann abgesichert, wobei die Frage ihres persönlichen Verfügungsrechtes über Geldbeträge oder der Ausgabenverteilung zwischen den Eheleuten dahingestellt sei. Im Vergleich der Alleinstehenden werden die Einkommensunterschiede zwischen Männern und Frauen und die Abhängigkeit des weiblichen Alterseinkommens vom Familienstand deutlich (Tab. 2). Die zur Verfügung stehenden aktuellen Studien schlüsseln den Familienstand alleinstehender Männer nicht auf; Daten von Ende der 80er Jahre zeigen jedoch zumindest für Westdeutschland, daß sich die Besserstellung von Männern durch die verschiedenen Familienstände zieht (Engel et al. 1996; Statistisches Bundesamt 1992; Riedmüller et al. 1991). Die weit höhere Quote alter Frauen mit Niedrigsteinkommen zeigt sich, wenn man einen Schnitt bei 1.400 DM Nettoeinkommen vornimmt (siehe Tab. 3).

	Alleinstehende Männer		Ledige Frauen		Geschiedene Frauen		Verwitwete Frauen	
	Ost	West	Ost	West	Ost	West	Ost	West
< 1400	11	12	40	36	61	40	15	23
> 1400	89	87	60	65	39	60	86	76

* Abweichungen der Summe von 100% sind rundungsbedingt

Tab. 3: Alleinstehende Frauen und Männer mit monatlichen Nettoeinkommen unter und über 1400 DM in % (Quelle: Eigene Berechnungen auf der Basis der Daten von Infratest/Burke: ASiD '95*)

Während nur etwa jeder neunte alleinstehende Mann im Alter weniger als 1.400 DM Einkommen bezieht, liegen fast ein Viertel der westdeutschen Witwen, mehr als ein Drittel der ledigen Frauen in Ost und West und sogar fast zwei Drittel der ostdeutschen geschiedenen Frauen unter diesem Wert. Bei der letztgenannten Gruppe macht sich bemerkbar, daß im bundesdeutschen Rentensystem eigene soziale Sicherungen für Frauen, die nur oder überwiegend Hausfrauen waren (im Osten hauptsächlich sehr alte Frauen), nicht und auch nach der 1992er Rentenreform kaum existieren. Das Rentenrecht bleibt auch nach 1992 „ehe- und familienzentriert" (Dallinger/Naegele 1993; vgl. auch Backes 1993a), was sich verstärkt auf Frauen auswirkt, die im mittleren Alter nach einer Hausfrauen-Ehe geschieden wurden und, vor allem mit Kindern, nur wenig Chancen hatten, eine existenz- und rentensichernde Erwerbstätigkeit zu finden. „RÜG (Rentenüberleitungsgesetz, Anm. d. A.) und Rentenreform '92 bedeuten somit nicht nur eine sicherungsmäßige Schlechterstellung für viele ostdeutsche (ältere) Frauen, sondern insgesamt einen Rückschritt bei den Bemühungen um eine eigenständige Alterssicherung von Frauen im neuen vereinten Deutschland" (Dallinger/Naegele 1993: 304).

Die niedrigen Einkommen alter Frauen sind - in der Logik des bundesdeutschen Rentenrechts - zunächst Ergebnis der Berufsbiographien der heute über 65jährigen. Die Mehrheit der sehr alten Frauen in Ost und West verfügt nicht über ausreichende Zeiten rentenversicherter Erwerbsarbeit, da diese oft nur in den wenigen Jahren zwischen Schulabschluß und Heirat oder Geburt des ersten Kindes ausgeübt wurde, spätere Erwerbsarbeit oft Teilzeitarbeit war und damit in vielen Fällen unterhalb der Rentenversicherungspflicht lag oder erst im Alter von Ende 40 oder Anfang 50 wieder eine Erwerbsarbeit aufgenommen wurde, die zumeist gering entlohnt und mit kurzer Dauer geringe Rentenerträge bringt. Auch bei ledigen Frauen sind niedrigere Altersrenten als bei Männern sichtbar, wobei sich die schlechtere Entlohnung selbst höherqualifizierter weiblicher Berufsarbeit und auch hier Diskontinuitäten z.B. durch berufliches Zurückstecken wegen der Pflege alter Eltern auswirken (vgl. Engel et al. 1996).

Zwischen Ost und West besteht der Unterschied, daß ostdeutsche Frauen im heutigen Alter zwischen 60 und 75 Jahren in weit höherem Maße erwerbstätig und vor allem dauerhaft - bei wenigen „Babyjahren“ Pause - und vollzeitlich beschäftigt waren. Ostdeutsche Rentnerinnen verfügen damit über höhere eigene Renten als westdeutsche (vgl. Backes 1993a; Dallinger/Naegele 1993), die aber immer noch niedriger sind als die Renten ihrer männlichen Gleichaltrigen, da Frauenarbeit auch in der DDR tendenziell schlechter honoriert wurde als Männerarbeit. Westdeutsche verheiratete oder verwitwete Frauen beziehen höhere Einkommen als ostdeutsche Frauen, da ihnen höhere Renten und Pensionen ihrer Männer sowie die daraus abgeleiteten Hinterbliebenenbezüge zugute kommen.

Nach bundesdeutschem Rentenrecht schlagen besonders berufliche Pausen, Teilzeitarbeit und fehlende Aufstiegschancen in bessere Tarifgruppen negativ für die Altersrente zu Buche, was weit überproportional Frauen trifft. Kompensationsansätze, etwa durch die Berücksichtigung von Kindererziehungszeiten, greifen bislang zu kurz, um einen Ausgleich für die Familienarbeit von Frauen herzustellen. Gertrud Backes (1993a) verweist neben der Frage der Kontinuität auf die ungleiche Qualität der zur Rente führenden Erwerbsarbeit: Benachteiligung zwar weniger in der schulischen, wohl aber in der beruflichen Ausbildung, Zurückstecken im Beruf durch überproportionale Belastung mit Reproduktionsarbeit, im Westen häufige Abwertung beruflicher Qualifikation beim Versuch des „Wiedereinstiegs“ im mittleren Alter, Diskriminierung von Frauenarbeit in verschiedensten Branchen und Berufszweigen sind nur einige Faktoren, die Rentenansprüche schmälern. Somit ist festzustellen, „daß Kinder - unter gegebenen Bedingungen in Beruf und Familie - nicht nur die eigenständige berufliche Entwicklung von Frauen oder gar Karriere erschweren, sondern sich auch insgesamt rentenmindernd auswirken“ (Backes 1993a: 179). Erst ab Juli 1998 können Frauen (oder Männer) gleichzeitig zu Kindererziehungszeiten Rentenbeiträge aus Erwerbsarbeit anrechnen lassen, sofern sie in diesen Jahren versicherungspflichtig beschäftigt waren - bislang mußten sie sich für eines von beiden entscheiden.

Armut im Alter zeigt sich - die Geschlechterunterschiede resümierend - überwiegend als Problem von Frauen: Sehr alte Frauen, vor allem Arbeiterwitwen ohne eigene und mit nur schmaler Hinterbliebenenrente und geschiedene alte Frauen stellen die krassesten Fälle von finanzieller Unterversorgung dar.

Bezug von Sozialleistungen

In Deutschland existiert keine amtliche Armutsberichterstattung, so daß Daten über die Bevölkerungsteile, die in materieller Not leben, sich zumeist aus Statistiken über den Bezug von Leistungen nach dem Bundessozialhilfegesetz und Annahmen über die „Dunkelziffer" derjenigen, die trotz Anrechtes keine Leistungen beantragen, speisen. Der Zweite Altenbericht des BMFSFJ (1998) gibt für den Bezug von Sozialleistungen Daten von 1993 an. Danach hat - bei insgesamt steigenden Zahlen des Sozialleistungsbezugs - im westdeutschen Bundesgebiet die Quote der Alten unter den Sozialhilfeempfänger/innen von 31% in der damaligen BRD im Jahr 1980 auf 16,7% im Jahr 1993 abgenommen. Im Osten waren 1993 20,4% aller Sozialhilfebezieher/innen älter als 60 Jahre (BMFSFJ 1998: 180). Diese Quote liegt unter dem Anteil der Älteren an der Gesamtbevölkerung.

Insgesamt geht der Bericht von einer inzwischen niedrigeren Quote der alten Sozialhilfempfänger/innen aus: „Das Sozialhilferisiko (Sozialhilfehäufigkeit: relative Häufigkeit des Sozialhilfebezugs gemessen am Anteil der Empfänger von Hilfe zum Lebensunterhalt außerhalb von Einrichtungen an der jeweiligen Gesamtheit der entsprechenden Bevölkerungsgruppe zum Jahresende) lag mit 1,4% relativ niedrig" (BMFSFJ 1998: 180f). Sozialleistungen im Alter sind demzufolge nur selten die „laufende Hilfe zum Lebensunterhalt", sondern weit öfter Zuschüsse zu den Kosten für Pflege oder Unterbringung in Pflegeheimen, die auch nach der Einführung der Pflegeversicherung zumeist nicht vollständig von den alten Menschen selbst aufgebracht werden können. Allerdings stellen Rentner/innen und Pensionär/innen einen beträchtlichen Anteil an den Bezieher/innen von Wohngeld (vgl. 4.2).

Pflegebedürftigkeit als finanzielles Risiko

Quer durch die unteren und mittleren Einkommensschichten stellt die im Alter erhöhte Wahrscheinlichkeit, mit Krankheit und Behinderung von der Hilfe professioneller, bezahlter Kräfte - wenn keine Angehörigen diese Arbeit übernehmen - abhängig zu werden, ein besonderes Armutsrisiko dar. Je nach Ausmaß des Bedarfs und Erhalts an „gekaufter" pflegerischer Betreuung können in der ambulanten Pflege im Monat bis zu ca. 4.000 DM und mehr, im Extremfall sowie bei stationärer Unterbringung bis zu 6.000 DM oder 7.000 DM als Kosten anfallen. Diese Beträge werden durch die Pflegeversicherung nur teilweise, je nach bewilligter Pflegestufe, abgedeckt, z.B. mit maximal 2.800 DM für stationäre Pflege. Die restlichen Kosten übersteigen bei schwerer Pflegeabhängigkeit selbst Alterseinkommen des mittleren Niveaus, so daß häufig Sozialleistungen in Anspruch genommen werden müssen, was bei der heute älteren Generation z.T. noch immer mit dem subjektiven Empfinden des Almosenempfangs verbunden sein kann. Den Betroffenen bleibt mit dem ihnen sozialrechtlich zugebilligten monatlichen „Barbetrag" nur ein Taschengeld von 120 bis 163 DM zur persönlichen Verfügung. Sparguthaben und sonstiges disponibles Vermögen (ausgenommen selbstgenutztes oder von Ehegatt/innen bewohntes Wohneigentum) müssen bis zum sogenannten „Selbstbehalt“ von 6.000 DM (West) bzw. 4.000 DM (Ost) für Pflegekosten aufgewendet werden und schmelzen bei längerer Pflegebedürftigkeit rasch dahin. Lediglich Bezieher/innen hoher Einkommen entgehen diesem aus der Pflegebedürftigkeit resultierenden Armutsrisiko.

Das Alter und die Beendigung der Erwerbstätigkeit stellen in Deutschland an sich keine materiellen Risiken dar. Die Gefahr der Armut resultiert in allererster Linie aus lebenslanger sozialer Ungleichheit und des weiteren aus individuellen Lebensereignissen (wie späte Scheidung aus einer „Hausfrauenehe“ oder Krankheit mit der Folge von Erwerbsunfähigkeit in relativ jungen Jahren), die - auch wieder sozial ungleich abgefedert - zu niedrigen Altersrenten führen können. Wenn auch das Alter an sich nicht als Armutsrisiko interpretiert werden kann, so bieten sich im Alter allerdings kaum mehr Möglichkeiten, aus eigener Kraft finanzielle Nachteile zu überwinden. Die breite Masse alter Menschen in Deutschland lebt jedoch - verglichen mit heutigen Jugendlichen oder ihrer eigenen Eltern- und Großelterngeneration - ausreichend bis gut finanziell gesichert, mit mittleren Einkommen und bescheidenem Geld- oder Wohneigentumsbesitz.

Einkommen aus Vermögen und Verfügen über Wohneigentum
Für die Heterogenität der Einkommen der alten Bevölkerung ist - wie bereits oben erwähnt - neben unterschiedlich „erfolgreich“ verlaufenen Erwerbsbiographien auch die Ungleichheit der Verteilung von Besitz und Vermögen relevant. Die Enquête-Kommission Demographischer Wandel weist 1994 darauf hin, daß Privatvermögen unter der älteren Bevölkerung in der BRD äußerst ungleich verteilt sind und höhere Vermögen sich besonders in Westdeutschland stark bei wenigen Personen konzentrieren. Zudem korrelieren nach dem Zweiten Altenbericht vielfach höhere Renten- und Pensionsbezüge mit Besitz von Wohneigentum und privaten Lebens- und Altersversicherungen; insgesamt „reproduzieren sich die sozio-ökonomischen Unterschiede über den Lebenszyklus hinweg“ (BMFSFJ 1998: 183).

Alte Menschen mit größerem geerbtem oder selbst erwirtschaftetem Besitz an Geld-, Immobilien- oder Produktivvermögen, das regelmäßige Erträge abwirft, sind gegen jegliche finanzielle Folgen von Krankheit oder Pflegebedürftigkeit, gegen Erhöhung von Mieten oder anderen Lebenshaltungskosten gesichert. Sie haben im Falle von abnehmender Selbständigkeit die Wahl zwischen der Beschäftigung von privatem Haus- und Pflegepersonal in der angestammten Wohnung oder dem Umzug in luxuriöse hotelähnliche Altersruhesitze, die hauswirtschaftliche Versorgung und pflegerische Betreuung im individuell erforderlichen Maß gewährleisten. Am anderen Ende der Vermögensskala stehen Rentner/innen, deren soziale Herkunft und Bildungs- und Erwerbsbiographie keine Chance zum Ansparen von Geldguthaben oder zum Erwerb von Immobilien bot und die kein finanzielles „Polster“ besitzen, um sich im Notfall private Hilfe zu kaufen oder die Aufwendungen für ambulante häusliche Pflege über

Versicherungs- und Sozialleistungen hinaus für längere Zeit aufbringen zu können.

Alte Frauen verfügen durchschnittlich über weniger Geldvermögen und Besitz an Immobilien sowie daraus stammende Zusatzeinkünfte als die Männer ihrer Generation. Das gleiche gilt für Ausländer/innen im Alter im Vergleich zu Deutschen. Westdeutsche Rentner/innen und Pensionär/innen verfügen im Vergleich zu ostdeutschen häufiger über Besitz aus ererbtem Vermögen oder aus Unternehmertätigkeit und auch in größerer Zahl über Immobilien und selbstgenutztes Wohneigentum, beginnend mit kleinen Eigentumswohnungen oder bescheidenen „Eigenheimen" bis hin zum Besitz von mehreren Miethäusern, Grundstücken etc., die regelmäßig das Renten- oder Pensionseinkommen aufstocken. Im früheren Bundesgebiet besitzen 43,8% der alten Menschen Wohneigentum, im Osten 24%. Immerhin 6% der westdeutschen Alten geben Mieten und Pachten sogar als ihre Haupteinkommensquelle an, im Osten nur 1% (vgl. BMFSFJ 1998).

4.2 Wohnen im Alter

Lebenslagen sind in allen Altersgruppen und besonders im höheren Alter erheblich durch die Wohnsituation (mit)bestimmt: Alte verbringen im allgemeinen mehr Zeit als Jüngere in ihrer Wohnung. Vom Ende der außer Haus ausgeübten Erwerbstätigkeit an wird die Wohnung überwiegend freiwillig verlassen, von notwendigen Einkäufen, Arztbesuchen etc. abgesehen. Bei sehr großen individuellen Unterschieden im Aktivitätsniveau außerhalb der Wohnung kommt eine Zeiterhebung (vgl. Küster 1997) zu der Feststellung, daß Menschen ab 70 Jahren durchschnittlich 20 bis 21 Stunden pro Tag in der Wohnung verbringen, mit zunehmender Tendenz im steigenden Alter und mit dem Geschlechterunterschied, daß Männer die Wohnung etwas länger verlassen als Frauen. Über den reinen Zeitfaktor hinaus kommt dem Wohnen eine wesentliche Bedeutung für Identität und subjektives Wohlbefinden sowie für mögliche Freizeitbeschäftigungen und die Regulierung sozialer Beziehungen zu, auch wenn Aktivitäten außerhalb der Wohnung bestehen bleiben. Wohnungen können mit ihren baulichen Eigenschaften und Ausstattungen Hilfen oder Hindernisse für die Erhaltung von Autonomie und Selbstversorgungsfähigkeit werden. Damit sind Wohnbedingungen fundamentale Bestimmungsfaktoren der Lebenslage älterer Menschen (vgl. Lawton 1985; Saup 1992, 1993).

Entgegen dem öffentlichen Bild des Lebens im Alter, das stark durch die Vorstellung des Wohnens in Sondereinrichtungen, wie dem klassischen Altenheim, geprägt ist, lebt nur eine Minderheit von etwa 7% der Menschen ab 65 Jahren nicht (mehr) in „normalen" Wohnungen (vgl. Tab. 4), wobei der Anteil allerdings mit zunehmendem Alter steigt (17% der Menschen ab 80 Jahren, vgl. BMFSFJ 1998: 94). Die Mehrheit der Älteren verfügt über eine eigene Wohnung und zieht nicht in ein Heim. Aber immerhin über 600.000 Menschen verfügen nicht über die Möglichkeit, die eine eigene Wohnung im Hinblick auf Selbstbestimmtheit der Lebensführung und Gestaltung nach individuellen Vorlieben gewährleistet - und dieses in aller Regel dauerhaft bis zum Tode. Diese Tatsache legitimiert die besondere Aufmerksamkeit der Sozialgerontologie für die Lebenssituation von Heimbewohner/innen.

	Anzahl	Anteil
In normalen Wohnungen	11 600 000	ca. 93
In Heimen Davon – im Pflegeheim – im Altenheim – im Wohnheim	661 000 375 000 204 000 82 000	5,3 3,0 1,6 0,7
In Altenwohnungen * Davon im betreuten Wohnen *	200 000 - 250 000 ca. 30 000	1,6 - 2,0 ca. 0,25
Sonderwohnformen (gesamt)	861 000 - 911 000	6,9 - 7,3

* keine genauen Zahlen, da Altenwohnungen nicht in der Heimstatistik aufgeführt sind

Tab. 4: ‚Normale' und ‚Sonderwohnformen' älterer Menschen ab 65 Jahren im Jahr 1994 (Quelle: BMFSFJ 1998: 94)

Wohnen ist Gegenstand so unterschiedlicher Disziplinen wie der Architektur, der Soziologie, Psychologie, Sozialpädagogik, Gesundheitswissenschaften, Wirtschaftswissenschaften und der Haushaltswissenschaften (vgl. Fegebank i.d.Bd.). Seit den 70er Jahren finden sich verstärkt Auseinandersetzungen mit Besonderheiten des Wohnens alter Menschen (vgl. Braun 1990; Stolarz/Friedrich/Winkel 1992; BfLR 1993; Großhans 1993). Studien zur Erforschung und Theoriemodelle zur Planung des Wohnens im Alter haben - quer durch die Disziplinen - inzwischen einen hohen Stellenwert in der wissenschaftlichen Arbeit erreicht. Die Zahl und Bandbreite der einzel- und interdisziplinären Untersuchungen und fundierten Planungskonzepte allein im deutschsprachigen Raum ist kaum noch überschaubar und sicherlich eines der intensiv verfolgten Forschungsfelder der Gerontologie.

Im Kontext der Lebenslagen älterer Menschen sind verschiedene Dimensionen des Wohnens relevant: die baulichen und ausstattungsmäßigen Wohnbedingungen und die infrastrukturelle Versorgung, ökonomische Aspekte sowie die mit dem Wohnen zusammenhängenden sozialen Beziehungen (vgl. Moos/Lemke 1983; Engel/Sickendiek 1991; Nestmann/Tiedt/Engel/Sickendiek 1990). An dieser Stelle werden vor allem empirische Daten zum Wohnen vorgestellt; der Artikel von Barbara Fegebank in diesem Band widmet sich ausführlich wohnökologischen Fragestellungen.

Bauliche und infrastrukturelle Bedingungen

Alte Menschen in der BRD wohnen, wie alle Altersgruppen, unter extrem ungleichen Bedingungen. Der Zweite Altenbericht vergleicht die Wohnungsversorgung Älterer mit der des Durchschnitts der Gesamtbevölkerung: „Alte Haushalte bewohnen im Gesamtdurchschnitt kleinere Wohnungen. Sie verfügen jedoch aufgrund ihrer kleineren Haushaltsgröße über ein Drittel mehr Wohnfläche pro Person. Die Ausstattung der von älteren Menschen bewohnten Wohnungen hat, im durchschnittlichen Vergleich aller Haushalte, bezogen auf Bad, WC und Sammelheizung einen geringeren Standard“ (BMFSFJ 1998: 91). Die diesbezügliche Analyse der Wohnungsversorgung älterer Menschen zeigt, daß ihre Wohnungen mit im Schnitt 77 m^2 zwar etwas kleiner sind als die der Gesamtbevölkerung mit 84 m^2, ihnen dafür jedoch pro Person mit 48 m^2 mehr Platz zur Verfügung steht als dem Gesamtdurchschnitt mit 36 m^2 pro Person. Hinter diesen Mittelwerten verbergen sich Kleinstwohnungen mit nur einem Raum ebenso wie allein bewohnte Einfamilienhäuser. Tendenziell bleiben ältere Menschen unabhängig von der Veränderung ihrer Haushaltsform, also z.B. nach dem Auszug von Kindern oder nach dem Tod von Ehepartner/in, in ihrer angestammten Wohnung, die sie symbolisch mit ihrer Lebensgeschichte und konkret mit angesammelten Ausstattungsgegenständen oder mit der bekannten und vertrauten sozialen und räumlichen Nachbarschaft verbindet.

Ihre Wohnungen sind nur zu 70% (West 77% und Ost nur 41%) mit Bad, WC und Sammelheizung ausgestattet, wodurch besonders für Personen mit körperlichen Einschränkungen der Verbleib in der eigenen Wohnung gefährdet ist. Bei den Angaben zu Ostdeutschland ist zu beachten, daß sich diese Daten auf die Gebäude- und Wohnungsstichprobe 1993 beziehen und seither im Osten zahlreiche Modernisierungen stattgefunden haben. Interessanterweise belegen diese Zahlen jedoch auch die hohe Anpassungsfähigkeit älterer Menschen an ungünstige Wohnbedingungen bzw. ihre Kompetenz, sich trotz massiv eingeschränkter baulicher und ausstattungsmäßiger Bedingungen mit Gegebenheiten zu arrangieren.

Eine Wohnung ohne Bad oder Heizung wird jedoch zum unüberwindlichen Problem, sobald sich körperliche Schwierigkeiten mit der Beweglichkeit und Belastbarkeit einstellen. Fehlende, beengte oder unzureichende sanitäre Anlagen erschweren immens die Selbstversorgungsfähigkeit von Kranken und Behinderten und die Pflegearbeit von Angehörigen oder professionellen Kräften, so daß die Entscheidung zum Umzug in ein Heim teilweise durch mangelhafte Wohnbedingungen ausgelöst wird.

Für die Privatwohnung ist u.a. von Bedeutung, welche Gliederung die Wohnung für Aktivitäten der alltäglichen Lebensführung vorsieht. So scheinen Ältere, die viel Zeit in ihrer Wohnung verbringen, getrennte Raumbereiche für den Tag und für das Schlafen zu bevorzugen. Dieses unterstützt die Strukturierung des Tages und ist z.B. günstig, wenn Besuch empfangen wird, der bevorzugt in den Repräsentationsraum Wohnzimmer geführt wird. Der Schlafbereich dagegen ist von hoher Intimität und für Fremde nur bedingt zugänglich. Die Mehrheit der Älteren hängt dieser traditionellen Trennung von Schlafen und Tagesbeschäftigung an und wäre mit Ein-Raum-Appartements unterversorgt (vgl. Engel/Sickendiek 1991; Wischer/Kliemke 1988).

Die Beschaffenheit des Wohnumfeldes ist von großer Tragweite für die Erhaltung der Selbständigkeit und Partizipation am öffentlichen Leben. Die Mehrheit der Älteren betont die Relevanz von zu Fuß erreichbaren Infrastruktureinrichtungen wie Läden, Haltestellen des öffentlichen Nahverkehrs, Arztpraxen, Apotheken, Parks, Cafés etc. (vgl. BfLR 1993; Hartung 1997; Kretschmer 1998). Infrastrukturell macht sich für ältere Menschen heutzutage negativ bemerkbar, daß in der 50er, 60er und 70er Jahren in beiden deutschen Staaten - mit der hohen Bautätigkeit dieser Epoche - siedlungs- und städtebauliche Leitbilder die Trennung von Wohnen und Gewerbe verfolgten und Wohnbebauung in „beruhigten" innerstädtischen oder Stadtrandlagen geplant wurde. Ältere Menschen profitieren gerade von der in innerstädtischen Altbauquartieren hohen Mischung von Gewerbe und Wohnen und der zumeist guten Infrastruktur. Neben der dort oftmals altersmäßig und in bezug auf die Haushaltsformen heterogenen Nachbarschaft vermitteln Läden, Kleingewerbe und Passant/innen auf der Straße eher das Gefühl, in das gesellschaftliche Leben integriert zu sein (vgl. Kliemke/Bartelmes/Butler et al. 1993).

Institutionelle Wohnformen unterscheiden sich hiervon gravierend. Bei allen pflege-, betreuungs- und wohnbezogenen Leistungen, die sie ihrer Bewohnerschaft bieten, stellt sich bei Pflegeeinrichtungen für Pflegebedürftige die Frage, ob noch von „Wohnen" gesprochen werden kann oder ein weniger komplexer Begriff wie Aufenthalt oder Untergebrachtsein angemessener wäre. Die zumeist krankenhausähnlich eingerichteten und mit einigen wenigen persönlichen Gegenständen der Bewohner/innen „verschönerten" Pflegestationen gewährleisten im allgemeinen nicht, was die eigene Wohnung bietet. Die Infrastruktur von Heimen ist primär an institutionellen Logiken ausgerichtet. Neben dem Unterworfensein unter für die Pflege funktionale Tagesrhythmen und vorgeformte Aktivitätsprogramme erlauben Pflegestationen über Geborgenheit und Sicherheit hinaus kaum noch die Realisierung basaler Wohnbedürfnisse wie nach Privatheit, Identifikation, Ästhetik etc. (vgl. Miller/Schlitt 1985).

Ökonomische Aspekte: Mietbelastung und Eigentumsquoten

Die Mehrheit der älteren wie der jüngeren Menschen in Deutschland sind Mieter/innen, womit Deutschland im europäischen Vergleich relativ schlecht dasteht, da hier vergleichsweise hohe Anteile des Einkommens für Miete aufgewendet werden müssen. Im selbstgenutzten Wohneigentum leben in Ostdeutschland nur 23,6% und in Westdeutschland 43,4% der Älteren (BRD gesamt 40,2%) (vgl. BMFSFJ 1998: 102). Mit Wohneigentum ist überwiegend, aber nicht unbedingt eine gute materielle Situation verbunden; auch Ältere mit schmalen Einkommen verfügen z.T. über bescheidenes Hauseigentum, häufig ererbt und mit niedrigem Ausstattungsstandard. Zu bedenken ist dabei, daß mit Immobilienbesitz - gerade im Altbaubestand - teilweise hohe Kosten für Instandhaltung und Abgaben verbunden sind, die die Einkommen der Eigentümer/innen belasten, oder daß in Extremfällen Mittel für minimale Modernisierungen fehlen.

Tendenziell sind Bewohner/innen eigener Häuser oder Wohnungen jedoch finanziell besser gestellt als Mieter/innen. Die für die Erhaltung des Eigentums aufzubringenden Kosten sind kaum so hoch wie Mieten für vergleichbaren Wohnraum und so ist in aller Regel sehr viel weniger Geld für Wohnen aufzuwenden als in Mieterhaushalten. Die Mietbelastung von älteren Mieter/innen ist höher als die Durchschnittsbelastung aller Haushalte und beträgt im Westen 23% des Einkommens und im Osten 15,9% des Einkommens, was eher durch die schmaleren Einkommen im Alter als durch höhere Mieten bedingt ist. Dabei kann als Faustregel gelten, daß der Anteil des Einkommens, der für Miete aufgewendet werden muß, mit sinkendem Einkommen steigt. So zahlen z.B. Mieter/innen mit Niedrigsteinkommen teilweise fast die Hälfte davon für Miete und Heizung, sofern kein Wohngeld beantragt oder bewilligt wird. Dieses betrifft bei insgesamt durchschnittlich höherer Mietbelastung besonders westdeutsche ältere, alleinlebende Frauen.

Der Wohngeldbezug der Haushalte von Rentner/innen und Pensionär/innen hat in den vergangenen Jahren im Vergleich zu anderen Altersgruppen abgenommen. 1991 betrug ihr Anteil an allen Wohngeldbezieher/innen noch 49%, bis 1995 ging ihr Anteil auf 30,9% zurück, was u.a. durch den Anstieg jüngerer Wohngeldbezieher/innen bedingt ist (vgl. BMFSFJ 1998: 173f). Im Schnitt wird mit Wohngeld etwa ein Drittel der Miete getragen, wodurch die verbleibenden aufzubringenden Mietkosten bei den betreffenden Haushalten noch ca. ein Viertel des Haushaltseinkommens ausmachen. Es wird angenommen, daß ein relativ hoher Prozentsatz der älteren Bevölkerung der unteren Einkommensgruppen trotz Anrecht auf Wohngeld dieses - aus Uninformiertheit oder Scham - nicht beantragt.

Soziale Beziehungen

In welchen Haushaltsformen oder „Sozialformen“ des Wohnens leben Alte in Deutschland (vgl. Engel et al. 1996)? Insgesamt ist die Zahl der Mehr-Personen-Haushalte in Deutschland in allen Altersgruppen rückläufig; mehr und mehr Menschen leben allein, in Großstädten zählt das Einwohnermelderegister z.T. bereits über ein Drittel Single-Haushalte. Vom Alter ab 65 Jahren aufwärts lebten 1994 mehr als 39% allein und ca. 46% mit Lebenspartner/innen in Zwei-Personen-Haushalten. Die häufigsten Sozialformen des Wohnens sind das verheiratete Zusammenleben ohne Kinder und das verwitwete, geschiedene oder getrennte Alleinleben (vgl. Tab. 5).

	Allein-lebende (ledig)	Allein-lebende (verwitwet, getrennt oder geschieden)	Zusamenlebende (verheiratet ohne Kinder im Haushalt)	Zusammenlebende (unverheiratet ohne Kinder im Haushalt)	Zusammenlebende (verheiratet mit Kindern im Haushalt)	Sonstige
Ostdeutschland	4,0	38,8	45,3	1,3	2,8	7,8
Westdeutschland	4,6	35,0	45,7	1,3	5,1	8,3

Tab. 5: Sozialformen des Wohnens von 65jährigen und Älteren im Jahr 1995 in % der Bevölkerung ihrer Altersgruppe (Privathaushalte, ohne HeimbewohnerInnen etc.) (Quelle: BMFSFJ 1998: 73/Statistisches Bundesamt-Mikrozensus; ‚Sonstige' eigene Aufsummierung)

Mit zunehmendem Alter steigt aufgrund der zunehmenden Rate von Verwitweten die Zahl der Alleinlebenden drastisch von etwa einem Viertel bei den 65- bis 69jährigen auf mehr als die Hälfte bei den Alten ab 75 Jahren. Frauen sind mit ihrer hohen Lebenserwartung und der Tatsache, daß in Ehen die Männer überwiegend älter sind, hiervon besonders betroffen: Mit 68% leben etwa zwei Drittel der Frauen ab 75 Jahren allein (vgl. BMFSFJ 1998).

Die Zahlen verdeutlichen die immense Singularisierung älterer Menschen, vor allem von Frauen, und die geringe Bedeutung von Zwei- und Mehr-Generationenhaushalten im Alter (vgl. Nestmann i.d.Bd.). Nur eine kleine Minderheit lebt mit ihren erwachsenen Kindern in einem Haushalt (vgl. ausführlicher in 5.3). Die Daten zeigen zudem zwar im Vergleich mit früheren Angaben, daß die geringe Quote der unverheiratet zusammenlebenden Älteren steigt, worunter - neben Geschwisterhaushalten und sonstigen Lebensformen - sicherlich auch Paare fallen, die erst im Alter zusammenfinden und einen gemeinsamen Haushalt gründen. Nichtsdestoweniger ist festzustellen, daß sogenannte neue oder alternative Wohnformen statistisch verschwindend selten sind. Alte Menschen in Deutschland bringen, so läßt sich dieses einerseits interpretieren, wenig Interesse, Bereitschaft und Experimentierfreude mit Gemeinschaftswohnformen auf. Andererseits existieren auch kaum Vorbilder für Wohnprojekte (wie z.B. die von den Grauen Panthern gegründeten Wohngemeinschaften), oder die Beschaffenheiten des verfügbaren Wohnraums sind unzureichend und nicht inspirierend (vgl. Schachtner 1989; LBS 1990; Brasse/ Klingeisen/Schirmer 1993). Des weiteren ist zu beachten, daß Teile der heute alten Generation im und nach dem Krieg mit Flucht, Einquartierung und Untermietverhältnissen eher aus der Not geborene Erfahrungen mit dem Zusammenleben von Personen, die nicht zur Familie gehören, gemacht haben und die eigene Wohnung über alle Maßen schätzen (vgl. Engel et al. 1996). Alte Männer und Frauen wohnen somit überwiegend konventionell.

Auch in bezug auf die eigenen erwachsenen Kinder bevorzugen Alte die Distanz der getrennten Wohnungen bei Wunsch nach räumlicher Nähe; die schnell erreichbare Wohnung der Kinder im selben Wohngebiet erscheint optimal (Nestmann i.d.Bd.). Neben den engeren Familienangehörigen kommen Freund/innen und der Nachbarschaft, gerade für die Alleinlebenden, eine hohe Bedeutung zu. So messen ältere Menschen „guten Nachbarschaftsverhältnissen" ebensoviel Bedeutung zu wie der guten infrastrukturellen Versorgung ihrer Wohnlage, wobei in zahlreichen Studien darauf hingewiesen wird, daß die Mehrheit älterer Menschen eine altersgemischte Nachbarschaft präferiert. Dieses gilt für den Siedlungsbau inzwischen als allgemein akzeptiertes Ziel (vgl. Enquête-Kommission 1994; BMFSFJ 1998).

Mit dem Verlassen der Wohnung zum Treffen mit anderen und mit dem Empfangen von Gästen in den eigenen „vier Wänden" üben Menschen jeden Alters Kontrolle über das Maß an sozialen Beziehungen mit Personen außerhalb des eigenen Haushalts aus. Stuart Miller und Judith K. Schlitt (1985) bezeichnen die Kontrolle darüber, wer den persönlichen Wohnbereich betreten darf, als elementares Wohnbedürfnis. Die eigene Wohnung erlaubt sowohl den Rückzug in das Alleinsein oder in die „traute Zweisamkeit" oder aber gestattet die Öffnung für soziale Kontakte. Hiermit verbunden sehen Stuart Miller und Judith K. Schlitt auch das Bedürfnis der Selbstvergewisserung über die eigene Identität und die bewußte Selbstdarstellung: Die Wohnung wird einerseits im Rahmen der materiellen Möglichkeiten nach persönlichem Geschmack eingerichtet und dekoriert, dient aber gleichzeitig dem Vorführen des Bildes, das die Bewohnerin oder der Bewohner anderen von sich selbst vermitteln möchte - über den Stil der Möblierung, Erinnerungsgegenstände, Wandschmuck bis hin zu Maßstäben für Ordnung und Sauberkeit reichend. Je mehr die Aktivitäten außerhalb der Wohnung nachlassen, desto höher wird die Bedeutung der Wohnung für die Identität und Selbstdarstellung. Für Pflegebedürftige in Heimen, besonders Bettlägerige, ergibt sich somit die paradoxe Situation, daß sie als diejenigen, die am meisten der persönlichen Wohnumgebung als Identifikationsmedium bedürften, dieser weitgehend beraubt sind, so daß der Terminus „Wohnen" für das Leben in der stationären Pflege euphemistisch klingt.

4.3 Ältere Ausländer/innen

Bei der Betrachtung von Lebenslagen wird häufig übersehen, daß es unter der älteren und alten Bevölkerung Minderheiten gibt, deren sozioökonomische Existenzbedingungen sich mehr oder minder von denen der Mehrheit unterscheiden. Als eine dieser Minderheiten sind - bei relativ großen tendenziellen Parallelen zu ihren deutschen Altersgenoss/innen - ältere Ausländer/innen zu nennen, da sie in bestimmten Aspekten ihrer Lebenslagen wie Einkommen oder Wohnbedingungen punktuell schlechter gestellt sind.

Hinter der Bezeichnung „ältere Ausländer/innen" verbergen sich unterschiedliche Bevölkerungsgruppen, die sich am ehesten nach dem Grund ihrer Einwanderung oder Niederlassung in Deutschland bzw. nach ihrem rechtlichen Aufenthaltsstatus differenzieren lassen. Die größte Gruppe bilden die vor allem in

Westdeutschland lebenden Arbeitsimmigrant/innen, die seit 1955 aus den Anwerbeländern des Mittelmeerraums als Arbeitskräfte für die damals personell expandierende Industrie und später für das Dienstleistungsgewerbe in die BRD kamen und inzwischen das Rentenalter erreicht haben (vgl. Zentrum für Türkeistudien 1997). In der für die DDR in etwa vergleichbaren Gruppe der Vertragsarbeiter/innen, die allerdings erst ab Mitte der 70er Jahre z.B. aus Vietnam, Mosambik oder Kuba kamen und oft nach einigen Jahren wieder gingen, gibt es bislang kaum hier lebende Alte (vgl. Gemende 1998). An zweiter Stelle stehen ältere Asylberechtigte oder Asylsuchende aus den verschiedensten Herkunftsländern, z.B. Kurd/innen aus der Türkei, an dritter Stelle Bürgerkriegsflüchtlinge, die in Deutschland alt geworden sind oder - was z.T. bei Kriegsflüchtlingen etwa aus Jugoslawien der Fall ist - erst im fortgeschrittenen Alter einreisen. Auch von ihnen lebt die Mehrheit in Westdeutschland. In Ostdeutschland finden sich noch wenige ältere Menschen aus Herkunftsländern des Rates für gegenseitige Wirtschaftshilfe, z.B. Pol/innen oder Russ/innen, die oft als hochqualifizierte Arbeitskräfte in der DDR ansässig wurden und blieben (vgl. Dimova 1998). Des weiteren sind ausländische Ehepartner/innen von Deutschen zu nennen, soweit sie nicht die deutsche Staatsbürgerschaft erhalten haben.

Ausländer/innen ab 60 Jahren insgesamt	458 000
Davon aus der Türkei	83 100
Aus Italien	47 200
Aus Jugoslawien	45 000
Aus Griechenland	35 300
Aus Spanien	20 400

Tab. 6: Zahl älterer AusländerInnen in der BRD 1994 (Quelle: BMFSFJ 1998: 51)

1994 lebten 458.000 Ausländer/innen ab 60 Jahren in Deutschland (vgl. Tab. 6). Bei insgesamt 6.990.000 Ausländer/innen ist die ausländische Bevölkerung damit im Durchschnitt wesentlich jünger als die deutsche, was neben dem zumeist jungen Einreisealter, der z.T. praktizierten Rückkehr im höheren Alter und mit der oft höheren Kinderzahl ausländischer Familien - die sich allerdings mehr und mehr der von Deutschen anpaßt - begründet ist. Unter der Bevölkerung über 60 Jahren waren 1995 nur 2,6% Ausländer/innen. Von ihnen leben 71% bereits mindestens 20 Jahre in Deutschland. Da in der BRD im Unterschied zur überwiegenden Mehrheit der Länder der Europäischen Union ein antiquiertes Staatsbürgerschaftsrecht gilt, wird auch den bereits seit Jahrzehnten hier lebenden Menschen nur sehr zögerlich die Staatsangehörigkeit gewährt. Das bedeutet, daß z.B. seit 20 oder 30 Jahren hier lebende Menschen rechtlich „alte Ausländer/innen“ sein können, während sie in den Nachbarländern bereits überwiegend die jeweilige Staatsbürgerschaft bekommen hätten.

Für sozialgerontologische Betrachtungen ist über die aufenthalts- und ausländerrechtlichen Bedingungen hinaus von Interesse, welche sozialen, sozioökonomischen und kulturellen Besonderheiten die Lebenslagen älterer Ausländer/innen charakterisieren. Sozialwissenschaftliche Untersuchungen widmen sich im deutschsprachigen Raum seit etwa Mitte der 80er Jahre dieser Frage, untermauert durch Praxisberichte aus der Sozialarbeit, Sozialpädagogik und psychosozialen Arbeit (vgl. Bibliographie Land/Dietzel-Papakyriakou 1987; Kosan 1987). Damals wurde erstmalig thematisiert, was ausländerpolitisch nicht vorgesehen war - daß Menschen, die als Arbeitskräfte nach Westdeutschland gekommen waren, nach „getaner Lebensarbeit" oft nicht in ihr Herkunftsland zurückkehrten, sondern begannen, auch ihr Rentenalter dort zu verbringen, wo sie z.T. über 20 bis 30 Jahre ihre Arbeitskraft zur Verfügung gestellt hatten. Hiermit ist eine Besonderheit der Lebenslage älterer Immigrant/innen angesprochen: Ihr Bleiben war nicht nur von der Ausländerpolitik der Bundesregierung, sondern auch in der eigenen Lebensplanung der Betroffenen nicht vorgesehen (vgl. Koch-Straube 1991).

Bei Flüchtlingen und Asylberechtigten hängt die Frage des Bleibens oder Rückkehrens zunächst von der politischen und ökonomischen Situation in den Herkunftsländern ab; erst wenn dort die notwendigen Veränderungen eingetreten sind, kann eine Rückkehr erwogen werden. Die Mehrheit der Arbeitsimmigrant/innen allerdings kam mit der Vorstellung, nach einigen Jahren Arbeit und mit Ersparnissen in die Heimat zurückzukehren. Maria Dietzel-Papakyriakou zeichnet die oft dauerhaft ambivalenten und Entscheidungen vertagenden Haltungen von Ausländer/innen in mittleren und älteren Jahren nach (1993a, 1993b): Mit zunehmender Dauer des Aufenthalts in Deutschland wird die Rückkehr immer weiter aufgeschoben, werden Familien gegründet oder die Familie nachgeholt und - allen besonders seit Beginn der 80er Jahre einsetzenden ausländerfeindlichen Manifestationen zum Trotz - eine Lebenssituation aufgebaut, die zunächst günstiger erscheint als eine Rückkehr, die als Option für das Rentenalter bestehen bleibt. Dem Heimweh nach dem Land der Jugend und der begrenzten Integrationsbereitschaft des Einwanderungslandes steht dann zum Zeitpunkt des Rentenbeginns gegenüber, daß Kinder und Enkel in Deutschland leben und zumeist bleiben wollen, die Verwandtschaftsbeziehungen im Herkunftsland sich gelockert haben und die „ethnische Kolonie" (Heckmann 1992; Gemende 1997, 1998) in Deutschland Zugehörigkeit und Heimatgefühl vermittelt. Zudem spielen auch sachliche Erwägungen eine Rolle für das Ausharren in Deutschland. Kinder und Enkel sind potentielle Pflegepersonen und die medizinische Versorgung ist in der Regel besser oder verfügbarer als im Herkunftsland. Letztere Überlegungen spielen eine wichtige Rolle, da gerade die Arbeitsimmigrant/innen der ersten Generation - ebenso wie Flüchtlinge - in Folge der oft stark körperlich belastenden und gesundheitsschädigenden Arbeitsbedingungen in Deutschland vielfach unter Krankheiten und chronischen Einschränkungen leiden (vgl. Dietzel-Papakyriakou/Olbermann 1996a). Viele alte Ausländer/innen bewältigen die Ambivalenz zwischen beiden Ländern durch häufige, z.T. mehrmals im Jahr stattfindende Besuche im Herkunftsland, solange der Gesundheitszustand dieses erlaubt.

Wie bereits im Abschnitt 4.1 erwähnt, sind die Einkommen älterer Ausländer durchschnittlich niedriger als die der gleichaltrigen Deutschen. Hier ist an erster Stelle von Bedeutung, daß je nach Einwanderungsalter die Zahl der rentenversicherungspflichtigen Arbeitsjahre relativ niedrig liegen kann, Ausländer/innen überwiegend in unteren Lohngruppen beschäftigt waren und vor allem ausländische Frauen oft in ungesicherten Beschäftigungsverhältnissen unterhalb der Sozialversicherungspflicht gearbeitet haben. Dieses trifft in besonders hohem Maße für Flüchtlinge zu. Geerbtes Vermögen ist nahezu gar nicht vorhanden und verfügbare Geldbeträge wurden nur selten in private Altersvorsorge oder Erwerb von Wohneigentum in Deutschland investiert, sondern dienten eher zum Lebensunterhalt von Familienangehörigen im Herkunftsland oder zur Anschaffung von Haus- und Grundbesitz dort, solange noch die Perspektive bestand, eines Tages zurückzukehren (vgl. BMFSFJ 1998). Somit ist die materielle Lage älterer Ausländer/innen zur Zeit noch vergleichsweise ungünstig, auch wenn sich die Einkommenssituation der Arbeitsimmigrant/innen im Alter und auch die Orientierung zum Erwerb von Wohneigentum in Deutschland mehr und mehr der von Deutschen angleicht.

Die Wohnsituation älterer Ausländer/innen ist im Vergleich zu der von Deutschen dadurch geprägt, daß sie seltener allein (etwa zu einem Viertel) und öfter mit Kindern und Enkelkindern in Drei-Generationen-Haushalten wohnen (vgl. BMFSFJ 1998). Unter den Alleinlebenden sind unverheiratete und verwitwete, z.T. auch Personen, die allein eingewandert sind und Angehörige wie Ehepartner/innen oder Kinder im Herkunftsland haben, die mehr oder weniger regelmäßig besucht werden. Ausländer/innen und vor allem die Älteren unter ihnen leben hauptsächlich in westdeutschen Großstädten, d.h. an Orten, an denen Industriebetriebe liegen, in denen sie gearbeitet haben. Viele bevorzugen Stadtviertel mit hohem Ausländeranteil, wo Verwandte oder Bekannte in leicht erreichbarer Nähe leben und eine gewisse internationale oder der eigenen Nationalität zugehörige Infrastruktur vorhanden ist, z.B. Lebensmittelläden, Kneipen, Clubs, Arztpraxen etc. Zudem finden sie selten Wohnungen in anderen Stadtteilen, da zahlreiche Vermieter/innen nicht an Ausländer/innen vermieten oder Hausgemeinschaften sich gegen ausländische Nachbar/innen wenden. Gerade ältere Ausländer/innen wohnen überproportional in Substandardwohnungen innerstädtischer Altbauquartiere, d.h. in unsanierten Wohnungen ohne Bad oder Zentralheizung. Sie zahlen laut Zweitem Altenbericht (vgl. BMFSFJ 1998) durchschnittlich höhere Quadratmetermieten als vergleichbare Haushalte von Deutschen, was z.T. damit begründet sein kann, daß heute ältere Immigrant/innen der ersten Einwanderungsgeneration oft kaum mietrechtliche Kenntnisse besitzen und Vermieter/innen dieses aufgrund ihrer benachteiligten Position auf dem Wohnungsmarkt ausnutzen.

Substandardwohnungen werden besonders zum Problem, wenn die Bewohner/innen aufgrund von körperlicher Gebrechlichkeit oder Krankheit nicht mehr in der Lage sind, die Defizite zu überwinden. Wenn auch keine repräsentative Studie zum objektiven Gesundheitszustand ausländischer alter Menschen vorliegt, so weisen verschiedene Daten doch darauf hin, daß sie von einem erhöhten Erkrankungsrisiko betroffen sind (vgl. Dietzel-Papakyriakou/Olbermann 1996a). Dieses ist, wie bereits erwähnt, teilweise den gesundheitsgefährdenden Arbeitsbedingungen in denjenigen Branchen und Arbeitsbereichen geschuldet, in denen ausländische Arbeiter/innen eingesetzt wurden. Laut Maria Dietzel-Papakyriakou (1993a) kommt daneben auch ungesunden Wohnbedingungen und psychosozialen Belastungen durch die Migration selbst eine Bedeutung zu, u.a. dem „Kulturschock", der Trennung von Angehörigen und Freund/innen und damit von sozialen Unterstützungssystemen, dem teilweise hohen Erwartungsdruck der „Daheimgebliebenen" sowie den Folgen von Diskriminierung im deutschen Aufnahmeland. Letzteres betrifft verstärkt Flüchtlinge, die mitunter noch im Alter zudem unter Spätfolgen psychischer und physischer Verletzungen aus dem Herkunftsland leiden (vgl. Frigessi-Castelnuovo/Risso 1986). Bei einem demzufolge erwartbaren hohen Pflege- und Hilfebedarf älterer Ausländer/innen ist eine Erklärung dafür notwendig, daß verschiedene Pflegestatistiken (bundesweite oder überregionale Untersuchungen fehlen laut Zweitem Altenbericht) aus kommunalen Erhebungen andeuten, daß sie seltener als Deutsche Pflegedienste in Anspruch nehmen und vor allem seltener in Alten- oder Pflegeheime ziehen. Die Ursachen werden darin gesehen, daß erstens die Inanspruchnahme professioneller, bezahlter Hilfe stark den traditionellen Normen des Familienzusammenhalts und familiärer Aufgaben widerspricht, auch auf seiten der möglichen pflegenden Angehörigen der Kindergeneration. Zweitens kommen die entsprechenden „deutschen" Einrichtungen im allgemeinen nicht den kulturellen Besonderheiten älterer Ausländer/innen entgegen, z.B. Sprachbarrieren, Ernährungsgewohnheiten, religiöse Tabus oder Besuchsverhalten betreffend. Müssen sich schon ältere Deutsche beim überwiegend unfreiwilligen Umzug in ein Heim für sie fremden, oft unverständlichen und entmündigenden Bedingungen unterwerfen, stellt dieser Schritt für alte Ausländer/innen „... doppelte Fremdheit in einer nach fremden kulturellen Normen organisierten Institution" (Dietzel-Papakyriakou 1993a: 130) dar. Besonders bei den Einwanderer/innen der ersten Generation dürften sicher noch vielfache Diskriminierungserfahrungen durch deutsche Institutionen, beispielsweise in Krankenhäusern, sowie Befürchtungen vor der Ablehnung durch deutsche Heimmitbewohner/innen eine Rolle dafür spielen, daß im Pflegefall sämtliche Ressourcen aktiviert werden, die einen Wechsel ins Pflegeheim verhindern können.

Ausländische Ältere setzen bei steigendem Hilfebedarf sicherlich stärker auf die Bereitschaft ihrer - sofern vorhanden - Angehörigen zur Pflege und Betreuung. Dabei kommt ihnen zugute, daß die Beziehungen in näheren und weiteren Netzwerken zumeist überdurchschnittlich eng sind. Die Migrationssituation als solche, die Trennung vom Herkunftsland sowie „soziale Abwertung und Ablehnung" führen dazu, daß „der Familie eine spezifische psychosoziale Kompensationsfunktion zukommt" und sie „unter dem Akkulturationsdruck der Aufnahmegesellschaft ... als Ort der Sicherheit und des Rückzuges" fungiert, was auch für die zweite Generation zu gelten scheint (BMFSFJ 1998: 237). Maria Dietzel-Papakyriakou und Elke Olbermann (1996b) kommen bei der Klärung der Frage nach sozialen Netzwerkbeziehungen zu dem Ergebnis, daß eine hohe Hilfebereitschaft und -praxis von seiten der Kinder und Schwiegerkinder für ihre Eltern besteht. Ebenso stellen sie eine deutliche Reziprozität in der Unterstützung zwischen den Generationen fest, wobei alte Eltern - solange sie gesundheitlich dazu in der Lage sind - im Haushalt der Kinder Hilfe leisten, Enkel/innen betreuen oder im Familienbetrieb mitarbeiten.

Seit mehreren Jahren setzen sich Altenhilfeorganisationen mit der vorher vernachlässigten Frage der Versorgung älterer Ausländer/innen auseinander und werden in den großstädtischen Ballungszentren ausländischer Bevölkerung mit Freizeitangeboten und aufsuchender Beratung innerhalb der „ethnischen Kolonie“ aktiv (vgl. Wietert-Wehkamp 1990; Nestmann/Niepel 1993). Erste türkische Altenclubs in Stadtteilen mit einem hohen Anteil türkischer Bevölkerung bestehen bereits seit 10 Jahren (vgl. Pohlreich 1988). Seit neuestem bemühen sich gemeinnützige Pflegedienste um den Einsatz von Pflegepersonal ausländischer Herkunft für die jeweiligen Nationalitäten. Im Rahmen der Debatte, ob „ethnische Altersheime“ eine bessere Lösung der Versorgung ausländischer Pflegebedürftiger sind als die gezielte Öffnung herkömmlicher Heime für ausländische Bewohner/innen, werden erste Projekte aufgebaut.

5. Soziale Folgeprobleme einer alternden Gesellschaft

„Rentnerberg“, „Zukunft der Alterssicherung“, „Pflegenotstand“, „Kostenexplosion im Gesundheitswesen“ oder „Krieg zwischen den Generationen“ sind einige Stichwörter, unter denen die Folgeprobleme einer alternden Gesellschaft auch in der öffentlichen Diskussion eine breite Aufmerksamkeit gefunden haben. Diese Diskussion nimmt vor allem Bezug auf die ökonomischen Lasten, die durch einen wachsenden Altenanteil auf die Gesellschaft zukommen, und ist getragen von der mit hoher Skepsis aufgeworfenen Frage, ob die Gesellschaft diese Kosten zu tragen im Stande ist und ob diese Kostenübernahme zu Ungerechtigkeiten zwischen den Generationen führt. Die große politische Aktualität der Konsequenzen der Verschiebung in der Altersstruktur hat den Deutschen Bundestag veranlaßt, eine Enquête-Kommission zum „Demographischen Wandel“ einzusetzen. Im folgenden soll der Blick mit den Renten, der Pflege- und Hilfebedürftigkeit und dem Generationengefüge auf drei zentrale soziale Folgeprobleme einer alternden Gesellschaft geworfen werden.

5.1 Probleme der Alterssicherung

Eine besonders hohe Aufmerksamkeit finden die Auswirkungen des Alterungsprozesses auf das Rentensystem. Kann das existierende Rentensystem angesichts einer stark wachsenden alten Bevölkerung fortbestehen oder bedarf es einer grundlegenden Korrektur? Bevor wir uns dieser Grundfrage zuwenden können, ist es erforderlich, auf einige Besonderheiten des Alterssicherungssystems hinzuweisen. Wir konzentrieren uns dabei auf die gesetzliche Rentenversicherung (GRV), in der inzwischen ca. 90% der Erwerbsbevölkerung abgesichert ist. (Weitere Alterssicherungssysteme sind in Abschnitt 4.1 kurz angesprochen.)

Die soziale Sicherung im Alter stellt ein zentrales Element des Wohlfahrtsstaates in Deutschland dar. Der Wohlfahrtsstaat machte die materielle Altersvorsorge zu einer kollektiven Leistung, herausgelöst aus dem Familienverband, der dazu unter den veränderten Arbeits- und Lebensbedingungen der Industriegesellschaft nicht mehr in der Lage war. Der Wohlfahrtsstaat hat - wie im Abschnitt 2 dieser Einführung bereits ausgeführt - die Alterssicherung entfamilialisiert und die materiellen Leistungen im Alter an die vorherige Erwerbstätigkeit gebunden. Einen besonderen Symbolwert für den Einstieg in diese neue Form der Alterssicherung hat das Reichsgesetz über die Invaliditäts- und Altersversicherung von 1889 als Teil der Bismarckschen Sozialgesetzgebung. Trotz der bescheidenen Anfänge markiert dieses Gesetz den Einstieg in die gesetzliche Rentenversicherung. Im Laufe des 20. Jahrhunderts wurden weitere Sozialgruppen einbezogen, das Rentenalter gesenkt und die Leistungen erhöht.

Einen gravierenden Einschnitt stellt die westdeutsche Rentenreform von 1957 dar. In dieser Reform wurde das Rentensystem vom (bisherigen) Kapitaldekkungs- zum Umlageverfahren umgestellt. Beim Kapitaldeckungsverfahren spart jede/r Versicherte für sich an und erhält aus seinem verzinsten Kapitalbestand die Rente ausgezahlt. Anders dagegen im Umlageverfahren: Hier werden die Transferleistungen für die Rentner-Generation aus den aktuellen Rentenbeiträgen der Generation der jetzt im Erwerbsleben Stehenden finanziert. Ausschlaggebend für die Einführung des Umlageverfahrens war die leidvolle Erfahrung von zwei Inflationen (jeweils im Anschluß an die Weltkriege), durch die der angesparte Kapitalbestand entwertet und vernichtet wurde. Ein Umlageverfahren ist gegen diese Gefahr immun und hierin liegt seine besondere Stärke. Allerdings ist dieses Verfahren stark abhängig von der Relation der einzahlenden und empfangenden Generationen. Daß der Alterungsprozeß der Bevölkerung für die Rentendiskussion zu einem gewichtigen Faktor wurde, ist die unmittelbare Konsequenz der Einführung des Umlageverfahrens.

Als ein weiteres neues Element führte die westdeutsche Rentenreform Ende der 50er Jahre die Dynamisierung der Renten ein. Dynamisierung meint, daß die Rentenhöhe an die Entwicklung der Erwerbseinkommen (ursprünglich an die Bruttolöhne, seit 1992 an die Nettolöhne) gekoppelt ist. Dadurch sollte sichergestellt werden, daß die Rentnergeneration unmittelbar an den Lebensstandardverbesserungen der Erwerbsgesellschaft teilhat. Daß die Einkommenssituation der Rentner/innen-Haushalte heutzutage weitgehend den Haushalten mit (mindestens) einer erwerbstätigen Person entspricht und damit eine massive Verbesserung der materiellen Lage im Rentenalter erreicht wurde (ausführlich vgl.

Abschnitt 4.1), dazu hat dieses Reformelement nachhaltig beigetragen. Die Dynamisierung der Renten hat auch maßgeblichen Anteil daran, daß die über 65jährigen in Privathaushalten unterproportional von Armut betroffen sind. Überhaupt galt die Rentenreform von 1957 lange Zeit als eine der großen sozialpolitischen Errungenschaften der alten Bundesrepublik.

Die Beiträge zur gesetzlichen Rentenversicherung stammen zu gleichen Teilen aus den Beiträgen der Versicherten und ihrer Arbeitgeber. Zentrale Prinzipien der Rentenversicherung sind (1) die Leistungsgerechtigkeit der Rentenbezüge und (2) die Lebensstandssicherung im Alter. Die Höhe einer Altersrente richtet sich im wesentlichen nach der Versicherungsdauer und der relativen Höhe der gezahlten Beiträge, die nach dem Erwerbseinkommen bemessen werden („lohn- und beitragsbezogene Rente"). Werden 45 Jahre lang Beiträge auf der Basis des durchschnittlichen Bruttoarbeitsentgelts aller Versicherten entrichtet, beträgt die Nettorente (noch) etwa 70% des durchschnittlichen Nettoarbeitsentgelts aller Versicherten. Dadurch soll jeder Rentner bzw. jede Rentnerin in die Lage versetzt werden, seinen bzw. ihren erreichten Lebensstandard im Alter zu halten.

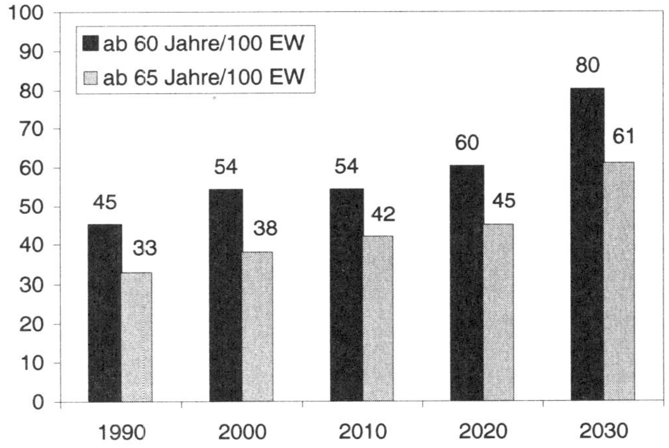

Abb. 8: Sozialquotienten im zukünftigen Deutschland - in Personen (Quelle: Höhn Roloff et al. 1994: 52)

Das Umlageverfahren hat zur Folge, daß das Zahlenverhältnis der aus dem Erwerbsleben ausgeschiedenen und der im Erwerbsleben stehenden Personen zu einer zentralen Größe für die Beiträge bzw. die Leistungen der gesetzlichen Rentenversicherung wird. Diese Relation wird anhand eines sogenannten Sozialquotienten erfaßt, der die Anzahl der Rentner/innen pro 100 Erwerbstätige angibt (vgl. Höhn/Roloff et al. 1994). Für die Errechnung der zukünftigen Sozialquotienten werden vom Bundesinstitut für Bevölkerungsforschung die Ergebnisse einer Modellberechnung des Verbandes Deutscher Versicherungsträger zum Erwerbspersonenpotential und zur Arbeitsmarktbilanz zugrunde gelegt. Angenommen wird bei dieser Modellberechnung auch eine wachsende Erwerbsbeteiligung verheirateter Frauen. In der Abbildung 8 werden die Sozialquotienten getrennt für das Renteneintrittsalter mit 60 Jahren und mit 65 Jahren dargestellt. Eine Differenzierung nach Alterssicherungssystemen wird hier nicht gemacht, es wird unterstellt, daß alle Erwerbstätigen (Beamte und Selbständige ebenso wie Landwirte und Bergleute) Beitragszahler/innen sind.

Sowohl bei einem Rentenalter von 60 Jahren als auch bei einem Rentenalter von 65 Jahren werden sich über den gesamten Betrachtungszeitraum bis 2030 die Sozialquotienten jeweils fast verdoppeln. Allerdings macht das Schaubild auch deutlich, daß erhebliche Unterschiede abhängig vom Renteneintrittsalter bestehen. Bei dem früheren Eintrittsalter entfallen im Jahr 2030 auf 100 Erwerbstätige 80 Rentner/innen, bei dem späteren Alter sind es dagegen „nur“ 61.

In diesen unterschiedlichen Zahlen wird die Wichtigkeit des Renteneintrittsalters für die zukünftige Entwicklung des Rentensystems sichtbar. Für die letzten Jahrzehnte ist in Deutschland (und auch in anderen westeuropäischen Gesellschaften) - aufgrund der hohen Erwerbstätigkeit besonders ausgeprägt bei den Männern - ein deutlicher Trend einer Vorverlagerung des Renteneintrittsalters zu beobachten. Das Alter von 65 Jahren kann inzwischen immer weniger als „normale“ Altersgrenze angesehen werden (vgl. Kohli 1994). Im Alter zwischen 60 und 64 Jahren sind in Deutschland und auch in anderen Ländern weniger als ein Drittel der Männer noch erwerbstätig (vgl. Guillemard 1994: 629). Auch in der Altersgruppe der 55- bis 59jährigen ist die Erwerbsquote rückläufig. Bei den Frauen weisen die jüngeren Geburtskohorten im Alter von über 50 Jahren zunächst eine höhere Erwerbstätigkeit auf als die älteren Kohorten. Die Integration ins Erwerbsleben nimmt bei den jüngeren Kohorten aber dann rasch ab und liegt im Alter von etwa 60 Jahren bereits niedriger als bei den älteren Geburtskohorten. Dieser Rückgang des Alters beim Ausscheiden aus dem Erwerbsleben bewirkt im Zusammenspiel mit der gestiegenen Lebenserwartung eine Verlängerung der Bezugsdauer der Renten. 1960 lag die durchschnittliche Bezugsdauer der Männer bei knapp unter, bei Frauen etwas über 10 Jahren. Bis 1996 ist die Renten-Bezugsdauer der Männer auf 13,6 Jahre, die der Frauen sogar auf 18,5 Jahre angestiegen (vgl. Sozialpolitische Informationen 13/97: 1).

Diese Tendenz der vorverlagerten „Entberuflichung“ ist in hohem Maße eine Reaktion auf den angespannten Arbeitsmarkt. Als Gegenstrategie gegen die hohe Arbeitslosigkeit hat der Staat eigens institutionelle Regelungen für akzeptable Formen des frühen Ausscheidens geschaffen oder die Nutzung bestehender Renten- und Arbeitslosensysteme zugelassen. Für Westdeutschland kann dabei über weite Strecken festgestellt werden, daß das frühe Ausscheiden aus dem Beruf im Interesseneinklang von Personalleitungen, Betriebsräten und den älteren Arbeitnehmer/innen selbst erfolgt ist. Massenhaft wurde die Vorruhestandsregelung auch im Transformationsprozeß in Ostdeutschland eingesetzt, um das Arbeitskräftepotential zu vermindern und älteren Arbeitnehmern und Arbeitnehmerinnen eine aufgrund der latenten Altersnormen des Arbeitsmarktes dauerhafte Arbeitslosigkeit zu ersparen. Von den Betroffenen in Ostdeutschland wurde diese „Freistellung“ ungleich stärker als im Westen als eine Entwertung und Geringschätzung der eigenen Leistungsfähigkeit erlebt und war mit dem Gefühl des Abgeschoben-werdens verbunden (vgl. Wiesner i.d.Bd.). Die Betriebe haben diese sozialpolitischen Instrumente massiv zum Stellenabbau genutzt; die von den politischen Akteuren damit verbundene Hoffnung, daß durch das vorzeitige Ausscheiden älterer Arbeitnehmer/innen aus dem Erwerbsleben Arbeitsplätze für jüngere Arbeitskräfte geschaffen werden, hat sich nur in einem geringen Maße bewahrheitet (vgl. Kohli et al. 1988). Die arbeitsmarktpolitische Regulierung ist somit auf Kosten der Rentenkasse erfolgt.

Unter der Kohl-Regierung wurde der Versuch unternommen, dem frühen Renteneintrittsalter politisch gegenzusteuern. So wurde in der Rentenreform von 1992 die flexible Altersgrenze abgeschafft und die Regelaltersgrenze schrittweise bis 2006 bzw. 2012 generell auf 65 Jahre angehoben. Vorgezogene Renten sollen nur unter Inkaufnahme von Abschlägen möglich sein. Schon jetzt sind Regelungen in Kraft, die einen vorgezogenen Ruhestand weniger attraktiv machen sollen, z.B. die Hinzuverdienstgrenze bis 65 Jahre. Bei einer Vollrente dürfen derzeit bis zur Vollendung des 65. Lebensjahres nur 620,- DM (West) bzw. 520,- DM (Ost) hinzuverdient werden (vgl. Sozialpolitische Informationen 1/98: 2). Ab 65 Jahre entfällt dann diese Grenze. Ob diese Maßnahmen tatsächlich dazu beitragen können, den bisherigen Trend zum frühen Ruhestand umzukehren, wird eher skeptisch beurteilt (vgl. Kohli 1994). Es hat den Anschein, daß sich durch den Regierungswechsel hier ein Kurswechsel abzeichnet. Als eine der ersten Reformideen hat der sozialdemokratische Sozialminister Walter Riester mit dem Ziel einer Arbeitsmarktentlastung das Konzept der Rente ab 60 Jahren ohne materielle Einbusse vorgestellt. Da sich jedoch die skeptischen Stimmen inzwischen mehren, bleibt abzuwarten, welche Gestalt letztendlich die Pläne annehmen werden.

Unabhängig von den unmittelbaren Erfolgschancen macht die Abbildung 8 deutlich, daß neben den reinen Bestandsgrößen der Altersgruppen das Renteneintrittsalter eine zentrale Variable für das Verhältnis der Rentner/innen zu den Erwerbstätigen ist. Je höher das tatsächliche Renteneintrittsalter und damit je länger die Lebensarbeitszeit ist, desto günstiger wird sich diese Relation gestalten. Auch die Verbreitung von Formen eines graduellen Berufsausstiegs („Altersteilzeit“) können hierzu einen wichtigen Beitrag leisten. Ein hohes Renteneintrittsalter und eine längere Lebensarbeitszeit wirken sich günstig aus, da dadurch die Empfängerseite vermindert und die Beitragszahlerseite vergrößert wird. Die finanzielle Entwicklung der gesetzlichen Rentenversicherung wird darüber hinaus auch nachhaltig von Faktoren beeinflußt, die ausschließlich auf die Beitragszahlerseite wirken. Hier ist an erster Stelle die Entwicklung des Arbeitsmarktes zu nennen. Hohe Arbeitslosigkeit hat Beitragsausfälle zur Folge, die durch erhöhte Beiträge und staatliche Zuschüsse aufgefangen werden müssen. Erfolge in der Bekämpfung der Arbeitslosigkeit schlagen sich auch unmittelbar in der Kasse der gesetzlichen Rentenversicherung nieder. Auch eine Ausdehnung des Anteils der Erwerbstätigen durch den Ausbau der Frauenerwerbstätigkeit oder durch die Zuwanderung ausländischer Arbeitnehmer/innen stellt eine Gegenkraft zu den Folgen der demographischen Entwicklung für das Rentensystem dar.

Der demographische Alterungprozeß - verbunden mit der bereits langandauernden Krise der Arbeitsgesellschaft - übt auf das System der gesetzlichen Rentenversicherung einen massiven Anpassungsdruck aus. Ein erster Versuch, diesen Herausforderungen zu begegnen, war die Rentenreform von 1992, deren zentrales Element der Übergang von der brutto- zur nettolohnbezogenen jährlichen Rentenanpassung war. Dadurch sollte ein Anstieg der Rentenbeiträge auf ein prognostiziertes Niveau von bis zu 36% im Jahre 2030 verhindert werden. Nach einem Prognos-Gutachten von 1995 wurde durch diese Reform erreicht, daß der erforderliche Beitragssatz bis zum Jahr 2030 im Bereich von 26,3 bis 28,5% liegen dürfte und damit etwa 6 bis 8% höher wäre als heute. Als die Tinte für diese Reform kaum getrocknet war, wurde von den politischen Akteuren ein erneuter Reformbedarf entdeckt. Die inzwischen aus dem Amt geschiedene christlich-liberale Koalition verabschiedete auf der Grundlage von Vorschlägen einer Expertenkommission Ende 1997 eine neue Rentenreform. Unter Beibehaltung des bisherigen Rentensystems wurde, um der Verlängerung der Lebenserwartung Rechnung zu tragen, ein „demographischer Faktor" in die Rentenformel eingeführt. Das führt dazu, daß das Niveau der Altersrente von derzeit 70% bis 2030 auf 64% des Einkommens absinken wird. Drastische Einschnitte gibt es auch bei den Erwerbs- und Berufsunfähigkeitsrenten. So z.B. werden Erwerbsunfähige bei der Berechnung der Bezüge so behandelt, als ob sie mit 60 Jahren frühzeitig den Ruhestand gewählt hätten und müssen deshalb einen Abschlag in Höhe von 18% hinnehmen. Mit diesen Maßnahmen soll erreicht werden, daß die Beiträge der gesetzlichen Rentenversicherung bis 2020 zwischen 18,7 und 20,3% gehalten werden können und bis 2030 nur auf 22,9% ansteigen. Gegen diese neuerliche Rentenreform wird eingewendet, daß die Absenkung des Rentenniveaus insbesondere dann, wenn es mit einem vorverlagerten Renteneintritt einhergeht, für viele Rentner und Rentnerinnen ein Abrutschen in die Sozialhilfe bedeuten wird. Unter der neuen rot-grünen Koalition wurde diese Reform vorläufig außer Kraft gesetzt. Welche weiteren Schritte unternommen werden, muß noch abgewartet werden.

Immer lauter werden Stimmen, die das bestehende System der gesetzlichen Rentenversicherung prinzipiell in Frage stellen. Die bislang bestehende breite Zustimmung zum Rentensystem ist aufgebrochen. Es wird argumentiert, daß aufgrund des fortschreitenden Prozesses der Alterung der Bevölkerung das Rentensystem in dieser Form nicht mehr finanzierbar sei. Vor allem zwei Alternativen sind mit dem bisherigen System in Widerstreit getreten:

(1) Umstellung in ein Kapitaldeckungsverfahren:
Von neoliberaler Seite wird eine Umstellung des Umlageverfahrens zum Kapitaldeckungsverfahren gefordert und damit eine Rückkehr zu dem System, das

Mitte der 50er Jahre unter der Erfahrung von zwei Inflationen abgelöst wurde. Als Argument wird vorgebracht, daß ein solches System von der zahlenmäßigen Besetzung der Altersgruppen unabhängig ist und in vielen Staaten (z.B. Schweiz und Niederlande) seit langem praktiziert wird. Das Umlageverfahren wird als „generationen-ungerecht“ kritisiert, da die jüngere Generation immer mehr zahlen muß, selbst aber im Alter weniger bekommen wird (vgl. Börsch-Supan 1997). Zugleich erhoffen sich die Befürworter/innen durch das neue Rentensystem eine höhere Kapitalbildung und ein höheres Wirtschaftswachstum. Neben den Unsicherheiten, die mit einem Kapitaldeckungsverfahren einhergehen, ausgelöst durch Inflationsgefahren und überhaupt durch die Unvorhersehbarkeit einer langfristigen Zinsentwicklung, wird gegen diesen Alternativvorschlag vor allem auf die immensen Umstellungsschwierigkeiten verwiesen. Die Umstellung würde einen langen Zeitraum von 30 bis 50 Jahren in Anspruch nehmen und wäre in Gefahr, für die Generation im Erwerbsalter zu einer erhöhten Belastung zu führen, da sie weiterhin für die jetzige Rentnergeneration aufkommen, aber zugleich einen eigenen Kapitalstock für das Alter ansparen müßte (vgl. Hauser/Wagner 1994).

(2) Umstellung auf eine einheitliche, steuerfinanzierte Grundrente:
Die Grundrente soll jeder Person zustehen, die über eine gewisse Dauer ihren Lebensmittelpunkt in Deutschland hatte. Egal ob jemand erwerbstätig war oder nicht, egal wie lange jemand erwerbstätig war, soll er oder sie im Rentenalter eine Grundrente in Höhe von etwa 1.300 DM erhalten. Um die eventuell vorhandene Differenz zwischen Grundsicherung und dem bisherigen Lebensstandard im Alter ausgleichen zu können, hat der Einzelne private Vorsorge zu treffen. Die Grundrente entkoppelt die Alterssicherung von der Erwerbsbiographie. Die bislang zentralen Prinzipien der Leistungsgerechtigkeit der Einkommensverteilung und der Lebensstandssicherung im Alter werden aufgegeben. Die hohe Unsicherheit des ersten Alternativvorschlages entfällt, allerdings dürfen auch hier - obwohl weniger umfangreich - die Umstellungsprobleme nicht unterschätzt werden (ausführlich zur Diskussion der Wirkungen einer steuerfinanzierten Grundrente vgl. Schmähl 1993). Bedenkenswert erscheint es auch, daß einige Ländern (z.B. Neuseeland, Schweden) gerade dabei sind, von einer steuerfinanzierten Staatsbürgerrente Abschied zu nehmen (vgl. Schmähl 1997).

Mit der Entkoppelung von Alterssicherung und Erwerbsbiographie versucht die Grundrente, ein zentrales Problem des bisherigen Rentensystems zu lösen: die Bindung an die Erwerbsarbeit. Das Problem dieses Rentensystems sind (bislang) nicht die Leistungen, sondern wer in den Genuß dieser Leistungen kommt. Die gesetzliche Rentenversicherung ist an der (männlichen) Erwerbsbiographie ausgerichtet. Wer ein Leben lang gearbeitet hat, wird in die Lage versetzt, ein erträgliches Leben im Alter zu führen. Von Armut ist weitgehend nur bedroht, wer nicht, nur teilweise oder im geringen Umfang erwerbstätig war. Vor allem Frauen sind in Gefahr, durch die Maschen dieses Sicherungssystems zu fallen. Zwar wird durch die Einführung und Verlängerung von anzurechnenden Kindererziehungszeiten schon im bestehenden System der Versuch unternommen, von der starren Ausrichtung auf die Erwerbsbiographie wegzukommen, aber diese Ausrichtung bleibt dennoch überdominant (ausführlicher dazu Sickendiek i.d.Bd.). Je mehr aber in Zukunft Normalarbeitsverhältnisse verfallen und Zeiten der Nichterwerbstätigkeit zunehmen werden, desto dringlicher wird eine Entkoppelung. Erforderlich ist ein Rentensystem, das eine eigenständige Versorgung aller erwachsenen Personen, nicht nur der Erwerbstätigen ermöglicht (vgl. auch Mayer et al. 1994). Durch die Schaffung einer solchen individualisierten Alterssicherung könnte - was zugleich ein wichtiger Beitrag zur Finanzierung wäre - eine Hinterbliebenenrente für Witwen und Witwer entfallen. Diese Reform der Altersvorsorge stößt jedoch auf ein familienpolitisches Tabu. Dem deutschen Rentenversicherungssystem liegt das bürgerliche Familienmodell zugrunde, demzufolge nur der Mann erwerbstätig ist und seine Frau und Kinder zu versorgen hat. Die wachsende Erwerbsbeteiligung der Frauen macht jedoch die teuren Hinterbliebenenrenten überflüssig. Zudem würde eine eigenständige Absicherung einer jeden Person, auch wenn sie verheiratet ist, einem modernisierten Familienbild ungleich besser entsprechen.

5.2 Pflege- und Hilfebedarf

Inzwischen besteht ein weitreichender Konsens, daß Alter nicht auf Krankheit und Pflegebedürftigkeit festgelegt werden kann. Von einer großen Mehrzahl der Menschen wird das Alter in Gesundheit und in selbständiger Lebensführung erlebt. Die (Sozial-) Gerontologie hat das lange Zeit vorherrschende negative Altersstereotyp erfolgreich attackiert und statt dessen mit großem Nachdruck Befunde vom aktiven, produktiven und erfolgreichen Alter herausgearbeitet. Im Bild der „jungen Alten", die sich rüstig und fit, mobil und aktiv nach dem Ausscheiden aus Berufs- und Familienaufgaben präsentieren, haben die Befunde weit über die Wissenschaft hinaus im öffentlichen Diskurs Geltung erlangt. Fatal wird ein solches Altenbild jedoch, wenn es dazu verleitet, Krankheit und Pflegebedürftigkeit überhaupt als Phänomene aus der Lebenswirklichkeit von alten Menschen auszublenden. Alter kann und darf nicht auf Krankheit und Pflegebedürftigkeit begrenzt werden, aber Krankheit und Pflegebedürftigkeit sind mögliche Begleiterscheinungen des Alters.

Nicht nur im Alter beeinflußt der Gesundheitszustand nachhaltig die individuelle Lebensqualität. Da jedoch mit den Lebensjahren das Risiko einer Verschlechterung des Gesundheitszustandes zunimmt, steigt der Gesundheitszustand im Alter zu der zentralen Determinante dafür auf, ob die „gewonnenen Jahre" (Imhof 1981) wirklich als subjektiver Zugewinn betrachtet werden können. Ein „produktives Alter" ist an die Voraussetzung eines gesundheitlichen Wohlergehens gebunden.

Morbidität im Alter

Wie gestalten sich die Gesundheit bzw. Gesundheitsbeeinträchtigungen im Alter? Unterschieden werden kann zwischen einem subjektiven und einem objektiven Gesundheitszustand oder - mit Blick auf die Kehrseite - subjektiver und objektiver Morbidität. Der subjektive Gesundheitszustand bzw. die subjektive Morbidität meint die Einschätzung der Gesundheit bzw. deren Beeinträchtigungen durch die Betroffenen selbst. Für die wahrgenommene Lebensqualität kommt dem subjektiven Gesundheitszustand große Bedeutung zu, obwohl die subjektive Einschätzung nicht unbedingt mit der faktischen Gesundheit übereinstimmen muß. Repräsentative Daten zur subjektiven Morbidität können aus dem Mikrozensus gewonnen werden. Ab dem 40. Lebensjahr nimmt das Ausmaß gesundheitlicher Beeinträchtigung stark zu. Während der Anteil der Kranken und Unfallverletzten bei den 40jährigen bei etwa 7% liegt, sind es bei den 55jährigen schon über 15% und bei den 70jährigen 20% (vgl. Datenreport Alter 1997: 24). Bis zum 40. Lebensjahr gibt es nahezu keine Unterschiede zwischen den Geschlechtern. Im Alter zwischen 40 und 65 klagen dann die Männer häufiger über Krankheit und Verletzungen; ab dem 70. Lebensjahr sind es dann stärker die Frauen. Mit fortschreitendem Alter steigt unter den Kranken und Unfallverletzten der Prozentsatz der Personen mit langfristigen Gesundheitsbeeinträchtigungen deutlich an. Bei den 15- bis 40jährigen sind die Gesundheitsbeeinträchtigungen in aller Regel von kurzer Dauer. Nur jede/r achte leidet unter einer Beeinträchtigung, die länger als ein Jahr andauert. Anders dagegen bei den über 65jährigen. In fast zwei Dritteln der Fälle hat die Gesundheitsbeeinträchtigung eine Dauer von über einem Jahr.

Für Aussagen über den objektiven Gesundheitszustand können die Statistiken der Krankenkassen herangezogen werden (vgl. Datenreport Alter 1997). Jedoch wird vielfach auf die Grenzen der Brauchbarkeit und Aussagekraft dieser Statistiken hingewiesen (vgl. Schwartz 1989; Krämer 1994). Ausführliche Informationen hierzu sind der Berliner Altenstudie (BASE), herausgegeben von Karl Ulrich Mayer und Paul B. Baltes (1996) zu entnehmen, die jedoch - wie der Name schon anzeigt - nur auf Berlin, und zwar auf Westberlin bezogen ist. Im Rahmen dieser großangelegten, interdisziplinären Studie befaßten sich medizinische Arbeitsgruppen ausgiebig mit dem Gesundheitszustand alter Menschen. Aus medizinischer Sicht läßt sich bei nahezu allen 70jährigen und älteren mindestens eine Krankheit diagnostizieren. Bei ca. 30% wurden fünf und mehr Erkrankungen festgestellt. Die „Multimorbidität“ ist ein im Alter verbreitetes und typisches Phänomen (vgl. auch Steinhagen-Thiessen et al. 1994). Typisch für das Alter ist es auch, daß es sich vielfach um chronische Erkrankungen handelt. 92% der 70jährigen und älteren nehmen mindestens ein Medikament, fast jede/r vierte fünf und mehr Medikamente. Bei vielen alten Menschen in Westberlin wurden Mängel in der medizinischen Versorgung festgestellt. Bei 28% wurde ein nichtindiziertes, kontraindiziertes oder prinzipiell ungeeignetes Medikament, bei 24% auch eine Untermedikation im Sinne von unbehandelten, mittel- bis schwergradigen körperlichen Erkrankungen festgestellt.

Entscheidend aber ist, daß trotz der hohen Verbreitungsrate von Krankheiten dennoch die meisten alten Menschen nicht an einer ernsthaften (im Sinne einer akut oder mittelfristig lebensbedrohenden) Erkrankung leiden. Nur bei etwa einem Drittel der 70jährigen und Älteren wurden in der Berliner Altenstudie lebensbedrohende Erkrankungen (z.B. koronare Herzerkrankung oder eine Herzinsuffizienz) festgestellt. Selbst unter den 85jährigen und älteren ist noch ein hoher Teil frei von schwerwiegenden Krankheiten (als Kurzüberblick vgl. Mayer et al. 1997; ausführlicher vgl. Steinhagen-Thiessen/Borchelt 1997). Dies gilt auch für die psychiatrischen Krankheitsgruppen. Von den über 70jährigen leiden 14% an Demenzen (aller Schweregrade), 9% an Depressionen und 4% an Angsterkrankungen. Die Demenzhäufigkeit - um nur dieses Krankheitsbild herauszustellen (vgl. auch Bach i.d.Bd.) - steigt mit dem Alter stark an. In der Altersgruppe der 70- bis 74jährigen wurden noch keine Demenzen diagnostiziert. Bei der ältesten Altersgruppe der 95jährigen und älteren wird auf Grund der Daten die Prävalenz dagegen auf bis zu 60% geschätzt (vgl. Lindenberger et al. 1997). Diese Zahl verdeutlicht umgekehrt jedoch auch, daß selbst dieses sehr hohe Alter von einer stattlichen Zahl ohne Demenzerkrankung gelebt wird.

Pflege- und Hilfebedürftigkeit

Krankheiten im Alter, chronische Erkrankungen und auch Multimorbidität dürfen nicht mit Pflege- und Hilfebedürftigkeit gleichgesetzt werden. Chronische Erkrankungen führen zwar oder können zumindest zu Funktionseinschränkungen und -einbußen führen, aber ein Großteil der chronisch kranken älteren Menschen ist weiterhin zu einem weitgehend selbständigen und selbstbestimmten Leben in der Lage (vgl. Mayer et al. 1994). Aussagen zur Hilfe- und Pflegebedürftigkeit in Deutschland sind möglich auf der Grundlage der im Auftrag des Bundesministeriums für Familie und Senioren von Infratest in den Jahren 1991/92 durchgeführten Repräsentativerhebung „Möglichkeiten und Grenzen selbständiger Lebensführung" (vgl. Schneekloth et al. 1996). Ausgegangen wird in dieser Studie vom Konzept der selbständigen Lebensführung. Als selbständige Lebensführung wird die Fähigkeit bezeichnet, „regelmäßig wiederkehrende Verrichtungen des täglichen Lebens ohne fremde Hilfe ausüben zu können" (Schneekloth et al. 1996: 15). Hierzu zählen Aktivitäten aus den Bereichen „Persönliche Hygiene, Körperpflege", „Mobilität innerhalb der Wohnung", „Nahrungszubereitung und -aufnahme", „Haushaltsführung" und „Kommunikation und außerhäusliche Mobilität". Eine Pflege- bzw. Hilfebedürftigkeit liegt vor, wenn die selbständige Lebensführung beeinträchtigt ist. Als (regelmäßig) pflegebedürftig gilt, wer mindestens mehrfach wöchentlich Bedarf an Hilfe bei körperbezogenen Verrichtungen (Hygiene, Mobilität/Motorik, Ernährung) hat. Hierbei wird unterschieden nach Personen mit mehrfachem wöchentlichen Pflegebedarf, Personen mit täglichem Pflegebedarf und Personen mit ständigem Pflegebedarf. Als hilfebedürftig gelten Personen, die einen unregelmäßigen bzw. weniger als mehrfachen wöchentlichen Pflegebedarf und/oder typische hauswirtschaftliche Aktivitätseinschränkungen aufweisen.

Rechnet man die Ergebnisse dieser Studie auf die Gesamtbevölkerung hoch, so kann geschätzt werden, daß gegenwärtig in bundesdeutschen Privathaushalten ca. 1,123 Millionen Menschen mit einem regelmäßigen Pflegebedarf leben. Das entspricht einem Bevölkerungsanteil von ca. 1,4%. Davon brauchen rund 190.000 Personen eine ständige Pflege. Nahezu alle von ihnen können nicht allein das Bett verlassen (97%) und die Toilette benutzen (94%). 458.000 Personen benötigen täglich und weitere 465.000 Personen mindestens mehrfach wöchentlich Pflege. Nimmt man noch die Pflegebedürftigen hinzu, die in stationären Einrichtungen leben - ca. 450.000 Personen (vgl. für die alten Bundesländer Krug/Reh 1992) - , so kommt man zu Beginn der 90er Jahre im Bundesgebiet zu einer Schätzgröße von 1,6 Millionen Personen mit regelmäßigem Pflegebedarf. Diese Zahlen machen deutlich, daß die Pflege ganz überwiegend - zu ca. 71% - privat zu Hause geleistet wird. Zu diesem pflegebedürftigen Personenkreis kommen noch 2,1 Millionen Personen in privaten Haushalten hinzu, die einen hauswirtschaftlichen Hilfebedarf aufweisen. Dies entspricht 2,7% der Gesamtbevölkerung.

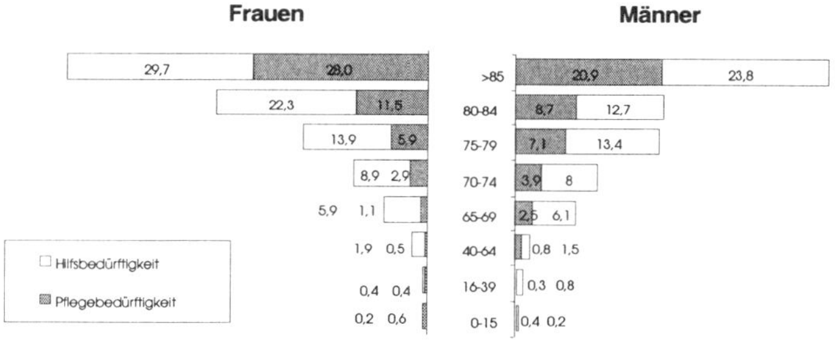

Altersgruppe	0-15	16-39	40-64	65-69	70-74	75-79	80-84	>85
Pflegebedürftigkeit Männer	20,9	8,7	7,1	3,9	2,5	0,8	0,3	0,4
Pflegebedürftigkeit Frauen	28,0	11,5	5,9	2,9	1,1	0,5	0,4	0,6
Hilfebedürftigkeit Männer	23,8	12,7	13,4	8,0	6,1	1,5	0,8	0,2
Hilfebedürftigkeit Frauen	29,7	22,3	13,9	8,9	5,9	1,9	0,4	0,2

Abb. 9: Hilfe- und Pflegebedürftigkeit in Privathaushalten in verschiedenen Altersgruppen nach Geschlecht (Quelle: Schneekloth et al. 1996: 115, eigene Darstellung)

Aus der Abbildung 9 ist der Anstieg der Pflege- und Hilfebedürftigkeit mit fortschreitendem Alter deutlich erkennbar. Allerdings wird auch erkennbar, daß in der Altersgruppe der 65- bis 69jährigen mit 1,1% bei den Frauen und 2,5% bei den Männern jeweils nur ein sehr geringer Anteil bereits pflegebedürftig ist. Erst allmählich nimmt die Pflegebedürftigkeit zu. Bei den Frauen sind es in der Altersgruppe der 75- bis 79jährigen knapp 6%, und erst bei den über 85jährigen steigt die Pflegebedürftigkeit auf 28% an. Bei den Männern sind es im Alter zwischen 75 und 79 Jahren knapp über 7%, und der Anteil steigt dann bis zur ältesten Altersgruppe auf über 20% an. Selbst in diesem hohen Alter ist jedoch für beide Altersgruppen festzustellen, daß die große Mehrheit weiterhin nicht auf regelmäßige Pflegeleistungen angewiesen ist. Die Hilfebedürftigkeit steigt schneller an als die Pflegebedürftigkeit. Nimmt man Pflege- und Hilfebedürftigkeit zusammen, so wird erkennbar, daß Frauen im Alter zunächst in einem höheren Maß zur Fortführung einer selbständigen Lebensführung in der Lage sind. Dies ändert sich erst ab 80 Jahren, ab diesem Alter sind dann Frauen stärker von Beeinträchtigungen betroffen als Männer. Aufgrund der stärkeren Besetzung der höheren Altersgruppen mit Frauen gibt es jedoch absolut betrachtet deutlich mehr pflege- und hilfebedürftige Frauen als Männer.

Das große Maß an Pflege- und Hilfeleistungen in den privaten Haushalten wirft die Frage auf, wer diese Form sozialer Unterstützung leistet. 77% aller Pflegebedürftigen und 57% aller Hilfebedürftigen in privaten Haushalten verfügen über eine Hauptpflegeperson. Bei der Unterstützung weiterer 14% der Personen mit Pflegebedarf sowie 21% der Personen mit Hilfebedarf sind in etwa gleichrangig mehrere Personen aus dem sozialen Umfeld beteiligt. 9% der Pflegebedürftigen und 23% der Hilfebedürftigen bekommen keine Unterstützung aus ihrem sozialen Netz. Die Infratest-Studie - wie auch vergleichbare andere Studien - kommen einhellig zu dem Ergebnis, daß Pflege- und Hilfeleistungen alter Menschen vorwiegend in der Familie erbracht werden. Es sind ganz überwiegend Frauen, die diese Betreuungsleistungen im Alter übernehmen (vgl. auch Beck-Gernsheim 1998; Rosenkranz/Schneider 1998; Nestmann i.d.Bd.).

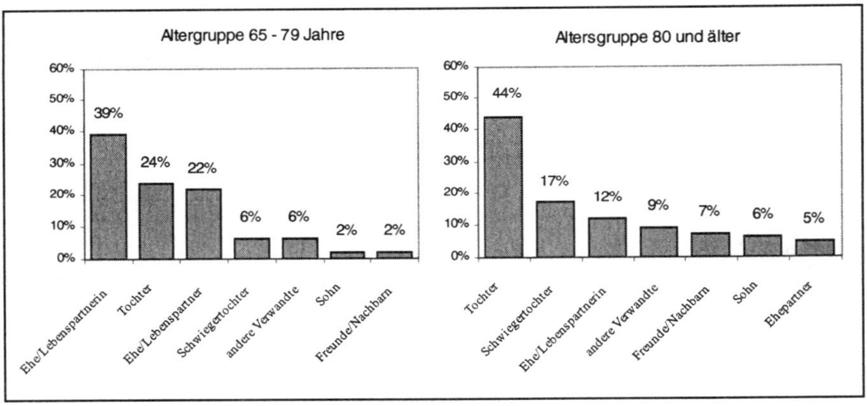

Abb. 10: Hauptpflegepersonen nach dem Alter der Pflegebedürftigen in Privathaushalten. (Quelle: Schneekloth et al. 1996: 135, eigene Darstellung)

Nimmt man nur die Pflegebedürftigen in den Blick, dann zeigt sich, daß bei den Pflegebedürftigen im Alter von 65 bis 79 Jahren die Hauptpflegeperson vor allem der/die Ehe- bzw. Lebenspartner/in ist. Häufiger noch als die Pflege durch den Ehe- und Lebenspartner wird diese Tätigkeit von einer Tochter übernommen. Alle anderen Gruppen folgen mit deutlichem Abstand. Söhne übernehmen die Pflegetätigkeit in der Hauptverantwortung nur so häufig wie es auch Freunde und Nachbarn tun. In der Altersgruppe der 80jährigen und Älteren kann diese Unterstützungsleistung vielfach nicht mehr durch den/die Beziehungspartner/in geleistet werden, da der andere Teil der Zweierbeziehung nicht mehr lebt. Für diese Altersgruppe pflegebedürftiger Personen ist mit deutlichem Abstand die Tochter die wichtigste Pflegeperson, gefolgt von der Schwiegertochter. Während für die

Tochter in der Zuständigkeit für die Pflege im Vergleich der beiden Altersgruppen ein hoher Zuwachs sichtbar wird, verändert sich das Engagement des Sohnes auch bei Eltern im hohen Alter nicht. Unabhängig vom Alter der Eltern übernehmen Söhne nur äußerst selten die Zuständigkeit. Die Söhne als Hauptpflegepersonen kommen nahezu nicht vor. Zieht man in Betracht, daß es sich auch in der Rubrik der Verwandten, Freunde und Nachbarn ganz überwiegend um Frauen handeln dürfte, dann wird deutlich, daß Männer Pflegetätigkeiten fast ausschließlich für ihre Ehe- und Lebenspartnerin übernehmen. Der Pflege anderer Personen, auch der eigenen Eltern, entziehen sie sich fast vollständig.

Die Übernahme von Pflegearbeiten zieht eine starke Belastung der Hauptpflegeperson nach sich: Nahezu 51% sprechen von einer sehr starken und weitere 41% von einer starken Belastung. Wie zu erwarten, nimmt die wahrgenommene Belastung mit dem Grad des Pflegebedarfs zu; bei einem ständigen Pflegebedarf sprechen 78% von einer starken Belastung. Trotz dieser hohen Belastung beansprucht nur jede/r dritte Pflegebedürftige soziale Dienste. Differenziert man nach der Pflegestufe, dann zeigt sich, daß selbst bei einem ständigen Bedarf nur in 43% der Fälle auf das Angebot sozialer Dienste zurückgegriffen wird. Am stärksten nachgefragt werden Dienstleistungen bei der körperbezogenen Grundpflege, etwa beim Waschen, Ankleiden oder bei der Körperpflege.

Pflegeversicherung

Als Ergänzung des Systems sozialer Sicherung wurde 1995 in Deutschland eine Pflegeversicherung eingeführt. Nach einer langgedehnten Debatte hat die hohe finanzielle Belastung der kommunalen Haushalte - da Pflegefälle vielfach zu Sozialhilfefällen wurden - zu einer Verabschiedung des Pflegeversicherungsgesetzes geführt (ausführlich vgl. Rothgang 1997). Unter dem Dach der Krankenkassen wurde die Pflegeversicherung als ein eigenständiger Zweig der Sozialversicherung eingeführt (SGB XI). Wie bei der Krankenversicherung erfolgt die Finanzierung durch anteilige Beiträge der Arbeitgeber und Arbeitnehmer; die Leistungen werden im Umlageverfahren durch die laufenden Beiträge bestritten. Der Leistungsumfang richtet sich nach dem Umfang und Grad der Pflegebedürftigkeit. Beantragt werden können sowohl Sachleistungen (stationäre oder ambulante Pflege) als auch Geldleistungen für private Pflegedienste und Hilfsmittel. Unterschieden werden drei Stufen (Stufe I: erheblich pflegebedürftig; Stufe II: schwerpflegebedürftig und Stufe III: schwerstpflegebedürftig). Drei Viertel der Leistungsempfänger sind über 65 Jahre alt, rund die Hälfte über 80 Jahre. Bislang werden Leistungen der Pflegeversicherung ganz überwiegend als Pflegegeld für selbstbeschaffte Pflegehilfen in Anspruch genommen. In allen Pflegestufen - insgesamt zu 84% - steht dieser Leistungsbezug mit großem Abstand an der Spitze (vgl. Datenreport Alter 1997).

Für viele Pflegebedürftige hat sich die Möglichkeit, Geldmittel für private häusliche, professionelle ambulante oder stationäre Versorgung beantragen und darüber in begrenztem Rahmen selbst verfügen zu können, als wichtiger Fortschritt in der sozialen Sicherung erwiesen. Bei leichtem bis mittlerem Pflegebedarf und einer günstigen persönlichen Einkommenslage wird das finanzielle Risiko der Pflegebedürftigkeit deutlich gemildert bzw. kompensiert (vgl. Abschnitt 4.1). Grundsätzlich läßt sich feststellen, daß niemand, der oder die in die Sozialversicherungssysteme integriert ist, aus finanziellen Gründen ohne pflegerische Versorgung bleiben muß.

Was aber bereits von den Verbänden der Träger der Wohlfahrtspflege bei der Einführung der Pflegeversicherung kritisiert wurde, ist eingetroffen: Die bewilligten Versicherungsleistungen sind insgesamt zu niedrig zur Kostendeckung, so daß Pflegebedürftige oder ihre Angehörigen hohe Eigenanteile aufzubringen haben bzw. vielfach Leistungen des BSHG für „Hilfe zur Pflege" zusätzlich in Anspruch genommen werden müssen, was ursprünglich zur Ausnahme werden sollte. Die Bewilligungslogiken der Pflegeversicherung haben u.a. dazu geführt, daß stationäre Einrichtungen den Personalstand für sozialpädagogische und psychosoziale Betreuung der Bewohner/innen zurückschrauben, da die damit anfallenden Allgemeinkosten nur schwerlich aufzubringen sind. Initiativen von Angehörigen Pflegebedürftiger bemängeln des weiteren, daß die Beträge, die die Versicherten für pflegende Angehörige beziehen können, mit 400 DM, 800 DM oder 1200 DM, je nach Pflegestufe, zu niedrig angesetzt sind. Sie gleichen nur unzureichend berufliche und soziale Nachteile und schwere gesundheitliche Belastungen aus, die mit Pflegearbeit verbunden sein können.

Zu der Höhe der Versicherungsleistungen kommen qualitative Probleme hinzu, die weitere Reformen bzw. gesetzliche Neuregelungen für die Pflegeversicherung erfordern. Für die Einstufung der Antragsteller/innen durch Gutachten der medizinischen Dienste der Krankenkassen sind per Hilfebedarfskonzept vor allem physische Schwächen und Behinderungen relevant, die die eigene Körperpflege und Hygiene, die Mobilität, die Nahrungsaufnahme und Medikamenteneinnahme unmöglich machen. Bislang wurden die gravierenden Folgen psychischer Erkrankungen - wie der Altersdemenz, des hirnorganischen Psychosyndroms oder der Alzheimerschen Krankheit (vgl. Junkers 1995) - für die Selbstversorgung nur in geringem Maße als Kriterium für die Einstufung berücksichtigt. Gerade demente Patient/innen benötigen jedoch einen besonders hohen zeitlichen Pflegeaufwand, u.a. da sie sich kaum in die durchstrukturierten Rhythmen der Pflege primär körperlich beeinträchtigter Pflegebedürftiger einfügen können.

Ein weiteres Defizit der Pflegeversicherungsrichtlinien besteht in den einschränkenden Berechnungsvorgaben für die einzelnen Arbeitsabläufe und Teilschritte der Pflege durch professionelle Kräfte. In den Leistungskatalogen der Versicherung sind knappe Minutenkalkulationen festgeschrieben. Dieses führt in der Praxis sowohl für die Pflegebedürftigen wie für das Pflegepersonal zu einer übermäßigen Standardisierung und zur Arbeit unter hohem Zeitdruck. Eine psychosoziale Betreuung für die Versicherten ist kaum vorgesehen. Die „Taylorisierung der Pflege" mit zeitlicher Normierung und Leistungskontrolle der Arbeitsabläufe beschneidet die Zeitressourcen für Gespräche oder unvorhersehbare Hilfenotwendigkeiten fast völlig. Neben der mangelnden Berücksichtigung des psychosozialen Zuwendungsbedarfs vieler, z.B. alleinstehender Pflegebedürftiger, ergibt sich aus der Taylorisierung ein weiterer riskanter Effekt: Moderne aktivierende oder selbständigkeitserhaltende Pflege, zu der sich die Vertragseinrichtungen der Pflegeversicherung verpflichten, ist weitaus zeitaufwendiger als die althergebrachte „satt und sauber"-Versorgung, die die Pflegebedürftigen im Status passiver Empfänger/innen der Verrichtungen durch die Pflegekräfte gefangenhält. Sie ist insofern auch im Rahmen der Bewilligungen der Versicherung nur schwerlich leistbar. Zudem widerspricht die Kostenlogik der Pflegestufen faktisch dem aktivierenden Pflegekonzept: Für stationäre Einrichtungen „lohnen" sich Schwer- und vor allem Schwerstpflegebedürftige finanziell. Gewänne z.B. eine Bewohnerin durch aktivierende Pflege und Betreuung Fähigkeiten zurück und würde sie bei Folgegutachten aus der Stufe 2 in die Stufe 1 zurückgestuft, würden sie und in der Konsequenz das Heim durch den niedrigeren Leistungsbetrag „bestraft".

Pflege- und Hilfebedürftigkeit in der Zukunft

Aufgrund des fortschreitenden Alterungsprozesses ist davon auszugehen, daß in Zukunft die absolute Zahl der Pflege- und Hilfebedürftigen ansteigen wird. Allerdings ist ihre Anzahl nicht nur von der demographischen Entwicklung abhängig. In der nachfolgenden Abbildung hat das Bundesinstitut für Bevölkerungsforschung die zentralen Einflußfaktoren in ein Modell integriert (vgl. Höhn/Roloff et al. 1994). Neben der Besetzung der Altersjahrgänge ist die gesundheitliche Situation ein weiterer zentraler Faktor. Der Gesundheitszustand steht in einer engen Verbindung mit dem jeweiligen (medizinischen und sozialen) Versorgungs- und Unterstützungssystem. Darunter wird die Nutzung medizinischen Wissens, der Ausbau von institutionellen Versorgungsangeboten und die häusliche Wohn- und Lebenssituation zusammengefaßt.

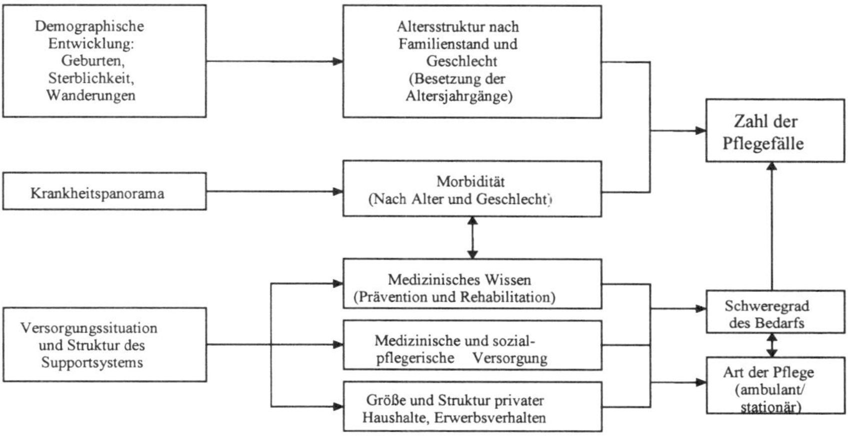

Abb. 11: Determinanten zur Bestimmung der zukünftigen Anzahl der Hilfe- und Pflegebedürftigen. (Quelle: Höhn/Roloff et al: 1994: 99)

Aussagen über den Gesundheitszustand der alten Menschen in der Zukunft können nur Spekulationen sein. Zwar wird die These vertreten, daß der medizinische Fortschritt die Auftrittswahrscheinlichkeit von Krankheiten verringern werde. Verbreitet sind aber Zweifel an dieser „optimistischen“ Zukunftssicht (vgl. z.B. Krämer 1994). Aus diesem Grunde hat sich das Bundesinstitut für Bevölkerungsforschung für die Prognose der zukünftigen Pflege- und Hilfebedürftigkeit dazu entschlossen, eine Konstanz der Morbiditätsraten zu unterstellen. Für die demographische Entwicklung stützt sich die Prognose auf die Bevölkerungsvorausschätzung und die Infratest-Studie zur selbständigen Lebensführung. Aufgrund dieser Quelle ist der Blick vor allem auf die Entwicklung der Pflege- und Hilfebedürftigen in privaten Haushalten gerichtet. Nach der vorgelegten Prognose wird sich bis zum Jahre 2030 die Anzahl der pflegebedürftigen Personen in privaten Haushalten um 39% von 1,12 Millionen (1991) auf 1,56 Millionen erhöhen. Nimmt man Schätzungen für den stationären Bereich mit dazu, dann dürfte die Gesamtzahl der Pflegebedürftigen von rund 1,6 Millionen (1991) auf fast 2,3 Millionen (2030) ansteigen (vgl. Höhn/Roloff et al. 1994). In diesem Zeitraum wird die Zahl der Personen mit hauswirtschaftlichem Hilfebedarf von 2,1 Millionen auf 2,9 Millionen anwachsen.

Wird für die wachsende Anzahl von Pflege- und Hilfebedürftigen auch ein ausreichendes Potential an Betreuungspersonen vorhanden sein? Doris Rosenkranz und Norbert F. Schneider (1998) weisen auf einige Wandlungstendenzen der Lebensformen und der Lebensführung hin, die dem entgegenstehen:

(1) Die rückläufige Heiratshäufigkeit und die wachsende Scheidungsneigung wirken sich negativ auf das Potential von Lebenspartner/innen aus, die diese Unterstützung im Alter leisten. Pflege- und Hilfeleistungen werden heute - wie bereits ausgeführt - zu einen Gutteil von der Ehegattin bzw. dem Ehegatten übernommen. Bislang wisse man noch nicht, ob diese hohen Belastungen auch in diesem Umfang von Partner/innen in nichtehelichen Lebensgemeinschaften oder in Living-apart-together-Beziehungen getragen werden.

(2) Der Rückgang der Kinderzahl und der Anstieg der Zahl der dauerhaft Kinderlosen bewirke, daß es immer weniger Töchter und Söhne geben wird, die diese Unterstützungsleistungen übernehmen könnten.

(3) Schließlich erschwere auch der Wandel der privaten Lebensführung, die verstärkte Erwerbsneigung von Frauen oder der berufsbedingte Anstieg der räumlichen Mobilität junger Familien Unterstützungsleistungen für die „alten“ Eltern.

Zur Illustration der Veränderungen greifen Doris Rosenkranz und Norbert F. Schneider die Altersgruppe der heute 40- bis 45jährigen heraus. 2020 wird diese Altersgruppe zwischen 65 und 70 Jahre alt sein. Es ist davon auszugehen, daß die Anzahl der Pflege- und Hilfebedürftigen in dieser Altersgruppe im Vergleich zu heute um ca. 20% größer sein wird. Dieser Anstieg geht mit einem Rückgang der potentiellen Betreuungspersonen einher. Parallel zu diesem

Anstieg wird die Tochtergeneration um fünf Prozent geringer sein als heute, und bei den Ehepartner/innen ist mit einer Abnahme von acht Prozent zu rechnen.

Wenn der wachsende Pflegebedarf immer weniger durch die Töchter oder durch die Ehepartner/innen abgedeckt werden kann, stellt sich die Frage nach Alternativen. Eine Möglichkeit könnte der Ausbau von professionellen Diensten sein. Dabei ist weniger an den Ausbau stationärer Einrichtungen zu denken, als vielmehr an ein erweitertes Angebot ambulanter Dienste, die dem Wunsch der meisten alten Menschen nach einer weitgehend selbständigen Lebensführung auch im Alter entgegenkommen. Ein offenes Problem ist die Frage der Finanzierbarkeit dieser Angebote. Darüber hinaus macht Elisabeth Beck-Gernsheim (1998) darauf aufmerksam, daß in den Pflegeberufen vor allem Frauen arbeiten. Aber Frauen geben sich im Beruf immer weniger mit dem „duldigen Dienen" zufrieden und streben deshalb in andere Berufsbereiche. „Sie wollen (...) statt des alten Ideals der aufopfernden Selbstlosigkeit zunehmend Privatleben, Freizeit, eigene Familie, deshalb einen Beruf wie andere auch, mit festen Dienstzeiten, Feierabend und Urlaub" (Beck-Gernsheim 1998: 103). Das weibliche Arbeitsvermögen wird durch die (nachgeholte) Individualisierung der weiblichen Lebensführung im wachsenden Maße - wie die Autorin in Anlehnung an Ilona Ostner (1992) bemerkt - „empirisch zu einer knappen Ressource".

Angesichts dieser Entwicklung stellt sich unweigerlich die Frage, wie es die Männer mit ihrem Beitrag zur Pflege und Betreuung alter Menschen halten. Eine Möglichkeit für die Zukunft könnte gerade darin liegen, verstärkt die bislang ungenutzte Ressource der Männer in der Pflegetätigkeit zu aktivieren. Daß sich in Zukunft die Männer stärker an der Altenbetreuung beteiligen müssen, diese Forderung wird immer lauter. Stellvertretend sei hier nur der 5. Familienbericht im Auftrag der Bundesregierung erwähnt: „Die Politik für familiale Altenpflege wird nicht umhin kommen, auch eine Politik für den Wandel der bisherigen Geschlechterverhältnisse im Bereich dieser Pflege zu werden, wenn ungerechtfertigte Asymmetrien in den Lebenslagen der Geschlechter verringert und das familiale Altenhilfepotential erhöht werden soll. Auf der Ebene des Selbstverständnisses und der Rollenbilder kommen dabei auf die Gruppe der Männer die größten Veränderungen zu, gehört doch die Übernahme der Hauptverantwortung für die alltägliche, körpernahe Pflege von pflegebedürftig gewordenen Angehörigen bisher nicht mit Selbstverständlichkeit zu ihrem Lebensentwurf und ihrem Handlungsrepertoire" (BMFS 1994: 194). Erkennbar wird an dieser Stelle ein enger Zusammenhang zwischen dem Generationenvertrag und dem Geschlechtervertrag, oder in den Worten von Elisabeth Beck-Gernsheim: „Die Zukunft des Generationenvertrages wird davon abhängen, ob es gelingt, das Geschlechterverhältnis neuzugestalten" (Beck-Gernsheim 1998: 109).

5.3 Generationenverhältnisse und Generationenbeziehungen

Das Gespenst von einem drohenden „Krieg der Jungen gegen die Alten" (Gronemeyer 1991; ähnlich auch Mohl 1993) geht um und hat in den Medien eine hohe Resonanz gefunden. „Auf Kosten der Jungen" betitelte der „Spiegel" (6/1997) eine Titelgeschichte zur Rentenreform, und die Wochenzeitung „Die Zeit" - um nur ein weiteres Beispiel zu nennen - vermeldete auf der Titelseite vom 7.11.97: „Betrug an der Jugend. Renten, Schulden, Abgaben - der Fluch der späten Geburt". Demographische Alterung bewirke - so die Behauptung - eine ungleiche Verteilung der Lasten zuungunsten der jüngeren Generation. Während die „Alten" vom Sozialstaat profitieren, müssen die Jungen dafür zahlen ohne selbst - zumindest in diesem Umfang - Aussicht auf diese „Wohltaten" zu haben (vgl. auch Bräuninger/Lange/Lüscher 1998).

Für eine differenzierte Sicht auf das Generationengefüge und ihre zukünftige Entwicklung empfiehlt es sich, den Vorschlag von Franz-Xaver Kaufmann (1993; 1997) aufzugreifen, und in einer makro- und mikrosoziologischen Perspektive zwischen *Generationenverhältnis* einerseits und *Generationenbeziehung* andererseits zu differenzieren. Mit Generationenverhältnis sollen nach Franz-Xaver Kaufmann (1993: 97) die „für die Beteiligten nicht unmittelbar erfahrbaren, im wesentlichen durch Institutionen des Sozialstaats vermittelten Zusammenhänge zwischen den Lebenslagen und kollektiven Schicksalen unterschiedlicher Altersklassen oder Kohorten bezeichnet" werden. Generationenbeziehungen sind dagegen ein Sammelbegriff für alle direkten, persönlichen Beziehungen zwischen Angehörigen verschiedener Generationen. Dabei kommt den familial gebundenen Generationenbeziehungen in Gestalt der Eltern-Kind- oder auch der Großeltern-Kind-Beziehung eine besondere Bedeutung zu. Ausgehend von dieser Differenzierung soll im weiteren jenseits einer Kriegs- und Kampfes-Rhetorik nach den Auswirkungen des Alterungsprozesses auf das Generationengefüge gefragt werden.

Generationenverhältnisse

Mit der These eines zukünftigen Generationenkrieges wird deutlich erkennbar Bezug genommen auf die Ebene des Generationenverhältnisses. Nicht der Angriff der Kinder auf ihre Eltern wird erwartet, sondern das Aufeinanderprallen der Altersklassen der Jüngeren und der Älteren. Ganz abgesehen davon, daß in diesem Krisengemälde stark vereinfachend scheinbar nur von der Existenz zweier Altersklassen ausgegangen wird, verkennen ihre Vertreter/innen die Besonderheit des Altersklassen-Systems in Unterscheidung zu allen anderen aufeinanderbezogenen Sozialgruppen (vgl. Mayer et al. 1994). Anders als Kapitalisten- und Arbeiterklasse, anders auch als Frauen und Männer stehen sich die Jungen und die Alten nicht als lebenslang getrennte Sozialgruppen gegenüber. Die Mitgliedschaft in einer dieser beiden Altersgruppen geht mit der Gewißheit einher, später einmal der anderen Sozialgruppe anzugehören bzw. mit dem sedimentierten Wissen, ihr bereits angehört zu haben. Die heute Jungen werden später die Alten sein und die heute Alten waren „gestern" - vielleicht auch schon vorgestern - die Jungen. Das System der Altersklassen ist dadurch völlig anders strukturiert als das Gefüge zwischen anderen Sozialgruppen. Gerade von Seiten der Jüngeren ist dadurch die Konfliktfähigkeit aus Eigeninteresse stark begrenzt. Denn alles, was sie in der Gegenwart den Alten wegnehmen, nehmen sie längerfristig gesehen sich selbst weg. Aus diesem Grunde kann es nicht überraschen, daß die Mehrheit der Jüngeren sich für höhere Renten ausspricht (vgl. Schütze 1997). Interessant ist in diesem Zusammenhang auch, daß in einer Schweizer Studie von Patricia Roux et al. (1996) eine große Mehrheit der Befragten nicht entgegengesetzten oder unabhängigen Interessen der Jungen und Alten das Wort redete, sondern die Auffassung vertrat, daß beide Generationen gemeinsame Interessen haben. Was der einen Generation zugute kommt, so die Mehrheitsmeinung, habe auch positive Folgen für die andere Generation. Nicht ein Antagonismus prägt das Generationenverhältnis, sondern es wird in der Kategorie der Interdependenz und der Solidarität wahrgenommen.

Die strukturellen Besonderheiten des Generationengefüges und auch die zum Vorschein kommende subjektiv wahrgenommene Generationensolidarität dürfen jedoch den Blick nicht darauf verstellen, daß zwischen den Generationen soziale Ungleichheiten bestehen können. Soziale Ungleichheiten waren lange Zeit ein soziales Phänomen, das in einem statischen Blick auf Gesellschaft mit unterschiedlichen sozialen Ständen, Klassen, Schichten oder Milieus in Verbindung gebracht wurde. Wird jedoch eine Querschnittsbetrachtung der Sozialstruktur durch eine Längsschnittsbetrachtung erweitert, dann wird erkennbar, daß ungleiche Lebenschancen nicht nur zwischen sozialen Statusgruppen, sondern auch für aufeinanderfolgende Alterskohorten existieren können. Durch die Zugehörigkeit zu einer bestimmten Alterskohorte werden die Berufschancen nachhaltig beeinflußt, je nachdem, wie aufnahmebereit der Lehrstellen- und Arbeitsmarkt ist oder je nachdem, wie offen berufliche Aufstiegswege sind. Alterskohorten sind unterschiedlichen Lebensrisiken durch Kriege ausgesetzt. Die Altersjahrgänge 1899 bis 1929 mußten im zweiten deutschen Angriffskrieg in diesem Jahrhundert einen hohen „Blutzoll“ entrichten. Neben dem frühen Tod vieler Gleichaltriger sind diese Alterskohorten lebenslänglich durch gesundheitliche Folgeschäden der Kriegsteilnahme gezeichnet. Unterschiedliche Lebenschancen der Generationen können auch durch irreparable und langfristige Umweltschäden sowie durch die Erschöpfung begrenzter Ressourcen bedingt sein. Schließlich können soziale Ungleichheiten zwischen Alterskohorten auch durch die Regelungs- und vor allem auch Umverteilungskompetenz des Wohlfahrtsstaates hervorgebracht werden. Vor allem dieser zuletzt genannte Aspekt steht im Vordergrund, wenn in der aktuellen Diskussion Fragen der *Generationengerechtigkeit* und des *Generationentransfers* aufgeworfen werden.

In den USA hat sich eine Vereinigung „Americans for Generational Equity“ gegründet. Diese Vereinigung verpflichtet sich, für eine Politik einzutreten, die zum Ziele hat, daß jede Generation der nächsten mindestens einen ebenso großen Wohlstand hinterläßt, wie sie vorgefunden hat (vgl. Durenberger 1989). Um die Ungleichheiten sichtbar zu machen, werden Generationenbilanzierungen („generational accounting") erstellt, in die staatliche Abgabelasten und Leistungstransfers bestimmter Altersjahrgänge für die kommenden Jahre nach Status-quo-Werten eingehen. Inzwischen werden auch in Deutschland Generationenbilanzierungen von der Politik und den Wirtschaftswissenschaften aufgegriffen (vgl. Rafelhüschen/Walliser 1997; Auerbach/Kotlihoff/Leibfritz im Druck). Anne Guillemard (1997) weist darauf hin, daß es in den vorliegenden Studien gängig ist, Altersgruppen und Generationen miteinander zu verwechseln. Aufgezeigt wird der Transfer zwischen Altersgruppen, nicht der zwischen Generationen. Was aber eine Altersgruppe gegenwärtig mehr bekommt als sie gibt, kann von dieser Generation zu einem anderen Alter ausgeglichen oder gar überkompensiert werden. Auch ist es eine Verengung der Generationenbilanzierung, wenn nur die Verteilung durch den Wohlfahrtsstaat einbezogen wird, und nicht der private Transfer. Für den privaten Transfer wären dabei nicht nur der innerfamiliale Austausch (dazu gleich mehr), sondern auch die vielfältigen Formen sozialen Engagements, gerade älterer Menschen einzubeziehen. Für viele von ihnen ist es wichtig, sich für die jüngere Generation nützlich zu machen. „Die späte Freiheit wird von den meisten Menschen im dritten Leben nicht passiv hedonistisch genutzt, sondern die späte Freiheit wird oft sozial fruchtbar gestaltet - sei es im know-how-Transfer des ehemaligen leitenden Angestellten aus der Wirtschaft, in der freiwilligen Gefangenenbetreuung der früheren Sekretärin, oder der Fürsorge für Tiere, die der ehemalige Seemann übernommen hat" (Olbrich 1998: 198).

Generationenbeziehungen

Die demographische Alterung bewirkt, daß sich heutzutage die Lebenszeiten von Generationen immer mehr überschneiden. Die Wahrscheinlichkeit, daß Kinder heutzutage für einen längeren Zeitraum ihre Großeltern und auch ihre Urgroßeltern erleben, ist deutlich angestiegen (vgl. Bengtson/Schütze 1992; Lauterbach 1995). Anders als noch vor zwei Generationen ist es in der Gegenwart beinahe eine Selbstverständlichkeit, daß noch alle Großeltern leben, während die Enkelgeneration heranwächst. Die gemeinsame Lebenszeit von Enkelkindern und (Ur-)Großeltern wird länger. Da diese Entwicklung mit einer Reduzierung der Geschwisterzahl und einer Abnahme der Seitenverwandten einhergeht, kann von einer Bedeutungsverlagerung von den horizontalen hin zu den vertikalen Familien- und Verwandtschaftsbeziehungen gesprochen werden (vgl. Bertram 1995; Uhlenberg 1995). Das Netz von Brüdern und Schwestern, von Cousins und Cousinen als signifikante Andere im Prozeß des Aufwachsens eines Kindes, also von Familien- und Verwandtschaftsbeziehungen unter Gleichaltrigen (horizontale Ebene), wird kleiner (oder existiert gar nicht mehr) und zugleich nehmen die vertikalen Familienbeziehungen des Kindes zu Mitgliedern unterschiedlicher Generationen zu. Für diesen Wandel der Familienstruktur haben Vern L. Bengtson et al. (1990) die Metapher der „bean-pole-family" (Bohnenstangenfamilie) geprägt.

Allerdings ist hier zu berücksichtigen, daß diese gemeinsame Lebenszeit - wie Wolfgang Lauterbach und Thomas Klein (1997) aufzeigen - auch stark durch das Familiengründungsalter beeinflußt wird. Ein Aufschieben der Familiengründung bewirkt eine Verkürzung der gemeinsamen Lebenszeit in der vertikalen Familienlinie. Nur sieben von zehn Enkelkindern, deren Mütter bei der Geburt älter als 28 Jahre waren, haben im Alter von zehn Jahren noch eine Großmutter. War die Mutter bei Geburt jünger, dann erhöht sich ihr Anteil auf 90%. Die gemeinsame Lebenszeit nimmt noch stärker ab, wenn in beiden Frauengenerationen erst eine späte Familiengründung erfolgt ist.

In aller Regel bewirkt die Geburt des (ersten) Enkelkindes eine Verstärkung des Zusammenhalts zwischen den Familiengenerationen (vgl. Marbach 1994). Wie jedoch die Großelternrolle ausgefüllt wird, dafür existiert in der Gegenwart ein Gestaltungsspielraum (vgl. auch Herlyn/Kistner 1997). „Die Art, Großeltern zu sein, reiche von der rein formellen, gar nicht ausgeübten Großelternschaft - nach verschiedenen Studien gilt dies immerhin für ein Viertel bis ein Drittel der Großeltern -, über distanzierte, ritualistisch praktizierte Beziehungen bis hin zu Formen vertrauensvoll-vergnüglicher Gemeinsamkeit, ja bis zu intensiver Beteiligung an der Erziehung der Kinder“ (Krappmann 1997: 286). In Ausnahmefällen sind die Großeltern auch bereit, die elterliche Erziehungsverantwortung auf Dauer zu übernehmen, weiter verbreitet ist eine stundenweise Übernahme. Zu einer vollständigen Übernahme kommt es, wenn Eltern wegen z.B. schwerer Krankheit, Sucht oder Haft als Bezugspersonen ausfallen oder bei sehr jungen (alleinstehenden) Müttern. Eine regelmäßige Stundenbetreuung findet sich primär bei Berufstätigkeit beider Elternteile bzw. des alleinerziehenden Elternteils und fehlenden bzw. nicht in Anspruch genommenen Kinderbetreuungseinrichtungen. Aber auch ohne direkte Übernahme der Erziehungsverantwortung haben Großeltern vielfach einen intensiven Kontakt zu den Enkelkindern. Bei Bedarf helfen die Großeltern, wollen sich aber nicht in die Erziehung „einmischen“. Die Unterstützung der Großeltern stellt für (junge) Eltern in vielen Fällen eine große Entlastung dar. Es wird vermutet, daß die Großeltern - auch dann, wenn sie Erziehungsverantwortung nicht unmittelbar übernehmen - einen direkten Sozialisationseinfluß ausüben (vgl. auch Wilk 1993; Aldous 1995). Der Einfluß wird in Form einer Brücken-Metapher gefaßt: Großeltern, die dem Kind nah und vertraut sind, sich jedoch anders verhalten als die primären Bezugspersonen, bilden eine Brücke in eine noch unbekannte soziale Welt (vgl. Krappmann 1997). Gerade die Freistellung von der unmittelbaren Erziehungsverantwortung ermöglicht es den Großeltern, in die Interaktionen mit den Enkelkindern ihre eigenen Themen und Erfahrungen einzubringen und dadurch an die jüngere Generation Neues und Zusätzliches heranzutragen. Das eröffnet für die Kinder einen wichtigen Erfahrungsraum, über die Grenzen der Kernfamilie hinauszuschauen. Daß den Großmüttern in den Austauschbeziehungen zur Enkelgeneration eine exponierte Stellung zukommt (ausführlicher hierzu vgl. Herlyn/Kistner 1997), entspricht den breit dokumentierten Befunden der Netzwerkforschung zum hohen Umfang der Unterstützungsleistungen von Frauen.

Manches deutet jedoch auch darauf hin, daß sich Männer im Alter von den rigiden Vorgaben ihrer Geschlechterrolle stärker freimachen können, was es ihnen im Umgang mit Enkelkindern scheinbar leichter macht, über ihren „Schatten“ springen zu können. (Auf den Facettenreichtum der persönlichen Beziehungen zwischen Enkel und Großvater macht Hans Thiersch i.d.Bd. anhand literarischer Beispiele aufmerksam.)

Schon in der 60er Jahren hat die Alterssoziologie für die Beschreibung der Beziehungen zu den erwachsenen Kindern die Formel der „Intimität auf Abstand“ (Rosenmayr/Köckeis 1965) bzw. der „inneren Nähe durch äußere Distanz“ (Tartler 1961) geprägt. Die Eltern-Kind-Beziehungen bleiben im Regelfall als intensive, stark emotional gefärbte Austauschbeziehung erhalten, auch wenn die Haushaltsgemeinschaft aufgelöst wird und die Kinder-Generation einen eigenen Haushalt gründet. Die Neolokalität ist unter modernen Lebensbedingungen weiterhin und unverändert eine Selbstverständlichkeit im Lebenslauf der ganz großen Mehrzahl der nachwachsenden Generation. Daran ändert auch die für die Gegenwart festzustellende längere Verweildauer der Kinder in der Herkunftsfamilie (vgl. Wagner/Huinink 1991; Papastefanou 1997) nichts. Das „Hotel Mama“ wird zwar verlängert, nicht aber - zumindest nicht im Regelfall - dauerhaft als Wohnsitz in Anspruch genommen. Auszuziehen und einen eigenen Haushalt zu gründen, wird nicht nur von der nachwachsenden Generation angestrebt, sondern dies entspricht durchaus auch den Wunschvorstellungen der Elterngenerationen, auch im Alter (vgl. Hörl/Rosenmayr 1994). Eigenständiges Haushalten der Generationen ist Ausdruck hoher Individualitätsansprüche, die eine Grenzziehung zwischen „ihrem Leben“ und „unserem Leben“ nahelegen. Sie sind zugleich auch Ausdruck einer Wohlstandssteigerung, die es möglich macht, diese Individualitätsansprüche auch zu realisieren.

Nur relativ wenige erwachsene Kinder und ihre alten Eltern wohnen im selben Haushalt zusammen. Unterschätzt wird der Anteil ihrer Koresidenz jedoch dann, wenn das Zusammenleben mehrerer Generationen auf die Gesamtbevölkerung bezogen wird. Ihr Anteil wird hierbei unterschätzt, da bei dieser Berechnung auch die Personen einbezogen werden, die keine Kinder bzw. keine Eltern (mehr) haben. Angaben über Koresidenzanteile werden aussagefähiger, wenn man nur den Personenkreis einbezieht, der durch vorhandene bzw. lebende Kinder und Eltern überhaupt die Möglichkeit zu einem Generationenhaushalt besitzt. Nach dem Alters-Survey, einer bundesweiten Repräsentativstudie unter Leitung der Berliner Forschungsgruppe „Altern und Lebenslauf“ leben von den 70- bis 85jährigen, die zumindest ein lebendes Kind haben, nur knapp 9% mit einem Kind in einem gemeinsamen Haushalt. Deutlich größer wird jedoch der Anteil, wenn man den Blick nicht nur auf den Haushalt richtet, sondern auch die Hausgemeinschaft und Nachbarschaft mit einbezieht. Mehr als ein Viertel dieser Altersgruppe (26,7%) wohnt mit einem Kind unter dem selben Dach, und wenn man die Nachbarschaft mit einbezieht, dann sind es sogar 44,5%. Neun von zehn 70- bis 85jährigen haben mindestens ein Kind in einer Entfernung von maximal zwei Stunden (vgl. Kohli 1997: 21; ausführlicher in

Kohli et al. 1997). Eine räumliche Nähe schafft günstige Voraussetzungen für zahlreiche Kontakte und vielfältige Hilfen. Diese Ergebnisse stehen in Übereinstimmung mit Befunden aus dem Familiensurvey des Deutschen Jugendinstituts. Aus dieser Studie, in die Erwachsene unterschiedlichen Alters einbezogen wurden, geht hervor, daß bei der überwiegenden Mehrzahl der Erwachsenen mit mehreren Kindern zumindest ein Kind in der Wohnentfernung von nur etwa 15 Minuten lebt. Dieser enge, generationenübergreifende Zusammenhalt von Familien über unterschiedliche Haushalte hinweg hat die Forschungsgruppe des Familiensurveys (vgl. Bertram 1995) veranlaßt, den Begriff der „multilokalen Mehrgenerationenfamilie" zu prägen. „Der größte Teil des Lebens von Eltern und Kindern spielt sich multilokal an verschiedenen Orten ab, ohne daß die Beziehungen der Generationen zueinander abbrechen", so das Fazit von Hans Bertram (1995: 15).

Mittlerweile ist es ein Gemeinplatz, auf Liberalisierungstendenzen in den Eltern-Kind-Beziehungen hinzuweisen. Die heranwachsenden Kinder nehmen heutzutage schon frühzeitig das Recht auf Eigenständigkeit in Anspruch. Kinder sollen, so fordern im harmonischen Gleichklang moderne Erziehungsnormen, in die Lage versetzt werden, ihr Leben eigenständig zu führen (vgl. Schütze 1997). Diese geförderte und geforderte Individualität trägt jedoch keineswegs zum Verlust des familialen Zusammenhalts und zur Abkehr von einer generationalen Verantwortung bei. Die „support-Forschung" zeigt eindeutig auf, daß die Familie auch in der Gegenwart das primäre Unterstützungssystem ist (vgl. als Überblick Nestmann 1997; Nestmann i.d.Bd.). Eltern und Kinder fühlen sich in besonderem Maße verpflichtet, einander mit Rat und Tat beizustehen.

Auch dann, wenn die Kinder das Jugend- und Erwachsenenalter bereits erreicht haben, erbringen die Eltern für die Kinder - wie Laszlo A. Vaskovics (1997; auch 1993) aufzeigt - zahlreiche Transfer- und Unterstützungsleistungen. Rund zwei Fünftel der 18- bis 29jährigen erhalten monatlich eine bestimmte Geldsumme, die für ihre Lebensführung bedeutsam ist. Hinzu kommen eine Reihe von immateriellen Leistungen, z.B. Haushaltshilfen (dazu zählen u.a. Wäsche waschen, Bügeln, Kochen), die von 60% dieser Altersgruppe in Anspruch genommen werden. Der Fluß der Unterstützungen geht auch in die andere Richtung, von den Kindern zu den Eltern. Das hohe Verantwortungsgefühl der Kinder wird besonders deutlich gegenüber ihren alt gewordenen Eltern sichtbar. Auf die hohen Unterstützungsleistungen, vor allem der Töchter, haben wir bereits bei der Übernahme von Pflegeleistungen hingewiesen. Sie sind jedoch nicht auf die Fälle der Pflegebedürftigkeit begrenzt. Erkennbar wird eine der Eltern-Kind-Beziehung eingeschriebene und für diese Form persönlicher Beziehung hochgradig charakteristische Umkehrdynamik: Aus den Versorgern von heute werden die Versorgten von morgen. Die Entfamilialisierung der materiellen Altersvorsorge durch den Wohlfahrtsstaat scheint - als ein unbeabsichtigter Nebeneffekt - günstige Voraussetzungen dafür geschaffen zu haben, daß die Generationenbeziehung auch im Alter der Eltern eine hohe emotionale

Qualität behält. Während in der traditionellen Gesellschaft die detaillierten Regelungen der Übergabeverträge für die Hofübergabe auf eine hohe Konfliktanfälligkeit zwischen Hoferbe und ins Altenteil gehenden Eltern aufmerksam machen (vgl. Borscheid 1994; Rudolph 1996; Münchmeier 1997), hat die Schaffung von Rentenkassen dieses Belastungsmoment aus der Beziehung der Kinder zu den alten Eltern entfernt. Sicherlich ist in Rechnung zu stellen, daß das Aufkommen der modernen Familie ausgehend vom 18. Jahrhundert als ein wesentliches Element überhaupt eine starke Emotionalisierung der Eltern-Kind-Beziehung bewirkte (ausführlicher hierzu Lenz/Böhnisch 1997). Aber der Umstand, daß die alten Eltern den erwachsenen Kindern nicht „auf der Tasche liegen", macht es möglich, daß diese emotionale Qualität ohne materielle Querelen erlebt werden kann.

Die Generationenbeziehungen werden von der Eltern- wie auch von der Kindergeneration ganz überwiegend als eng eingestuft. Auf der Grundlage des Sozioökonomischen Panels (SOEP), welches 1991 das Schwerpunktthema „Familie und soziale Dienste" hatte, kommt Marc Szydlik (1997: 186) zu dem Ergebnis, daß „die allermeisten Eltern (..) ein mindestens enges Verhältnis zu ihren Kindern (haben), die allermeisten Kinder (..) zumindest von engen Beziehungen zu ihren Eltern (berichten)". Dieses Ergebnis bestätigt sich auch in der Replikation dieses Schwerpunktthemas des SOEP fünf Jahre später: Die Kinder sagen das 1996 in Westdeutschland zu knapp 73%, in Ostdeutschland (sogar) zu über 78%, die Eltern in West wie Ost zu ca. 88% (vgl. Szydlik/Schupp 1998). Die Mütter haben häufiger enge intergenerationale Beziehungen als die Väter. Am engsten ist die Mutter-Tochter-Beziehung, gefolgt von der Mutter-Sohn-, Vater-Tochter- und schließlich Vater-Sohn-Beziehung. Diese Daten zeigen mit aller Deutlichkeit, daß von einem Bedeutungsverlust der Beziehung zwischen Eltern und ihren erwachsenen Kindern keine Rede sein kann. Daß mehr Eltern als Kinder die Beziehung als eng einschätzen, ist aufschlußreich und kann als Hinweis darauf aufgefaßt werden, daß die Eltern noch stärker als die Kinder an diese Generationenbeziehung gebunden sind (vgl. auch Giarrusso et al. 1995).

Aufschlußreich für die Generationenbeziehungen ist es, wenn man drei Generationen (Großeltern, Eltern und Kinder) einbezieht und den materiellen Transfer und die instrumentellen Hilfen gegenüberstellt (vgl. auch Szydlik/Schupp 1998; Schütze 1997; Marbach 1997). Im weiteren stützen wir uns auf die Ergebnisse des Alters-Survey (vgl. Kohli 1997): Die Studie zeigt, daß die Großelterngeneration Geberin materieller Unterstützung und Empfängerin instrumenteller Leistungen im Generationentransfer ist. Wie aus der Abbildung 12 hervorgeht, haben von den 70- bis 85jährigen im letzten Jahr 24,1% ihren Kindern Geld- oder größere Sachgeschenke oder regelmäßige finanzielle Unterstützung gegeben, und 14,7% auch ihren Enkeln. Die materiellen Transferleistungen in der Gegenrichtung sind mit 2,9% bzw. 0,2% ungleich weniger häufig. Bei den instrumentellen Hilfen ist die Unterstützungsrichtung umgekehrt. Sowohl von ihren eigenen Kindern wie auch von ihren Enkelkindern bekommt die alte Generation mehr Leistungen als sie selbst gibt (ausführlicher vgl. Motel/ Künemund 1996).

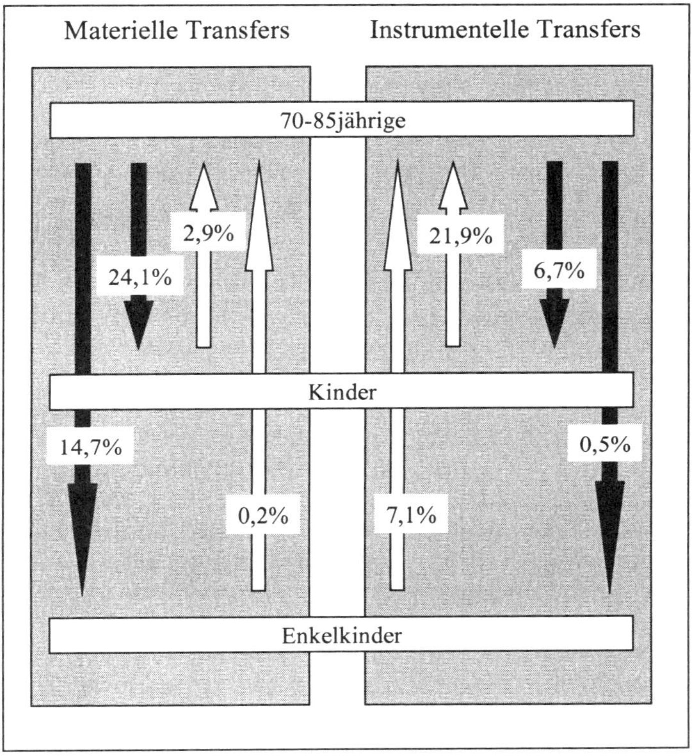

Abb. 12: Transfers und Hilfen zwischen den Generationen in der Familie (Quelle: Kohli 1997: 54)

Zu diesen Unterstützungsleistungen zu Lebzeiten kommt noch die Weitergabe durch Vererbung hinzu. Besonders in Westdeutschland ist ein hohes Erbvolumen vorhanden. Wolfgang Lauterbach und Kurt Lüscher (1996) weisen darauf hin, daß nach Schätzungen die Vermögenswerte in den Händen der Generation, die nach dem Krieg die Bundesrepublik aufbaute, im Jahre 2000 bei ca. 2.000 oder gar bei 2.600 Milliarden DM liegen werden. Diese Vermögenswerte werden in den kommenden Jahren vererbt, z.T. auch durch vorgezogene Erbschaften oder Schenkungen an die nächste Generation weitergegeben. Viele Angehörige der jüngeren Generation können neben dem selbst erworbenen Einkommen mit einer Erbschaft rechnen, wobei allerdings die Erbschaften in der Gesellschaft ungleich verteilt sind. Je höher das eigene Einkommen, desto größer ist auch die Wahrscheinlichkeit zu erben.

Es ist davon auszugehen, daß dieser Vermögenstransfer einen Beitrag zum Zusammenhalt der Generationen leistet (vgl. auch Lüscher 1997; Rudolph 1996), nicht nur durch den materiellen Zugewinn durch das Erbe, sondern gerade auch durch die symbolische Bedeutung einer Weitergabe des Familienbesitzes. „Die Erbschaft (...) ist ein besonderes Ereignis im familialen Generationenverlauf (...). Sie ist so ein Mechanismus, der verschiedene Familiengenerationen aneinander bindet und familiale Interessen miteinander verzahnt, indem Eigentum an Grund und Boden, an Immobilien und an Geldanlagen langfristig an die „Familie" gebunden werden. Dies kann sogar soweit gehen, daß individuelle Interessen dem Familieninteresse untergeordnet werden, vornehmlich bei den Berufsgruppen der Bauern und der Selbständigen" (Lauterbach/Lüscher 1996: 72).

Zusammengefaßt zeigt sich, daß in den familial gebundenen Generationenbeziehungen ein Geben und Nehmen fest verankert ist, Solidarität erwartet und auch gelebt wird. Das Geben und Nehmen ist hier nicht an einem schnellen Ausgleich ausgerichtet, sondern langfristig angelegt. Mehr noch: hier scheint schon die Gewißheit auszureichen, daß der andere im umgekehrten Falle ebenso handeln würde. Ob ein Leistungsüberschuß der älteren Generation gegenüber der jüngeren im privaten Rahmen - unterstellt, dieser sei auch tatsächlich vorhanden (eine Gegenposition wird von Jan Marbach 1997 vertreten) - geeignet ist, wie Martin Kohli (1997) vermutet, die durch den Wohlfahrtsstaat verursachten Ungleichheiten zwischen den Generationen auszugleichen, soll hier offen bleiben. Auch wenn diese Leistungen intergenerationale Ungleichheiten - wieder unterstellt, diese seien existent - nicht ausgleichen können, ist davon auszugehen, daß die laufend erfahrenen generationenübergreifenden Unterstützungsleistungen nachhaltig einem „Generationenkrieg" entgegenwirken. Die unmittelbar gelebten Generationenbeziehungen färben auf die vermittelten Generationenverhältnisse ab; sie machen ein Alter erfahrbar, das anders ist als ein kollektives Altersstereotyp.

Frank Nestmann

Altern und soziale Beziehungen

1. Vorbemerkung

Vorstellungen vom Alter sind durch zahlreiche öffentliche Vorurteile geprägt - durch Bilder wie: Alter bedeutet Rückzug und Disengagement, Abbau von Kompetenzen und Fähigkeiten, Verlust von Attraktivität und Sexualität, Abwehr von Wechsel und Veränderung. Viele dieser Vorurteile beziehen sich gerade auch auf das soziale Leben alter Menschen: Alte Menschen sind allein, sie können froh sein, wenn die Kinder sich ab und zu um sie kümmern und sie werden von ihren Familien in Pflegeinstitutionen abgeschoben und dort versorgt. Inzwischen hat auch das öffentliche Altenbild pluralisiertere Formen angenommen, man weiß also zu differenzieren, wenn auch oft nur mit neuen Klischees.

Im folgenden soll der große Bereich der sozialen Beziehungen im Alter ausschnitthaft beleuchtet und die sozialwissenschaftliche Forschung daraufhin untersucht werden, was über die sozialen Beziehungen beim Altern und im Alter bekannt ist. Der Schwerpunkt liegt hierbei auf der *positiven Seite* sozialer Beziehungen. Auch wenn soziale Konflikte mit Partnern, Familien, Kindern, Freunden nur am Rande erwähnt werden, sollen soziale Beziehungen im Alter nicht idealisiert werden. Sie sind ebenso doppelgesichtig wie in Kindheit, Jugend und mittlerem Erwachsenenalter. Sie sind integrative Netzwerke und Unterstützungsquellen in Alltag und Krisen einerseits, aber eben auch Streßursachen, Konfliktpotentiale, Auslöser von Kränkungen und Sorgen. Partnerschaft im Alter ist nicht von Streit, mangelnder Zuwendung, Enttäuschung, Unterdrückung etc. befreit. Nicht selten führen der Eintritt in den Ruhestand und erhöhte gemeinsame Zeit zu drastischen und oft konfliktreichen Versuchen eines Neuarrangements der engsten Beziehung. Gesundheitsprobleme beeinträchtigen in vielen Aspekten Gemeinsamkeit und Intimität. Der Tod des Partners oder der Partnerin gilt als zentrales kritisches Lebensereignis im Alter. Auch die Beziehungen zu den Kindern und Enkeln können durch alltägliche Reibungen an unterschiedlichen Lebensstilen und Haltungen ebenso getrübt sein wie durch biographische Konfliktgeschichten oder durch gegenseitige Erwartungsenttäuschungen, Vernachlässigungsgefühle etc.

All dies ist nicht zu vergessen, wenn im folgenden die rückhaltvermittelnden und schützenden Potentiale sozialer Einbindung und Integration im Zentrum der Betrachtungen stehen.

Aus einer Kohorten-Kontinuitäts-Perspektive erhalten wir zudem, wenn wir Alte und Altern heute analysieren und untersuchen, Informationen über eine bestimmte Generation von alten Männern und Frauen, die unter bestimmten gesellschaftlichen und historischen Bedingungen aufgewachsen, erwachsen und alt geworden sind - unter bestimmten Bedingungen, Möglichkeiten und Einschränkungen ihr Leben, ihre Haltungen und Gefühle, ihr Denken und Handeln und damit gerade auch ihre sozialen Beziehungen entwickelt und gestaltet haben, in verschiedenen Phasen ihres Lebenslaufs wie auch in ihrem Alter. Was wir bei ihnen an sozialen Beziehungsstrukturen und -qualitäten finden und analysieren können, muß und wird wahrscheinlich nicht identisch mit Strukturen und Qualitäten sein, die die nächste ForscherInnengeneration bei der nächsten Generation alter Menschen feststellen wird.

2. Zugänge zu sozialen Beziehungen im Alter

Schwerpunktmäßig sollen folgende Fragen untersucht werden:

- Wie sehen soziale Netzwerke im Alter aus?
- Wo bieten sie alltägliche Hilfe und soziale Unterstützung in Belastungskonstellationen?
- Welche Bedeutung haben sie für Gesundheit und Wohlbefinden?
- Wo sind sie Basis von Geselligkeit und Gemeinschaft?

Zwischenmenschliche Bindungen und soziale Beziehungsgeflechte von Personen - *soziale Netzwerke* - sowie sozialer Rückhalt und alltägliche Hilfe - *soziale Unterstützung* - in diesen Netzwerken sind schon lange Zeit wichtige Aspekte soziologischer, psychologischer und medizinischer Forschung mit alten Menschen. Man geht davon aus, daß sie dazu beitragen, Belastungen zu vermeiden, gesundheitsschädigenden Streß und Streßfolgen zu dämpfen, eingetretene Krisen und Krankheiten zu bewältigen und auch längerwährende Beeinträchtigungen von Wohlbefinden und Gesundheit zu überwinden oder dauerhaft damit leben zu lernen. Zudem wird vermutet, daß sich regulierende und kontrollierende soziale Beziehungen direkt und indirekt günstig auf das Gesundheitsverhalten auswirken (Lewis/Rook/Schwarzer 1994).

Auch die Gerontologie hat ein vielfältiges empirisches und theoretisches Interesse daran gezeigt, wie soziale Beziehungen von älteren und alten Menschen aussehen und wie sie die emotionale Befindlichkeit, die Kognition zu sich und zur Umwelt, Handlungskompetenzen und Verhalten, vor allem aber auch den Gesundheitszustand beeinflussen (Larson 1978). In der gerontologischen Versorgungsforschung hat man sich u.a. auch den Fragen zugewandt wie:

- Wer sind die wichtigsten alltäglichen Helfer alter Menschen?
- Welche sind am meisten geschätzt?
- Was für Hilfeleistungen werden von wem wann erbracht?

Diese Versorgungsuntersuchungen fragen auch nach dem Verhältnis von informeller und formeller Hilfeleistung und nach dem Einfluß informeller Helfer auf den Zugang ins professionelle Hilfesystem sowie auf die Befolgung professioneller Gesundheitsregeln und Medikamentierungsvorschriften (compliance). Sie klären die Hilfeerwartungen und die Folgen möglicher Diskrepanzen zwischen Hilfewunsch und Hilfeerhalt. Sie befassen sich mit den Helfern und Helferinnen alter Menschen in Familie, Freundeskreis und Nachbarschaft, mit ihrer Zuständigkeit für bestimmte Notlagen und mit ihrer Mobilisierung in schweren und chronischen Belastungen (Antonucci/Jackson 1990; Langer 1990; Rossi/Rossi 1990).

Auch in den seit den 70er Jahren international stark gewachsenen Forschungsfeldern der sozialen Netzwerk- und sozialen Unterstützungsforschung (Nestmann 1988; Vaux 1988; Röhrle 1994) war der Blick auf das Alter und auf alte Menschen von Beginn an ein zentraler und ist es bis heute. Diese Untersuchungen befassen sich stärker mit den Fragen, wie soziale Netzwerke die Bewältigung streßreicher Lebensumstände im Alter ermöglichen und erleichtern und welche durch sie verfügbaren alltäglichen Unterstützungsressourcen als Puffer im Streßprozeß Wohlbefinden schützen und Krankheit verhindern helfen (Minkler 1985; Antonucci 1985). Die Empirie zu sozialen Netzwerken und sozialer Unterstützung in verschiedenen Altersgruppen und im Vergleich verschiedener Altersgruppen ist heute kaum noch zu überblicken (Schulz/Rau 1985).

Alte Menschen erscheinen als eine „Risikopopulation" und werden deshalb für die Netzwerk- und Unterstützungsforschung in zweierlei Hinsicht interessant:

a) Sie leben mit stärkerer Gesundheitsgefährdung und einem erhöhten Krankheitsrisiko. Nur selten gelingt es, bis ins hohe Alter ohne Gesundheitsprobleme und -beschwerden zu leben. Es gibt zwar bezogen auf den Gesundheitszustand alter Menschen sehr große Unterschiede: Manche Alten bleiben gesund wie in ihrer Jugend und im mittleren Erwachsenenalter, manche übertreffen jüngere Generationen hinsichtlich ihrer gesundheitlichen Verfassung. Trotzdem zeigen uns epidemiologische Daten deutliche Unterschiede zum Jugend- und Erwachsenenalter. Zum Beispiel sind chronische Beschwerden wie Herz-Kreislauf-Erkrankungen, Krankheiten des Knochengerüsts und des Bewegungsapparates, Verschlechterung von Hören und Sehen, Arthritis etc. deutlich verbreiteter, und sie treten häufig zusammen auf. Akute Beschwerden wie z.B. Erkältungskrankheiten, aber auch Unfälle sind im Alter zwar seltener - treten sie allerdings ein, sind sie langwieriger und folgenreicher, führen häufig zu mehr Pflegebedarf, längerer Bettruhe, stärkerer Beeinträchtigung des alltäglichen Lebens und haben oft schlechtere Heilungschancen.

b) Alte Menschen leben mit höheren Risiken des Rückgangs von sozialen Kontakten (z.B. durch Ruhestand), der Veränderung der sozialen Umwelt (durch örtliche Distanz der näheren Verwandtschaft oder durch ungewollten Umzug ins Altenheim), des Bindungsverlustes (durch Partnertod und Verwitwung), des Alleinseins und der sozialen Isolation. In den westlichen Industrienationen sind die meisten alten Menschen Witwen, und die meisten alten Menschen leben allein (Bedford/Blieszner 1996).

Mit den strukturellen Veränderungen der sozialen Beziehungen wächst die Gefahr eines Verlusts bisheriger und traditioneller Unterstützungsressourcen und Hilfequellen des Alltags und von Krisen im Alter. Gerade gegenseitige soziale Unterstützung in sozialen Netzwerken kann hier aber eine besonders wichtige Rolle bei der Gesunderhaltung und Krankheitsüberwindung in allen Lebensphasen und für die Aufrechterhaltung aller Bewältigungsfunktionen spielen (Nestmann 1988; Röhrle 1994).

Erst relativ spät wurde allerdings eine Lebenslaufperspektive sozialer Netzwerke und sozialer Unterstützung im Alter entwickelt, die davon absieht, Alter quasi als „geschichtsloses" Lebensstadium zu fassen und alte Menschen als „homogene" Gruppe zu untersuchen. Immer deutlicher wird eine generelle und persönliche Biographisierung des Alters und des Alterns berücksichtigt. Zu den beiden genannten Risikobereichen heißt das: Gesundheitliche Beeinträchtigungen im Alter sind oft auch Folgen von gesundheitlichen Gefährdungen und Fehlverhalten in Jugend und mittlerem Erwachsenenalter. Bekannte Risiken reichen vom Rauchen und Alkoholkonsum über falsche Ernährung und Inaktivität bis zu lebenslänglichen Unfallfolgen etc. Prävention hätte hier nicht nur im höheren Alter selbst anzusetzen, sondern schon früher im Lebenslauf, also über den gesamten Lebenszyklus hinweg (Lewis/Rook/Schwarzer 1994).

Auch soziale Beziehungen „hat Mann und hat Frau im Alter nicht einfach so oder hat sie nicht", sondern diese entwickeln sich über das gesamte Leben. Die persönlichen Haltungen zu sozialen Beziehungen und Bindungen im Alter, die Bereitschaft, Kontakte zu suchen und diese auch zu pflegen, sozialer Lebensstil im Alter sind nicht nur durch überindividuelle soziale Gegebenheiten, die das Leben prägen, sondern auch durch soziale Biographien bestimmt. In der Betrachtung persönlicher sozialer Beziehungen sind wir auf die Berücksichtigung der jeweiligen Beziehungsgeschichten angewiesen, um spezifische Beziehungsqualitäten verstehen zu können. Nach einer Studie von Robert O. Hansson, Warren H. Jones und Wesla L. Fletcher (1990) erinnern z.B. alte Menschen persönliche und zwischenmenschliche Enttäuschungen (z.B. betrogen zu werden, hintergangen zu werden) über mehr als 20 Jahre und zeigen sich geprägt in ihrer zwischenmenschlichen Haltung zu anderen, in ihrem Vertrauen und in ihrem sozialen Verhalten. Die Attachment-Theorie geht sogar noch ein Stück weiter und davon aus, daß selbst früheste Bindungserfahrungen unser soziales Leben bis ins hohe Alter zwar nicht prägend festlegen, aber doch mitbestimmen (Bedford/Blieszner 1996). So gibt es offenbar Wandel wie Beständigkeit in den sozialen Beziehungsgeschichten über den Lebenslauf hinweg (Vaux 1988).

Die Arbeiten von Toni C. Antonucci und MitarbeiterInnen (Antonucci 1985; Antonucci/Akiyama 1994) verdeutlichen Kontinuität und Veränderung sozialer Netzwerkstrukturen im Lebenslauf am Bild eines Konvois. Menschen sind in ihrem Leben von der Geburt bis zum Tod von einer teils recht beständigen, teils fluktuierenden Gruppe von Personen umgeben, die sie wie eine Karawane begleiten. Einzelne, wie die nahestehendsten Familienangehörigen, Eltern, Partner, Kinder und auch enge Freunde, sind relativ lange dabei und begleiten dicht die Entwicklung in längeren Lebensphasen - schützen die problematischen und oft krisenhaften Übergänge in neue Lebensbereiche und Rollen. Andere scheiden aus der Karawane aus, verlieren an Bedeutung oder ziehen entfernter mit. Neue kommen hinzu - Schulfreunde, Kollegen, Nachbarn, Bekannte - und verlassen die Karawane nach einer gewissen Zeit wieder. Meist, so scheint es, haben diese Konvois in der Phase der Jugend und des jungen Erwachsenenalters ihre größten Ausdehnungen, während sie sich in der frühen Kindheit oder im höheren Alter auf einen kleineren Kern begrenzen. Die Bedeutung der jeweils lebenszyklisch zentralen und der peripheren Elemente des Begleitschutzkonvois verändern sich abhängig vom Lebensalter (Vaux 1988). Dieser soziale Konvoi bestimmt unser Leben vom Kindsein bis zum Altsein mit. Wir sind Teil von ihm, er ist Teil von uns von der Wiege bis zur Bahre - er formt uns ebenso wie wir ihn formen.

3. Soziale Netzwerke alter Menschen

Manfred Diehl faßt vorliegende Ergebnisse von Netzwerkanalysen alter Menschen 1988 in der These zusammen: „Die Mehrheit der selbständig lebenden älteren Menschen verfügen über ein Netz sozialer Kontakte“ (1988:276; vgl. auch Müller/Müller-Andritzky 1987, Elbing 1991, Minnemann 1994).

Die Bandbreite der Netzwerkausdehnung ist relativ groß und liegt meist bei ca. 5 bis 15 Personen (Diehl 1988; Schulz/Rau 1985). Trotz der für viele alte Menschen sich einengenden sozialen Umwelt, z.B. aufgrund von Wohnortdistanz zu den Kindern und dem Tod von Partnern, Freunden und gleichaltrigen Verwandten, bleiben den meisten sozialer Kontakt und soziale Beziehungen im Netzwerk als Basis für soziale Unterstützung erhalten.

In Deutschland sind Anfang der 90er Jahre fast 80% der Männer über 60 verheiratet und weniger als 20% verwitwet. Bei der sehr viel höheren Zahl alter Frauen sieht es anders aus. Hier sind bei den über 60jährigen nur 39% verheiratet und 48% Witwen (BMFuS 1994). Allerdings haben diese alten Frauen zu 91% Kinder, d.h. nur 9% der Frauen über 60 sind kinderlos (Enquête-Kommission 1994).

Auch Mitte der 90er Jahre haben z.B. in den USA noch 75% der alten Menschen Enkel und über 50% Urenkel (Robertson 1995). Von den alten Menschen mit Kindern, die nicht im Heim leben (über 90%), sehen über 75% ihre Kinder mindestens einmal in der Woche (Shanas 1979). Andere Studien weisen darauf hin, daß die alten Menschen, die im Hause ihrer Kinder oder in der Nachbarschaft wohnen, meist in den Familienalltag so gut integriert sind, daß die Kontakte mit ihnen von den Angehörigen gar nicht als besondere „Besuche" gewertet werden (Stueve/Lein 1979).

Folgt man neueren deutschen Studien, so ist dieser Netzwerkbezug von alten Eltern und erwachsenen Kindern zudem ein häufig positiv besetzter. Der Slogan vom „Krieg der Generationen" - „Jung gegen Alt" - trifft auf die meisten Eltern-Kind-Verhältnisse offenbar nicht zu. Zwischen alten Eltern und erwachsenen Kindern bestehen Beziehungen, die vornehmlich geprägt sind von emotionaler Bindung und von gegenseitiger Unterstützung. Das schließt nicht aus, daß man sich auch auf die Nerven geht, sich mißbilligt, sich ab und zu sonstwohin wünscht, daß es Reibungen und Konflikte gibt. Emotionale Beziehungen schließen dieses vielmehr gerade ein. Sicher gibt es auch das Phänomen der Gewalt und der Mißhandlung alter Menschen in Beziehungen mit ihren Kindern (Haenselt 1989, Georgi 1989) - allerdings nicht als gesellschaftliche Normalität.

In einer Untersuchung von 7.000 Eltern-Kind- und 11.000 Kind-Eltern-Beziehungen (Szydlik 1995), die in *verschiedenen Haushalten* leben, berichten die Mehrzahl der Kinder von einem engen Verhältnis zu den Eltern, und umgekehrt ist es noch stärker der Fall. In Ostdeutschland ist diese enge Bindung offenbar noch ausgeprägter und häufiger als im Westen. Die Frauen, d.h. Mütter und Töchter, haben häufiger ein solch enges Verhältnis (92%) als die Männer, also Väter und Söhne (mit immerhin noch 83%). In einer Rangreihe der Enge von Generationenverhältnissen folgen auf die Mutter-Tochter-Verhältnisse die Mutter-Sohn-Verhältnisse, dann die Vater-Tochter-Verhältnisse und schließlich die Vater-Sohn-Verhältnisse. Übrigens haben in allen anderen Familienverhältniskonstellationen nur noch die Großeltern-Enkel-Beziehungen ähnliche Qualität. Die Untersuchung verweist allerdings auch darauf, daß alte Eltern stärker dazu tendieren, die Verhältnisse zu ihren erwachsenen Kindern kognitiv zu harmonisieren, während die Kinder durchaus auch familiale Konflikte und Konfliktpotentiale, die alle Beteiligten beeinträchtigen, benennen.

Internationale Studien zeigen auch, daß eine *unabhängige Wohnung* offenbar potentielle Familienkonflikte besser bewältigen und lösen läßt. Nach K. Ross (1995) beeinträchtigt ein zerstrittener Familienhaushalt das Wohlbefinden im Alter negativer als alleine zu leben. Hierbei können Eltern-Kind-Konflikte, aber auch Geschwisterkonflikte mit oft langer Vorgeschichte die Lebenszufriedenheit und das psychosoziale Wohlbefinden aller Beteiligten erheblich beeinträchtigen - gerade dann, wenn man zusammen wohnt und lebt und tagtäglich mit differierenden Lebensführungen, Erwartungen, Einstellungen quasi unausweichlich konfrontiert wird.

In Deutschland leben allerdings inzwischen ca. ein Drittel der über 65jährigen und deutlich mehr als die Hälfte der über 75jährigen in Einpersonenhaushalten (BMFuS 1994, Enquête-Kommission 1994). Hierbei handelt es sich vor allem um Frauen, die bei den über 60jährigen 85% der Alleinlebenden ausmachen (in Ost und West). Aber auch für sie bleibt offenbar ein tragfähiges soziales Netz bestehen, besonders wenn noch eine erweiterte Familie in nicht allzu weiter Entfernung vorhanden ist.

Ein steigendes Problem von Isolation und Einsamkeit wird vor allem vermutet, wenn in der Altersgruppe über 65 Jahren sehr alte unverheiratete und verwitwete Frauen alleine, ohne Kinder und Enkel leben. In einer Studie bei ledigen kinderlosen Frauen im Alter (Engel et al. 1996) konnten mittlere Netzwerkgrößen (5-10 Personen) ermittelt werden. Die Frauen sind nicht isoliert und fühlen sich nicht einsam. Zu fast zwei Dritteln der Netzwerkmitglieder besteht zumindest wöchentlicher Kontakt und, was besonders bedeutsam ist, alle verfügen über eine enge vertraute Beziehung zu mindestens einer sehr nahestehenden Person. Zwar können durchaus spezifische Netzwerk- und Unterstützungslükken gefunden werden, aber die generelle Zufriedenheit mit den sozialen Kontakten und das subjektive Gefühl der Integration in eine soziale Gemeinschaft mit anderen Menschen ist durchaus zufriedenstellend.

Nach Tracey A. Revenson und Jeffrey L. Johnson (1984) können entsprechend auch nur zwischen 5 und 12% der über 65jährigen als isoliert und einsam angesehen werden. Allerdings verweist Deborah Pearlman (1988) darauf, daß die Zahl sozial isolierter und sich einsam fühlender Menschen mit dem Lebensalter und insbesondere im höheren Alter wächst.

Die meisten Daten aus Vergleichsuntersuchungen deuten allgemein darauf hin, daß die Netzwerke alter Menschen kleiner sind als die junger (Minkler 1985). Eine einschneidende Veränderung wird jedoch erst ab dem 70. Lebensjahr angesetzt (Abeles 1981; Wan 1982).

Claude S. Fischer (1982) fand in einer großen kanadischen Vergleichsstudie der 80er Jahre einen Rückgang der Netzwerkgröße zwischen 16- bis 61jährigen. Je älter die Untersuchten, desto kleiner waren ihre sozialen Netzwerke und desto geringer ihre sozialen Aktivitäten. Auch in einer Studie von Alan Vaux und Deborah Harrison (vgl. Vaux 1988) zeigten sich bei älteren Befragten kleinere Unterstützungsnetzwerke als bei jüngeren. Soziale Beziehungen werden offenbar zunehmend instabil und die sozialen Kontakte und deren Intensität in kleineren sozialen Netzwerken sind reduziert (Hansson 1986; Larson et al. 1985; Morgan 1988).

Nach Herbert J. Schubert (1990) heißt somit Altern auch „beziehungsärmer" werden, wenn die Netzwerkgröße und -dichte sinkt. Aber besonders eine umfassende Studie von Robert L. Kahn und Toni C. Antonucci für das National

Institute of Aging (1983), die belegt, daß die Netzwerkgröße nicht zwangsläufig mit dem Alter abnimmt, wird im Widerspruch zu diesen Ergebnissen angeführt. Hier wird darauf verwiesen, daß die Netzwerkgröße und insbesondere die Häufigkeit von Kontakten zu engen Verwandten über den gesamten Lebenslauf relativ stabil bleiben. So bestimmt nicht das Lebensalter allein oder in erster Linie die strukturellen und qualitativen Charakteristika der Netzwerke, sondern mit ihm die *Netzwerkorientierung der Person* (z.B. korreliert mit Geschlechtszugehörigkeit) und die *Netzwerkoffenheit der Lebenssituation* (verknüpft mit der sozioökonomischen Lage, der Rolle in der Familie, dem Lebensort).

Nur bei sehr alten Menschen werden die direkten Abhängigkeiten von hohem Lebensalter und deutlicher Verkleinerung der sozialen Beziehungsgeflechte in Anzahl von Kontakten, Kontakthäufigkeiten und -intensitäten offensichtlich. Alle bisherigen retrospektiven und Längsschnittstudien deuten ansonsten darauf hin, daß die strukturellen Charakteristika wie Größe, Dichte oder Zusammensetzung des Netzwerks alter Menschen vor allem vom sozialen Lebensstil einer Person abhängen, der über den gesamten Lebenszyklus hinweg entwickelt und aufrechterhalten wurde. Personen mit großen sozialen Netzwerken und einer starken Netzwerkorientierung haben auch im höheren Alter noch ausgeprägtere soziale Beziehungssysteme als Personen mit lebensgeschichtlich geringer entwickelter Netzwerkorientierung und kleineren Netzwerken - allerdings nur dann, wenn die ökologischen, ökonomischen und sozialen Umweltbedingungen, die Lebensräume und die Settings die Aufrechterhaltung und Pflege von sozialen Beziehungen fördern und erlauben.

Übrigens sind beide Gruppen, die alten Menschen mit weniger und die mit mehr sozialen Kontakten und sozialer Einbettung, „zufrieden" damit (Diehl 1988). Insgesamt wird von einer größeren Zufriedenheit alter Menschen mit ihren sozialen Beziehungen berichtet (Cutrona 1986; Krause 1986; Lam/Power 1991; Lin et al. 1980; Vaux 1985). Ehen werden häufiger als glücklich oder als sehr glücklich bezeichnet. Alte Ehepartner sind zufriedener - vor allem die Männer -, und weniger negative Gefühle werden geäußert (Huyk 1995). Verglichen mit anderen Altersgruppen sind ältere Menschen generell zufriedener mit ihren sozialen Beziehungen, auch wenn sie über kleinere Netzwerke und weniger häufige Kontakte verfügen. Sie äußern weniger Wünsche nach mehr Freunden und bewerten ihre zwischenmenschlichen Beziehungen (wie auch zahlreiche andere Aspekte ihres Lebens) auf der Basis einer positiveren Grundstimmung als jüngere Menschen (Carp/Carp 1981).

Bis heute ungeklärt bleibt der Hintergrund für diese geäußerte größere subjektive Zufriedenheit.

- Ist es der Versuch, nur niedrige Erwartungen zuzulassen, um sich gegen Enttäuschung zu immunisieren?
- Ist es eine bei älteren Menschen verbreitete positive Antworttendenz in den Studien?

- Ist es Beschönigung der Verhältnisse vor dem Interviewer?
- Ist es Resignation und Zufriedengeben mit dem Wenigen, was man hat?
- Ist es quasi „echte“ Zufriedenheit, weil die sozialen Beziehungen, die man hat, befriedigen und weil man nicht mehr Kontakte und Bezüge wünscht?

Hinsichtlich der unterschiedlichen Bedeutung von bestimmten Netzwerkzonen gibt es den größten Rückgang der Kontakte und Beziehungen zu Arbeitskollegen und zu entfernten Freunden (Fischer 1982). Die Anzahl von Verwandten im Netzwerk, vor allem von Verwandten, zu denen ein enges freundschaftliches Verhältnis besteht, bleibt hingegen vom jungen Erwachsenenalter bis in das Alter von über 65 Jahren relativ stabil. Martin Diewald (1991: 114) weist darauf hin, daß die Menge der Verwandtschaftsbeziehungen „in zunehmendem Alter aber mehr und mehr auch vom eigenen Generationen-Verhalten und dem der nachfolgenden Generation“ abhängt. Bei wenigen oder gar keinen Kindern wird das Verwandtschaftsnetzwerk im Alter stark ausgedünnt, zumal wenn die eigenen Eltern tot sind, eigene Geschwister fehlen oder nicht mehr leben und Verwandte der gleichen Generation sterben (Diewald 1991, 1993a oder b). In einer aktuellen Studie fanden Colleen L. Johnson und Barbara M. Barer (1996), daß sehr alte Menschen vielfach ihre Partner, vor allem aber auch ihre eigenen Kinder überleben. 32% der weißen und 45% der schwarzen Amerikaner hatten kein lebendes Kind oder hatten nie Kinder. Nicht überraschend hatten nur sehr wenige (6% der weißen und 18% der schwarzen) kinderlosen alten Menschen Enkel oder Urenkel. Frank Engel et al. (1996) betonen in ihrer Studie zu ledigen kinderlosen alten Frauen allerdings, wie stark die Tendenz ist, Neffen und Nichten oder auch nichtverwandte jüngere Menschen quasi sozial an Kindes und Enkel statt zu adoptieren.

Der Anteil von Freunden aus der Kindheit sinkt bis ins hohe Alter ständig, obwohl Freundschaften im Alter eigentlich beständiger sind als in der Jugend (Creek/Babchuck 1985). Freundschaften lockern und lösen sich z.B. durch Wohnortswechsel, durch Wechsel der Lebensbereiche (vom Beruf in den Ruhestand) oder durch Tod der Freunde und Bekannten. Neue Freundschaften kommen seltener hinzu, und die Kontakthäufigkeiten zu den bisherigen Freunden und Freundinnen reduzieren sich zunehmend und schränken sich auf den Nahbereich ein (Bosse et al. 1990; Chown 1981). Die Gelegenheiten, neue Kontakte zu knüpfen, werden geringer aufgrund der eigenen Mobilitätseinschränkungen und aufgrund des häufigen Fehlens sozialer Settings und Kontexte, in denen neue Beziehungen aufgenommen werden können.

Die Daten verweisen auf einen häufig lebenslangen Prozeß, in dem Menschen in Bekanntschaften und Freundschaften eingebunden sind und in der die am höchsten geschätzten auch am längsten und dauerhaftesten aufrechterhalten werden. Generell scheinen im fortgeschrittenen Alter sowohl familial als auch außerfamilial die engen Netzwerkbindungen ganz zentral zu werden (Johnson 1988). Periphere und lockere Beziehungen hingegen nehmen ab (Vaux 1988).

Aus einer Altersstudie des Max-Planck-Instituts Berlin (BASE) mit 156 alten Menschen zwischen 70 und 104 Jahren berichten Frieder R. Lang und Laura L. Carstensen (1994), daß bei zwar mit dem Alter kleiner werdenden Netzwerken die Anzahl der sehr nahen und vertrauten Beziehungen zwischen der Gruppe der alten und der Gruppe der sehr alten Untersuchten nicht überzufällig differiert. Da die Netzwerkgröße mit dem Alter abnimmt und die Zahl der subjektiv als sehr eng definierten Vertrauten aber bleibt, ist die relative Bedeutung dieser Personen, die als „so nahestehend" betrachtet werden, daß „man sich ein Leben ohne sie nicht vorstellen kann", bei den sehr alten Menschen noch größer. Die soziale Welt dieser Personen scheint also durch sehr enge und dichte Kontakte mit emotional sehr signifikanten Menschen geprägt.

Die Autoren interpretieren ihre Ergebnisse u.a. als Beleg für die These einer proaktiven Selektion durch die alten Menschen selbst. Denn würden nur Morbidität und Mortalität die Netzwerkstrukturen bestimmen, dann wäre sowohl ein Schwund der engen und vertrauten wie der entfernten Netzwerkmitglieder zu erwarten. So wird der soziale Kontakt aber nur zu den weniger nahen Menschen verringert. Einen weiteren Beleg für die aktive Rolle der alten und sehr alten Menschen in diesem Prozeß sehen sie darin, daß auch die Untersuchten ohne Kernfamilienangehörige einen inneren Netzwerkzirkel der ihnen sehr nahestehenden Vertrauten füllen können. An die Stelle der engen Familienangehörigen in den Netzwerken der alten Menschen mit Kernfamilie treten hier andere soziale Partner, die zu engen Vertrauten werden bzw. gemacht werden können, also z.B. entferntere Verwandte oder Freunde, die kompensierend wirken.

In den meisten empirischen Studien stellte sich heraus, daß die Mehrzahl alter Menschen zumindest eine vertraute Beziehungsperson besitzt. Die Prozentzahlen liegen hier zwischen 50 und 94% der über 60jährigen (Minnemann 1994). Frauen haben diese engen Vertrauten offenbar sehr viel häufiger. Insbesondere Männer verlassen sich weitgehend lediglich auf die engsten, insbesondere die Ehe- und Partnerbeziehungen und haben weniger Freunde und Freundinnen. Diese lebenslange geschlechtsspezifische Tendenz (Schmerl/Nestmann 1990; Nestmann/Schmerl 1991) nimmt im Alter noch weiter zu. Frauen sind wie im gesamten Lebenszyklus eher bereit, Freundinnen und Freunde auszusuchen und soziale Netzwerke aufzubauen und langfristig zu erhalten als (ältere) Männer (Lin 1986).

Elisabeth Minnemann (1994) fand bei alten Männern und Frauen zwischen 65 und 89 Jahren zwar keinen Unterschied bezüglich der Netzwerkgröße, allerdings in ihrer internen Struktur und Qualität. Frauen messen ihren sozialen Beziehungen eine höhere Bedeutung zu als Männer, erleben aber auch größere Belastungen aus ihren sozialen Netzwerken. Sie zeigen sich deutlich familien-, harmonie- und sozialorientierter als die untersuchten Männer, deren soziale Beziehungen als eher sach- und zielorientierter beschrieben werden. Frauen charakterisieren ihre Beziehungen auch häufiger als positiv unterstützende Bindungen und als potentielle Hilferessourcen im Alltag und im Bedarfsfall. Zudem betonen sie stärker die Gegenseitigkeit der Beziehungen und damit ihre eigene Unterstützerinnenrolle. Ältere Männer waren wie in vielen anderen Untersuchungen die am stärksten isolierte Gruppe in Claude S. Fischers kanadischer Bevölkerungsstudie (1982).

4. Die Bedeutung von Netzwerken und Unterstützung für Wohlbefinden und Gesundheit

Reed Larson (1978) hat in einem Forschungsreview von gerontologischen Studien aus 30 Jahren herausgearbeitet, daß sich eine konsistente positive Beziehung von Besuchen durch Familie, Verwandte, Freunde und Nachbarn mit gesteigertem Wohlbefinden alter Menschen feststellen läßt. Meredith Minkler (1985) weist darauf hin, daß die Beziehungen zwischen sozialen Netzwerken, sozialer Unterstützung und dem Gesundheitszustand zwischen verschiedenen Altersgruppen nicht differieren bzw. daß sich ältere Menschen hier nicht von jüngeren unterscheiden (House et al. 1982; Kasl/Berkman 1981). Lisa F. Berkman und Leonard S. Syme (1979) ermittelten in einer kalifornischen Längsschnittstudie, daß größere Netzwerke und größere Kontakthäufigkeiten mit einer geringeren Mortalität von Männern und Frauen in allen Altersstufen verbunden waren. Mehrere Untersuchungen belegen den Zusammenhang von strukturellen Dimensionen sozialer Netzwerke (insbesondere der Häufigkeit sozialer Interaktion) mit der Lebenszufriedenheit im höheren Erwachsenenalter (Windley/Scheidt 1982; Markides/Martin 1979).

Richard Schulz und Marie T. Rau (1985), die auch diese Studien in ihrem Review zu sozialer Unterstützung und zu Gesundheit im Alter sichten, sehen als übereinstimmendes Ergebnis, daß sich das subjektive Wohlbefinden mit dem Alter kaum verändert und daß zum einen Gesundheit, zum anderen die Qualität sozialer Interaktionen und schließlich sozioökonomische Faktoren in allen Lebensphasen eng mit subjektivem Wohlbefinden verknüpft sind. Auch Manfred Diehl (1988) betont, daß die Qualitäten sozialer Netzwerke und einzelner Beziehungen in einem noch engeren Zusammenhang mit dem Wohlbefinden und der Gesundheit älterer Menschen stehen als die quantitativen und strukturellen Merkmale.

Megan L. Lewis, Karen Rook und Ralf Schwarzer (1994) untersuchen insbesondere Netzwerkeinflüsse auf Gesundheitsverhalten als zentrale Dimensionen sozialer Unterstützungsprozesse im Alter. Sie sehen die gesundheitssichernden Funktionen von sozialer Unterstützung zum einen im Vorfeld von chronischer Erkrankung, z.B. wenn sie verhindert, daß alte Menschen bei Streß in schädigendes Bewältigungsverhalten verfallen. Trinken, Medikamentenmißbrauch, Rückzug und Selbstisolation werden vermieden. Direkter kann soziale Unterstützung dort wirksam werden, wo gesundheitsriskantes Verhalten selbst reduziert und gesundheitsförderliches Verhalten unterstützt wird.

Nach Eintritt der Erkrankung kann Unterstützung hingegen helfen, sich mit Belastungen und Beschwerden mental, emotional und auch praktisch zu arrangieren und dazu beitragen, professionelle Verhaltens- und Medikamentierungsvorschriften zu befolgen. Emotional und interpretativ können positive Gesundheitseinstellungen gefördert werden, die offenbar äußerst bedeutsam sind - vom alltäglichen Bewältigen bis zur Senkung von Morbidität und Mortalität.

Auch die soziale Kontroll- und Regulationsperspektive sozialer Beziehungen sehen die AutorInnen im Dienste der Gesundheitsförderung. Dies ist z.B. dort der Fall, wo Verantwortlichkeitsgefühle für andere internalisiert werden oder wo Rollenverpflichtungen für andere verhindern, daß eine Person über falsches Verhalten die eigene Gesundheit schädigt. Von der Sorgeverpflichtung für Kinder und Partner bis zur Verantwortlichkeit für ein Haustier (Olbrich 1988; 1989) gibt es entsprechende Nachweise dieser positiv regulativen Effekte. Sehr viel unmittelbarer sind Verhaltensanweisungen und Vorschriften, ist die Beobachtung der alten Menschen und die Einflußnahme von Netzwerkmitgliedern auf gesundheitsschädigendes oder gesundheitsförderliches Verhalten. In einer Gemeindeuntersuchung alter Menschen von Karen S. Rook, Paul D. Thuras und Megan L. Lewis (1990) berichten z.B. 80% der Befragten, daß Netzwerkmitglieder sie zu gesundheitsförderlichem Verhalten bringen wollen, und 78%, daß andere sie von ungesundem Verhalten abhalten wollen. Es sind vor allem erwachsene Kinder und Freunde, die dies tun.

Megan L. Lewis, Karen Rook und Ralf Schwarzer (1994) weisen auch darauf hin, daß es sowohl paradoxe Unterstützung wie paradoxe Kontroll- und Regulationseffekte gibt. Negative Unterstützungseffekte ergeben sich z.B. im Rahmen von Überbehütung und damit verbundener Steigerung von Hilflosigkeit alter Menschen, bei der Verstärkung der Krankenrolle durch die alltägliche Hilfe, bei einer wachsenden Frustration alter Menschen in der festgelegten Hilfeempfängerrolle sowie durch schlicht falsche oder auch unerwünschte Hilfen. Negative Regulationseffekte gibt es nicht nur in jugendlichen Peergroups, die gerade riskantes und gesundheitsschädigendes Verhalten fördern. Karen S. Rook, Paul D. Thuras und Megan L. Lewis (1990) konnten auch bestätigen, daß 19% der befragten alten Menschen berichten, andere hätten sie gerne dazu verführt oder gedrängt, sich falsch zu ernähren, zu fett zu essen, übermäßig zu trinken oder gegen ärztliche Gebote zu verstoßen. Zudem mag auch eine Reaktanz auf Kontrollversuche der sozialen Umwelt genau zum Gegenteil des gewünschten gesundheitsförderlichen Verhaltens führen.

Deutlich wurde in diesen Untersuchungen wie in anderen Unterstützungsstudien, daß außerfamiliale Bereiche offenbar andere Einflüsse nehmen und zur Pflege anderer Beziehungsformen dienen als familiale Bindungen.

Während Familienkontakte alter Menschen oft eher instrumentellen Charakter haben, scheinen die zwar abnehmenden, aber geschätzten Beziehungen zu Freunden eher expressiv und auf Funktionen der sozialen Teilhabe und Partizipation und der Geselligkeit orientiert (s.u.). Diese außerfamilialen Freundschaftsbeziehungen, die durch Freiwilligkeit und Wahl geprägt sind, sind bestimmt durch ausgeglichenere Reziprozität und stehen offenbar in deutlicherem Zusammenhang mit Wohlbefinden als pragmatischer orientierte Familiensektoren im sozialen Netzwerk. Greg Arling (1987) sowie V. Wood und Joan F. Robertson (1978) fanden eindeutig positive Korrelationen von Freundschaftskontakten mit optimistischerer Lebenseinstellung und Wohlbefinden bei alten Menschen. Patricia Spakes (1979) untersuchte jüngere Alte und fand heraus, daß die Häufigkeit von Kontakten mit engen Freunden signifikant mit Lebenszufriedenheit verbunden war, nicht aber Kontakte mit Familienmitgliedern, auch wenn diese durchaus als zufriedenstellend beurteilt wurden. In einigen Studien waren Kontakte mit Familienmitgliedern sogar negativ mit positiver Stimmung und Lebenseinstellung korreliert (Lee/Ishii-Kunz 1987). John N. Edwards und David L. Klemmack (1973) konnten bestätigen, daß eine positive Lebenseinstellung im Alter stärker damit verknüpft war, Freunde zu haben, als damit, Kinder zu haben, und konnten hiermit Untersuchungen von Gary R. Lee und N. Ihinger-Tallman (1980) sowie R. C. Stephens et al. (1978) bestätigen, die für innerfamiliäre Netzwerkbeziehungen kaum eine Verknüpfung mit Wohlbefinden und Lebenszufriedenheit im Alter nachweisen konnten.

4.1 Alltägliche Hilfe im Alter

Ganz im Gegensatz zu diesen weitgehend übereinstimmenden Untersuchungsresultaten, die eine unterschiedliche Bedeutung familialer und außerfamilialer Kontakte für Wohlbefinden und Lebenszufriedenheit nachweisen und die durchweg die *Freundes*kontakte favorisieren, stehen die ebenso übereinstimmenden Erkenntnisse zu den verbreiteten und bedeutsamen informellen Hilfequellen für alte Menschen im Alltag und seinen Krisen. Haupthilfequelle ist hier der *familiale* Netzwerksektor.

Alltägliche Hilfe und Unterstützung älterer Menschen bezieht sich zum einen auf die Bewältigung des Alltags und hier insbesondere auf praktische und handfeste Unterstützung im Haushalt (Einkaufen, Kochen, Putzen, Aufräumen), auf Transport- und Mobilitätshilfen (Führen, Begleiten, Fahren), auf versorgende und pflegende Leistungen (An- und Auskleiden, Körperpflege) aber auch auf langjährige intensive Pflege (Füttern, Waschen, Verbinden und Medikamentieren). Zum anderen ist soziale Unterstützung bei alten Menschen die Hilfe bei der Bearbeitung von Problemen und Krisen im Alter (bei Partnerverlust, bei Krankheit, Umzug in ein Heim). Hilfen erfolgen somit anlaßbezogen und kurzzeitig wie ebenso langfristig, kontinuierlich und lebensbegleitend. Soziale Netzwerke stellen Ressourcen für all diese Bedürfniskonstellationen und Familienmitglieder erbringen 80 bis 90% aller benötigten Hilfeleistungen. Die Familienmitglieder sind die am häufigsten gewählten und die multifunktionalsten Helfer und Helferinnen alter Menschen, insbesondere wenn diese im Haushalt leben oder in gut erreichbarer Entfernung. Dies gilt vor allem für intensive und längerwährende Hilfe-, Versorgungs- und Pflegeleistungen. Mehr als ein Drittel alter Menschen braucht einen bestimmten Anteil dieser langfristigen unterstützenden Hilfen (Minkler 1985).

In einer Repräsentativbefragung nach den subjektiv wichtigsten und zuverlässigsten Hilfequellen (Schubert 1990) sinkt die Anzahl der Helfernennungen signifikant von der jüngsten zur ältesten befragten Gruppe auf weniger als die Hälfte. In früheren Lebensphasen dominieren die Eltern, in den mittleren die Partner und in den späteren die eigenen Kinder und Schwiegerkinder. Junge Alte (zwischen 55 und 69) nennen wie im mittleren Lebensalter vorrangig Partner und Partnerinnen als verläßliche Hilfen (44%). Es folgen Kinder und Schwiegerkinder (39%), die früher im Leben relativ unbedeutend sind. Freunde und Bekannte hingegen, die in Jugend und jungem Erwachsenenalter bedeutsam sind, verlieren an Stellenwert im Hilfenetz.

Bei den Hochbetagten nehmen Kinder und Schwiegerkinder (insbesondere Schwiegertöchter) unangefochten den ersten Rangplatz der Hilfeoptionen ein (ca. 50%). Partner und Partnerinnen bleiben dort die wichtigsten Quellen, wo sie noch am Leben sind, während alle anderen informellen Hilfebezüge (Freunde, Geschwister etc.) fast völlig an Bedeutung verlieren. Nur noch die Nachbarn und professionelle Helfer und Helferinnen gelten bei ca. einem Zehntel der Befragten als mögliche Hilfequellen. Dies gilt insbesondere für akute Notfälle. Vom Unterstützungstransfer der Alten zu den Jungen verändern sich hiermit die Hilfeströme im Hauptunterstützungsnetzwerk Familie zum Transfer der Jungen zu den Alten.

Bezogen auf ökonomische und finanzielle Hilfen scheint das Gleichgewicht zwischen den Generationen relativ ausgeglichen. Meredith Minkler (1985) bemängelt allerdings, daß die im Alter besonders wichtig werdenden praktischen und instrumentellen Hilfeleistungen in vielen Unterstützungsuntersuchungen keine Beachtung finden. Oft beschränken sich die Befragungen auf die informativen und emotionalen Unterstützungsdimensionen. Nach Robert L. Kahn (1979) sinkt jedoch im Alter gerade der Erhalt von emotionaler Zuwendung und persönlicher Würdigung, während andererseits direkte praktische und handgreifliche Hilfeformen deutlich zunehmen. Zahlreiche alte Menschen leiden an der chronischen Verschlechterung ihres Gesundheitszustandes. Als Konsequenz stellen jüngere Verwandtschafts- und Familienmitglieder und insbesondere weibliche Familienmitglieder häufig ein hohes Ausmaß an persönlicher Versorgung bereit, oftmals bis zu einem Punkt, an dem ihre eigene Gesundheit beeinträchtigt wird (Goldberg et al. 1990, Belle 1990). Vor allem Frauen in den mittleren Altersgruppen sind hier die dominanten Helferinnen, sowohl auf der vertikalen Ebene, also gegenüber eigenen Kindern einerseits und gegenüber den eigenen Eltern und Schwiegereltern andererseits, aber auch horizontal, also gegenüber Ehepartnern und Geschwistern (Schubert 1990; Schmerl/Nestmann 1990).

Nur dort, wo keine Familienangehörigen mehr vorhanden sind oder wo die Belastungen der betroffenen Personen deren Hilfemöglichkeiten deutlich überschreiten, werden verstärkt nichtfamiliale oder auch professionelle und institutionelle Hilfen in Anspruch genommen. Das Modell einer gesellschaftlich und kulturell normierten Zuständigkeitshierarchie (Cantor 1979), welches auch die Kompensation ausfallender Hilfequellen und die existierenden Hilfeerwartungen und Wünsche beschreibt, gibt für Hilfen im Alter eine relativ eindeutige Rangreihe vor.

Zunächst wird der Ehepartner in Anspruch genommen. Die Ehebeziehung gilt als die normativ wichtigste Unterstützungsbeziehung bezogen auf gesundheitsschützende Funktionen im Lebenslauf. Sowohl Vergleichsuntersuchungen repräsentativer Samples als auch Epidemiologiestudien konnten immer wieder konsistente und enge Beziehungen von Ehe und geringerer Mortalität und Morbidität nachweisen. Auch die Qualität der Ehebeziehung kann die gesundheitsschützenden Effekte verstärken.

Obwohl Charlene Depner und Berit Ingersoll (1982) sowie Helena Z. Lopata (1975) darauf verweisen, daß gerade im Alter nur allzu oft existierende Geschlechtsunterschiede - hier hinsichtlich der geschlechtsspezifisch verschiedenen Unterstützerrollen - vernachlässigt werden, ist die Ehepartnerhilfe für ältere Männer und ältere Frauen zentral. Erst wenn der Partner verstorben oder selbst hilfebedürftig ist, werden in der Helferrangreihe die Kinder aktiviert. Von erwachsenen Töchtern wird Hilfe erwartet und erhalten, und wenn keine Töchter vorhanden sind oder sie weit entfernt leben, übernehmen auch Söhne entsprechende Hilfeleistungen. Schwiegertöchter werden in weit höherem Maße einbezogen als Schwiegersöhne. Söhne und Töchter unterscheiden sich weniger im Gesamtausmaß ihrer Hilfe und im emotionalen Unterstützen alter Menschen als vielmehr in den anderen Hilfeformen. Typische „Töchterhilfe" besteht in Haushaltshilfe, Pflegeleistungen, Versorgung und Ernährung. Typische „Söhnehilfe" besteht in finanzieller Unterstützung, Einkaufen und Regeln von Behördenangelegenheiten.

In der Kompensationsrangreihe folgen bei kinderlosen Ehepaaren oder bei alleinlebenden alten Menschen als Hilfequellen die nächsten Familienangehörigen. Dies sind insbesondere Geschwister, Neffen und Nichten. Erst bei deren Fehlen werden außerfamiliale Kontakte wie Freunde, Nachbarn oder Bekannte um Hilfe gebeten.

Manfred Diehl (1988) weist darauf hin, daß Freunde und oft auch Nachbarn meist gleichen Altersgruppen angehören. Dies macht einerseits deren Verlust im Alter wahrscheinlich, andererseits bestehen die Freundschafts- und Nachbarschaftsverhältnisse aber auch oft über viele Jahre. So kommt es, daß diese Gruppen in Krisenphasen und Krisensituationen des Alters oft die vertrautesten und auch die geschätztesten Bezugspersonen sind. Insbesondere Geselligkeit (s.u.) und emotionale Unterstützung wird bei ihnen gesucht und gefunden. Oft scheinen sie geeignetere und einfühlsamere Unterstützungspartner als Kinder und Verwandte in Situationen, die primär emotional Ermutigung, Trost, Mitgefühl erfordern oder in Zeiten, in denen kurzfristige akute und begrenzte Hilfeleistungen nötig werden.

So wird deutlich, daß Marjorie H. Cantors „Kompensationshierarchiemodell" (1979) einem „aufgabenspezifischen Hilfesuchmodell" nach Eugene Litwak (1985) nicht widerspricht, sondern es ergänzt. Die erwähnte Berliner Altersstudie des Max-Planck-Instituts ermittelt auch hier offenbar durchaus aktive und sensible Versuche des Austarierens und Ausbalancierens von Hilfequellen durch die alten und sehr alten Menschen selbst, wo es möglich ist. So mobilisieren sehr Alte z.B. eine relativ höhere Zahl von nicht engen instrumentellen Helfern, Bekannten und Nachbarn im sozialen Netzwerk, die für die zunehmenden Hilfebedürfnisse des Alltags dieser Gruppe zuständig sind, als dies jüngere Alte tun. Die oft erschöpfenden Hilfe- und Pflegeleistungen werden somit auf möglichst mehr Personen als nur die eng Vertrauten verteilt, um diese Beziehungen möglichst nicht zu überlasten. Die sehr engen emotionalen Beziehungen werden möglichst freigehalten von den zunehmend nötigen instrumentellen Hilfen und Verpflichtungen gerade bei den alten Menschen ohne Kernfamilieneinbindung (Lang/Carstensen 1994).

4.2 Soziale Beziehungen als Streßpuffer im Alter

Die soziale Unterstützungsforschung befaßt sich auch bezogen auf das Alter besonders mit *Pufferfunktionen* von sozialer Unterstützung im Streßprozeß, also den *interaktiven* Effekten von subjektiven Unterstützungsinterpretationen und objektivem Unterstützungshandeln angesichts alterstypischer Stressoren.

Richard Schulz und Marie T. Rau (1985) liefern unter der Perspektive lebenslaufbezogener Unterstützungsforschung eine Kategorisierung von (kritischen) Lebensereignissen als potentielle Stressoren nach deren statistischer und temporärer Auftretenswahrscheinlichkeit. Sie schaffen so eine Basis für eine stringentere theoretische und empirische Klärung der Bedeutung und Wirkung sozialer Unterstützungsprozesse im Alter.

Als *statistisch und temporär normative Lebensereignisse* im Lebenslauf werden z.B. Heirat, Geburt eines Kindes oder Ruhestand definiert. Diese Ereignisse gelten als statistisch normativ, weil sie von den meisten Menschen erfahren werden, und als temporär normativ, weil sie abhängig von biologischen Bedingungen oder sozialen Normen meist altersspezifisch relativ festgelegt erfolgen. Sie gelten als kulturell „üblich", sind aber dennoch mögliche Streßquellen. Diese Ereignisse sind relativ vorhersagbar und damit potentiell in ihren Belastungscharakteristika und Belastungsfolgen auf Gesundheit auch abzupuffern.

Die Autoren vermuten, daß sich bestimmte formelle und informelle Unterstützungssysteme und -strategien entwickeln, um den aktuell Betroffenen bei der Bewältigung zu helfen. Die Vorhersagbarkeit erlaubt den potentiell Betroffenen sowie möglichen UnterstützerInnen eine „antizipatorische Sozialisation" auf ihr Eintreten. Sie können sich mental, emotional und verhaltensbezogen darauf einstellen. Das führt auch zu entsprechenden Unterstützungserwartungen und damit zwangsläufig zu möglichen Erwartungsenttäuschungen, z.B. in Hinsicht auf antizipierte Hilfe, die nicht erfolgt.

Von diesen Lebensereignissen abgegrenzt werden *statistisch normative und zeitlich nicht normative Ereignisse*. Diese Lebensereignisse sind irgendwann im Lebenslauf üblich, passen aber nicht in den zeitlichen Rhythmus „normaler" Lebensläufe. Die zu frühe Geburt eines Kindes, die Aufnahme einer Ausbildung im hohen Alter, das Ausscheiden aus dem Beruf im jungen Alter sind oft weniger gut vorhersagbare und streßreichere Lebensereignisse. Zudem sind sie weniger abgepuffert durch die darauf „passenden" Unterstützungsressourcen zu bestimmten Zeitpunkten. Damit bleiben sie mit dem Risiko einschneidender Gesundheitskonsequenzen behaftet.

Im Gegensatz dazu sind *statistisch nicht normative aber zeitlich normative Lebensereignisse* jene, die nur relativ wenigen Menschen widerfahren, aber meist zu bestimmten Zeiten - oft Unfälle (der Motorradunfall im Jugendalter) oder Krankheiten (der Gehirnschlag im Alter). Wegen der Seltenheit scheinen der Betroffene sowie seine soziale Umwelt unvorbereitet, und die potentiellen Unterstützungsressourcen können keine Hilfekompetenzen und -potentiale entwickeln. Die Gefahr ist ein fehlender und schlechter Support, z.B. auch aufgrund von Gefühlen der Hilflosigkeit, der Überforderung oder der Angst vor falschem Helfen bei den möglichen Helfern und Helferinnen (Dunkel-Schetter/ Wortman 1981).

Statistisch und temporär nicht normative Lebensereignisse schließlich treten selten und nicht deutlich altersspezifisch auf. Sie betreffen ganze Populationen (Naturkatastrophen, Kriege etc.) oder einzelne Personen (Unfälle, zwischenmenschliche Konflikte etc.). Sie gelten als selten, unvorhersehbar und damit minimal abgesichert und abgepuffert.

In fast jedem Lebenslauf treten Ereignisse aller dieser Formen auf, die meisten statistisch und zeitlich normative und einige wenige der nicht normativen und damit auch streßreicheren. Betrachtet man die Rolle von sozialen Netzwerken und sozialer Unterstützung als Puffer, so läßt sich anhand breiter empirischer Erkenntnisse zusammenfassen, daß Individuen, die soziale Unterstützung erhalten, kritische Lebensereignisse aller Art von der schweren Krankheit bis zum Verlust der Arbeit, vom Tod des Partners über Beziehungskrisen, von schweren Unfällen bis hin zu Naturkatastrophen besser bewältigen (House 1987; House et al. 1988).

In bezug auf alte Menschen schließen Richard Schulz und Marie T. Rau (1985),

- daß die Größe eines sozialen Netzwerks mit dem Einfluß kritischer Lebensereignisse auf Gesundheit korreliert ist;
- daß mit zunehmenden statistisch und temporär normativen Problemen (vor allem der Gesundheit) eigentlich ein größeres Unterstützungsnetzwerk von-

nöten wäre. Da Netzwerke im Alter eher kleiner werden, ist mit nicht erfüllten Bedürfnissen zu rechnen oder mit einem Ansteigen der Anforderung an die vorhandenen Hilferessourcen;

- daß besonders die negativen Einflüsse der nicht normativen Lebensereignisse durch ein ausreichend großes soziales Netzwerk abgedämpft werden und daß ein vielfältiges Netzwerk einen Schutz vor der Belastungserfahrung statistisch normativer Ereignisse zur „falschen Zeit“ sein kann, weil unterschiedliche Hilferessourcen eine große Bandbreite an notwendiger Unterstützung bereitstellen können;
- und daß nicht normative Lebensereignisse (wie Unfall, chronische Krankheit etc.) selbst auf das soziale Netzwerk Einfluß nehmen, und zwar oft mit langer, lebenslanger Wirkung.

Typische statistisch normative und temporär normative kritische Lebensereignisse im Alter sind Partnerverlust/Verwitwung, Übergang in den Ruhestand und ungewollte Ortsveränderung durch Übersiedlung in eine Institution (Heim). Auf diese drei potentiellen Stressoren konzentriert sich ein Großteil geriatrischer Forschungsliteratur.

Colin Murray Parkes (1973) betont wie viele andere den einschneidenden Streßeffekt von *Verwitwung*. Die These, daß Partnerverlust *generell* zu einem erhöhten Gesundheitsrisiko und zu einer größeren eigenen Mortalitätswahrscheinlichkeit beim überlebenden Partner (meist der Partnerin) führt, ist weit verbreitet. Generell scheinen Mortalitäts- und Morbiditätsraten Verwitweter höher als die Verheirateter gleicher Altersgruppen und gleichen Geschlechts (Stroebe et al. 1982). Ein Beleg für die angeführte These einer „antizipatorischen Sozialisation“ beim statistisch und temporär normativen Ereignis der Verwitwung sind die Untersuchungsergebnisse, die belegen, daß ältere Verwitwete, insbesondere ältere Frauen, hier weniger Gesundheitsrisiken ausgesetzt sind als jüngere verwitwete Frauen. Eine gewisse Vorbereitung auf das Ereignis Partnerverlust bei älteren Ehepaaren wird angenommen (Neugarten 1979). Partnertod ist unerwartet im früheren Erwachsenenalter, erwarteter im späteren Erwachsenenalter. Kenneth F. Ferraro (1989) wies ein rückläufiges Gesundheitsrisiko bei Verwitwung erst im hohen Alter nach. Hier werden eigene vorbereitende Veränderungen von Kognitionen und Gefühlen, aber auch das Entstehen und Vorhandensein von sozialunterstützenden Bezugsgruppen (z.B. anderen verwitweten Frauen) als Streßpuffer angenommen, wenn das Ereignis statistisch und temporär erwartbar ist.

Die genau umgekehrten Effekte beschreiben Richard Schulz und Marie T. Rau (1985) für „erwartbare“ *Scheidung* im jungen Erwachsenenalter und „nicht erwartbare“ *Scheidung* im älteren Erwachsenenalter. David A. Chiriboga (1982) berichtet bei alten Geschiedenen von größeren Problemen der Alltagsbewältigung, von längerwährender Unzufriedenheit und stärkerer emotionaler Beeinträchtigung. Es fehlen den alten Menschen bei temporär nicht normativer Trennung und Scheidung der Rückhalt und die rückhaltbietenden Personen und Gruppen.

Auch das statistisch und temporär normative Lebensereignis *Ruhestand* beeinflußt für sich genommen die Gesundheit nicht negativ (Streib/Schneider 1971, Kasl 1980). Einige Studien weisen auf keinerlei signifikante Beziehung zwischen beiden Variablen hin (Wan 1982; Eckert 1983), andere sogar auf einen verbesserten Gesundheitsstatus und keine Verkürzung der Lebensspanne (Ryser/Sheldon 1969). So bleiben Ergebnisse, die auf die ausgesprochenen Streßqualitäten des Übergangs in den Ruhestand und die damit verknüpften reduzierten sozialen Aktivitäten und Beziehungen sowie auf sinkendes Selbstbewußtsein verweisen (Atchley 1977), interpretationsbedürftig (Minkler 1985).

Mögliche Einflußvariablen auf die Effekte von Ruhestand auf Wohlbefinden und Gesundheit sind das zeitliche Auftreten dieses Lebensereignisses im Lebenslauf und insbesondere der Grad der persönlichen Kontrolle über dieses Lebensereignis, d.h. ob es selbst gewählt oder erzwungen ist (Minkler 1985). Soziale Netzwerke und soziale Unterstützung wirken in diesen Ruhestandsuntersuchungen abpuffernd auf das Ausmaß erfahrener Lebensveränderung und dadurch indirekt positiv auf Wohlbefinden und Gesundheit.

Auch beim ungeplanten und ungewollten *Wohnortwechsel* im Alter - meist gekoppelt mit der Unterbringung und Versorgung in einer Einrichtung der Altenhilfe - spielen die wahrgenommene Kontrolle über das Lebensereignis und die soziale Unterstützung die zentralen Rollen bei der Beeinflussung von Wohlbefinden und Gesundheit. Thomas T. Wan (1982) konnte nachweisen, daß soziale Beziehungen, die aufgrund des Umzuges verloren werden, im neuen Kontext neu aufgebaut werden können und daß alte Menschen nicht zwangsläufig generell zurückgezogen und isoliert bleiben. Stanislav V. Kasl und Sarah Rosenfield (1980) betonen den Grad der erlebten Wahlfreiheit als Hauptbedingung für gelingende Neuorientierung. Beide Aspekte verweisen auf die Notwendigkeit einer vorbereitenden und begleitenden individuellen und sozialen Abpufferung beim Übergang in ein institutionelles Wohnen und Leben (Saup 1986; Deutsches Zentrum für Altersfragen/Kuratorium deutscher Altershilfe 1991).

Nan Lin (1986) kommt zu dem Schluß, daß neben diesen und anderen altersspezifischen Stressoren, die durch soziale Unterstützung aus dem Netzwerk abgepuffert werden können, eine weitere Belastungsquelle nicht übersehen werden darf. In ihrer eigenen Untersuchung zu Streß, sozialer Unterstützung und Gesundheit bei alten Frauen wurde auch das Antizipieren von Problemen, die Angst vor einem möglichen Ereignis, als bedeutsamer Stressor herausgearbeitet.

Die Erwartung kritischer Lebensereignisse, die sich - treten sie ein - offenbar als günstig für gelingende Bewältigung erweist, ist also nicht per se ein Garant für ein besseres Wohlbefinden und bessere Gesundheit, sondern sie kann auch selbst zur Belastung werden.

Besonders alte Menschen erleben Streß oft nicht aufgrund eines kritischen Ereignisses, sondern bereits aufgrund der Ängste, es könne eintreten. Die Angst vor Kriminalität, vor Krankheit, vor dem Verlust von Menschen, vor Geldnot etc. genügt, um Lebensstil und Lebensrhythmus oft drastisch zu beeinflussen. Viele dieser befürchteten Belastungen und Bedrohungen schränken gerade soziale Aktivität ein - bis zum extremen sozialen Rückzug. Dieser wiederum verhindert den Aufbau und die Aufrechterhaltung sozialer Kontakte und Beziehungen, die nicht nur Basis für sozialen Unterstützungsaustausch sind, sondern insbesondere Grundlage von Gemeinschaft und Geselligkeit.

4.3 Soziale Beziehungen als Basis von gesundheitsförderlicher Gemeinschaft und Geselligkeit

Im Vergleich mit der Vielzahl von Netzwerk- und Unterstützungsstudien, die sich auf die interaktiven Pufferwirkungen von sozialer Unterstützung gegen Streß im Alter beziehen, bleiben die Funktionen des Rückhalts und der Sicherung von Wohlbefinden durch Gemeinschaft und Geselligkeit in unbelasteten Alltagssituationen bisher wenig untersucht (Wills 1985).

Die von zahlreichen Autoren (Gottlieb 1981; Shumaker/Brownell 1984) als „direkte" oder „Haupteffekte" sozialer Unterstützung definierten positiven Wirkungen einer selbstbestätigenden und selbstversichernden Integration in eine Gemeinschaft - unabhängig von Streßerfahrung - werden von anderen Theoretikern aus dem umfassenden Konstrukt „Social Support" herausgelöst.

Insbesondere Karen Rook widmet dem psychosozialen Wohlbefinden im Rahmen gemeinsamer alltäglicher Aktivitäten ihre Aufmerksamkeit. Sie betont, *soziale Unterstützung* (die sie nur auf streßabpuffernde Hilfe bezieht) wie *soziale Geselligkeit* (als Gegenpol von sozialer Isolation) seien gleichwertige Funktionen enger Beziehungen - allerdings sowohl theoretisch unterschiedlich faßbar als auch empirisch differenzierbar. Messungen von Geselligkeit und sozialer Unterstützung sind (schwach) korreliert, aber es handelt sich nicht um dekkungsgleiche Konstrukte (Rook 1990).

Im Gegensatz zur Pufferfunktion sozialer Unterstützung geht Karen Rook davon aus, daß Geselligkeit keinen extrinsischen Zweck (der Hilfe zur Problembewältigung) hat, sondern daß soziale Beziehungen eingegangen werden, um einfach nur mit anderen Menschen gesellig zu sein und angenehm zu interagieren. Gemeinschaft und Geselligkeit bieten also *intrinsische* Befriedigung und sind durch gemeinsames Vergnügen motiviert und nicht durch andere Ziele, wie Hilfe oder Beistand zu erhalten. Gemeinsame und gesellige Interaktionen sind Aktivitäten zum Selbstzweck und damit auch in anderen Kontexten bedeutsam. Geselligkeit und Beisammensein ist integraler Bestandteil alltäglichen Lebens.

Soziale Unterstützungsleistungen und Hilfe im Netzwerk sind insbesondere auf Belastungssituationen und Krisenphasen zugeschnitten. Soziale Unterstützung hat die Funktion, ein Problem zu kompensieren, einen damit verbundenen und ins Wanken geratenen psychischen und physischen Gleichgewichtszustand und das Wohlbefinden aufrechtzuerhalten und wieder herzustellen. Gemeinsamkeit und Geselligkeit hingegen erhalten ebenfalls das Wohlbefinden, heben es aber weiter darüber hinaus. Gemeinsame Freude, Spaß, Erholung, Aktivität können dazu beitragen, daß es Personen nicht nur „gut" und „wieder besser" geht, sondern „sehr gut" oder „besser als gut" (Rook 1987).

Positive psychosoziale Gesundheit wird hierbei als „mehr" definiert als nur die Abwesenheit von Krankheit. Sie umfaßt positive Erregung und Anregung, Beschwingtheit, Zufriedenheit (Diener 1984; Solano 1986) und verbessert somit psychische Gesundheit.

Karen Rook bietet erste Thesen für diese positiven Wirkungen von Geselligkeit:

These 1
Geselligkeit schafft einen Kontext für gemeinsame Erfahrungen und „kleine Abenteuer". Sie erlaubt spontane Interaktion, Spaß und heitere Stimmung, Freude. Überraschung und Spontaneität führen zu physiologischer und psychologischer Erregung und positiver emotionaler Stimmung. Gefördert wird diese Qualität von Neuheit und Abwechslung durch den nicht kontinuierlichen und zeitlich begrenzten Charakter der Interaktion z.B. mit Freunden. Eine Studie von Reed Larson et al. (1986) zur unterschiedlichen Bedeutung von Familie und Freunden in den sozialen Beziehungen alter Menschen konnte diese These erhärten.

Die Forscher untersuchten eine Woche lang 92 alte Menschen, die über elektronische Geräte in Zufallszeitstichproben aufgefordert wurden, kurz anzugeben, mit wem sie was im Moment taten, was sie dabei dachten und wie ihr subjektiver Gefühls- und Erregungszustand war. Die UntersuchungsteilnehmerInnen zeigten signifikant stärkere positive Stimmungen und höhere Erregungswerte in der Interaktion mit Freunden, verglichen mit Familienmitgliedern (gleich wer es war - Partner oder Kinder). Eine weitere Analyse zeigte eine direkte Verbindung zu den jeweiligen Interaktionszusammenhängen. Bei Interaktionen mit Freunden war die meiste Zeit geprägt durch geselliges Beisammensein, aktive Freizeitgestaltung, durch Hobbies, Sport und Kultur. Bei Familieninteraktionen hingegen galt die meiste Zeit üblichen Alltagsabläufen (Essen, Hausarbeit) oder passiver Gemeinsamkeit (Fernsehen). Aber auch bei gleichen Aktivitäten blieben die Freundschaftsinteraktionen eher stimmungsverbessernd und stärker mit größerer Anregung verknüpft. In der Qualität der Interaktionen sehen die Autoren die zentralen Unterschiede. Freundesinteraktionen waren neu, abwechslungsreich, spontan. Familieninteraktionen waren häufig gleichförmig, rigide, ritualisiert (Lowenthal/Robinson 1976; Wood/Robertson 1978).

Der o.a. Widerspruch der beliebteren Netzwerkinteraktionen mit Freunden und Bekannten, die stärker Wohlbefinden fördern, bei gleichzeitig deutlich dominierender Helferrolle der Familienmitglieder alter Menschen, gewinnt in diesem Licht an Plausibilität.

Es scheint, daß im höheren Alter verbliebene Freunde stärker zur Geselligkeit und für gemeinsame Aktivitäten dienen, die Erregung und Anregung stimulieren und positive Stimmung, Wohlgefühle fördern, während Familienunterstützung an Versorgungsroutinen und alltägliche Interaktionsrituale gebunden scheint. Letztlich werden die dringend gebrauchten und regelmäßigen HelferInnen und UnterstützerInnen aus dem familialen Netzwerksektor oft weniger geschätzt als die phasenweisen Kontakte mit nicht zur Familie gehörenden Personen, die der Entspannung und Unterhaltung dienen.

These 2
Geselligkeit kann helfen, alltägliche Sorgen zu überspielen. Auch scheint gerade die offene Freizeitinteraktion mit Freunden eine Möglichkeit, Probleme zu vergessen und immer wiederkehrenden Gedanken und routinemäßigen Beschäftigungen zu entfliehen. Kreativität lenkt die Aufmerksamkeit auf andere erfreulichere Dinge des Lebens. Reed Larson et al. (1986) fanden in ihrer o.a. Studie z.B., daß alte Menschen im Zusammensein mit ihren Familienangehörigen vornehmlich über Haushalt, Finanzen, Mobilität und andere Alltagsroutinen nachdachten oder sprachen. In der Interaktion mit Freunden und Freundinnen waren verstärkt Spiele, Unterhaltung und religiöse Aktivitäten Gedanken- und Gesprächsinhalte. Karen Rook selbst konnte 1987 die Überlegenheit von Geselligkeit gegenüber sozialer Unterstützung in der Neutralisierung kleinerer Lebensanforderungen und -belastungen nachweisen, während für weitergehende Probleme abpuffernde soziale Unterstützungsleistungen grundlegend notwendig blieben.

These 3
Geselligkeit kann auch durch die Ablenkung der Aufmerksamkeit von Selbstkritik und kritischer Selbstreflexion zu psychosozialem Wohlbefinden beitragen. Depressive Stimmungen können verstärkt bei zu starker und zu ausschließlicher Selbstbeobachtung und Selbstbewertung entstehen, die auf eigene Schwächen und Unangemessenheit ausgerichtet sind. Gesellige Aktivität kann kritische Selbstreflexion ab- und auf andere Themen lenken und zu starke selbstbezogene Aufmerksamkeit reduzieren.

These 4
Geselligkeit fördert (wie auch emotionale und wertschätzende Unterstützung) Selbstwert und Selbstbewußtsein. Allein schon die Wahl von Personen für Gemeinschaft und Beisammensein drückt diese Wertschätzung aus. Gefühle gegenseitiger Achtung und Würdigung müssen nicht erst formuliert werden. Das

gemeinsame Tun und die Gemeinschaft selbst vermitteln den Beteiligten diese bestätigenden Gefühle.

These 5
Nach Karen Rook erweisen sich Gemeinschaft und Geselligkeit auch deshalb als vorteilhaft, weil „Kosten", die z.B. bei sozialer Unterstützung entstehen können, nicht anfallen. Während der Erhalt von Hilfe und die soziale Unterstützung durch andere, besonders bei fehlender oder unausgeglichener Reziprozität (wie häufig im Alter) zu Schuld-, Verpflichtungs- und Mängelgefühlen bei den Hilfeempfängern und -empfängerinnen führen können, ist Geselligkeit nicht asymmetrisch und damit weniger ambivalent. Gemeinschaft ist eher durch gleichberechtigte Gegenseitigkeit geprägt. Die mögliche Problematisierung von zugrundeliegenden Hilfemotivationen entfällt in einer Konstellation, die durch allseitige intrinsische Motivation der Teilnahme an gemeinsamer Aktivität geprägt ist.

Im Lichte der bisher vorgelegten Studien scheinen die Bedürfnisse nach Geselligkeit ohnehin stark personenabhängig zu schwanken. Die Erfahrung, daß Alleinesein nicht gleichbedeutend mit Einsamkeitsgefühlen ist, kommt aus der Einsicht sehr unterschiedlicher Bedürfnisse nach sozialem Kontakt und sehr unterschiedlicher Zufriedenheit mit sozialem Kontakt - auch mit geringem sozialen Kontakt (Peplau/Perlman 1979).

Bei alten Menschen wird diese Sichtweise allerdings häufig überlagert durch die These deutlich niedrigerer Geselligkeitsbedürfnisse im Alter. Alte Menschen sind hiernach mit reduzierten sozialen Kontakten und geringerer Geselligkeit zufrieden (s.o.). Geringeres Bedürfnis führe zu kleineren Netzwerken, weil viele alte Menschen es vorziehen, nur wenige „gute" Kontakte zu erhalten, statt extensivere Gemeinschaft zu suchen und häufig mit anderen zusammen zu sein (Peplau et al. 1982).

Es ist bis heute ungeklärt, inwieweit Bedürfnisse nach Gemeinschaft und Geselligkeit im Lebenszyklus wechseln oder eher stabil bleiben.

Wie in der sozialen Netzwerk- und Unterstützungsforschung sprechen einige Untersuchungsergebnisse für relativ gleichbleibende Bedürfnisse in verschiedenen Altersphasen (Costa et al. 1985, Lowenthal et al. 1967). Andere Forscher gehen davon aus, daß auch Geselligkeitsbedürfnisse stark an altersspezifische Rollenveränderungen, Motivationen sowie an Veränderungen des Gesundheitszustandes gebunden sind (Antonucci 1985). Sie betonen in diesem Zusammenhang auch die Gefahr eines Geselligkeitszwangs und die Beeinträchtigung von Wohlbefinden durch nicht gewünschte Gemeinschaft bei geringerem Geselligkeitsbedürfnis, was von alten Menschen auch als Verletzung ihrer Privatheit und ihrer Rückzugswünsche erlebt wird (Hochschild 1973).

Lothar Böhnisch

Altern als biographischer Prozeß

Die Entstrukturierung der Arbeitsgesellschaft und des Modernisierungsprozesses insgesamt, hat Ausgang des 20. Jahrhunderts vor allem auch das Alter ergriffen und neu magnetisiert. Dabei hat sich geradezu ein Modernisierungsparadox in der Vergesellschaftung des Alters entwickelt. War die Ausgrenzung des Alters zum „Lebensrest" in der Hochmoderne des 20. Jahrhunderts vor allem auf die linearen, das Neue suchenden und das Alter verdrängenden Prinzipien der Modernisierung zurückzuführen, so haben die postmodernen Individualisierungsschübe und Biographisierungstendenzen des ausgehenden 20. Jahrhunderts das Alter wieder neu ins gesellschaftliche Spiel gebracht. Alter ist nicht mehr durchgängig und selbstverständlich an die institutionell vorgegebene Definition der Entberuflichung und der gesellschaftlichen Untätigkeit gebunden, sondern erhält in den vielfältigen biographischen Optionsmodellen des Alterns eine offene Entwicklungs- und Gestaltungsperspektive. Damit eröffnet sich mit dieser Biographisierung der Altersphase eine epochale Chance der (Re-)Integration des Alters in die Gesellschaft.

Verstärkt wird diese Tendenz durch den Strukturwandel der Arbeitsgesellschaft. In dem Maße, in dem die Erwerbsarbeit im Zuge der technologischen Rationalisierungsprozesse knapper und Massenarbeit hochgradig substituiert wird, entwickelt sich in den modernen Industriegesellschaften ein Sozialstrukturmodell, das nicht länger nur vertikal (als soziales Schichtungsmodell), sondern horizontal - als Zentrum-Peripherie-Modell - gegliedert ist. Um den Kern hochbezahlter, intensivierter Technologie- und Wissensarbeit im Zentrum der Gesellschaft lagert sich eine breite Peripherie mittel- bis niedrigqualifizierter Massenarbeit, von prekären Arbeitsverhältnissen bis hin zu einem breiten Rand arbeitsloser und deshalb ausgegrenzter Bevölkerung (vgl. Sengenbacher 1987, Rifkin 1996). Im Gegensatz zu dem traditionellen Schichtmodell sind in diesem Modell der Segregation (vgl. dazu Kreckel 1986) die Statusgrenzen fließender, weil biographisch prinzipiell (aber faktisch ungleich verteilt) überwindbar. Wichtig und folgenreich aber ist, daß die Teilhabe an der gesellschaftlichen Entwicklung für viele Menschen jüngeren und mittleren Alters nicht mehr über die Integration ins traditionelle Erwerbsarbeitsleben laufen kann, sondern daß für sie nach alternativen Formen der „Lebensarbeit" oder „Gesellschaftsarbeit" gesucht werden muß, damit sie auch einen sozialen Status und sozial vermittelte Selbstwertbezüge (zur Überwindung sozialer Ausgrenzung) außerhalb der traditionellen Erwerbsarbeit erlangen können.

Mit der aktuellen Biographisierung, der sozialstrukturellen Integration und Ausgrenzung und der zukünftigen Verbreiterung und Pluralisierung gesellschaftlicher Teilhabemodelle über die traditionelle Erwerbsarbeit hinaus, werden sich auch für alte Menschen mehr Teilhabechancen im Spektrum der „Lebensarbeit“ (Bolte/Voß 1988) ergeben, zumal sie auch ihre Konsummacht stärker lebensstilbildend (s.u.) einsetzen können. Die Biographisierung des Lebenslaufs und die damit einhergehende Relativierung der Lebensalter fordern somit auch eine grundlegend veränderte sozialwissenschaftliche und pädagogische Betrachtung des Alters heraus: Nicht mehr das gesellschaftliche Konstrukt Alter, sondern der biographische Prozeß des Alterns stehen nun im Vordergrund des Interesses.

1. Der biographische Zugang

Kaum eine Lebensphase scheint biographisch so geprägt und darin wiederum so ambivalent wie das Alter. Es steht vor einer gesellschaftlichen Neubewertung und sozialen Öffnung zur vierten (oder fünften) Lebenschance mit neuen Kompetenzanforderungen. Dabei spielt aber weiter die Frage eine Rolle, ob und wie aus der vorgängigen Biographie psychosoziale Kompetenzen vorhanden sind, an die an der sozialisatorischen Schwelle zum Alter angeknüpft werden kann. Gleichzeitig wird eine allgemeine *Biographisierung* beobachtet: Immer mehr ältere Menschen fügen sich nicht mehr in die tradierten gesellschaftlichen Rollenvorgaben, sondern versuchen, eigene Lebensperspektiven und Lebensstile im Alter zu entwickeln. Gestützt wird diese Entwicklung durch die sozialdemographische Prognose, welche das Alter als eine der dominanten Lebens- und Sozialformen in den Industriegesellschaften des nächsten Jahrhunderts aufziehen sieht.

Das Konstrukt Biographie weist also auf das biographisch handelnde und immer wieder dem sich wandelnden gesellschaftlichen Prozeß ausgesetzte Subjekt im Lebenslauf hin. Da sich die Sozialisationseffekte über die lange Lebensspanne verteilen - wobei freilich signifikante Kristallisationspunkte im Kindes- und Jugendalter und in den Übergängen innerhalb des nun entstrukturierten Erwachsenenalters bleiben - wird der Einzelne zum Pfadsucher in einem gesellschaftlichen Sozialisationsrahmen, der unterschiedlich hervor- und zurücktritt. So - und nicht rein individualistisch - ist wohl auch Daniel Offers Formel vom „producer of his own biography“ (1981) zu verstehen. In der Ausdifferenzierung des Biographie- und Lebenslaufkonzeptes, wie es Hans Peter Müller (1992) vorgeschlagen hat, wird dann auch seine sozialpädagogische Fruchtbarkeit deutlich: In der Entstrukturierung des Lebenslaufs können sich *individuelle Biographien* entweder an der Normbiographie entlang oder abweichend davon entfalten. Das biographische Steuerungsmedium ist nun die Selbstthematisierung und nicht mehr die traditionalisierte Rollenübernahme.

Lebenslauf und Biographie sind miteinander verschränkt. Die Individualisierung der Lebensverhältnisse hat eine zunehmende Biographisierung des Lebenslaufes mit sich gebracht. Die Kernstruktur des Lebenslaufes wird zwar weiter durch die Bildung und Ausbildung gelegt, die Verläufe differenzieren sich aber biographisch, der Lebenslauf ist gleichermaßen vorgezeichnet wie gestaltbar. Dabei wird in der neueren Lebenslaufdiskussion darauf hingewiesen, daß sich sozialstrukturelle Hintergründe und soziale Ungleichheiten im Verlauf des Lebenslaufes immer wieder durchsetzen können, auch wenn sie aktuell situativ verdeckt scheinen. Auch wenn man nicht mehr an Milieus und vorgegebene Laufbahnen gebunden ist wie früher, spielt doch die soziale Herkunft und ihr Rückhalt im Verlauf des Lebens eine wichtige Rolle. Dieser „lange Atem der Herkunft" (Blossfeld/Mayer 1990) holt den Menschen gerade bei risikoreichen biographischen Einbrüchen oder krisenhaften Lebensereignissen immer wieder ein, auch wenn die individuellen Chancen, soziale Herkunft zu überwinden, *innerhalb* der verschiedenen biographischen Konstellationen (Schule, Ausbildung, Berufskarriere) gestiegen sind.

Mit der Biographisierung geht eine Tendenz der Relativierung der Lebensalter einher. Dafür werden eine Vielzahl von sozialökonomischen und soziokulturellen Entwicklungen verantwortlich gemacht, welche seit den 70er Jahren zur Verwischung der Grenzen zwischen den durch die Lebensalter strukturierten Lebensbereichen geführt hätten. Vor allem die zunehmende Nivellierung des Konsumverhaltens, das kaum noch besonderen lebensalterspezifischen Gesetzlichkeiten zu folgen scheint, ist dabei am augenfälligsten. Lebensstile und Lebensgefühle haben sich von den einzelnen Lebensaltern gelöst und werden nahezu durchgehend von allen Altersgruppen beansprucht. Am deutlichsten wird dies wohl am Attribut der „Jugendlichkeit". Werbung und Marketing haben längst die Suggestion durchgesetzt, daß sich das Attribut „Jugendlichkeit" endgültig von der Gruppe der Jugend gelöst hat und anderen Lebensaltern zugänglich geworden ist, ohne daß sie in eine direkte Generationenkonkurrenz zur Jugend treten müßten.

In diesem Sinne hat es die Konsumindustrie spätestens seit den 80er Jahren verstanden, die traditionellen kulturellen Vorstellungen von den Lebensaltern und die überkommenen Bilder des Generationenverhaltens durcheinander zu würfeln und je nach Markterfordernissen neu zu ordnen. Es werden immer wieder neue Verbrauchergruppen - Konsumlebensalter - kreiert und mit Etiketten der Marketingsprache belegt, die Yuppies, die Perspektivensucher, die Nachkarrieristen, die jugendlichen 60er, die aktiven 70er (entnommen aus dem Handelsblatt vom 06.04.1986). Als *Yuppies* werden karriereorientierte Aufsteiger zwischen zwanzig und vierzig Jahren bezeichnet, die sich vom Durchschnittsbild der saturierten Mittelstandsgeneration der Angestellten und Beamten bewußt absetzen wollen. Hoher Verdienst und demonstrativer Konsum suggerieren eine Generationseinheit gemeinsam gelebter Markenexklusivität. Als *Perspektivensuchende* wiederum gelten im Marketingjargon die 45-60jährigen, die dem Etikett „konsum-, kontakt- und erlebnisfreudig" nahekommen. Sie sind eine zahlenmäßig große, wachsende Gruppe, die nach einem aktiven Status der zweiten Lebenshälfte sucht und diesen Status durch entsprechend bewußten Konsum, der ihr körperliches und geistiges Aktivitätspotential erhalten und fördern soll, kennzeichnen will. Es sind Leute, die durch ihr Verhalten das von der Karrierekurve her monotone Generationenbild der erwerbstätigen Erwachsenengeneration aufbrechen und dort nach neuen biographischen Höhepunkten suchen, wo sie die traditionelle Vorstellung vom Normallebenslauf nicht mehr vermutet. Die *Nachkarrieristen* wiederum befinden sich im Übergang von der Lebensmitte zum Lebensabend, haben ihre Hauptkarriere beendet und wollen sich neue Betätigungsfelder erschließen. Diese Gruppe überschneidet sich oft - vom Alter her - mit der Gruppe der Perspektivensucher, ist aber an mehr interessiert als nur am Fitbleiben; ihr Bestreben geht vielmehr tiefer in Richtung auf Persönlichkeitsentwicklung, Erweiterung und Veränderung der Lebensperspektive. Schließlich gliedert das Konsummarketing auch das Alter in *die jugendlichen 60er* und in *die aktiven 70er*, die mit ihrer Nachfrage nach Angeboten in den Bereichen Gesundheit, Gruppenreisen und Erholung und dem damit verbundenen aktiven Verhalten das Altersbild von Passivität und Rückzug korrigieren. Gerade ältere Menschen verfügen heute über mehr Zeit und Geld denn je, sind genußfreudiger und selbstbewußter geworden. Entsprechend ist die Altersetikette „inaktiv“ und „hilfsbedürftig“ in der Konsumdiskussion verschwunden, die alten Menschen gelten als kommerzieller Aktivposten.

2. Die Spannung zwischen Alter und Altern

Dieses bunte und vor allem konsumtiv gesteuerte Bild der Relativierung der Lebensalter bringt uns natürlich zu der Überlegung, ob man den Lebenslauf überhaupt noch nach den traditionellen Lebensaltern - Kindheit, Jugend, Erwerbsalter, Alter - gliedern kann. Wäre es nicht sinnvoll, nach der Vielfalt der neuen Lebensformen, Zwischenalter und Stile zu differenzieren? Natürlich fällt auf, wie wechselnd und schillernd die Differenzierungen sind. Deshalb ist man sich auch nicht sicher, ob man zur endgültigen Festlegung „neuer Lebensalter“ kommen soll, wo sich - wie am Beispiel der jungen Alten am ehesten ersichtlich - Übergangsformen zu verselbständigen scheinen. Es ist aber nicht nur diese Unübersichtlichkeit, die mich dazu bringt, die uns geläufige Vorstellung vom tradierten Aufbau der Lebensalter und damit die überkommene Altersdefinition doch nicht aufzugeben. Es ist vielmehr die strukturelle Erkenntnis, auf der einen Seite wie bisher mit den überkommenen Lebensaltern zu operieren und gleichzeitig den Blick für ihre biographische Relativierung offen zu halten. Dabei hilft uns das sozialwissenschaftliche Modell der Unterscheidung zwischen Sozial- und Systemintegration (Habermas 1973): Systemintegrativ betrachtet strukturieren die traditionellen Lebensalter weiterhin den Lebenslauf, auch wenn ihre Grenzen untereinander fließend sind und sich oft verwischen. Erziehung, Bildung und Ausbildung (Kindheit und Jugend), Erwerbstätigkeit (Erwachsenenalter) und Entberuflichung (Alter) sind aber weiterhin die Kristallisationspunkte, an denen sich die Lebensperspektiven im Lebenslauf - von welchem Lebensstil und welcher Lebensform aus auch immer - ausrichten und an die die gesellschaftlichen Rollenerwartungen gebunden sind. Aus der sozialintegrativen Perspektive des jeweils biographischen Lebenssinns und der zwischenmenschlichen Lebensgestaltung haben sich dagegen Perspektiven entwickelt und werden konsumtiv und alltagskulturell gefördert, welche diese tradierte Struktur der Lebensalter relativieren und nivellieren. Das Relativierungspostulat macht also nur im biographisch-sozialintegrativen, nicht aber im gesellschaftsstrukturellen und systemintegrativen Bereich Sinn.

Deshalb sollte man nicht von einer Relativierung, sondern von einer *Biographisierung* der Lebensalter sprechen: Je unterschiedliche Biographien entwickeln sich vor dem Hintergrund der historisch gewordenen Struktur der Lebensalter, auf die sie sich im Lebenslauf - auch wenn sie sich von ihr immer wieder entfernen, sie umgehen oder ihre Grenzen durchbrechen - doch immer wieder beziehen müssen. Dabei gibt es im Alter jenseits aller soziokulturellen Wandlungsprozesse eine Invarianz, die sich im besonderen Integritätsprinzip des Alters ausdrückt. So wie man sich als Erwachsener mit seiner bisherigen Biographie arrangieren muß, um ein stabiles Selbstkonzept ausbilden zu können, geht es im Alter darum, daß man zu dem Eingeständnis in der Lage ist, ab jetzt begrenzt zu sein. Dies ist die Voraussetzung, das Niveau zu halten, von dem aus man Möglichkeiten der Entwicklung im Alter und über das Alter suchen kann. Sigrun-Heide Filipp (1987: 387) hat dieses auch schon von Erikson formulierte Integritätsprinzip des Alters wie folgt zusammengefaßt: „Die Krise des höheren Erwachsenenalters zeige sich in der Auseinandersetzung mit der eigenen Endlichkeit. Die konstruktive Überwindung liege im Aufbau [...] einer positiven Bilanzierung des eigenen Lebens und einer Integration der vielfältigen eigenen Erfahrungen“. Dies ist möglich, indem sich das Kompetenzgefüge ausbalanciert. Einem deutlichen Abbau von mechanisch fluiden Kompetenzsegmenten (wie z.B. Nachlassen der kognitiven Verarbeitungsgeschwindigkeit) steht die Verdichtung von qualitativ-kristallinen Segmenten (Erfahrung, Expertise, biographische Distanz) gegenüber (Hasselhorn 1996). Die Hervorhebung der Alterskompetenz erhält in der zunehmenden Individualisierung und Biographisierung des Alters (Kade 1994c) erst ihre eigentliche Bedeutung. In dem Maße, in dem sich viele Menschen im biographischen Prozeß des Alterns nicht mehr primär an dem tradierten gesellschaftlichen Altersbild, sondern an der Weiterführung und Gestaltung ihres eigenen Lebensprojekts orientieren, ist das Alter nicht mehr so einschneidend abgesetzt oder gar abgekoppelt von den vorgängigen Lebensphasen. Dies um so eher, als die Zäsur der Entberuflichung dadurch gemildert oder vielleicht gar einmal nivelliert wird, daß auch das Erwerbsalter deutlich biographisiert (und damit entstrukturiert) ist und so der Aspekt der „Lebensarbeit“ (s.o.) stärker in den Vordergrund tritt. Diese kann dann im Alter - dessen Bewältigung ja stark von der vorangegangenen Lebensphase beeinflußt ist - fortgesetzt werden.

Ein deutliches empirisches Indiz für die Biographisierung des Alters ist die Selbstwahrnehmung alternder und alter Menschen. Ein Großteil von ihnen fühlt sich nicht alt (Noelle-Neumann 1993). Dabei ist eine bezeichnende Differierung bemerkbar, die ein Licht auf den Prozeß des biographischen Alters wirft und das Wirken tradierter Altersstereotype trotz Biographisierung vor allem in der Übergangsphase sichtbar macht. Marcus Hasselhorn (1996) faßt dies - vor dem Hintergrund entsprechender Erhebungen - wie folgt zusammen: „Die gesellschaftlich dominierenden Alterserwartungen haben die Funktion von Stereotypen, mit denen sich jeder einzelne um so mehr auseinanderzusetzen hat, je mehr er sich selbst dem hohen Erwachsenenalter nähert [...]. Während die befragten jüngeren Erwachsenen eine Altersabnahme in nahezu allen Altersbereichen - außer der Weisheit - befürchteten, glaubten die Sechzig- bis Achtzigjährigen, sich in allen Funktionsbereichen - außer der Weisheit - verbessert zu haben. Betrachtet man nur die Alterserwartungen von Senioren, so zeigt sich eine andere Diskrepanz. Alte Menschen neigen nämlich dazu, bei anderen Personen gleichen Alters große Leistungseinbußen und negative Altersveränderungen zu erwarten, nicht aber bei sich selbst“ (Hasselhorn 1996: 11).

Diese Aussagen verstärken wiederum - nicht nur für das Alter - die eingangs gemachte Annahme, daß die Biographisierung die Lebensalter zwar tendenziell entstrukturiert, aber nicht auflösen kann. Vielmehr wirken die in den tradierten Lebensaltern enthaltenen gesellschaftlichen Erwartungen und Stereotype trotz Biographisierung weiter und werden vor allem in der Übergangsphase sichtbar. Das moderne Alter steht somit in der Spannung von biographischer Altersperspektive und gesellschaftlicher Altersdefinition; daraus erwächst die allgemeine Bewältigungsproblematik des Alterns. Hier stellt sich die anomische Spannung zwischen System- und Sozialintegration lebensaltertypisch neu: Angesichts der Krise der Arbeitsgesellschaft bleibt die Entberuflichung als rigider Einschnitt nicht nur erhalten, sondern wird in ihrer ausgrenzenden Wirkung sozialpolitisch weiter verschärft (Vorruhestand), während in der sozialintegrativen Perspektive der Lebenswelten die biographische Orientierung an altersübergreifender „Lebensarbeit“ wächst.

3. Altern als Lebensstil

Nun wissen wir, daß Altsein vom biographischen Altwerden mitgeformt wird und schätzen, daß viele, die jetzt in den mittleren Jahren sind, anders alt werden und anderes vom Alter erwarten, als das gegenwärtig gültige Altersbild und die dazugehörigen Altersrollen hergeben.

Matilda Riley und John W. Riley Jr. (1994b: 437) sehen in ihrer Arbeit über „individuelles und gesellschaftliches Potential des Alters“ gerade darin das „Dilemma der Diskrepanz zwischen den Stärken und Fähigkeiten einer wachsenden Anzahl alter Menschen in den westlichen Industrienationen und den unangemessenen Rollenstrukturen, die diese Gesellschaften für die Anwendung,

Belohnung und Erhaltung dieser Fähigkeiten bereitstellt", nicht erkannt und deshalb immer wieder reproduziert. Es wird eben von den gegenwärtigen Altersstrukturen ausgegangen und angenommen, daß die jetzt noch nicht alten Menschen in diese hineinwachsen. Demgegenüber wäre der Blick auf das gegenwärtige und zukünftige Altern dieser Menschen zu richten und zu fragen, wie sich deren Altern von dem der heutigen Alten unterscheidet. Weiter wäre zu thematisieren, wie die gesellschaftlichen Institutionen und Rollensysteme zu verändern sind, damit das biographisch gewandelte Altern in ein gesellschaftlich gewandeltes Alter münden kann. Die sich so abzeichnende *Biographisierung* des Alters wird als Herausforderung an die gesellschaftlichen Interventionsprogramme formuliert. „Um die Qualität des Alterns zu erhöhen, ist es nötig zu intervenieren, und zwar sowohl was die individuelle Lebensgestaltung angeht als auch die Matrix politischer Institutionen, die Institutionen der Familie, des Arbeitsmarktes, des Gesundheitssystems und der anderen gesellschaftlichen Strukturen, in die das individuelle Leben eingebettet ist. Schon vorliegende Beispiele für Interventionen hinsichtlich der individuellen Lebensgestaltung und der Rollenstrukturen verdeutlichen das vorhandene Potential für eine Verbesserung. Solche Interventionen werden in Zukunft nicht ältere Menschen, sondern Menschen aller Altersgruppen betreffen und zu einer allmählichen Umgestaltung des Lebenslaufs von der Geburt zum Tod führen." (Riley/Riley 1994b: 436).

Die Rileys greifen noch einmal den Defizit- und Abbaumythos des Alterns auf und setzen dem den „realen Alterungsprozeß" entgegen, in dem sich auch im frühen und späteren Alter kompensatorisch und neu Kompetenzen herausbilden können. Da - wie wir bereits gesehen haben - die psychosoziale Qualität des Alterns maßgeblich abhängig ist von den psychosozialen Bedingungen der vorgängigen Biographie, vor allem in den mittleren Jahren, liegt es auf der Hand, daß im Durchschnitt besser gebildete und ausgebildete, von äußeren Arbeitsbedingungen weniger belastete und durch anspruchsvolle Arbeit besser biographisch motivierte Menschen anders alt werden. Vor allem werden sie sich individuell nicht mehr mit der sozialen Entwertung des Alters abfinden, wie dies viele der jetzigen Alten gewohnt sind. Gleichzeitig wissen wir, daß im Alter selbst - sogar im Pflegestand, durch aktivierende Herausforderungen seitens der sozialen Umwelt, also gleichsam durch Sozialisationsimpulse - der psychosoziale Abbau weitgehend verändert werden kann: „Die Grenzen der Leistungsfähigkeit alter Menschen liegen also weniger in ihren [physischen - L.B.] Fähigkeiten als vielmehr in den sozialen Räumen, die sie mit zunehmenden Alter wahrnehmen oder eben nicht wahrnehmen können. [...] Der Platz der älteren Menschen in der modernen Gesellschaft ist zutreffend als eine ‚Rolle der Rollenlosigkeit' bezeichnet worden. Veränderungen in der gesellschaftlichen Rollenstruktur sind hinter den sich rasch verändernden Fähigkeiten und Bedürfnissen der älteren Menschen zurückgeblieben" (Riley/Riley 1994b: 442/443).

Diese „strukturelle Diskrepanz" zwischen der biographischen Altersdynamik und den sich historisch viel langsamer wandelnden gesellschaftlichen Strukturen und sozialen Institutionen - als bewältigungsintensive, aber auch bisweilen als anomisch empfundene Spannung von sozialintegrativer Perspektive und systemintegrativen Vorgaben im Alter - gilt es durch gezielte Interventionen zu vermindern und Druck auf die Strukturen durch Unterstützung des individuellen Sich-Hinwegsetzens über konventionelle Muster des Alterns - sozialer Rückzug, Anpassung an isolierte Heimstrukturen, Verzicht auf Sexualität etc. - zu erzeugen. Allerdings können hier etablierte Interventionssysteme wie die soziale Altenarbeit (vgl. C. Schweppe i. d. Bd.) in einen typischen professionellen Konflikt geraten. Meist ist sie - wenn auch über ein „Hidden Curriculum" der praktischen Professionsausübung der offiziellen Hilfepragmatik entzogen - zur Anpassung der alten Menschen an die Strukturen der Altenarbeit und Altenpflege angehalten. Außerdem ist es bei einem zunehmenden Druck zur Rationalisierung auf die sozialen Dienste fachlich besser legitimierbar, wenn die Altendienste und mit ihnen die Alten funktionieren. Alten Leuten fällt - auch aufgrund der gesellschaftlich immer noch wirksamen Defizitdefinitionen des Alters - die regressive Anpassung an eine passive Altersrolle leichter, sie nehmen sie eher an, als Jugendliche die von ihnen gesellschaftlich erwartete Jugendrolle. Die Eigensinnigkeit des biographisch bestimmten Altwerdens und Altseins löst sich schnell in gestanzten Altersheimrollen auf. Nicht von ungefähr reißen sich private Pflegedienste um den Altenservice, weil die so genormten Alten auch entsprechend rationell durchpflegbar sind. Aufgabe der Sozialpädagogik und Sozialarbeit in der Altenarbeit wäre es aber, gerade die Biographie durch soziale Umweltaktivierung in Fluß zu halten, als sie im Trokkenbett der sozialen Stillegung versickern zu lassen.

Wenn wir also unser Augenmerk auf den sich biographisch verändernden Prozeß des Alterns richten, so stoßen wir auch auf die Notwendigkeit einer lebenslaufintegrierten statt lebensalterdifferenzierten Betrachtungsweise. Anders altern fordert nicht nur die Strukturen des Alters heraus, sondern wirkt auf die anderen - vor allem mittleren - Lebensalter zurück. Alte Menschen spielen dann - nicht nur im privaten Familienbereich, sondern auch in den Sphären der öffentlichen Arbeit und Beteiligung - eine Rolle neben den Menschen in jungen und mittleren Jahren. Die tiefere Dimension einer Relativierung der Lebensalter und einer lebensalterintegrierenden Betrachtungsweise liegt aber vor allem darin, daß die konventionelle Hierarchie der Lebensalter in Frage gestellt wird.

Wie können wir nun diesen strukturellen Bezugsrahmen der Diskrepanz von gesellschaftlich definierter Altersrolle und dem individuell-biographischen Altwerden und Altsein auf die pädagogische Handlungsebene umsetzen? Nach der bisherigen Argumentation bieten sich hierfür das Lebensstilkonzept und die pädagogische Perspektive der (Hilfe zur) Lebensstilaktivierung an. Alte Menschen entwickeln zunehmend eigene Lebensstile und können durch die damit erzeugte Praxis - gerade weil sie vom gesellschaftlich Erwarteten abweicht - Aufmerksamkeit erregen und Durchbrüche in der öffentlichen Akzeptanz erzielen. Hier kann auch der in der mehr sozialisatorischen Argumentation der Rileys vernachlässigte, von Christel Schachtner (1988) leidenschaftlich betonte leib-seelische Aspekt der Befindlichkeit, Betroffenheit und des Mann- und Frauseins konzeptionell eingebunden werden. Dabei wird deutlich, daß das traditionelle Konzept der „Lebenszufriedenheit“ (Havighurst 1963) als hingenommenes, schicksalhaftes Gleichgewicht zwischen den biologischen, psychischen und sozialen Altersumständen und der daran geknüpften Befindlichkeit für die Bestimmung des modernen Alterns nicht mehr ausreicht. Natürlich hat die Alltagsmeinung, man solle alte Menschen „in Ruhe lassen“, weil sie auch selbst in Ruhe gelassen werden wollen, insoweit ihren lebensweltlichen Sinn, als man das Alter - entsprechend der biographischen Bedingungen des Lebenszyklus' - nicht beliebig durchgängig und linear mobilisieren und aktivieren kann. Zum Alter gehört auch das Privileg, verlangen zu können, vom arbeitsgesellschaftlichen Streß verschont zu bleiben und sich immer auch sozial zurückziehen zu können. Wir brauchen also ein Konzept von Lebenszufriedenheit, das die Balance von selbstgewähltem Rückzug und selbstbestimmter Aktivität zum Hintergrund nimmt. Es böte sich deshalb an, zwischen ‚ritualisierter Lebenszufriedenheit‘ und (biographisch strukturierter) ‚reflexiver Lebenszufriedenheit‘ zu unterscheiden. Man käme so zu einer qualitativen Bestimmung und Differenzierung des Rückzugsverhaltens im Alter und würde es nicht durch einen unreflektierten Aktivitätsbegriff übergehen oder denunzieren. Aus der Balance von Aktivität und selbstbestimmtem Rückzug definiert sich wohl auch die *Handlungsfähigkeit* im Alter. In dieser Balance ist damit auch die für das Alter typische Bewältigungsperspektive zu thematisieren.

Reflexive Lebenszufriedenheit im Alter äußert sich in Lebensstilen. Die Psychogerontologie sieht im Konzept des Lebensstils vor allem auch den Vorteil, das *differentielle* Altern in seinen verschiedenen biographischen Formen zu beschreiben. Kennzeichen von Lebensstilen im Alter ist eine typische Verschränkung von dem Alter vorangegangenen biographischen Erfahrungen/Stilen und den im Alter erlebten Belastungen und Chancen. Lebensstile im Alter sind durch eine „hohe Variabilität“ gekennzeichnet - sie rekurrieren auf unterschiedlichen Biographien - und weisen nicht nur Kontinuitäten, sondern auch Diskontinuitäten zum früheren Leben auf. Das heißt, daß sich manches aus dem Erwerbs- und Familienalter ins Alter hinein verlängert, aber manches im Alter bewußt anders versucht wird, weil man in jüngeren Jahren im Arbeits- und Familienstreß schlechte Erfahrungen gemacht hat und nun keine Rücksicht mehr nehmen und sich nicht mehr institutionellen Zwängen unterordnen muß: Man kann etwas Neues versuchen.

Dazu aber braucht es personale Motivation und soziale Anstöße, denn das Alter mit seinen unausweichlichen Gesundheitsrisiken und kritischen Lebensereignissen (Partnerverlust, Verlust früherer Kontakte, etc.) birgt die strukturelle Tendenz des Rückzugs und des hoffnungslosen Hinnehmens (so ist es halt von Natur aus) als gesellschaftliches Stigma in sich. Dennoch ist das Sich-Abfinden mit der Endlichkeit (als zentrales psychisches Integritätsproblem des Alters) immer wieder (meist halbbewußt) auftretender Kristallisationspunkt der Lebensbewältigung und darf auch in einer aktiv und offen formulierten Lebensstilkonzeption nicht übergangen werden. Als zentrale Konstitutionsmerkmale von Altersstilen werden genauso biographisch erlebte Belastungen wie soziale Kompetenzen und Aktivitäten, die sich über biographische Kontinuitäten und Diskontinuitäten hinweg strukturieren, angesehen (Thomae 1983: 36ff.). Unschwer ist hier zu erkennen, daß der soziale Faktor - vor allem in den Dimensionen Kompetenz und Aktivität - eine große Bedeutung bei der Lebensstildefinition im Alter hat. Diese Dimensionen sind dabei maßgeblich durch die Identität strukturiert: wie ich von andern als alt angesehen werde, was mir andere zutrauen und zu was mich andere ermutigen. Die Herausbildung von Lebensstilen im Alter ist also ein multipler biographischer Prozeß, in dem das Individuum Motive und Interessen entwickelt, Lebensstile für sich auszuformen und zu gestalten. Darin ist auch eine deutliche Bewältigungsdimension enthalten, denn Lebensstile verhelfen dazu, das eigene (Normalisierungs-) Verhalten in Belastungs- und Bewältigungssituationen zu kennen und kalkulieren zu können sowie sein eigenes Bewältigungsniveau anderen gegenüber zu signalisieren und zu demonstrieren. Diese Potentialität und das Prozeßhafte, werden in der Lebensstildiskussion zum Alter besonders hervorgehoben. Die konventionelle Auffassung, „Stile seien gelernt und entwickelten sich im Lebensverlauf, Änderungen durch Lebensereignisse seien darüber hinaus nicht ausgeschlossen" (Tokarski 1991: 127), kann die lebensalterstypischen Aktivitäten in Lebensstilen nicht erfassen. So wird z.B. nicht deutlich, daß alte Menschen nicht nur altersgemäß konsumieren, so wie es ihnen die Konsumindustrie vorgibt, und den Konsum nur entlang dieser Vorgaben erweitern und differenzieren, sondern daß sie den auf sie abzielenden Konsum aktiv nutzen, um eigene Lebensstile zu entfalten und zu demonstrieren, die sich auch auf ein anderes Sozialverhalten erweitern. Der Konsum im Alter ist also nicht nur als passive Kompensation zum Erwerbsverlust anzusehen, vielmehr können die aktivierenden Altersetiketten der Konsumwerbung (s.o.) durchaus als stilinspirierend gedeutet werden. Unter diesem Gesichtspunkt können auch andere altersbezogene Lebensbereiche beurteilt werden. So macht es durchaus Sinn, die Altenhilfe in ihren stationären und ambulanten Einrichtungen danach zu befragen, ob die alten Menschen sich dort nur den vorhandenen Einrichtungs- und Pflegebedingungen anpassen sollen oder ob die Angebote zur Lebensstilinspiration und -entwicklung beitragen können.

Um dem gerecht zu werden, müssen aber mindestens zwei zentrale Voraussetzungen erfüllt sein: Die alten Menschen müssen sich biographisch *differentiell* und *öffentlich* entfalten können. Eine Alteneinrichtung, die nur einen uniformen Lebensstil zuläßt, der sich z.B. nur aus der Einrichtung und Ablaufstruktur eines Heims ableitet und sich öffentlich über Ruhebänke und behüteten Gruppenausgang realisiert, wird sicher keine Lebensstile im Alter befördern können. Diese Ebene dieser „Performanz" - sich von anderen unterscheiden, gleichzeitig aber anderen zugehörig sein und über sozialräumliche Interaktion und soziale Partizipation Öffentlichkeit teilhaftig erfahren - ist das zentrale Antriebs- und Steuerungssegment bei der Lebensstilbildung. Jetzt verstehen wir auch, warum die Perspektive des „differentiellen Alters“ für eine Alterssozialisation so wichtig ist. Früher habe ich immer nur geschmunzelt, wenn meine damals schon alte Mutter sich immer mit dem Argument geweigert hat, in den örtlichen Altenclub zu gehen, sie gehe nicht gern unter diese alten Leute, obwohl sie auf der Straße und beim Einkaufen gern mit Gleichaltrigen (oder auch mit Jüngeren) „geratscht“ hat. Inzwischen verstehe ich, daß sie sich damit beileibe nicht gegen ihr Altsein wehren wollte, sondern gegen den möglichen Verlust ihres differentiellen und biographisch erworbenen Lebensstils, der in der inszenierten Homogenität und ritualisierten Zufriedenheit eines Altenclubs möglicherweise untergegangen oder zurückgesetzt worden wäre.

4. Altern als biographische Freisetzung des Frau- und Mannseins

Der Zusammenhang von Selbstkonzept und sozialem Bewältigungsverhalten, wie er gerade auch in der Lebensstildimension enthalten ist, muß aber auch im Alter geschlechtsspezifisch formuliert werden. Ursula Lehr kommt in ihrem Standardwerk „Zur Situation der älteren Frau“ (1987: 17) entsprechend zu dem Schluß, daß es „vielfach die anerzogene und negative Selbsteinschätzung [ist], die dann den alten Menschen, besonders aber die alte Frau, erst zu einer ‚unausstehlichen Alten’ werden läßt“. Auch die Erwartungen an das Alter seien bei Frauen negativer als bei Männern, wobei die Frauen mit besserer Schulbildung und Berufstätigkeit weniger pessimistisch auf ihr bevorstehendes Alter blicken als solche mit niedriger Bildung und ohne eigenständige Berufstätigkeit (vgl. Lehr 1987: 16). Der empirische Hintergrund der Befunde stammt aus den siebziger Jahren und man müßte meinen, daß anfangs des 20. Jahrhunderts angesichts der Fortschritte der sozialen Frauenemanzipation die Frauen wesentlich selbstbewußter und in diesem Selbstbewußtsein auch ins Alter hinein stabiler sein müßten. In der neueren Literatur wird auch entsprechend festgestellt, daß sich viele der älter werdenden Frauen heute nicht mehr so selbstverständlich wie früher ausschließlich an der traditionellen Frauenrolle orientieren (Backes 1993c). Ihnen ist bewußt, daß die wirtschaftliche Selbständigkeit und eigene soziale Kontakte außerhalb der Familie Abhängigkeit, Armut und Vereinsamung im Alter verhindern können. Manche haben es auch schon früh über ihre Mütter erfahren, die ihren Töchtern - oft bei gleichzeitiger Hoffnung auf einen „guten Mann“ - ein besseres, selbständigeres Frauenleben als das eigene wünschen.

Dennoch scheint, trotz der beruflichen und kulturellen Emanzipation der Frau, die psychische Belastung und soziale Benachteiligung, die sich in einem negativen Selbstkonzept niederschlägt, nicht verschwunden zu sein, sondern in neuem Gewande aufzutreten. Denn auch wenn Frauen berufstätig sind, bleiben die Problematik der Vereinbarkeit von Familie und Beruf und die damit verbundenen psychischen und sozialen Zusatzbelastungen bestehen. Gleichzeitig hält sich - trotz alltäglicher Emanzipationspraxis - in der Gesellschaft weiterhin ein, der geschlechtshierarchischen Arbeitsteilung entsprechendes, traditionelles Frauenbild: „Das Paradox am Strukturwandel westlichen Lebens und Arbeitens sind die nach wie vor wirksamen geschlechtshierarchischen Mechanismen der Zuweisung und Ausgrenzung, die trotz steigender Erwerbsbeteiligung und Qualifikation von Frauen weiter existieren und die Eigenständigkeit [...] für sie riskanter machen als für Männer (Backes 1993c: 180). Der Gewinn an Freiheit bedeutet zugleich ein Mehr an Unsicherheit, das unter anderem durch staatliche Sicherungssysteme kompensiert werden muß. Diese sind jedoch bislang so gut wie nicht darauf ausgerichtet, sondern tragen ihrerseits weiter zu einer geschlechtsspezifischen Diskriminierung bei" (Backes 1993c: 178).

Wenn demgegenüber statistische Erhebungen zeigen, daß die „Außenorientierung der älter werdenden Frau" zunimmt, während die Männer sich im Alter deutlich mehr nach innen orientieren (Kade 1994c: 37), ja sogar nach außen abschließen (s.u.), so ist das kein Widerspruch zu den bisherigen geschlechtstypischen Befunden. Vielmehr bestätigt sich damit der Befund der Geschlechterforschung, daß Frauen genauso über Außenkompetenzen verfügen, diese aber unter dem gelernten Eindruck der Dominanz männlicher Außenaktivitäten zurückhalten. Im Alter, wenn die Frauen alleinstehend sind oder die Männer ihre Außenkontakte einbüßen und sich an ihre Partnerin hängen, können sie dann diese übergangenen Außeninteressen im Besuch von Bildungsangeboten, Nachbarschaftsarbeit und Ehrenamt realisieren. In diese Richtung kann man auch die Studie von Frank Engel, Frank Nestmann, Gabriele Niepel und Ursel Sickendiek (1996) interpretieren, die zeigt, daß im mittleren Lebensalter unverheiratete, alleinstehende Frauen durchaus und wohl überwiegend erfolgreich altern. Da „erfolgreiches Altern" vor allem an der Chance und Fähigkeit gemessen wird, im Alter befriedigende Sozialkontakte zu erhalten bzw. aufzubauen, lassen diese Befunde den Schluß zu, daß hier die Unabhängigkeit gegenüber einer geschlechtshierarchischen Familienbindung und die in der zweiten Hälfte des zwanzigsten Jahrhunderts sich vollzogene Entstigmatisierung der alleinstehenden Frau die sozialen und psychischen Altersrisiken dieser Frauen geringer erscheinen lassen. Sie können über diese ihre Selbständigkeit während des ganzen Lebens eigene Sozialkontakte aufbauen, die nicht über die Familie definiert und abgeleitet sind.

Über das ganze Leben hinweg sind alleinstehende Frauen von dem geschlechtshierarchischen Bewältigungsdruck Familie entlastet. Dies ist ein Indikator dafür, daß die Frauen in den Familien dringend eine Entschärfung der geschlechtshierarchischen Vereinbarkeitsproblematik brauchen und daß die gesellschaftliche Höherbewertung der Hausarbeit und ihre Anerkennung in durchgängigen Hausfrauenrentenanwartschaften als dringliches sozialpolitisches Ziel, die soziale Selbständigkeit der Frau zu stärken, anzusehen ist. Dementsprechend muß natürlich den Männern schon vor dem Alter eine eigenständige Beteiligung an der Haushalts- und Erziehungsarbeit sozialpolitisch und von der Berufs- und Erwerbsseite her ermöglicht werden, damit die männliche

Erwerbsarbeit reproduktionsfreundlicher und familienverträglicher gestaltet werden kann.

Bis dahin wird das durch die konsumtiven Lebensstile weitgehend verdeckte System der geschlechtshierarchischen Arbeitsteilung und die ebenfalls vielfach latent ablaufende geschlechtsspezifische Sozialisation ihren strukturellen Einfluß auf die öffentlichen Meinungsstereotype über die ältere Frau haben und damit das weibliche Selbstkonzept nachhaltig beeinflussen. „Altsein und Frausein [...] bringt Rollenerwartungen mit sich, die sich gegenseitig in ihrer negativen Wirkung verstärken" (Lehr 1987: 9). Lehr zeigt in diesem Zusammenhang, daß die negativen Altersstereotype in bezug auf Frauen biographisch aus den Geschlechterstereotypen im Lebenslauf erwachsen und im Alter dann dem immer noch vorherrschenden Defizitmodell angepaßt werden: die alte Frau als eingeschränkte und nicht mehr mitkommende Person. Es ist die hilflose alte Frau, die in den Verkehrsfilmen, aber auch Spielfilmen über die Straße geführt wird. Auch in den Lesebüchern kommt sie immer noch schlechter als der alte Mann weg und in der Werbung ist ihre „liebenswerte Zurückgebliebenheit" und ihr Altmodischsein sprichwörtlich.

Wenn wir uns nun dem Mannsein im Alter zuwenden, so scheint der biographische Bruch auf den ersten Blick doch wesentlich gravierender als bei den Frauen. Vor dem Hintergrund der bisherigen Erkenntnisse zur männlichen Lebensbewältigung ist es nur plausibel, daß es dem älteren Mann zu schaffen macht, daß seine nach außen gerichtete biographische Identität bedroht ist. Mit der Entberuflichung verliert er seinen Status als (alleiniger oder hauptsächlicher) Ernährer der Familie, als beruflicher Experte, und erfährt, daß sein soziales und öffentliches Ansehen nicht mehr selbstverständlich gegeben ist. Er ist auf die Partnerin und deren Bereitschaft angewiesen, ihn in den Haushalt einzubinden bzw. dort zu dulden. Das Einschneidendste aber ist wohl: Er muß mit sich selbst zurechtkommen.

Dabei wird er nicht selten von seinen eigenen, in der vorgängigen Biographie aufgebauten Abstraktionen „übermannt": Er hat sich sein ganzes Leben lang an sein *Außen* geklammert, an die sozialen und sexuellen Abstraktionen der Überlegenheit. Er bräuchte nun sein *Inneres* und erschrickt, wenn es sich ihm als hohle und leere Männerhülse präsentiert.

Neben dem Bruch mit dem sozialen Außen und der damit verbundenen Angst vor dem Verlust der Kontrolle über sich und andere (s.o.) ist es vor allen Dingen die Angst vor dem Zusammenbruch der sexuellen Potenz, die vielen alten Männern zu schaffen macht. Dieser Horror vor der Impotenz ist nur vordergründig ein sexuelles Problem. Denn gerade für Männer mit geringem Selbstwertgefühl und schwachem Selbstbild ist in der Sexualität symbolisch vieles von dem aufgehoben, auf das sie im Verlauf der männlichen Sozialisation verzichten mußten bzw. was ihnen genommen wurde: die Wünsche und Gefühle nach Nähe, Verschmelzung, Regression und Selbstbezug (Schmidt 1988). Deshalb *muß* der Mann Sexualität *haben*, so wie er die dahinterliegenden Gefühle von ihr abspalten *mußte* (Gilmore 1991). So ist sexuelle Potenz zur männlichen Abstraktion und damit zum nach außen gerichteten Bewältigungsproblem, mithin auch alltagskulturell zum Ausweis von Männlichkeit geworden.

Im Alter scheint vieles für den Mann zusammenzulaufen und ihn zu beeinträchtigen, was sich im Verlauf der männlichen Sozialisation (vgl. Böhnisch/Winter 1997b) biographisch aufgebaut und verfestigt hat: die Fixierung auf das Außen, das Funktionieren-Müssen, die Abspaltung der inneren Hilflosigkeit, das erlernte Dominanzstreben, die Leistungsorientierung (vgl. dazu Fooken 1986, 1989, Kasten 1996). Auch die statistische Tatsache, daß Männer früher sterben als Frauen, wird auf das Wirken einer rigiden männlichen Geschlechterrollenfixierung in der männlichen Biographie und ihren Niederschlag in entsprechenden Krankheitsbildern zurückgeführt (Fooken 1986). „In allen Industrieländern steigt die Selbstmordquote für Männer ab 65 Jahren deutlich an und übertrifft die weibliche Selbstmordquote, die ab 65 in den meisten Ländern zurückgeht, bei weitem. Zur Erklärung dieses Sachverhaltes werden vor allem Faktoren herangezogen, die mit dem männlichen Geschlechterrollenstereotyp in Verbindung stehen“ (Kasten 1996: 2079).

Allerdings haben wir uns bisher wiederum nur mit dem uns zeitgenössisch bekannten Alter befaßt und nicht mit dem biographischen Prozeß des Alterns des Mannes, der vor dem eigentlichen Lebensabschnitt Alter beginnt und von dem aus - zumindest für die Jüngeren - noch nicht absehbar ist, in welchen Altersstatus er übergehen wird. Schon die Altersstudien der 90er Jahre zeigen, daß der Geschlechterdualismus im Alter längst nicht mehr so rigide ist und sich die männlichen und weiblichen Geschlechterrollen durchaus aneinander annähern können (Kasten 1996). Auch wird - im Kulturvergleich - beobachtet, daß sich Männer im Alter auch nach Innen bewegen und „weich“ werden können, d.h. sie entdecken nun für sich in biographischer Selbstthematisierung, daß sie nicht mehr ihre Gefühle abspalten *müssen* (Behrend u.a. 1987) und daß sie die ungewohnte Abhängigkeit von anderen, die sie im Alter zum ersten Mal erfahren, auch positiv empfinden können. Dabei wird deutlich, daß die direkte Lebensphase vor dem Alter (bzw. vor der Entberuflichung) den biographisch bedeutsamen Scheideweg markiert, an dem eine Reversibilität der Geschlechterrollen in den Blick gerät: „Manche Autoren sprechen von einer durchgängigen ‚Rollenumkehr', um das Geschlechterverhältnis der Frauen und Männer zu charakterisieren, die sich in der zweiten Hälfte des mittleren Erwachsenenalters befinden. Andere Forscher reden vorsichtiger von einer ‚Geschlechterrollenreise', die in diesem Lebensabschnitt angetreten wird und schlagen vor, zwischen traditionsorientierten und weniger traditionsorientierten Paaren zu unterscheiden.“ (Kasten 1996: 199)

Diese lebensalterübergreifenden Zusammenhänge zeigen wiederum die Fruchtbarkeit der biographischen Betrachtungsweise und unterstreichen die Notwendigkeit, soziale Unterstützung im Alter nicht nur an (punktuellen) kritischen Lebensereignissen, sondern an der biographischen Bewältigungsperspektive anzusetzen. Dabei spielt die Erinnerungsarbeit eine wichtige Rolle: Erst durch Vergegenwärtigung des in der früheren Biographie immer wieder Abgespaltenen gelingt das „Loslassenkönnen“ (Fooken 1986), das für die Lebensarbeit alter Männer nach der Entberuflichung so zentral scheint. Vor allem macht uns diese Analyse aber deutlich, wie eng der Geschlechteraspekt und der sozialbiographische Zugang zusammenhängen, denn die Bewältigungsdimension im Alter wird besonders auch über die altersbiographische Freisetzung des Mann- und Frauseins sichtbar.

Hans Thiersch

Großelternschaft

„Das nächste Mal fange ich gleich mit Enkeln an", meinte Kurt Tucholsky, - also nicht als Vater, sondern als Großvater, nicht mit Kindern, sondern mit Enkelkindern. Dies scheint ihm eine glückliche Vorstellung, ebenso wie sie offenbar für Kinder attraktiv ist: „Von den didaktischen und pädagogischen Bedrängnissen der Eltern flüchteten wir gewöhnlich zu den Großeltern" berichtet Goethe in „Dichtung und Wahrheit".

1. Großelternschaft als Konstellation

Großelternschaft ist ein besonderes Verhältnis zwischen den Generationen, ein Generationenverhältnis, das bestimmt ist durch den familialen Kontext und ein besonderes Interaktions- und Erziehungsmuster, - ein Erziehungsmuster, das seine Eigenart auch darin hat, daß es in bezug auf das elterliche Verhaltensmuster bestimmt ist. Die spezifische Interaktionsstruktur dieses Großeltern-EnkelInnen-Verhältnisses soll im folgenden näher bestimmt werden.

Ein solcher Versuch ist zunächst pädagogisch-systematisch naheliegend, hat doch Friedrich Schleiermacher - in seiner immer wiederholten klassischen Formulierung - Erziehung aus dem Verhältnis der Generationen zueinander bestimmt. Ein solcher Versuch ist in unserer heutigen Situation besonders unter zwei Aspekten interessant: Wenn die Großeltern-Enkel-Interaktion - wie es in den Zitaten anklang - vielleicht eine glückliche, gelingende Form von Erziehung ist, könnte dies Hinweise geben für die Diskussion der in unserer Zeit zwischen radikaler Erziehungskritik, Erziehungsnotstand und Restitution von Erziehung so schwierigen Bestimmung und Praxis von Erziehung. Ein solcher Versuch könnte auch deshalb aufschlußreich sein, weil in Elternschaft und Großelternschaft pädagogischer Umgang in unterschiedlichen pädagogischen Settings bestimmt wird, also in aus dem Generationenverhältnis stammenden unterschiedlichen strukturellen Rahmenbedingungen. Darin könnten sich Hinweise ergeben für die Praxis von Erziehung in der Differenz unterschiedlicher Rollen, so wie es auch interessant wäre, nach den spezifischen Möglichkeiten von Tanten-, Onkel- und Geschwistererziehung zu fragen (oder, wenn ich das anmerken darf, nach den spezifischen Möglichkeiten von Privatlehrern, Trainern, Gruppenführern oder Bandleadern usw.).

2. Großelternschaft in der wissenschaftlichen Diskussion

Angesichts solcher Überlegungen ist es verwunderlich, daß die Frage von Großelternerziehung innerhalb der Pädagogik wenig verhandelt wurde. Hinweise z.B. zu den auf das Generationenverhältnis bezogenen spezifisch pädagogischen Rollen des Großvaters, der Großmutter, der Enkelin, des Enkels fehlen in pädagogischen und sozialpädgogischen Lexika und Handbüchern nicht nur als Artikel, sondern auch im Stichwortverzeichnis. Das entspricht der traditionell eher spärlichen allgemeinen sozialwissenschaftlichen Diskussionslage, wie sie vielfältig moniert wird. Die Diskussion belebt sich erst in den letzten Jahren, offensichtlich vor dem Hintergrund der zunehmend deutlicher werdenden Krise der Generationenstruktur in unserer Gesellschaft und der Formen des familialen Zusammenlebens. Die Diskussion, gleichsam provoziert durch Verunsicherung, Umbruch und die Suche nach neuen Orientierungen, thematisiert unterschiedliche Zugänge. Die Bedeutung der Lebensstufen im Lebenslauf und des daraus resultierenden Verhältnisses dieser Stufen - Kindheit, Jugend, Erwachsensein und Alter - werden verhandelt. In der Wiederaufnahme und Weiterführung des Mannheimschen Generationenkonzepts werden die Eigentümlichkeiten unterschiedlicher, durch die Gemeinsamkeit von Erfahrungen und Erlebnissen bestimmter Generationengestalten untersucht und die daraus resultierenden besonderen Fragen des Umgangs zwischen den Generationen, z.B. zwischen der Kriegs- und der Nachkriegsgeneration, zwischen Tätern und Opfern aus dem Faschismus und den Nachgeborenen. Diskussionen gibt es im weiteren Zusammenhang des Generationenverhältnisses natürlich zu spezifischen Fragen der Großelternschaft: vergleichende zu unterschiedlichen Formen von Großelternschaft in unterschiedlichen Kulturen und historische, z.B. zur Lebenspraxis von Großvätern und Großmüttern im bürgerlichen Milieu des vorigen Jahrhunderts. Vor allem aber gibt es - aus der neueren sozialpsychologischen und psychologischen Forschung - vielfältige Untersuchungen zu Differenzierungen in der heutigen Praxis von Großelternschaft; Typen von Großeltern werden unterschieden, z.B. formelle Großeltern, Ersatzeltern, weise Ratgeber, Anreger für Spaß und Spiel und distanzierte, desinteressiert-gleichgültige Großeltern, Großeltern, die an der Entwicklung von Enkeln interessiert und im Umgang nachgiebig sind, Großeltern, die sich eher als Modell und Vorbild verstehen oder schließlich solche, die sich vor allem im unmittelbaren, ganz auf die individuellen Enkel orientierten Kontakt engagieren. Es gibt Untersuchungen zu den unterschiedlichen Aktivitäten und dem jeweiligen Aufwand für diese Aktivitäten im Umgang mit den Enkelkindern, zu den spezifischen Formen der materiellen und immateriellen Unterstützung durch die Großeltern, vor allem auch zur Bedeutung von Großeltern in familialen Krisen (z.B. Scheidungen) und schließlich zur Bedeutung der Großelternaktivitäten für das Selbstverständnis in der Lebensphase Alter.

3. Großvater und Enkel: Eberhard und Heinrich Jung-Stilling

Ich will diese Diskussionen, in denen sich die Vielfältigkeit von Funktionen und Lebensformen von Großelternschaft abzeichnet, hier nicht aufnehmen und weiter verfolgen. Ich möchte meine Frage nach den spezifischen Interaktionsmustern zwischen Großeltern und EnkelInnen anhand von Berichten in Erzählungen und Autobiographien verfolgen, also anhand von Darstellungen gelebter Großelternschaft, entsprechend dem neuerdings vielfältig verfolgten Zugang über Geschichten. Dies verspricht ergiebig zu sein. Literatur über Großeltern - im allgemeinen aus der Perspektive von Enkeln und Enkelinnen verfaßt - ist zahlreich; mit dem Großvater von Heinrich Jung-Stilling, der Großmutter von Maxim Gorki oder den Großeltern bei Thomas Mann und dem Großvater von Thomas Bernhard werden eindrucksvolle Interaktionsmuster gelebter Großelternschaft dargestellt.

Nun sind diese Darstellungen natürlich eingebettet in die jeweiligen sozialen und kulturellen Zusammenhänge, bestimmt also durch ihre Zeit mit ihren allgemeinen Generationen- und Familienmustern und den darin bestimmten allgemeinen Erwartungen an Erwachsene und Kinder und an den Umgang zwischen ihnen. Sie sind natürlich ebenso bestimmt durch die jeweilige soziale Lage. Die Rekonstruktion der Erzählungen gelebter Großelternschaft im sozialgeschichtlichen Kontext ist also naheliegend. Ich will diese Aspekte aber zunächst vernachlässigen, um nach dem im spezifischen Generationenverhältnis angelegten formalen Muster der Interaktion zu fragen. Ich verfolge dies, gleichsam in einer Engführung, in Geschichten, in denen die Großeltern-Enkel-Interaktion bewußt und intensiv erfahren und darin in ihren Potentialen und in ihren positiven Möglichkeiten deutlich wird. Natürlich könnte ich auch von Geschichten der Gleichgültigkeit oder der bitter erlittenen Unterdrückung im Generationenverhältnis berichten, aber das erscheint mir für meine Frage weniger ergiebig. Ich berichte von vier Geschichten, vom Großvater Eberhard und dem Enkel Heinrich Jung-Stilling, vom Großvater Johannes Freumbichler und dem Enkel Thomas Bernhard, von der Großmutter Jenny von Guststedt und der Enkelin Lily Braun, und - nach diesen autobiographisch-romanhaft erzählten Geschichten - von der Großmutter Adelheid Eller und dem Enkel Heinrich Eller, dessen Geschichte mir aus Familienpapieren zugänglich war. In diesen Geschichten bleibe ich innerhalb des gleichen sozial-kulturellen Milieus, innerhalb des von mir sehr weiträumig verstandenen neuzeitlich-bürgerlichen Milieus.

Heinrich Jung-Stilling wächst im protestantisch-pietistischen Bauern- und Handwerkermilieu des 17. Jahrhunderts in einer Großfamilie auf, in der Großeltern, Eltern und Kinder miteinander leben (vgl. Jens/Thiersch 1987: 39ff). Nach glücklichen Kinderjahren stirbt die Mutter, der Vater zieht sich, in den Sog mystisch-mönchischer Glaubensvorstellungen geraten, ganz aus dem allgemeinen Leben zurück und lebt im Vaterhaus viele Jahre zurückgezogen und allein mit seinem Buben, den er ebenso fromm wie streng - ermahnend, kontrollierend, hart strafend - erzieht; er hält ihn ängstlich von anderen Kindern fern. Die das Haus bestimmende Welt des Großvaters ist, so unverständlich für uns heute dessen Zurückhaltung gegenüber den väterlichen Erziehungsexzessen ist, bestimmend und prägend. Der Großvater bestimmt die ruhige Ordnung des Alltags, in seinem Glauben weiß er sich gelassen und sicher. „Ich bin ein Mann, ich hab Gott geliebt und ihm gedient, jedermann das Seinige gegeben, meine Kinder erzogen, ich war treu, meine Sünden vergibt mir Gott, das weiß ich.“ Die Strenge der Autorität - niemand würde bei Tisch ein Gespräch führen, wenn es ihm nicht recht ist - und der Ernst seines Glaubens aber gehen einher mit Heiterkeit und Vergnügtheit, mit freundlichem Einverständnis zwischen ihm und seiner Frau. Im Alter wird er „zärtlicher gegen seine Angehörigen“, und vor allem liebt er seinen Enkel. „Der alte Stilling selbst freute sich auf einen Enkel, und hoffte noch einmal vor seinem Ende seine alten Wiegenlieder zu singen und seine Erziehungskunst zu beweisen. Wenn er Samstag abends, er ist Köhler, aus dem Walde heimkam, hatte er dem Buben Brot aufgespart, das dieser, wiewohl es eingetrocknet und alt ist, lieber aß wie alles andere. Er erzählt, singt und spielt mit dem Enkel. „Vater Stilling hatte den Kunstgriff in seiner Kindererziehung, er wußte allen Augenblick eine neue Belustigung für Henrichen, die immer so geschaffen waren, daß sie seinem Alter angemessen, daß sie ihm begreiflich waren; doch so, daß immer dasjenige, was dem Menschen ehrwürdig sein muß, nicht allein nicht verkleinert, sondern gleichsam im Vorbeigang schön und groß vorgestellt wurde. Großvater und Enkel stecken viel zusammen; gegenüber den in vielem eher ängstlichen Frauen bilden sie eine gleichsam verschmitzt-verschworene Kumpanei. Der Großvater erzählt vom Glauben der Vorfahren und seinem eigenen Glauben, er erzählt auch viel von den Sagen aus der Gegend. Der Enkel wiederum erzählt, was ihn beschäftigt, was er liest. Der Großvater läßt den älter werdenden Enkel auch einmal die Schule versäumen und nimmt ihn mit hinaus zu seiner Köhlerstelle in den Wald. Hier geschieht es auch, daß der Großvater, der etwas abseits gegangen war, die Vision des himmlischen Jerusalems sieht und er von dieser Zeit an war „wie einer, der in der Fremde und nicht zu Hause ist“. Der Enkel ist mit dem Großvater zusammen, als dieser bei der Arbeit auf dem Dach tödlich verunglückt. Der Enkel, längst aus dem großväterlichen Haus herausgewachsen, gerät in mühselige Situationen, in Verzweiflung; der Glaube des Großvaters an ihn hilft ihm, sich zu finden. Er kommt am Ende mit seinen eigenen Möglichkeiten - der Großvater ist längst tot - zur star-blinden Großmutter: „Hör“, sagte die ehrwürdige Frau, „es ist dunkel um mich her, aber in meinem Herzen ist's desto lichter; ich weiß, es wird dir gehen wie einer gebärenden Frau, mit vielen Schmerzen mußt du gebären, was aus dir werden soll. Dein seliger Großvater sah das alles voraus ... Wenn ich doch noch erleben möchte, was aus dem Jungen wird, ich weiß es nicht ... Aber der Junge wird doch am Ende glücklich sein, das kann nicht fehlen. Wenn ich eine Axt mache, so will ich damit hauen ... Und wozu unser Herrgott einen Menschen schafft, dazu will er ihn brauchen.“

Die Geschichte ergibt - jenseits der Konkretheit der Erfahrung und sie gleichsam abstrahierend und verdünnend - ein prägnantes Muster der Interaktionsstruktur Großvater - Enkel. In der autoritär geprägten Welt der Großfamilie findet der Großvater im Umgang mit dem Enkel einen eigenen, gegenüber dem Vater ebenso wie gegenüber seinen eigenen früheren Erziehungserfahrungen entspannteren, offeneren Ton. Er erlebt mit ihm die Chance, seine eigenen früheren Erfahrungen noch einmal zu nutzen; er erfährt sich so gebraucht, gerade auch als Gegengewicht zur Erziehungswelt des Vaters und ihrem eifernd strengen Stil. Er läßt den Enkel an seinem Leben teilhaben, er nimmt ihn - in der weiten Skala von Spielen, Erzählungen, Unternehmungen und existentiellen Erfahrungen - in sein Leben und seinen Glauben hinein. Er liebt den Enkel, er kann ihn in seinen Möglichkeiten sehen und akzeptieren, er traut diesen Möglichkeiten prinzipiell und der in ihnen angelegten Zukunft. Der Enkel wiederum erfährt im Umgang mit dem Großvater die Gegenwelt, in der er - gemocht und akzeptiert - in Gemeinsamkeiten verwickelt, sich selbst finden kann. Er erlebt Freundlichkeiten und Vertrauen und, vor allem in den Geschichten und Erfahrungen, Perspektiven des Lebens- und Weltsinns, eine ihn tragende Weltdeutung.

Diese eigene Welt der Großvater-Enkel-Interaktion ist bestimmt durch Distanz: durch die Distanz des Großvaters zu sich, zu seinen früheren Erfahrungen und vor allem zur Welt seines Sohnes, des Vaters. Sie ist ebenso bestimmt durch die Distanz, die der Enkel der väterlichen Welt und ihren unmittelbaren und belastenden Alltagsaufgaben gegenüber erfährt. Großelternerziehung zeigt sich - von hier aus verallgemeinert formuliert - als eine besondere, freie Form von Erziehung. Sie repräsentiert Momente, die auch für Elternerziehung gelten: das Eingehen, die Akzeptanz, die Einführung in die Welt und ihre Deutung; sie repräsentiert dies aber in der besonderen Form einer Freiheit der Distanz. Die Eltern sind zunächst zuständig, die Großelternerziehung steht in Bezug zu ihr, die bei beiden, den Großeltern und den Enkeln Möglichkeiten freisetzt, die einen glücklichen Umgang bestimmen.

4. Großvater und Enkel: Johannes Freumbichler und Thomas Bernhard

Im bürgerlichen Milieu unseres Jahrhunderts leben Thomas Bernhard und sein Großvater Johannes Freumbichler (Bernhard 1975, 1982). Thomas Bernhard, der Enkel, lebt mit seiner Mutter - der Vater ist lange tot und der Stiefvater mag ihn nicht - im Dorf im Tal, ungeliebt, leidend an Bettnässerei, in der Schule in vielfältige Schwierigkeiten verstrickt. Oben auf dem Berg lebt, als Rentier und Schriftsteller, der Großvater zusammen mit der Großmutter; er ist das Oberhaupt, das Zentrum der ganzen Großfamilie. „Der Großvater war die Autorität, der sich jeder beugte, der schlichtete, was zu schlichten war. Der Richter, dessen Machtwort das erste und einzige war. Der Richter, der Urteilssprecher".

Aus dem Tal bringt der Enkel die Schulprobleme mit. „Mein Großvater empfing mich mit einem strafenden Blick, gleichzeitig aber mit einem Händedruck, der mir sagte: Alles in Ordnung. Was auch geschehen mag, es ist verziehen ... Man wollte gar nicht viel von mir wissen, man freute sich ganz einfach, daß ich da und gesund war". Die Schulprobleme werden rasch entdramatisiert. „Ich sei über Durchschnitt intelligent, die Lehrer kapierten das nicht, sie seien die Stumpfsinnigen, nicht ich, ich sei der Aufgeweckte, sie seien die Banausen ... ich sei ein Genie". Die Schule - so der Großvater weiter - verachte man und überstehe man. „Die Schulen überhaupt und die Volksschulen seien grauenhaft, schon den jungen Menschen in seinen Ansätzen zerstörende Institutionen. Die Schule an sich sei der Mörder des Kindes. Und in diesen deutschen Schulen sei überhaupt die Dummheit die Regel und der Ungeist der Treibende." „Allerdings", so wendet der Großvater durchaus ein, „mache das Schuleschwänzen dem sogenannten Erziehungsberechtigten Scherereien. Ein kurzes Attest genügt!" sagt er. „Ein unerträgliches Halsweh...".

Der Großvater öffnet dem Enkel eine andere alternative Welt, er nimmt ihn mit in seine Welt. „Nicht immer durfte ich ihn auf seinen Spaziergängen begleiten, die meiste Zeit wollte er allein und ungestört sein ... Aber wenn ich ihn begleiten durfte, war ich der glücklichste Mensch. Ich hatte auf diesen Spaziergängen ein grundsätzliches Redeverbot, das nur selten von ihm aufgehoben wurde ... Er war mein großer Erklärer, der erste, der wichtigste, im Grund der einzige. Tiere und Pflanzen bezeichnete er mit seinem Stock ... Es ist wichtig, daß man weiß, was man sieht ..." Hinter den Dingen aber, die man kennen muß, führt der Großvater den Enkel ein in die Wahrheit der Wirklichkeit, in seine Deutung der Welt. Die Schule ist ein für den Enkel sehr sinnfälliges Moment der Wahrheit, der Dummheit und Widersinnigkeit von Wirklichkeit überhaupt. Die Welt ist Unsinn, Widersinn; sie darf - weil sie in sich keinen Sinn hat - keinen Bestand haben; ihr angemessen ist es allein, daß sie zerstört wird. „Anarchisten sind das Salz der Herde". Die zerstörende Kraft dieses Wissens aber kann aufgehoben werden in der Freiheit, sich auszudenken, daß und wie sie zerstört werden kann, in der Freiheit vor allem, sich selbst vom Unsinn dieser Wirklichkeit zu befreien, in der Freiheit zum Selbstmord. „Es war seine am leidenschaftlichsten geführte Spekulation ... Jederzeit, wann immer wir wollen," sagte er, „können wir Selbstmord machen, möglichst auf das Ästhetischste. Sich aus dem Staub machen können," sagt er, „sei der einzige, tatsächliche, wunderbare Gedanke. Dieser Gedanke schafft Souveränität, es genügt, daß der Mensch sich in seiner Souveränität sicher weiß; die Welt in ihrer Widerwärtigkeit ist es nicht wert, sich um ihretwillen umzubringen ...". Der Enkel lernt die Welt zu sehen, wie der Großvater sie sieht. Er erfährt sich als frei, indem er die Schule, die ihn quält, verachtet. Zerstörung fasziniert ihn. Er ist gebannt von der Vorstellung, daß die große Eisenbahnbrücke in der Gegend gesprengt werden könnte: „Lauter in den Fluß herunterhängende Erste-Klasse-Abteile, an welchen lauter Leichen und im Katastrophenwind schreiende Überlebende zappeln"; „die Vorstellung, daß ein Päckchen Sprengstoff von der Größe unserer Familienbibel genügt, um die weit über hundert Meter lange Brücke zum Einsturz zu bringen, faszinierte mich wie nichts“. Die Lust an der Zerstörung führt zum Plan, sich umzubringen; es zu tun aber hindert ihn das Beispiel des Großvaters, der ja auch dieses Leben - indem er es verachtet und durchschaut - aushält.

Momente der Großvater-Enkel-Interaktion, wie sie in der schon skizzierten Geschichte wichtig waren, begegnen uns auch hier - ins gefährdend Radikale und anarchisch Grundsätzliche gesteigert. Aus einer anderen Sicht wäre vieles an dieser Großvater-Enkel-Beziehung als problematisch anzusehen; aus der Sicht des Enkels bietet der Großvater gegenüber den eingeengten, bedrückenden, demütigenden und banalen Verhältnissen eine Gegenwelt des Besonderen, Außergewöhnlichen, Bedeutenden. Hier erfährt der Enkel, daß er so, wie er ist, gut ist, daß es gut ist, daß es ihn gibt, daß er ein Genie ist. Hier lernt der Enkel die Wirklichkeit zu bestimmen; hier erfährt der Enkel vor allem die Wahrheit der Wirklichkeit, die zu erkennen ihn frei macht vom Bann des Banalen und souverän in sich selbst. Der Enkel lernt das Vertrauen zu sich und seinem Ort in der Wirklichkeit. Diese Welt aber bleibt die Welt der Interaktion von Großvater und Enkel; die Banalität der Erziehungswelt, wie sie Mutter und Schule repräsentieren, ist dadurch nicht aufgehoben, sondern der Großvater seinerseits verpflichtet den Enkel zu ihr; er, der Großvater, leidet daran, daß er in seiner Jugend das Gymnasium nicht besuchen konnte. Der Enkel soll nachholen, was ihm versagt blieb; er nutzt - wie man vielleicht pointieren könnte - den Enkel zur Projektion von eigenen, unerfüllten Erwartungen. Der Enkel aber kommt seinerseits mit dem Gymnasium nicht zu Rande, er scheitert schmerzlich, ohne daß der Großvater ihm helfen kann. „Gerade mein Großvater hätte wissen müssen, daß er selbst mich für eine solche Schule als Lebensschule untauglich gemacht hatte unter seiner Anleitung“. Er begreift, was der Großvater ihm angetan hat, wie der Großvater darin versagt hat. Für den Enkel war das „Verrat“. Macht und Ohnmacht des Großvaters verbinden sich. Diese Erfahrung aber mindert nicht die Bedeutung des Großvaters für den Enkel, von der er verallgemeinernd sagt: „Die Großväter ... erlösen durch diese ihre fortwährende Aufmerksamkeit auf das Wesentliche aus der trostlosen Dürftigkeit, in welcher wir ohne Großväter zweifellos ersticken müßten. Mein Großvater .... zog mich, früh genug, nicht ohne schmerzhaften Züchtigungsprozeß, aus dem allgemeinen Sumpf heraus, möglicherweise den Kopf zuerst, dann das Übrige“.

5. Großmutter und Enkelin: Jenny von Gustedt und Lily Braun

Grundstrukturen der Großeltern-Enkel-Interaktion werden noch einmal deutlich in der Darstellung Jenny von Gustedts, der Großmutter Lily Brauns, aus dem vorigen Jahrhundert, aus großbürgerlichem Milieu (vgl. Jens/Thiersch 1987: 185ff). Lily Braun, die Enkelin, erfährt als Tochter eines Generals die Bedeutung von Form und Etikette, von Erwartungen des Standes. Hinter der Maske des Schicklichen und Harmonischen werden Gefühle und erst recht Auseinandersetzungen versteckt. Sie erfährt sich - dem damaligen Lebensmuster einer höheren Tochter, die auf eine Heirat zu warten hatte, entsprechend - als überflüssig und unnütz. Eine Gegenwelt findet sie bei der Großmutter, die sie über alles liebt und bewundert, die ihrerseits in der Enkelin noch einmal eigene Lebensmöglichkeiten entdeckt. „Wie oft flüchtete ich in ihr stilles Reich ... Sie hatte (in ihrer Güte, ihrer Anteilnahme, ihrer stets gleichbleibenden freundlichen Stimmung) immer Zeit für mich, sie lachte mich niemals aus und antwortete nie auf meine tausend Fragen mit jenem, ein weiches Kinderherz so verletzenden: Das verstehst Du nicht ... Niemals verfiel sie in den Ton des Moralpredigers ..., aber gerade weil sie keine Autorität über mich zu gewinnen suchte, wurde sie zur höchsten Autorität“. Die Großmutter repräsentiert der konventionellen Elternwelt der Enkelin gegenüber eine eigenwillige, selbstbewußte, attraktiv-bedeutsame Welt. Sie war ein Kind der unehelichen Tochter des Königs Jerome in Kassel und hielt, gegenüber der so auf Schicklichkeit bedachten, genierten Familie, Erinnerung und Bild ihrer Mutter in hohen Ehren. Sie war in der Weimarer Gesellschaft der Goethe-Zeit groß geworden, hatte Goethe noch gekannt und blieb bis ins Alter hinein mit seinen Enkeln befreundet; sie las mit ihrer Enkelin Goethe-Texte aus alten, ihr gewidmeten Originalen, sie lasen aber auch miteinander in den Reichstagsprotokollen die Reden der Sozialdemokraten. Sie praktizierte aufgeklärte, soziale Projekte, sie richtete Leseabende ein und einen Kindergarten für die Kinder des Gesindes auf dem ostpreußischen Gut ihres Sohnes, auf dem sie lebte. Dieses Leben konnte die Großmutter mit der Enkelin teilen; den eigenen Kindern galt es wenig, man duldete sie nachsichtig als Relikt einer vergangenen Zeit. Die Großmutter aber und Lily entfernen sich voneinander; die Großmutter wird älter und gerät in Resignation; die Enkelin braucht ein langes Leben, bis sie die Großmutter erkennt und sich gleichsam als Enkelin versteht; sie publiziert die hinterlassenen Papiere der Großmutter und beschreibt sie in ihren Memoiren.

Über die schon genannten Charakteristika der Großeltern-Enkel-Interaktion hinaus werden in dieser Erzählung zwei weitere Momente deutlich: Die Intensität der Beziehung erklärt sich auch aus der Randständigkeit, in der beide, Enkelin und Großmutter, leben. Die Großmutter erfährt, daß sie im allgemeinen nicht mehr gebraucht wird, daß die Enkelin sie aber braucht. Die Enkelin erfährt, daß ihre Unruhe und Unzufriedenheit Ausdruck eines Lebenswillens ist, der gut und notwendig ist. Sie kann sich im Umgang mit der Großmutter vom Elternhaus lösen und zu sich selbst finden. Das Glück, die Erfüllung dieser Interaktion, aber gelingt nur auf Zeit. Beide, Großmutter und Enkelin, leben ihre, in ihrem Lebenslauf bestimmten, eigenen Lebensphasen. Sie brauchen sich, indem die Lebenslinien sich kreuzen und auf Zeit parallel gehen, indem aus den Ungleichzeitigkeiten der jeweiligen Lebenslinien sich Gleichzeitigkeiten in der Interaktion ergeben. Indem die Lebenslinien sich wiederum trennen, verliert sich die Gemeinsamkeit in Trauer bei der Großmutter und Gleichgültigkeit bei der Enkelin, die ihr dann, spät, als Schuld bewußt wird.

6. Großmutter und Enkel: Adelheid und Heinrich Eller

Eine letzte Geschichte, wiederum angesiedelt im bürgerlichen Milieu unseres Jahrhunderts, handelt von der alten Großmutter Adelheid Eller und ihrem Enkel, der seinerseits über 20 ist.

Die Großmutter lebte im Alter nach einem langen dramatischen Leben allein mit einer Haushaltshilfe und ihrem Enkel. Sie hatte immer ein großes Haus versorgt, sie hatte vielfältige Freundinnen und Freunde gehabt, hatte gedichtet. Mit keinem ihrer vielen Kinder wäre es - von beiden Seiten aus - länger als ein paar Tage gutgegangen. Die frühere gemeinsame Geschichte war allzu belastet, und alle neuen Auseinandersetzungen wurden rasch unerträglich. Der Enkel hatte das häusliche Milieu hinter sich gelassen und suchte neue Lebensorientierungen. So kamen Großmutter und Enkel jenseits ihrer Vergangenheit, in der Distanz einer neuen Unbefangenheit, miteinander aus. Die Großmutter erzählte gern, viel und interessant; weit zurückliegende Zeiten wurden in ihren Erinnerungen ebenso lebendig wie dramatische und tragische Lebensverwicklungen. Vor allem ihre Ehe und ihre Freundschaften wußte sie wie einen Roman darzustellen. Sie verköstigte und versorgte den Enkel und interessierte sich für seine vielfältigen, meist verhakelt unglücklichen Affairen. Sie ergriff seine Partei - unbedingt für die Person und im Detail klug abwägend - und stützte ihn dadurch sehr. Er lernte viel. Sie wußte den Enkel zu schätzen, so wie er war und setzte auf ihn; er fand die Großmutter interessant, herausfordernd und hilfreich.

Die Jahre zogen sich hin; sie wurde zunehmend von den Mühen des Alters gezeichnet. Seine eigenen Interessen und die Selbstansprüche an Zeit und Ressourcen wurden ausgeprägter. Wenn sie gemeinsam ausgingen redete sie laut und eindringlich, sie blieb stehen um auf ihn einzureden; Bekannte des Enkels guckten verwundert, er mochte Freundinnen und Freunde nicht zu ihr mit nach Hause bringen, was sie sich sehr wünschte. Er genierte sich für die Großmutter und als Enkel. Er vertrug sich weiterhin mit der Großmutter, aber nur wenn sie allein waren. Die Distanz zwischen ihnen, die zunächst als Unbefangenheit Basis ihres Miteinanderlebens war, wurde zunehmend zur Fremdheit. Die Großmutter verstand zunehmend weniger, was der Enkel berichtete und was in der Welt geschah; sie wurde ängstlich und in der Abwehr von allem, was ihr nicht unmittelbar einleuchtete, harsch. Die Geschichten, die sie erzählte, wurden länger und zunehmend zum Monolog. Das gemeinsame Leben wurde anstrengend und zweideutig. Der Enkel log sich Entschuldigungen zusammen, um seinen Interessen folgen zu können; die Großmutter wußte, daß er log; er wußte, daß sie es wußte. Schließlich warteten beide - unter dem Mantel eingespielter, mühsam aufrechterhaltener Freundlichkeiten - auf ihren Tod. Sie konnte und wollte nicht mehr leben; er hielt es, da es für sie keine Alternative gab, aus Anstand bei ihr aus - pflegend, versorgend. Seine Idee die blecherne Bettpfanne durch einen Gummiring, auf dem sich leichter liegen ließ, zu ersetzen, machte sie dankbar. Sie starb in seinen Armen.

Zunächst wiederholt sich in dieser Geschichte das gleichsam glückliche, produktive Verhältnis in der Großmutter-Enkel-Interaktion. Im Lauf der Jahre aber verkehrt es sich. Die Großmutter gibt nicht mehr, sondern ist angewiesen auf Hilfe, Unterstützung, Ausgehaltenwerden; der Enkel ist seinerseits nicht mehr angewiesen auf Akzeptanz und Welterfahrungen, er muß mit seinen Ressourcen sehen, wie er die Großmutter stützen kann. Damit gerät die Großeltern-Enkel-Interaktion in ein Muster der Umkehr, wie es sich ja auch für die Geschichte des Eltern-Kind-Verhältnisses ergeben kann. Die unbefangene Distanz - wie sie in der Großmutter-Enkel-Interaktion angelegt ist - eröffnet die Möglichkeit, die neuen Aufgaben zu bewältigen; in der berichteten Geschichte jedenfalls wäre keines der Kinder dazu im Stande gewesen. Trotzdem bleiben in der Geschichte die Möglichkeiten verdeckt in den quälenden Formen von Entfremdung und mühsamer Verleugnung von Entfremdung. Die Geschichte ist eindrücklich in den Bildern von Versagen und Heuchelei. Sie macht deutlich, wie mühsam es ist, mit der Fremdheit zwischen den Generationen, der Angst vor der Gegenwart, der Angst vor dem schwindenden Leben, dem nicht mehr Gebrauchtwerden, der zunehmend bedrängenden Wirklichkeit von Krankheit, Versagen und Tod umzugehen.

7. Großelternschaft und Moderne

So weit zu Geschichten aus den vielfältigen Möglichkeiten der Großeltern-Enkel-Interaktion. Sie verweisen - gerade auch in den ihnen so evidenten Schwierigkeiten - auf Muster eines gleichsam idealtypisch gezeichneten Verhältnisses, auf Möglichkeiten, wie sie in der Struktur des Miteinanders zwischen Generationen angelegt sind, das zugleich verwandtschaftlich gebunden und durch den Abstand der Großeltern-Enkel-Beziehung entlastet ist. Daß diese Muster auch für den historischen Raum unserer Moderne, für die sie skizziert wurden, breiter ausgelegt werden müßten, ist evident. Dies aber verweist nur auf Differenzierungen und Weiterungen. Gravierend aber ist ein anderer Einwand. Indem ich Geschichten aus der zunehmend verblassenden Welt bürgerlicher Generationen- und Familienbeziehungen interpretiert habe, stellt sich die Frage, was diese Lebensmuster für die heutige Situation mit ihren Brüchen zu diesen Traditionen aussagen. Daß die Frage nach dem Generationenverhältnis und der Großelternschaft zunehmend als Frage nach diesen Veränderungen gestellt wird, habe ich eingangs erwähnt. Die Interaktion Großeltern - Enkel verändert sich im Kontext genereller gesellschaftlicher Veränderungen. Angesichts z.B. des Trends zur frühen Heirat und vor allem zu weniger Kindern in Beziehungen, ja nur zu einem Kind, ergibt sich Großelternschaft für viele Menschen in einem Lebensabschnitt, in dem sich die noch jungen Großeltern - endlich oder wieder - ganz auf ihre eigene Arbeit und ein eigenes, nicht durch Kinderaufgaben gebundenes Leben hin orientieren. Großelternschaft, die sich in der Zeit des „empty nest“ ergibt, wird vielleicht nicht wahrgenommen. Und: Die sich ändernden Strukturen des Zusammenlebens - also die Zunahme von Scheidungen und Lebensabschnittsverbindungen - erzeugt unübersehbarere Beziehungen zwischen Enkeln und Großeltern. Die zunehmenden Tendenzen zur individualisierten Lebensgestaltung in unserer Gesellschaft - die Praxis eines Lebens, das aus den je individuellen Konstellationen gewählt und gewollt wird - schwächt traditionale verwandtschaftliche Verbindungen ebenso wie die Verbindlichkeiten, die aus der Tradition heraus in der Großeltern-Enkel-Interaktion angelegt sind.

8. Großelternschaft als Generationenkonstellation

In dieser Situation scheinen mir die Erinnerungen an die hier beschriebenen älteren Interaktionsmuster ergiebig und wichtig.

Auch wenn sich die Beziehungen zwischen den Generationen und zwischen Großeltern und Enkeln in neuen Konstellationen neu figurieren - Großelternschaft z.B. eine gewählte, gewollte Lebensform wird, die nicht mehr durch verwandtschaftliche Beziehungen und Nötigungen schon vorgegeben ist - stellt sich die Frage, wie in ihr das Medium von Distanz und darin gegebener Gelassenheit genutzt werden kann, daß Erfahrungen gegenseitiger Akzeptanz, gemeinsamer Unternehmungen und die Öffnung zu Erfahrungen und Weltdeutungen gelebt werden können.

Diese Fragen scheinen mir auch wichtig für die Klärung meiner Ausgangsfrage nach dem erziehenden Handeln. In der Großeltern-Enkel-Interaktion erfahren die Großeltern, daß sie akzeptiert und gebraucht werden, daß sie nützlich sind; die Enkel erfahren, daß sie akzeptiert werden können wie sie sind und darin Zutrauen in ihre Zukunft. Beide erfahren diesen wechselseitigen Nutzen im Medium von Distanz, im Medium einer mittelbaren, von direkten pädagogischen und didaktischen Anstrengungen (wie es bei Goethe hieß) entlasteten Beziehung. Daß das Muster der Großeltern-Enkel-Interaktion nicht für pädagogisches Handeln verallgemeinert werden darf, ist evident: Es hat seine Eigenheit auch in der Distanz und Differenz zu den unmittelbar pädagogischen, didaktischen Interaktionen zwischen Eltern und Kindern. Von der Darstellung der spezifischen Möglichkeiten der Großeltern-Kinder-Interaktion aus aber stellen sich Fragen, die wohl für alle Formen von Erziehung wichtig sind und für unterschiedliche pädagogische Settings unterschiedlich geklärt werden müssen, Fragen also z.B. nach dem Verhältnis von unmittelbarem und mittelbarem Umgang, von Distanz und Akzeptanz, von Distanz und Respekt, von Distanz und Zugängen zur Sinndeutung, die im alltagsgebundenen, direkten Umgang so oft vernachlässigt bleiben.

Und schließlich: Daß in der Großeltern-Enkel-Interaktion Großelternerziehung - die Phase also, in der Großeltern hilfreich sind, um Heranwachsenden Zutrauen zu sich und neuen Möglichkeiten jenseits der familialen Ersterfahrungen zu öffnen - nur eine Phase ist, ist deutlich. Großelternerziehung als ein Moment in der Großeltern-Enkel-Beziehung ist aufgehoben, wenn auch in einer sehr spezifischen Form, in den Erfahrungen, wie sie zwischen den Generationen überhaupt gelten, in den Erfahrungen also des Wechsels von Vorgaben, Aufeinander-Angewiesen-Sein, Unterstützung und Aushalten, in den Erfahrungen also im Tausch von Akzeptieren und Akzeptiertwerden, von Geben und Nehmen, in den Erfahrungen des Leben-Lernens, des Lebens.

Ursel Sickendiek

Frauen im Alter

1. Alter und Geschlecht als Kriterien sozialer Ungleichheit

Das Geschlecht gilt als zentrale Eigenschaft jedes Menschen, als primäre Unterscheidungskategorie. Das ‚Frau-' oder ‚Mannsein' einer Person ist unhintergehbar, so daß es keine soziale Situation gibt, in der die Geschlechtszuordnung der Aufeinandertreffenden bedeutungslos wäre. In den meisten Interaktionen, in die wir mit unbekannten Personen eintreten, versichern wir uns als erstes darüber, welchem Geschlecht innerhalb der von uns als natürlich angenommenen Zweigeschlechtlichkeit die oder der andere angehört. Unser weiterer Umgang mit der anderen Person wird fortwährend und ohne, daß wir uns willentlich davon freimachen könnten, von der eigenen und der Geschlechtszugehörigkeit der anderen mitbestimmt. Das Geschlecht zieht sich als ‚omnirelevante' Kategorie (Garfinkel 1967b) durch jegliche soziale Interaktion. In der Regel steht an zweiter Stelle die ungefähre Alterszugehörigkeit einer Person. Wir fühlen uns im allgemeinen unsicher, wenn wir jemanden nicht zumindest in etwa als Kind, Jugendlichen, Erwachsenen jüngeren oder mittleren Alters oder als alten Menschen einordnen können, und trachten danach, über das Aussehen, die Stimme, das Verhalten Informationen über sein oder ihr Lebensalter zu bekommen, an denen wir wiederum unser Interaktionsverhalten ausrichten können. So sind das Alter und das Geschlecht sicherlich die beiden wichtigsten Personeneigenschaften, die in sozialen Situationen wirksam werden.

Alter und Geschlecht als zentrale Eigenschaften von Personen weisen die Gemeinsamkeit auf, daß beide biologisch gegeben sind. Beide sind zudem hochgradig an bestimmte soziale Stellungen gekoppelt. Die Teilung der Gesellschaft in Alt und Jung und in Frau und Mann, wie sie in der Sozialisation, der sozialen Allokation mit geschlechts- und altersspezifischen Rollen- und Arbeitsteilungen und der Zuteilung von Chancen praktiziert wird, überlagert die realen (geringen) biologisch-physiologischen Unterschiede durch Attributionen, Stereotype, Normalitätsstandards und sanftere bis härtere Abweichungssanktionen bis fast zur Unkenntlichkeit. Diese Überlagerung geht soweit, daß selbst vermeintlich objektiven medizinischen Studien die Befangenheit in stereotypischen Diagnose- und Interpretationsmustern zum Vorwurf gemacht werden kann. Wie in der Gynäkologie bspw. gesundheitliche Probleme, die bei vielen Frauen mit oder nach den Wechseljahren auftreten, interpretiert und behandelt werden, hängt stark vom Frauenbild der MedizinerInnen ab sowie davon, was als Normalität weiblichen Alterns aufgefaßt wird (vgl. Cadura-Saf 1986; Groth 1995; von Sydow 1992).

Interessanterweise existieren in verschiedenen Sprachen zwei Begriffe für das deutsche Wort Geschlecht: *sex* und *gender* im Englischen oder *sexo* und *genero* im Spanischen. *Sex* ist das biologische Geschlecht mit weiblichen oder männlichen Körperfunktionen, Statur oder hormonellen Charakteristika als Resultat des Treffens von zwei X- oder einem X- und einem Y-Chromosom. *Gender* dagegen bezeichnet das sozial konstruierte Geschlecht (vgl. Hagemann-White 1988; Butler 1991; Harding 1990, 1994), die Differenz im Rollenverhalten, in der Lebensführung, in Einstellungen, Bedürfnissen, Fähigkeiten und Lebensbedingungen von Frauen und Männern, „die öffentliche Bedeutung, die Politisierung, wenn man so will, der Chromosome" (Hendricks 1992: 1, Übers.d.A.).

Auch für das Lebensalter wäre eine ähnliche terminologische Präzisierung angebracht, die zwischen dem biologischen Alter eines Menschen nach physiologischen Merkmalen des Körpers oder der kalendarischen Zeitspanne seit der Geburt einerseits und dem sozial konstruierten Alter mit Rollen, Lebenspraxen, Kompetenzen etc. unterscheiden könnte. In Ermangelung solcher Begriffe müssen wir auf die Konstruktionen des biologischen Altseins und Frauseins und auf das soziale Alter und Geschlecht zurückgreifen.

Die beiden Merkmalsausprägungen, die hier im Mittelpunkt stehen, das soziale „alte" Alter und das soziale weibliche Geschlecht, weisen eine weitere Gemeinsamkeit auf: Beide sind - nicht nur in modernen westlichen Gesellschaften - Kriterien sozialer Diskriminierung. Das Altsein wie das Frausein gehen einher mit deutlichen materiellen und Status-Nachteilen im Vergleich zu Menschen männlichen Geschlechts und jüngeren oder mittleren Erwachsenenalters und unterliegen der gesellschaftlichen Konstruktion männlicher und jüngerer Dominanz über Frauen und Alte[1]. Alte Frauen sind dementsprechend zweifach benachteiligt, da sich „im wirklichen Leben" zwei Minusposten leider nicht wie in der Mathematik zu einer Plussumme addieren, sondern eher als zwei Minusfaktoren zu einem Minusbetrag multiplizieren (s.u.).

Lebensführung, Lebensbewältigung und Lebenspragmatik im Alter sind, so die Basisannahme für die weiteren Ausführungen, weniger gekennzeichnet durch biologische Konstanten des Alterns und Alters als vielmehr durch die soziale, gesellschaftliche und kulturelle Bestimmung des Alternsprozesses. Als „natürliche" Alternsphänomene werden heute die Biomorphose (Kaiser 1991), d.h. der Wandel der äußerlichen Gestalt durch das Altern, sowie die Veränderung von Körperfunktionen und Leistungsfähigkeiten, die gesteigerte Betroffenheit von physiologisch verursachten Krankheiten (Herz-Kreislauf-Problemen, Bewegungseinschränkungen, Zerbrechlichkeit der Knochen, Beeinträchtigung der

1 Wenn hier von Jüngeren die Rede ist, sind Erwachsene im jungen und mittleren Alter gemeint, nicht Kinder und Jugendliche, die ähnlich wie Alte benachteiligt sind.

Sinnesorgane, Demenzen, Alzheimersche Krankheit etc.[2]) angenommen, des weiteren die Gewißheit des näherrückenden Todes. Der überwiegende Teil der heute zu beobachtenden Alternsphänomene ist gesellschaftlich determiniert. „Altern als gesellschaftlich-kulturelles Phänomen" (Kaiser 1991: 172), als markant gesellschaftlich-strukturell beeinflußter Prozeß (Tews 1993) oder „Altern als primär soziales Schicksal" (Thomae 1968; Lehr 1987) unterliegt historischen und sozialen Wandlungen. Dabei sind Lebenslagen der zu einem Zeitpunkt X alten Menschen Produkt ihrer zeitgeschichtlichen sozialen und materiellen Lebensbedingungen in jüngeren und mittleren Jahren sowie der jeweils aktuellen für das höhere Alter geltenden Chancen und Grenzen. Die Lebensführung ist u.a. Resultat der Bewältigung der Alternsphänome mit vielfach schon in jüngeren Jahren erworbenen Erfahrungen, Einstellungen und Lebenshaltungen und der individuellen „Einrichtung" in den jeweiligen Lebenslagen.

1.1 Weibliches Altern und traditionelle Gerontologie

Die alte Frau ist im gesellschaftlichen Bild Inbegriff der Unselbständigkeit und Bedürftigkeit in Alltagsgesprächen, Witzen, Werbespots und ernsten Zeitungsmeldungen. Wenn es um den Kauf des ‚richtigen Waschmittels', das Überqueren einer verkehrsreichen Straße, um Pflegebedürftigkeit oder das Ausfüllen des Bundestagswahlzettels geht, ist sie Paradebeispiel von Inkompetenz und Angewiesenheit auf Unterstützung. Die kognitions- und intelligenzpsychologische Gerontologie meinte auch noch bis in die 80er Jahre hinein feststellen zu können, daß Frauen in Folge ihrer Alterung an Intelligenz und kognitiver Leistungsfähigkeit nachlassen, wie Ursula Lehr (1987) in ihrem kritischen Resümee einer Reihe von Untersuchungen anmerkt, die ihrer Erkenntnis nach zentrale Einflußfaktoren wie Biographie und Lebensbedingungen alter Frauen außer Acht ließen. Wie steht es - jenseits von Intelligenztests im Labor - um die Kompetenz alter Frauen im realen Leben der heute Über-65-Jährigen?

Die Gerontologie hat sich zur Aufgabe gestellt, die mit dem Alter einhergehenden Veränderungen der menschlichen Persönlichkeit, der Leistungsfähigkeit, des sozialen Verhaltens und die erwähnte Bewältigung des Lebens im Alter zu untersuchen. Nachdem die Defizit-Theorie Alterung vor allem als Abbau und Verlust von Fähigkeiten sah, betonte die in den 60er Jahren formulierte Theorie des Disengagements den Rückzug alternder Menschen aus sozialen Rollen und Beziehungen, in Vorbereitung auf den Tod für die alte Person selbst und ihre Angehörigen, als quasi natürlichen Prozeß. Die Aktivitätstheorie dagegen stellt seit den 70er Jahren in den Vordergrund, daß gesellschaftlicher Ausschluß und mangelnde Betätigungsfelder für Alte die Ursache für Rückzug und vermeidbare negative Alterserscheinungen sind. Je niedriger die Anforderungen, desto mehr lasse das Fähigkeitsniveau nach. Je mehr Impulse zur Aktivität auch im

---

2 Auch bei diesen wird von seiten der Biologie und Medizin inzwischen angezweifelt, inwieweit sie Resultat des Alterns an sich oder Folge von Umwelteinflüssen, ungünstiger Ernährung, ungesunder Lebensweisen etc. sind.

hohen Alter gegeben werden, je mehr Chancen und Angebote für verschiedene Betätigung zur Verfügung ständen, desto aktiver und damit gesunder und zufriedener verlaufe das Alter. Was zuvor als natürliche Alternskonstante betrachtet wurde, ist der Aktivitätstheorie zufolge Resultat gesellschaftlicher Bedingungen.

Diese frühen Ansätze der Gerontologie bemühten sich darum, allgemeingültige Grundtendenzen festzustellen, sie als natürlichen Alterungsprozeß zu klassifizieren und damit verallgemeinernde Aussagen über das Altern treffen zu können. Sie vernachlässigten zeit- und sozialgeschichtliche Hintergründe des Alterns und trugen nicht der Tatsache Rechnung, daß die jeweils beobachteten und erforschten Alten „Kinder ihrer Zeit" sind. Inzwischen haben die Kontinuitätshypothese und lebenslauftheoretische Kohortenbetrachtungen - sozusagen als zweite Generation gerontologischer Theorien - an wissenschaftlicher Bedeutung gewonnen. Sie sind u.a. Resultat davon, daß gerontologische Studien heute auf mehrere Jahrzehnte an Vorarbeiten zurückblicken können und die Abhängigkeit der Alternsphänomene von historisch-gesellschaftlichen Veränderungen registrierbar ist, in der Psychologie besonders in Längsschnittuntersuchungen. Wenn nach der Kontinuitätshypothese Alte im wesentlichen fortführen, was sie in jüngeren Jahren praktiziert haben, Einstellungen und Lebenshaltungen überwiegend mit dem Alter in Grundzügen erhalten bleiben, so wird relevant, wie das Leben welcher Generation vor welchem zeitgeschichtlichen Hintergrund verlaufen ist: In welcher Altersphase hat eine Kohorte welche Epochen verlebt und wie haben diese Einflüsse ihre Lebenspragmatik, ihre Erfahrungen und ihre Kompetenzen geprägt?

Ebenso wie sozial-historische Kontexte wurde in der frühen Gerontologie die Geschlechterfrage vernachlässigt (vgl. Turner/Troll 1994; Arber/Ginn 1995). Grundlage der Theoriebildung waren überwiegend Befunde über alte ‚weiße Männer Europas und Nordamerikas', wie Sandra Harding (1994) es für weite Teile der nordamerikanischen Psychologie und Soziologie insgesamt nachweist. Für die bundesdeutsche psychologische Gerontologie muß allgemein festgestellt werden, daß weibliche Entwicklung und Lebensführung eher vernachlässigt wurden. Weibliches Altern - nach Simone de Beauvoir das des „anderen Geschlechts" neben der scheinbaren Normalität des Mannes - tauchte entweder biologistisch betrachtet (Verlust der Gebärfähigkeit usw.) oder in Randbemerkungen auf. Gerade in den USA wurden oft im Militär oder in Kriegsveteranenheimen Fähigkeiten älterer Männer untersucht, die kaum geschlechtsneutral sein können, da sie in der Geschlechterarbeitsteilung eher typisch männliche waren (kurzfristige Muskelkraft in medizinischen oder kognitive Schnelligkeit in psychologischen Tests mit Items, die eher männlicher Lebensführung entsprechen). Für die alltagspraktische Lebensführung und für Problembewältigung erscheint es als relativ unwichtig, ob eine alte Frau 100 Testaufgaben 10 oder 20% langsamer löst als eine Jüngere. Inwieweit die Lösungsleistungen davon abhängen, welche Schulbildung der breiten Masse der jeweils getesteten Generation zuteil wurde, welche Fähigkeiten von wem durch berufliches Training eingeübt wurden etc., wurde unter der Frage der Erhebung von Leistungsvermögen im Alter ebensowenig berücksichtigt wie diejenige, ob die getesteten Probleme in der Lebenspraxis alter Frauen relevant waren (vgl. Lehr 1987).

In den USA wird seit Ende der 80er Jahre heftig um die positivistische und traditionell empirische Gerontologie in Psychologie und Sozialwissenschaften gestritten. Sie steht im Kreuzfeuer einer kritischen gerontologischen Perspektive, die gesellschaftliche und zeitgeschichtliche Fragen des Alterns aufwirft und sich explizit auf die kritische Theorie bezieht (vgl. Tornstam 1992; Moody 1988, 1992; Bengston et al. 1997)[3]. Ein Teilbereich der kritischen englischsprachigen Gerontologie ist die feministische Perspektive in Nordamerika (vgl. z.B. Hendricks 1992, 1993; Reinharz 1986; Calasanti/Zajicek 1993), wobei Jay Ginn und Sara Arber (1995) aus britischer Sicht feststellen, daß es sich hierbei noch um vereinzelte Beiträge handelt: „Although studies on older people usually take gender, as a variable, into account, the intersection of age relations and gender relations is underdeveloped in mainstream social theory ... However, sociologists concerned with ageing and ageism have tended to ‚add on' gender, treating it as a variable rather than integrating it as a fundamental relationship of social organization. At the same time, the predominat theoretical work of academic feminists has until recently been concerned with how gender divisions in both the domestic sphere and the labour market contribute to the oppression of working age women, tending to neglect ageing and later life. ... Like diners at separate tables, ageing theorists and feminist sociologists have been exchanging some meaningful glances but without pooling their conceptual resources" (1995: 2).

Die traditionelle Gerontologie blickt auf Alte (und besonders alte Frauen) wie auf fremde Wesen oder wie auf Laborkaninchen, wie Lars Tornstam (1992) es für die USA formuliert hat. In psychologischen und gerontologischen Veröffentlichungen finden sich bis in die 90er Jahre Beiträge aus Studien mit ausschließlich männlichen Probanden, deren Ergebnisse als für Alte allgemeingültig vorgestellt werden, oder Untersuchungen, bei denen über das Geschlecht der Versuchspersonen kein Wort verloren wird (vgl. z.B. Stuhlmann 1992; Hautzinger 1992; Heuft 1994). Dieses ist um so erstaunlicher, als es seit Jahren zum Allgemeinwissen zählt, daß Jungen und Mädchen unterschiedlich sozialisiert werden, daß sich die Lebensführung erwachsener Männer und Frauen im Hinblick auf soziale Beziehungen, Familienleben, Berufstätigkeit, Freizeit etc. unterschiedlich gestaltet, pluraler werdende biographische Muster voneinander abweichen. Offenbar liegt der traditionellen Gerontologie die weitgehend stillschweigende Annahme zugrunde, daß sich im Alter der soziale Geschlechtscharakter ‚Frau' verwische, die Frau nach dem Klimakterium weniger Frau sei als die gebärfähige Jüngere und sie mit veränderten Hormonspiegeln ‚ver-

---

3 Dieses scheint in Deutschland noch nicht in vergleichbarem Maße als erkenntnistheoretische Diskussion stattgefunden zu haben.

männliche'. Ist - mit dem heutigen Wissensstand zum sozialen Geschlecht - nicht vielmehr zu vermuten, daß sich neben den Lebenslagenunterschieden (s.u.) auch psychologische Geschlechterunterschiede verstärken, je länger die geschlechtspezifische Differenzierung über sechs, sieben oder acht Jahrzehnte Zeit zur Wirkung hat? Und trifft diese Vermutung nicht gerade für die heute alten Frauen (und Männer) zu, deren Lebensverläufe in den ersten zwei Dritteln dieses Jahrhunderts sehr klar und quer durch soziale Schichten durch geschlechtsspezifische Rollenvorgaben und Chancenzuteilungen bestimmt waren?

1.2 Weibliches Altern, Kohorten, Biographie und Kontinuität

Heute haben wir etwas mehr Glück: Auch in der Psychologie lassen sich mit für soziale Kontexte offenen entwicklungspsychologischen Ansätzen und der Berücksichtigung von Kohorten in der Gerontologie differenziertere wissenschaftliche Standpunkte finden, die lebenslangen Geschlechterunterschieden Rechnung tragen können (mit Betonung auf können, nicht müssen) und die Frauen als eigenes Forschungs- und Theoriebildungsfeld nahelegen (vgl. Lehr 1987; Fooken 1993; Kühnert/Niederfranke 1993) Unter dem Begriff der Kontinuität wird postuliert, daß Problem- oder Lebensbewältigungsformen im Alter Produkte aus biographischen Erfahrungen, geübten Bewältigungsmustern und sich ändernden sozialen Bedingungen und damit geschlechtsspezifisch sind. Dabei spielen sowohl die erfahrenen Lebensereignisse selbst - seien es gesellschaftliche oder historische Ereignisse wie Kriege, Verfolgung, Wechsel von Gesellschaftssystemen - wie die praktizierte Form des persönlichen Umgangs und der emotionalen Auseinandersetzung mit dem Lebensereignis wichtige Rollen. Ursula Lehr (1987) oder Hans Thomae (1983) haben darauf hingewiesen, daß für die Entwicklung grundlegender Lebenshaltungen und Kompetenzen im Alter weniger erlebte Ereignisse selbst als vielmehr die praktizierten Bewältigungsformen und daraus resultierenden Erfahrungen bedeutsam seien. Drei Beispiele: Frauen, die in Ehe und Familie gelernt haben, sich bei Beziehungsproblemen immer selbst die Schuld zu geben oder mit Passivität zu reagieren, werden nicht im Alter plötzlich aktiv und offensiv mit Konflikten umgehen, nur weil sie jetzt „reifer“ sind. Frauen, die ihr Leben lang ausgiebig mit den besten Freundinnen das Pro und Contra wichtiger Entscheidungen besprochen haben, werden das auch im Alter weiter so handhaben wollen. Frauen, die während der Wirtschaftskrise der 20er Jahre und im Zweiten Weltkrieg sowie der Nachkriegszeit ‚nicht auf Rosen gebettet waren' und familiäre und ökonomische Verluste erlitten haben und sich dabei als aktiv handelnde, zur Improvisation fähige und emotionale Krisen verkraftende Person entwickelt haben, sind nach eigenen Aussagen im Alter gut gerüstet für Schicksalsschläge und gelassenere Arrangements mit Einschränkungen (Engel et al. 1996).

In der deutschen soziologischen Gerontologie tauchte die alte Frau seit Anfang der 80er Jahre auf (vgl. Backes 1983; Dieck 1984). Die Verfügbarkeit (weniger) frauenbezogener entwicklungspsychologischer Arbeiten und die soziologische feministische Lebenslagen- und Lebenslaufforschung, die noch viel zu selten alte Frauen berücksichtigt (s.o.), hat inzwischen dazu beitragen, daß Allgemeingültigkeit beanspruchende Theorien und Forschungsresultate über das Altern in Frage gestellt werden. Diese bildeten bisher zumindest immer nur Phänomene ab, die für die zu dem jeweiligen Zeitpunkt untersuchten Alten gelten oder noch dazu männerlastig sind. Daß sich weibliches Altern und männliches unterscheiden, liegt aufgrund der unterschiedlichen Rollen, Lebenserfahrungen und -bewältigungen auf der Hand.

1.3 Weibliche Lebensbewältigung im Alter

Die Entwicklungspsychologie verwendet den Begriff der Bewältigung nicht mehr nur für eindeutig und konkret identifizierbare Umbruch-, Streß- und Problemsituationen, sondern für den Prozeß der gesamten Lebensführung. Die Biographie wird als Entwicklung über verschiedene Stufen hin gesehen, die in zu bewältigenden „Entwicklungsaufgaben" bestehen (z.B. Ich-Identitätsbildung des Kleinkindes, Schuleintritt, Ablösung vom Elternhaus, Hinwendung zu einer eigenen Lebensform wie beispielsweise der Familiengründung, Mutterschaft oder Entscheidung zur Kinderlosigkeit, „Freigabe" eigener Kinder im mittleren Erwachsenalter und Erlangung „filialer Reife" im Verhältnis zu den eigenen alten Eltern). Hierbei spielen neben natürlich-biologischen Entwicklungsprozessen wie der Pubertät oder dem Klimakterium in erster Linie gesellschaftlich (mit)bestimmte Ereignisse und des weiteren kulturell geprägte Anforderungen der sozialen Umwelt eine Rolle, die für jedes Lebensalter besondere sind und häufig bestimmte Normalitätsstandards an das Individuum herantragen. Nicht nur „bedeutsame Lebensereignisse im Alter und die mit ihnen einhergehenden Veränderungen der Lebenssituation" sind nach Winfried Saup (1990) als Bewältigungschancen aufzufassen, sondern auch „die vielen, eher ‚kleineren' Ereignisse wie z.B. die Initiierung und Pflege einer neuen Bekanntschaft, die Aufgabe eines Hobbies oder eine zwischenmenschliche Konfliktsituation innerhalb der Familie" (Saup 1990: 186). Als Bewältigungsstrategien werden alle kognitiven, gefühlsmäßigen und Verhaltensreaktionen von Personen auf (positive wie negative) Anforderungen oder Belastungen, die außerhalb von Routinen ihre Kompetenz im Umgang mit Neuem oder mit Problemstellungen herausfordern, bezeichnet. Diese Reaktionen können in der aktiven Bearbeitung, dem Versuch der Veränderung der Anforderung, der Hinzuziehung von Hilfe anderer, in der Umdeutung oder dem Ignorieren von Problemstellungen bestehen. Sie dienen dazu, gewohnte Zustände wieder herzustellen oder neue, veränderte Situationen so zu gestalten, daß eine individuell erträgliche oder zufriedenstellende Lebensführung weiterhin möglich ist (vgl. Lazarus/Olbrich 1983; Saup 1990, 1991).

Hierbei ist zu betonen, daß die Vorstellung von der Bewältigung dieser Aufgaben einem wissenschaftlichen Konzept entspricht. Sie deckt sich sicherlich wenig mit der subjektiven Haltung derjenigen Frauen und Männer, die ihr Leben schlichtweg in alltäglicher Normalität, Fraglosigkeit und in relativer Gelassenheit gegenüber den normativen kritischen Lebensereignissen leben. Je länger die als Alter aufgefaßte Lebensphase dauert, desto länger werden auch Zeitabschnitte, in denen sich Veränderungen eingependelt haben und Alltag in Routinen gelebt wird.

Kritische Ereignisse und Anforderungen unterscheiden sich wesentlich nach Geschlechtszugehörigkeit. Typische Bewältigungsanforderungen im Leben alter Frauen sind nicht nur Ergebnis des biologischen Alterungsprozesses und gesellschaftlicher Erwartungen an „würdiges Altern", sondern auch Folgen von Bedingungen, Handlungen, Haltungen und Entscheidungen der einzelnen Frauen in jüngeren Jahren. Verbreitete Lebenslagen alter Frauen - wie sie in Teil 2 dargestellt werden - stellen dabei selbst Bewältigungsanforderungen dar (z.B. die Bewältigung materieller Einschränkungen oder des Alleinlebens) und bilden gleichzeitig einen wesentlichen Teil der Ausstattung der einzelnen Frau mit Ressourcen zur Bewältigung kritischer Lebensereignisse (wie das Verfügen über unterstützende LebenspartnerInnen, über ermutigende Aktivitätschancen, über materielle Spielräume). Welches sind typische Bewältigungsaufgaben, die sich aus weiblichen Biographiemustern und Lebenslagen im Alter ergeben? Ohne Anspruch auf Vollständigkeit können eine Reihe von Anforderungen genannt werden, in denen sich weibliches und männliches Altern unterscheiden:

- die Bewältigung des physischen Alterns mit der Integration der äußerlich sichtbaren Veränderungen in das Selbstbild (vgl. Beitrag von Rudolph). Bis heute werden Frauen bei gleicher Faltentiefe früher als Männer als alt eingestuft und bei Frauen ist der alternde Körper eher mit erotischer Unattraktivität assoziiert als bei Männern (vgl. Schachtner 1988; von Sydow 1992),
- die Bewältigung des Berufsendes und des Übergangs in das Renterinnen- und Pensionärinnendasein, das bei Frauen im allgemeinen aufgrund niedrigerer Altergrenzen, häufigerer Arbeitslosigkeit im Vorruhestandsalter besonders in Ostdeutschland (vgl. Beitrag von Wiesner) oder wegen vorzeitiger Rentenbeantragung, um parallel mit dem (i.d.R. älteren) Lebenspartner ‚in Rente' zu gehen, früher als bei Männern eintritt. Frauen verbringen insgesamt längere Zeit im Ruhestand als Männer,
- bei verheirateten Frauen auch die Unterstützung des Mannes bei dessen Bewältigung seines Berufsendes. Frauen leisten mehr emotionale Unterstützung für ‚ihre' Männer als umgekehrt (vgl. Schmerl/Nestmann 1990), helfen bei der Lebensumstellung, ermutigen bei Sinnkrisen, machen sich die Frage der Neubalancierung des Partnerschaftsverhältnisses eher zur Aufgabe,
- bei Paaren allgemein die neue Aushandelung des Zusammenlebens, der Verteilung der Hausarbeit, der Routinen des Alltags, wobei auch hier Frauen gerade in den heute alten Kohorten eher als Männer die Initiative zur expliziten Auseinandersetzung mit der neuen Beziehungskonstellation übernehmen (vgl. Sickendiek 1996),

- bei Frauen eher als bei Männern die Unterstützung und Pflege des kranken Partners, begründet durch den üblichen Altersunterschied und durch die höhere Normalität weiblicher Pflegearbeit im Sinne der geschlechtsspezifischen Arbeitsteilung,
- ebenfalls häufiger der Tod des Partners als Folge des üblichen Altersunterschieds bei Paaren und der kürzeren männlichen Lebenserwartung (s.u.),
- das Arrangement mit dem Alleinwohnen mit mehr oder weniger häufigen Einsamkeitsgefühlen, das weitaus öfter Frauen als Männer trifft (s.u.),
- im Zuge der steigenden Lebenserwartung teilweise noch im sechsten Lebensjahrzehnt die Betreuung oder Pflege hochaltriger (Schwieger-)Eltern, auch eine typisch weibliche Aufgabe der heute älteren Frauengeneration.

Die Bedeutung der sozialen Geschlechterunterschiede für die Bewältigung von und das Leben mit verschiedenen im Alter mit hoher Wahrscheinlichkeit auftretenden Fragen und Anforderungen kann an zwei Beispielen detaillierter und plastischer verdeutlicht werden. Dabei werden zwei Beipiele gewählt, die zunächst als biologische bzw. gesundheitliche Phänomenen betrachtet werden können, jedoch stark durch soziale Gegebenheiten überformt sind: die Veränderung der Bedingungen für Sexualität und die Tatsache, daß Frauen häufiger Witwen werden als Männer Witwer.

Bei Frauen ist das alternde Äußere in der gesellschaftlichen Wahrnehmung, wie gesagt, deutlicher an sexuelle Unattraktivität gekoppelt, und in Befragungen und Selbstdarstellungen äußern Frauen stärker als Männer, daß die Anzeichen des Alterns ihre Lebenszufriedenheit und ihr - oft ohnehin geringes - sexuelles Selbstbewußtsein beeinträchtigen. Andere Frauen reagieren mit einer gewissen Erleichterung darauf, im Alter nicht mehr stark über ihr Äußeres bewertet zu werden; für sie bedeuten die Falten eher eine Befreiung vom „Schönheitszwang". An diesem Faktum zeigt sich die gesellschaftlich-kulturelle sexistische Überformung physiologischer Möglichkeiten: Den Untersuchungen z.B. von Ingelore Ebberfeld (1992, 1993) oder Kirsten von Sydow (1992) zufolge bleibt nach dem Klimakterium die weibliche sexuelle Genußfähigkeit vollkommen erhalten, während gleichzeitig der Status als erotisch attraktive Frau abnimmt. Sexuelle Beziehungen betreffend haben alte Frauen nur geringe Chancen auf Erfüllung ihrer Wünsche, seien es verheiratete Frauen oder alleinlebende heterosexuelle oder homosexuelle alte Frauen. Das Thema Sexualität kann ohne Rückgriff auf die von den Frauen erlebte Zeitgeschichte nicht behandelt werden. In den von Kirsten von Sydow durchgeführten Interviews mit verheirateten oder verwitweten Frauen zeigt sich, daß die Tabuisierung und das Verbot außer- und nachehelicher Beziehungen je stärker wirken, je älter die Frauen sind. Fehlende sachliche und freundliche Aufklärung, Heimlichkeit, Angst und Hemmung, mit dem Ehemann und oft einzigen Sexualpartner über Sex zu sprechen, Probleme der Empfängnisverhütung vor der Pille, z.T. traumatische Erlebnisse im Nationalsozialismus und Krieg etc., haben dazu beigetragen, daß mehr als ein Drittel der befragten Frauen froh war, als ihr Mann stillschweigend kein Interesse mehr an Sex zeigte oder sich das Thema durch Krankheit oder Tod des Mannes ‚von selbst erledigte'. Fast ein weiteres Drittel äußert sich relativ indifferent gegenüber sexuellen Kontakten. Die Frauen, die weiterhin befriedigende sexuelle Beziehungen haben, z.T. erst im Alter mit einem neuen Mann Geschlechtsverkehr als positiv erlebt haben, und zweitens diejenigen, die im Interview offen beklagen, daß ihnen Zärtlichkeit und sexuelle Zuwendung fehlen, sind also in der Minderheit (ähnliches bestätigen die in Dresden von Studentinnen der Sozialpädagogik durchgeführten Interviews mit über-70-jährigen Frauen, die zur Zeit in Diplomarbeiten ausgewertet werden). Frauen der Gruppe, die Interesse an sexuellen Beziehungen hat, haben wenig Chancen, neue Partner zu finden, da gleichaltrige Männer zumeist verheiratet sind, selbst nicht mehr sexuell aktiv sein wollen oder können, und sowohl gleichaltrige wie jüngere Männer bevorzugt jüngere Frauen suchen. Diese Chancenlosigkeit gilt auch für lesbische alte Frauen, zumal in ihren Altersgruppen Homosexualität noch tabuisierter erscheint als bei jüngeren (vgl. Husmann 1992; Kehoe 1988).

Zum zweiten Beispiel: Frauen scheinen insgesamt besser als Männer in der Lage zu sein, das Ereignis des Partnerverlustes ohne sehr lange Depression zu bewältigen. Sie können sich nach Sigrid Müller-Daehn und Insa Fooken (1993) und Ursula Lehr (1987) besser neu orientieren als Witwer. Hierbei erweisen sich die von Frauen ausgebildete höhere soziale Kompetenz und ihre zumeist dichtere und emotional engere Einbindung in Beziehungen zu Kindern, vor allem Töchtern, und anderen Verwandten als vorteilhaft (vgl. Ferraro 1989; Roberto 1997). Das betrifft auch ehemals berufstätige Frauen. Unter Verwandten spielen z.B. Schwestern eine große Rolle; Schwestern sind bei der heute alten Generation mit vielen im Krieg gestorbenen Brüdern und der längeren weiblichen Lebenserwartung diejenigen Angehörigen, die die längste parallele Lebenszeit zusammen verbringen, wobei auch z.T. konflikthafte Beziehungen mit schwankender emotionaler Wertigkeit die Bedeutung dieses Verhältnisses nicht zwangsläufig schmälern.

Im Hinblick auf Lebenszufriedenheit und das subjektive Verspüren sozialer Einbindung spielen jedoch offenbar nicht Kinder und Enkel, sondern Personen außerhalb der Verwandtschaft und in zweiter Linie gleichaltrige Verwandte zentrale Rollen. Verheiratete und alleinstehende Frauen fühlen sich eher dann integriert und zufrieden, wenn sie über ein Netz von FreundInnen, Bekannten, ehemaligen ArbeitskollegInnen etc. verfügen als wenn ihr Kontakt sich weitgehend auf Kinder und EnkelInnen beschränkt (vgl. Beitrag Nestmann in diesem Band; Nestmann/Schmerl 1992; Lehr 1987; Müller-Daehn/Fooken 1993). Hierbei ist ihnen, auch wenn sie Witwen sind bzw. allein wohnen, die Qualität der Beziehung wichtiger als die Quantität der Kontakte.

Witwer nehmen bei der Bewältigung der Trauer um den Verlust der Ehefrau weniger die enge, emotionale Zuwendung von Angehörigen und FreundInnen in Anspruch. Für sie ist der Kontakt im Freundes- und ehemaligen KollegInnenkreis zum Zwecke gemeinsamer Aktivitäten bedeutsamer. Sie suchen zudem schneller und im Rahmen der Geschlechterzahlen erfolgreicher eine neue, wiederum jüngere Frau, oft eine Witwe, die damit das Risiko eingeht, zweimal in ihrem Leben Witwe zu werden. Für fast die Hälfte der Witwen kommt eine neue Liebesbeziehung jedoch nicht oder nur unter Beibehaltung getrennter Wohnungen in Frage (vgl. Müller-Daehn/Fooken 1993) - die meisten der jüngeren alten Frauen, unter ihnen vermutlich auch diejenigen, die über Töchter oder Enkelinnen mit Ausläufern der Frauenbewegung in Berührung gekommen sind, möchten nicht mehr eng mit einem (zweiten) Mann zusammenleben.

Insgesamt ist zur Frage der weiblichen Lebensführung und -bewältigung im Alter festzuhalten, daß mit wenigen thematischen Ausnahmen (wie dem Partnerverlust) noch große Forschungslücken bestehen, insbesondere (feministische) Untersuchungen fehlen, die das subjektive und persönliche Alterserleben von Frauen mit unterschiedlichen sozialen Hintergründen und in seiner biographischen Bedingtheit erfassen *und* auch die objektiven Lebensbedingungen alter Frauen, die im folgenden Kapitel umrissen werden, hierzu in Verbindung setzen.

2. Lebenslagen alter Frauen

Um die Lebenssituation heute alter Frauen zu veranschaulichen, werden vier Lebenslagencharakteristika (Einkommen, Bildung und Beruf, Familienstände und Haushaltsformen sowie gesellschaftliche Partizipation) unter der Frage des Geschlechterunterschieds betrachtet. Zunächst wird jedoch die Lebenserwartung von Frauen dargestellt, um zu veranschaulichen, daß sich weibliches Altsein heute über einen langen Zeitraum erstreckt.

Frauen werden älter als Männer. In der Europäischen Union liegt die durchschnittliche Lebenserwartung von Geburt an bei 72 Jahren für Männer und 79 Jahren für Frauen, in Deutschland leicht darunter (vgl. Tab.1, vgl. auch Lenz/ Rudolph/Sickendiek i.d.B.). Wer 1990 60 Jahre alt war, hatte als Mann noch mit 17 Jahren in West- und 16 Jahren in Ostdeutschland zu rechnen, als Frau mit 22 Jahren bzw. 19 Jahren. Hiermit ergeben sich für ältere Frauen im Schnitt 3 bis 5 Jahre mehr (Deutscher Bundestag 1994) (vgl. Tab.2).

	Männer	Frauen
Europäische Union	72,8	79,2
Ostdeutschland	70,0	76,2
Westdeutschland	72,5	79,0

Tab. 1: Lebenserwartung von Männern und Frauen bei Geburt (Quelle: Enquête-Kommission Demographischer Wandel 1994)

	Männer	Frauen
Ostdeutschland	16,2	19,8
Westdeutschland	17,7	22,1

Tab. 2: Lebenserwartung von Männern und Frauen im Alter von 60 Jahren (Quelle: Enquête-Kommission Demographischer Wandel 1994)

Welches sind die Gründe dieses - übrigens fast weltweiten - Geschlechterunterschieds? Biologische Erklärungsmuster besagen, daß Frauen physisch widerstandsfähiger und belastbarer seien als Männer, da zur Reproduktion der menschlichen Spezies mehr Frauen als Männer notwendig sind. Die größere Zähigkeit des weiblichen Geschlechts zeige sich bereits im frühen Säuglingsalter: Wenn auch im Schnitt mehr Jungen als Mädchen geboren werden (1080 : 1000), reduziert sich die Zahl der Jungen durch ihre höhere Sterblichkeit kurz nach der Geburt. Sozialmedizinische Untersuchungen zeigen, daß die insgesamt längere Lebenserwartung von Frauen vor allem aus ihrer niedrigeren Mortalität in jüngeren Jahren resultiert, sich im höheren Alter laut David Smith (1991, 1997) mehr und mehr der männlichen angleicht. Männer unter 40 oder 50 Jahren zeigen höhere Sterbeziffern als ihre Altersgenossinnen. Ursachen scheinen in einer allgemein niedrigeren Anfälligkeit von (jüngeren) Frauen für tödliche Krankheiten zu liegen, die zum einen hormonell bedingt sei. Männer seien hormonell eher für Herz-Kreislauf-Erkrankungen, Krebs etc. prädisponiert. Zum anderen werden bei Männern höhere Risikofaktoren in der Lebensweise und im Gesundheitsverhalten festgestellt, die tödliche Krankheiten begünstigen, ferner höhere Sterblichkeit in Folge von Unfällen und Gewalt (vgl. Deutscher Bundestag 1994). Soziale Verhaltensunterschiede und unterschiedliches Präventionsverhalten überlagern nach Lang/Arnold/Kupfer (1994) offenbar biologische Grundlagen. Frauen leben jedoch insgesamt nur bedingt gesünder, leiden sie doch im Alter oft an chronischen nicht-tödlichen Krankheiten wie z.B. Degenerationserscheinungen der Knochen, Rheuma etc., „... und ihr längeres Leben bietet chronischen Beeinträchtigungen die Möglichkeit, sich zu verschlimmern" (Smith 1991: 11, Übers. d. A.).

Historische und kulturvergleichende Analysen von Sterbeziffern zeigen, daß die Lebenserwartung von Frauen stark soziokulturellen Einflüssen unterliegt und ihre höhere Lebenserwartung ein geschichtlich recht neues Phänomen ist. Tötungen weiblicher Neugeborener, körperlich stark schädigende Arbeitsbelastung und vor allem zahlreiche Schwangerschaften und Sterbefälle bei Geburten waren bis zur Jahrhundertwende auch in Europa Ursachen für insgesamt frühe weibliche Sterblichkeit (vgl. Smith 1991).

In Deutschland leben zur Zeit in Folge der längeren Lebenserwartung weitaus mehr alte Frauen als Männer, wofür noch kriegsbedingte Verluste in den Männergenerationen eine Rolle spielen. Jeder 8. Mensch in Deutschland ist heute eine Frau über 60 Jahren. Bevölkerungsprognosen (vgl. Lenz/Rudolph/Sickendiek i.d.B.) zeigen, daß im Jahr 2030 jeder 5. bis 6. Mensch eine alte Frau sein wird. Die Zahlen sprechen eine deutliche Sprache: Die Feminisierung des Alters ist einer der wesentlichen soziologischen Trends neben der Singularisierung und zunehmenden Hochaltrigkeit, wobei beide letztgenannte Trends auch wiederum Frauen am meisten betreffen (vgl. Tews 1993).

Demographische Darstellungen haben sich für die Tatsache, daß in einer Altersgruppe mehr Menschen eines Geschlechts als des anderen leben, den Begriff des „Überschusses" zu eigen gemacht, der auffällig oft dann benutzt wird, wenn es um (alte) Frauen geht (vgl. z.B. Bänder et al. 1996)[4]. Traditionelle Vorstellungen der lebenslangen Ehe und heterosexuellen Geschlechterpaarung 1:1 scheinen hier das Denken zu bestimmen. (Alte) Frauen im Patriarchat sind also der Demographie zufolge nur nützlich - und um Nützlichkeit geht es bei dem Begriff Überschuß -, wenn sie ihre Existenz durch die Sorge für einen Mann legitimieren.

2.1 Einkommen

Frauen haben, wie wir feststellen können, den Vorzug länger zu leben. Aber können sie sich rein materiell gesehen ein „gutes" Leben leisten? Alte Menschen beziehen Einkünfte aus unterschiedlichsten Quellen wie Renten, Pensionen, aus privatem Vermögen, Haus- und Grundbesitz und Erwerbseinkommen. Insgesamt ist die Datenlage zum Gesamteinkommen sehr dünn (vgl. Deutscher Bundestag 1994). Es scheint schwierig zu erheben zu sein, welche Versicherungsleistungen und sonstigen Einkünfte im Einzelfall zusammenkommen. Der weit überwiegende Teil vorliegender Daten beschränkt sich auf die Renten- und Pensionseinkommen ehemals abhängig Beschäftigter und ihrer Angehörigen, wobei West und Ost zur Zeit noch zu unterscheiden sind.

Für Frauen ist entscheidend, ob sie mit Ehemann oder allein leben, ob sie eigene Renten und/oder Witwenrente beziehen. Mehr als ein Drittel der alten Frauen bekommt keine eigene Rente oder Pension und lebt vom Haushaltseinkommen durch die Rente des Mannes, von Witwenrente oder Sozialleistungen. Die Alterseinkommen von Frauen in der BRD sind im Durchschnitt der Nettoeinkommen insgesamt niedriger als diejenigen der gleichaltrigen Männer. Sie sind zudem stärker vom Familienstand abhängig, was sich extrem in den Einkommen alter Frauen über 80 Jahren zeigt, für die Heirat oftmals mit der Aufgabe der Erwerbstätigkeit einherging, weil nach der Heirat nicht-rentenversicherte Tätigkeiten ausgeübt wurden oder Frauen sich bereits bezahlte Rentenbeiträge auszahlen ließen. Die ausschließliche Betrachtung der Leistungen aus der gesetzlichen Rentenversicherung (GRV) liefert kein präzises Bild der weiblichen

4 Interessanterweise wird die höhere Männerzahl im Alter zwischen 25 und 45 Jahren im konkreten Beispiel nicht mit dem Begriff des „Männerüberschusses" belegt (vgl. Bänder et al. 1996).

Einkommenssituation, da sich bei vielen Frauen in Abhängigkeit vom Familienstand zwei oder mehrere Einkommensquellen kombinieren.

Eine exaktere Darstellung bringt die Infratest-Untersuchung zur Alterssicherung in Deutschland 1995 (ASiD 1995). Rentnerinnen ab 55 Jahren bezogen in Westdeutschland 1995 durchschnittlich 793 DM eigene GRV-Rente, weniger als die Hälfte der Rente von Männern (1859 DM), in Ostdeutschland 1022 DM bei einer Männerrente von 1272 DM. Als abgeleitete GRV-Rente bezogen westdeutsche Witwen 1020 DM, ostdeutsche Witwen nur 750 DM. Da im Osten 93% und im Westen 84% der Arbeiter- und Angestelltenwitwen eine solche abgeleitete Rente erhalten, die Mehrzahl älterer Frauen also Witwenrente bezieht, stehen westdeutsche Witwen insgesamt auch bei unterschiedlicher Kaufkraft in West und Ost besser da als ostdeutsche, was sich auch am Gesamtrentenbetrag derjenigen zeigt, die sowohl eigene wie Witwenrente bekommen - durchschnittlich 1614 DM im Westen und 1247 DM im Osten, etwa ein Viertel weniger. Anders fällt der Vergleich bei den Bezugsquoten eigener GRV-Rente aus: Etwa 30% der westdeutschen Frauen ab 65 Jahren und circa 3% der ostdeutschen erhalten keine eigene Rente (alle Zahlen ASiD). In Westdeutschland verstärken sich im übrigen die Geschlechterunterschiede des Rentenbezugs dadurch, daß Frauen bei betrieblichen Rentenversicherungsleistungen und der Zusatzversorgung des öffentlichen Dienstes weit schlechter abschneiden als Männer; lediglich bei BeamtInnenpensionen fallen die Unterschiede insgesamt geringer aus, wobei jedoch auch hier kaum Frauen unter den SpitzenpensionsbezieherInnen zu finden sind.

Frauen sind insgesamt betrachtet öfter als Männer Empfängerinnen niedriger Renten von unter 1000 DM und seltener von Renten/Pensionen über 5000 DM. Hierin schlägt sich ihre Benachteiligung im und ihre geringere Beteiligung am Erwerbsleben als für Haus- und Familienarbeit Zuständige nieder. Des weiteren wirken sich die bundesdeutsche Rentengesetzgebung und deren Berechnungsmodi der Rentenhöhen aus: So erreicht mit 9% nur ein sehr geringer Teil der Frauen im Westen und mit 13% nur leicht mehr Frauen im Osten die für die Standardrente erforderlichen 45 Erwerbsjahre (Männer West 29% und Männer Ost 44%). Kindererziehungs- und Erwerbsarbeitszeiten werden nur alternativ angerechnet, die Doppelleistung von Beruf und Kinderbetreuung wird nicht honoriert. Des weiteren folgen auf niedrige Frauenlöhne und -gehälter niedrige Renten und Pensionen.

Der Geschlechterunterschied bleibt bestehen, wenn die Gesamtnettoeinkommen von Frauen und Männern im Alter verglichen werden. 1995 bezogen alleinstehende Rentner/Pensionäre im Mittel 3769 DM und verwitwete Rentnerinnen/Pensionärinnen 2086 DM in Westdeutschland und 3118 DM bzw. 1911 DM in Ostdeutschland, wenn alle Renten, Pensionen und sonstigen Einkommen (z.B. aus privaten Versicherungen, aus Haus- und Grundbesitz etc.) aufsummiert werden (vgl. BMFSFJ 1998: 175f, vgl. Tab. 3-5).

Einkommen in DM	Ehepaare	Allein-stehende Männer	Ledige Frauen	Geschie-dene Frauen	Witwen
> 1000	0	6	16	14	7
1000 bis >1400	2	6	20	26	16
1400 bis >2000	7	19	22	24	32
2000 bis >3000	27	38	25	20	31
3000 bis >4000	30	17	12	9	8
< 4000	32	13	7	7	5

Tab. 3: Gesamtnettoeinkommen in Westdeutschland der Bevölkerung ab 65 Jahren in Prozent. (Quelle: BMFSFJ 1998: 175f. Abweichungen von 100% sind rundungsbedingt)

Einkommen in DM	Ehepaare	Allein-stehende Männer	Ledige Frauen	Geschie-dene Frauen	Witwen
> 1000	0	0	7	18	2
1000 bis >1400	0	11	31	43	13
1400 bis >2000	4	43	47	32	45
2000 bis >3000	45	40	9	6	37
3000 bis >4000	43	4	4	1	5
< 4000	9		0	0	0

Tab. 4: Gesamtnettoeinkommen in Ostdeutschland der Bevölkerung ab 65 Jahren in Prozent. (Quelle: BMFSFJ 1998: 175f/Abweichungen von 100% sind rundungsbedingt)

	Ost	West
Unter 600 DM	13%	46%
600 DM bis unter 1200 DM	57%	31%
Über 1200 DM	30%	23%
Durchschnittsaltersrente	1022 DM	793 DM
Witwenrenten im Durchschnitt	750 DM	1020 DM

Tab. 5: Höhe der Renten der Frauen in Ost- und Westdeutschland 1995 (Quelle: VDR (1995): Index Spezial 4120)

Während bei den im Ehepaar lebenden Frauen schwierig zu beurteilen ist, inwieweit sie über ein persönliches Finanzbudget verfügen können, zeigt sich des weiteren die Tatsache, daß geschiedene Frauen im Alter am schlechtesten dastehen (vgl. auch Engel et al. 1996). Bei den heute alten Geburtskohorten ist dieses damit zu erklären, daß Frauen oftmals mit der Heirat oder der Geburt des ersten Kindes ihren Beruf aufgaben oder auf Teilzeitstellen wechselten bzw. sich bereits gezahlte Versicherungsbeiträge auszahlen ließen. Fand die Scheidung, wie oft der Fall, mit Mitte 40 oder um das 50. Lebensjahr herum statt, gelang es nur wenigen Frauen, Berufsjahre und Einkommen soweit „nachzuholen“, um sich eine angemessene Rente zu erarbeiten.

Resümierend läßt sich festhalten, daß die Einkommenslage alter Frauen nicht nur Folge ihrer beruflichen Benachteiligung ist. Auch der Familienstand ist bei ihnen von wesentlich größerer Bedeutung als bei Männern, wenn Witwen durch zumeist kombinierte Einkommensquellen aus (schmaleren) eigenen Renten und Witwenrenten als bestgesicherte unter den alleinstehenden Frauen bezeichnet werden können. Zugespitzt ließe sich vermerken, daß sich für westdeutsche Frauen im Alter - ganz im patriarchalen Sinne - momentan eher eine lange Ehe auszahlt, für ostdeutsche Frauen dagegen die eigene dauerhafte Berufstätigkeit. Geschiedene Frauen werden für die gescheiterte Ehe, die in den betreffenden Alterskohorten stärker als heute zudem noch ein sozialer Makel war, im Alter mit Niedrigsteinkommen „bestraft“.

Deutlich wird, daß mehr als ein Drittel der alten Männer und Frauen trotz lebenslanger Arbeit in ärmlichen Verhältnissen lebt, Frauen gegenüber Männern noch einmal mehr und deutlich benachteiligt sind, Frauen vermehrt zu den untersten Einkommensgruppen zählen und Frauen öfter als Männer unter die Sozialhilfegrenze fallen. Nur wenige Frauen beziehen als EhegattInnen oder Witwen wohlhabender Männer oder als Resultat eigener gutbezahlter Erwerbstätigkeit höhere Einkünfte von 4000 DM und mehr.

Armut im Alter trifft in Abhängigkeit von der sozialen Schicht besonders sehr alte Frauen, z.B. Kriegswitwen, die allein Kinder großziehen mußten und kaum Chancen auf dem Arbeitsmarkt hatten, auch in der DDR für die frauenfreundlichen sozialpolitischen Maßnahmen schon zu alt waren, oder sehr alte Arbeiterwitwen, des weiteren im Westen geschiedene Frauen und diejenigen ledigen Frauen, die als langjährige Pflegerinnen ihrer Eltern oder als sogenannte mithelfende Familienangehörige (die Tante z.B. auf Bauernhöfen) kaum eigene Rentenansprüche erwerben konnten. Weiter sind noch lebenslang behinderte Frauen im Alter zu nennen und die Mehrzahl der Heimbewohnerinnen in Ost und West.

Auch in der DDR lag die durchschnittliche Altersrente von Frauen mehr als ein Fünftel unter der von Männern. 30% der Rentnerinnen bezogen 1989 nur den Mindestsatz von 330 DM; das gleiche betraf nur 1,7% der Rentner.

In einer insgesamt zu Männern schlechtergestellten und unter alten Frauen heterogenen Einkommenslage verfügen zahlreiche Frauen kaum über finanzielle Mittel, um sich Annehmlichkeiten wie eine bequeme Wohnungsausstattung, einen Wagen oder nächtliche Taxifahrten, außerhäusige Freizeitaktivitäten wie Reisen oder Restaurantbesuche, selbstfinanzierte gesundheitsfördernde Maßnahmen leisten zu können. Mangelnde Mittel können zu einer Einschränkung des alltäglichen Aktionsradius oder sogar zu sozialem Rückzug führen, um anderen keinen Einblick in die eingeschränkte Lebenssituation zu gewähren. Gerade sehr alte Frauen der Arbeiterschaft über 80 Jahren und Heimbewohnerinnen sind von extremer Armut betroffen, da ihre (Kriegs-)Witwenrenten schmal sind und keinerlei eigene Rentenansprüche vorhanden sind. Diese Frauen gehören Generationen an, deren Bereitschaft zum klaglosen Arrangieren mit begrenzten Mitteln in der Folge des ersten und zweiten Weltkriegs, in der Wirtschaftskrise der 20er Jahre und durch die Tatsache, im Alter von über 40 Jahren nicht mehr vom Wirtschaftswunder Westdeutschlands und vom Sozialsystem der DDR profitieren zu können, über Jahrzehnte eingeübt wurden. Erstaunlich ist, wie diese „bescheidenen Generationen" sich mit ihrer Lage zurechtfinden, es fast als Selbstverständlichkeit betrachtet z.B. trotz körperlicher Beschwerden an Heizkosten und Ernährung sparen zu müssen und in Befragungen zur Lebenszufriedenheit noch äußern, ihre persönliche wirtschaftliche Lage sei „gut" oder „gehe so" (vgl. Institut für Demoskopie Allensbach 1993: 96).

2.2 Bildung und Beruf

Vor 1945 hatte die Mehrheit der alten Frauen - wie die gleichaltrigen Männer - keine Chance auf eine Schulbildung jenseits der Volksschule. Bildung war im Kaiserreich, in der Weimarer Republik und während des Nationalsozialismus generell eine Frage der Schichtzugehörigkeit und des Geschlechts. Die Geschlechterungleichheit zeigt sich vor allem in der Berufsbildung.

Die weitaus große Mehrheit der Frauen über 75 Jahren ging nach 8 Jahren Volksschule ohne Berufsausbildung „in Stellung" als Hausangestellte in einen Haushalt des städtischen Bürgertums oder auf Bauernhöfe, wobei neben dem schmalen Lohnerwerb auch das Erlernen von Haushaltsführung und -organisation angestrebt wurde. Töchter der städtischen Arbeiterschaft wurden Industriearbeiterinnen, wobei ihnen kaum Möglichkeiten einer fundierten Lehre offenstanden und sie vielfach ungelernte Tätigkeiten mit extrem niedrigen Lohnstufen ausführten, die bei Frauen des Geschlechtes halber noch unter denen für Männer mit gleichwertiger Tätigkeit lag - eine Entlohungspraxis, unter der Industriearbeiterinnen im übrigen noch bis in die 80er Jahre in der BRD und der DDR litten. Einer großen Zahl der heute über 90jährigen Frauen gelang in den 20er Jahren in Großstädten auch der Eintritt in die damals begehrten Berufe als Verkäuferin oder Büroangestellte, die z.T. schlechter als Industriearbeit entlohnt wurden. Ob Frauen über ihre Verheiratung hinaus erwerbstätig blieben, hing u.a. vom Einkommen ihres Mannes ab; eine Vielzahl blieb zumindest bis zur Geburt des ersten Kindes im Beruf.

Töchter der Mittel- und Oberschicht warteten oft ohne außerhäusliche Tätigkeit auf die Ehe, da sich in diesen Kreisen auch zu Beginn des 20. Jahrhunderts eine Erwerbsarbeit für sie nicht „schickte", oder besuchten Haushaltungs- und Handelsschulen oder Lehrerinnenseminare. Nachdem in Deutschen Reich erst seit der letzten Dekade des 19. Jahrhunderts das vollgültige Abitur als Gymnasialabschluß für Mädchen existierte und seit 1908 Frauen endlich auch an deutschen Universitäten studieren konnten, waren ihre Zahlen unter den Studierenden z.B. in Disziplinen wie Jura und Medizin schnell angestiegen. 1932 z.B. waren immerhin 18% der deutschen Studierenden weiblich, wobei sie zumeist

Medizin, Jura oder auf das Lehramt an Gymnasien hin studierten. Im Nationalsozialismus erfuhren Schul- und Berufsbildung für Frauen eine krasse Abwertung, ebenso ihre Erwerbstätigkeit bis zum Ende der 30er Jahre. Ärztinnen und Richterinnen wurden zugunsten von Männern entlassen und das Beamtinnenzölibat wurde wieder praktiziert. Nach der NS-Rassenideologie als nicht-arisch eingestufte Mädchen und Frauen waren vielfach zum Verlassen von Schulen und Hochschulen gezwungen. Diejenigen, die Deutschland verlassen konnten und das Dritte Reich überlebten, konnten ihre Ausbildung im Ausland nicht immer fortsetzen. Zu Kriegsbeginn allerdings sollten auch ‚arische' Mädchen und Frauen wieder umdenken und sich „vorübergehend" für Land- und Industriearbeit sowie für Rüstungsproduktion zu Verfügung stellen, bis nach Kriegsende die ersten „Heimkehrer" diese Arbeitsplätze beanspruchen konnten. Nochmal einige Zahlen: Frauen der Jahrgänge 1929 bis 1935 (jetzt also zwischen 62 und 68 Jahre alt) haben zu 80% die Volksschule besucht (76% der Männer), zu 13% die Mittelschule (12% der Männer) und zu 4% das Gymnasium (10% der Männer) (vgl. Müller-Daehn/Fooken 1993).

Nach dem ersten war auch der zweite Weltkrieg ein wesentlicher Einschnitt in den Bildungs- und Berufsbiographien der heute älteren Männer und Frauen. Für die Geburtsjahrgänge ab 1925 bzw. 1930 stellte der Krieg entweder eine Unterbrechung der Berufsbildung oder, je mehr sich die Kriegsfronten dem ehemals deutschen Reich näherten, der schulischen Kontinuität dar. Mädchen, die zu Kriegsbeginn die Schule beendet hatten, wurde massenhaft zur Rüstungsproduktion bzw. im Arbeitsdienst zur Aufrechterhaltung der Versorgung der Bevölkerung eingesetzt. Die ‚weibliche Reservearmee', die während des Krieges Arbeitsplätze eingenommen hatte, mußte diese vielfach wieder aufgeben, als ab 1945 nach und nach Männer aus der Gefangenschaft zurückkamen (vgl. Frevert 1986).

In der DDR konnten nur wenige der heute alten Frauen Berufsbildungsabschlüsse nachholen. Einigen gelangen noch „Fach-" oder „Teilfacharbeiterabschlüsse" - für ein Hochschulstudium waren sie zur Zeit der Bildungsförderung für Frauen zu alt oder der notwendige Schulabschluß fehlte. Die heute „jungen alten Frauen" konnten noch teilweise in die Arbeitswelt integriert werden, ohne daß aber von einer Gleichstellung mit Männern gesprochen werden kann. Sie sind auch diejenigen, die die Dreifachbelastung von Haushalts-, Erziehungs- und Erwerbsarbeit allein zu tragen hatten, da die Väter ihrer Kinder damals noch weniger Hausarbeit als heutige Väter verrichteten und die sozialpolitischen Maßnahmen der Mütterförderung in der DDR erst bei den jüngeren griffen. Niedrigere Frauen- als Männerlöhne für gleiche Arbeit sowie schlechtere Aufstiegschancen für Frauen spielten auch in der DDR bis in die 80er Jahre eine Rolle.

In Westdeutschland brachte die „Vollbeschäftigung" der 60er Jahre Erwerbsmöglichkeiten für Frauen, der fehlenden Berufsausbildungen halber allerdings oft mit niedrigen Lohnniveaus. Typische Frauentätigkeiten wie Verkäuferin oder Bürohilfe waren oft Teilzeitstellen, ungelernt oder „angelernt" und mit niedriger Entlohnung. Auch unter Industriearbeiterinnen wurden Frauen in die sogenannten „Leichtlohngruppen" eingestuft. Die zu Beginn der 80er Jahre einsetzende Massenarbeitslosigkeit traf wieder Frauen verstärkt, wobei besonders „ältere“ Frauen ab 45 Jahren bevorzugt Kündigungen erhielten und kaum Chancen hatten, neue Arbeitsplätze zu finden.

1992 gaben des weiteren 10% der Frauen ab 65 Jahren in Westdeutschland an, als mithelfende Familienangehörige tätig, und weitere 10%, nie erwerbstätig gewesen zu sein (letztere besonders Frauen über 80 Jahren). Diese Werte liegen in Ostdeutschland, mit 3% mithelfenden Familienangehörigen und nur 1% nie erwerbstätigen, niedriger. Im Osten konnten immerhin 53% der Frauen ab 65 Jahren angeben, mehr als 30 Jahre erwerbstätig gewesen zu sein, im Westen nur 36% (ASiD 1992).

Die Berufsbiographie heute älterer und alter Frauen ist zudem dadurch beeinträchtigt, daß eine Reihe von ihnen nach Beendigung der Kindererziehungsphase, oft im Alter zwischen 40 und Mitte 50, auch deshalb nicht oder nur mit Teilzeit- oder Vertretungsstellen in den Beruf zurückkehrten, weil sie die Betreuung oder Pflege alter (Schwieger-)Eltern, Tanten und Onkel übernahmen. Sie gehören bereits Generationen an, in denen zumeist nur ein oder zwei Geschwister geboren wurden oder überlebten, sich die Aufgabe der Elternfürsorge auf wenige Schultern verteilt. Gleichzeitig war ein öffentlich-professionelles Altenhilfesystem bis Anfang der 80er Jahre in beiden deutschen Staaten nur ansatzweise vorhanden, existierten neben Heimen kaum ambulante Dienste. Die Betreuung hilfebedürftiger alter Angehöriger war zudem nach verbreiteter Auffassung in erster Linie Familiensache und damit Frauensache, konkret Aufgabe von Töchtern, Nichten, Schwiegertöchtern. Die Notwendigkeit der Unterstützung oder Pflege der Elterngeneration, z.T. mit deren Aufnahme in die eigene Wohnung, zeigte sich i.d.R. im mittleren Erwachsenenalter, wenn der Zeitpunkt erreicht schien, sich (im Osten wieder intensiver und im Westen im zweiten Anlauf) der Berufsarbeit widmen zu können. Fast fraglos waren es in dieser Situation Frauen, die die Hauptarbeitslast übernahmen, waren sie doch der Kindererziehung ledig (sofern nicht bereits wieder Enkelkinder zu betreuen waren), konnten auch bei verstärktem beruflichem Engagement kein ihrem Mann vergleichbares Erwerbseinkommen erzielen und ‚hatten freie Zeit’. Ursula Lehr (1987) spricht hier von der ‚Sandwichposition’ der Frauen mittleren Alters zwischen Kindern und eigenen Eltern, für die anders als heute kaum Alternativen zur Betreuung alter Angehöriger denkbar waren. Auch ledig und kinderlos gebliebene Frauen - unter Geschwistern quasi die ‚natürliche’ Pflegerin der Eltern - berichten von der Notwendigkeit beruflichen Zurücksteckens wegen der Betreuung alter Eltern, während sie z.T. gerade im mittleren Alter Aufstiegspositionen erreicht hatten oder diese hätten erlangen können (vgl. Engel et al. 1996).

Heute alte Frauen sind demzufolge insgesamt weit weniger als Männer durch regelmäßige außerhäusliche Tätigkeiten geprägt. Dieses hat neben den materiellen Folgen für das Alterseinkommen u.a. zur Folge, daß ihr Erfahrungsbereich stark auf häusliche und familiäre Sphären beschränkt ist und wenig Kompetenzen im Hinblick auf öffentliche Betätigung erworben wurden, sofern dieses nicht über bürgerschaftliche, ehrenamtliche bzw. caritative Aktivitäten geschah. Ursula Lehr (1987) hebt die Tatsache hervor, daß sowohl Lebenszufriedenheit im Alter wie das Verfügen über Kompetenzen zur gesellschaftlichen Teilhabe in einem positiven Zusammenhang mit früherer Berufstätigkeit stehen. Ihren Untersuchungen zufolge sind allein auf Familienarbeit konzentrierte Frauen im Alter in vielerlei Hinsicht psychologisch und psychosozial eher durch Verlust von Selbstwertgefühl und Selbständigkeit und durch sich einschränkende soziale Beziehungen gefährdet. Für ihr Leben im Alter stellt sich die Frage, ob die im „privaten Bereich" erworbenen Fähigkeiten, neben Haushaltsorganisation vor allem soziale Kompetenzen in der Kindererziehung, der Regelung des familiären Zusammenlebens, der Pflege von Beziehungen zum sozialen Umfeld in Verwandtschaft, Freundeskreis und Nachbarschaft, in der Betreuung von unterstützungsbedürftigen Angehörigen etc. (vgl. Nestmann/ Schmerl 1991), eine tragfähige Basis für die Gestaltung des Alltagslebens sind.

Interessant ist jedoch auch die Frage der aktuellen Bildungsaktivitäten alter Frauen. Ältere Frauen nehmen heute weitaus mehr als Männer Bildungsangebote von Volkshochschulen, Kirchen, Gewerkschaften oder Universitäten in Anspruch (vgl. Geissler 1988; Arnold 1996). Im Westen sind ca. 2/3 der ‚Studierenden ab 50' weiblich, im Osten sogar 80%. Ähnlich sieht die Geschlechterverteilung an den Volkshochschulen aus, wobei es sich um ‚jüngere' Altersgruppen handelt, in denen noch fast ebenso viele Männer wie Frauen leben. Diese Tatsache kann eindeutig als Bedürfnis der um Bildungschancen betrogenen Frauengenerationen interpretiert werden, nun Bildung nachzuholen und „endlich" persönlichen Interessen außerhalb der Haus- und Familiensphäre nachzugehen. Es handelt sich zumeist, aber nicht nur, um Mittelschichtsfrauen und Töchter des alten Bildungsbürgertums. Frauen benachteiligter sozialer Herkunft sind eher von kirchlichen und Familienbildungsstätten ansprechbar und besuchen gern Kurse, die Selbsterfahrungsanteile und Biographiereflexion einschließen oder im Zusammenhang mit Selbsthilfeprojekten stehen (vgl. Müller-Daehn/Fooken 1993). Brunhilde Arnold (1996) weist auf die Bedeutung sozialer Kontakte über Bildungsaktivitäten hin, die ihrer Untersuchung nach gerade alleinlebende Frauen betonen. Sigrid Müller-Daehn und Insa Fooken (1993) differenzieren die Bildungsbedürfnisse älterer Frauen in sachbezogene Inhalte (zum Erwerb von Wissen in unterschiedlichsten Sachgebieten, z.T. als Vertiefung von früheren Bildungs- oder Berufsfachgebieten oder um „endlich zu lernen, was sie immer schon lernen wollte") und eher kommunikativen Inhalten mit Selbsterfahrungsanteilen. Erstere werden verstärkt von Frauen mit höheren Bildungsabschlüssen nachgesucht, letztere, gerade bei familienbezogenen Inhalten, von Frauen mit niedrigeren Bildungsniveaus. Auf weibliches Interesse stoßen auch Kurse, die der Reflexion erlebter Geschichte dienen und die alte Frauen nutzen, um eigene Lebenserfahrungen mit denen von Altersgenossinnen zu vergleichen und sich ihre eigene Geschichte „anzueignen". An vierter Stelle sind (geragogische) Bildungsangebote zu nennen, die sich mit dem Leben im Alter befassen. Sind die obengenannten Felder „Bildung im Alter", lassen sich letztere zugleich als „Bildung für das Alter" charakterisieren: Kurse zur Vorbereitung auf das Rentnerinnendasein, gesundheitsbezogene Kurse etc. Diese werden vielfach speziell für Frauen konzipiert und nachgesucht.

2.3 Familienstände und Haushaltsformen

Bei heute Alten hängt die Haushaltsform weitgehend vom Familienstand ab, da nur wenige in nicht-ehelichen Zusammenlebensformen wohnen. Alte Männer sind mehrheitlich verheiratet, alte Frauen mehrheitlich Witwen (vgl. Tab.6). Daß mit zunehmendem Alter die Quote der Verwitweten zunimmt, liegt auf der Hand; mit längerer Lebenserwartung und aufgrund der Verheiratung mit i.d.R. um einige Jahre älteren Männern werden Frauen weitaus häufiger Witwen als Männer Witwer.

Verheiratete Frauen wohnen fast immer mit ihrem Ehemann zusammen, zumeist ohne weitere Personen im Haushalt. Zahlen über im Alter zusammenlebende Frauen sind nicht verfügbar, dürften aber recht niedrig sein (Schwestern, Freundinnen, lesbische Paare). Die Haushaltsstruktur alter Frauen entspricht weitgehend ihrem Familienstand. Drei- und Mehrpersonenhaushalte sind eine seltene Lebensform. Hierzu sind bei jüngeren Alten zum Teil noch im Haushalt lebende ältere Kinder zu rechnen oder sonstige Familienangehörige, auch in sehr geringem Maße der Mehrgenerationenhaushalt z.B. im bäuerlichen Milieu. Frauen zwischen 65 und 69 leben zu etwa 38% allein und zu etwa 52% im Zwei-Personen-Haushalt. Frauen über 75 leben zu fast 2 Dritteln allein, mit steigender Tendenz bei steigendem Alter. Unter älteren Alten steigt außerdem die Zahl derjenigen, die in Heimen leben. Diese überschreitet jedoch auch in den hochaltrigen Jahrgängen nicht 15%.

Familienstände	65-69 Jahre	70-74 Jahre	75 Jahre und älter
Verheiratet zusammenlebend			
absolut in Tausend	1.349	955	563
in Prozent	57,4	41,3	16,6
Verheiratet getrennt lebend			
absolut in Tausend	21	21	30
in Prozent	0,8	0,9	0,8
Verwitwet			
absolut in Tausend	692	1.028	2.432
in Prozent	29,4	44,5	71,7
Ledig			
absolut in Tausend	167	199	240
in Prozent	7,1	8,6	7,0
Geschieden			
absolut in Tausend	118	105	124
in Prozent	5,0	4,5	3,6
Gesamt in Tausend	2.347	2.308	3.389

Tab. 6: Familienstände alter Frauen in Deutschland 1995 (Frauen in Privathaushalten). (Quelle: Statistisches Bundesamt (1997), eigene Berechnungen)

Frauen sind damit, um zu einer Bewertung dieser Situation zu kommen, benachteiligt, da sie weniger Chancen auf ein langes gemeinsames Zusammenleben mit ihrem Lebensgefährten haben. Die Vorteile des Zusammenlebens wie Gemeinschaftsgefühl, Verfügen über KommunikationspartnerInnen in der Wohnung, Zuneigung und emotionaler Austausch, gegenseitige Hilfe und Aufmerksamkeit, Teilen von Arbeiten etc. sind ihnen verwehrt. Alte alleinlebende Frauen haben zudem heutzutage kaum Chancen auf Zärtlichkeit und/oder sexuelle Beziehungen (womit nicht gesagt ist, daß verheiratete Frauen ihren Bedürfnissen entsprechend Zärtlichkeit und sexuelle Zuwendung durch ihren Ehemann erhalten). Ihr Risiko, als Alleinlebende Hilfe von Personen außerhalb des Haushalts, ggf. von Fremden in Anspruch nehmen zu müssen, bei Krankheit oder Pflegebedürftigkeit das autonome Wohnen nicht aufrechterhalten zu können, ist deutlich höher als das von Männern. Frauen sterben häufiger allein in ihrer Wohnung oder im Krankenhaus, ohne daß eine nahestehende Person bei ihnen ist. Verheiratete Frauen unterstützen oder pflegen öfter ihren Mann als umgekehrt. Allerdings trifft das Alleinleben im hohen Alter nicht nur verwitwete Frauen. Auch Ledige bleiben im hohen Alter allein und von Frauen, die mit ihren Schwestern leben oder von lesbischen, lange in einer Partnerschaft lebenden Frauen bleibt schließlich eine zurück. Gerade für lesbische alte Frauen, die offenbar stark auf die Zweierbeziehung zurückgezogen leben, stellt sich mit dem Tod der Partnerin verstärkt das Problem der Einsamkeit. Sie, die in ihren Lebensgeschichten zumeist heftige Diskriminierungen hinnehmen mußten, haben vielfach wenig Kontakt zu Familienangehörigen und verfügen nicht über Freundschaftsnetze einer lesbischen „Szene" wie jüngere Lesben heute (vgl. Husmann 1992; Kehoe 1988).

Die Tatsache, daß nach Sigrid Müller-Daehn und Insa Fooken (1993) nur 4% der alleinlebenden Frauen sich überhaupt vorstellen können, in einer anderen Konstellation zu wohnen, kann einerseits als geringe Flexibilität und Bereitschaft zum Arrangement mit gemeinschaftlichen Lebensformen und andererseits als Resultat doch relativ hoher Zufriedenheit mit dem Alleinleben interpretiert werden.

Insgesamt ist zu berücksichtigen, daß Alleinwohnen (vgl. Nestmann i.d.B.) nicht mit Einsamkeit gleichzusetzen ist. Es ist eine Frage der Lebenserfahrungen und Orientierungen der alten Frauen sowie individueller Bewältigungsmuster, wie mit dem Alleinleben umgegangen wird (vgl. Engel et al. 1996).

2.4 Gesellschaftliche Partizipation

Alte Frauen partizipieren zwar vielfach an der ,unsichtbaren' Basisarbeit unterschiedlichster gesellschaftlicher Verbände, Vereine, Initiativen, in Kirchen usw., nehmen aber nur extrem selten öffentlich einflußreiche Positionen in Sozialorganisationen, Politik, Wirtschaft und Kultur ein. Diese standen ihnen bereits in jungen und mittleren Jahren nicht offen; es gibt demzufolge (a) von ihrer Seite aus keine Erfahrung mit Einfluß und Macht und (b) keine Stellungen, die sich bis ins höhere Alter aufrechterhalten ließen. Während alte Männer oder „Herren“ mittlerer und höherer Schichtzugehörigkeit in der gesellschaftlichen Wahrnehmung noch über gewisse Autorität und gewürdigte Lebens- und Berufserfahrung verfügen, treffen die typischen Erfahrungen des Frauenlebens des 20. Jahrhunderts kaum auf öffentliche Wertschätzung. Im engen Privatraum der Familie erworbene soziale Kompetenzen sowie Kenntnisse aus typischen Frauenberufen begünstigen keine Zugangswege zu (nachberuflichen) Vorstandsposten, Partei- oder Vereinsfunktionen und sind keine Qualitäten, aufgrund derer die soziale Mitwelt alten Frauen einflußreiche Stellungen anböte.

Neben der fehlenden Bereitschaft gesellschaftlicher Instanzen, alten Frauen neben unmittelbarer Basisarbeit einflußreichere Positionen zu öffnen, ist nicht zu vergessen, daß die heute alten Frauen selbst, besonders die sehr alten, weitgehend konservativen und wenig demokratischen politischen Ideen und Ideologien anhängen. Eltern, die im Kaiserreich aufgewachsen sind, Erziehung und gesellschaftliche Prägung im Nationalsozialismus, UntertanInnenmentalität und Leben unter protestantischem Arbeits- und preußischem Pflicht- und Ordnungsethos in West und Ost - dieser weltanschauliche Hintergrund bietet in Kombination mit traditionell gelebten Frauenrollen in der patriarchalischen Gesellschaft wenig Basis für Verantwortungsübernahme oder im weitesten Sinne politisches Engagement in gesellschaftlich relevanten Feldern.

Chancen gesellschaftlicher Teilnahme nehmen alte Frauen dagegen vor allem im sogenannten sozialen Ehrenamt wahr, wenn ihnen dieses auch zumeist wenig ‚Ehre' einbringt. 19,5% der Frauen zwischen 60 und 69 Jahren und 13,9% der Frauen ab 70 sind ehrenamtliche Arbeiterinnen (vgl. BMFSFJ 1996). Hierbei sind diejenigen, die halborganisiert oder informell in der Gemeinde, Nachbarschaft etc. sozialbetreuerische und -pflegerische Arbeiten leisten, nicht eingeschlossen. Gertrud Backes (1993a, b) differenziert drei Typen des Interesses am Ehrenamt:

- praktiziert als geschlechtsrollenkonforme Bereicherung des Lebensraumes,
- praktiziert zur Kompensation unerfüllter Betätigungs- und Kontaktwünsche
- und drittens gewünscht, aber nicht praktiziert, weil die Frau sich selbst oder ihre Lage als defizitär wahrnimmt und nicht den Mut zur Betätigung für andere aufbringt.

Ehrenamtliche Arbeit kann sich sehr förderlich auf das Selbstwertgefühl und die soziale Integration auswirken, das eigene psychosoziale Wohlbefinden steigern (vgl. Backes 1993a, b) und schließlich sogar, wie Ursula Lehr (1987) immer wieder betont, als langfristige Aktivität zur eigenen Gesundheit und Langlebigkeit beitragen. Die unbezahlte, freiwillige investierte Kraft kann jedoch auch als Vorleistung für später selbst in Anspruch genommene Hilfe gesehen werden (vgl. Engel et al. 1996). Als problematisch erweist sich jedoch, daß die unbezahlte Arbeitsbereitschaft von Frauen (und Männern) z.T. von Verbänden ausgenutzt wird oder Professionelle sie aus Angst vor Konkurrenz ablehnen.

Außerdem leisten Frauen hiermit weiter „unsichtbare Arbeit", die zwar in Sonntagsreden von PolitikerInnen gelobt wird, im Alltag aber auch belächelt wird („frustrierte Alte, denen zu Hause die Decke auf den Kopf fällt").

Für die Mehrheit alter Frauen aber beschränkt sich gesellschaftliche Partizipation auf die Rolle als Konsumentin, in unterschiedlichem Umfang in Abhängigkeit von der Einkommenslage. Einkaufen erweist sich in Umfragen immer wieder als eine der wichtigen Aktivitäten außerhalb der Wohnung. Zeitbudgetstudien zufolge verwenden Frauen ab 60 Jahren 25 Minuten pro Tag (Ehefrauen) bzw. 24 Minuten (Alleinlebende) auf das Einkaufen (vgl. BMFSFJ 1996). ProduzentInnen, Handel und Dienstleistungsbranche haben Alte und gerade alte Frauen, in Ehen zumeist diejenigen, die in einem abgesteckten Rahmen die alltäglichen Kaufentscheidungen treffen, seit längerem als insgesamt kaufkräftige Gruppe entdeckt und richten Warenpaletten und Angebotsstrukturen auf sie aus. Dieser Tatsache steht jedoch keine organisierte VerbraucherInnenmacht alter KundInnen gegenüber.

Gesellschaftliche Partizipation ergibt sich auch durch den Besuch von Kulturveranstaltungen. Ältere Frauen der Mittelschicht sind als Publikum für Theater und Konzerthallen unverzichtbar und besuchen nicht nur „Senioren-Nachmittagsvorstellungen". Die Beteiligung von Frauen an Bildungsangeboten wurde oben erwähnt.

Die beiden letztgenannten Partizipationsformen sowie Bildungsaktivitäten beschränken sich im wesentlichen auf die Rollen der Konsumentin - Warenkonsum, Kultur und Bildung. Sie sind in der praktizierten Form kaum mit gesellschaftlichem Einfluß verbunden. Jedoch führen sie dazu, daß alte Frauen auch ohne männliche Begleitung im öffentlichen Leben präsenter werden. Sie gewinnen subjektiv an Selbstbewußtsein und Selbstwertgefühl und fühlen sich mehr und mehr berechtigt, öffentlichen Raum zu nutzen. Das gilt zumindest für diejenigen, die die entsprechenden finanziellen und gesundheitlichen Möglichkeiten besitzen.

3. Resümee: Risiken und Chancen im Leben alter Frauen heute

Die „Durchschnittsfrau" im Alter ist eine alleinlebende (verwitwete) Frau Mitte 70, mit eher niedriger Schulbildung, im Osten mit höherer, im Westen mit niedrigerer früherer Berufsbeteiligung, mit schmalem bis mittlerem Einkommen, mit geringen Chancen auf eine partnerschaftliche Beziehung mit Zärtlichkeit und Sexualität sowie ohne nennenswerten gesellschaftlichen Einfluß. Diesem weitgehend negativen Bild sind allerdings auch Aktivposten hinzuzufügen, die sich aus typisch weiblichen Biographien der zur Zeit alten Kohorten ergeben: Typische alte Frauen von heute verfügen über verschiedene Beziehungen in Familie, Freundeskreis und Nachbarschaft (vgl. Nestmann i.d.B.), die sie zumeist über Jahre aufgebaut haben. Sie besitzen Erfahrung in der Pflege von Beziehungen - waren sie doch über Jahrzehnte hin dafür zuständig -, über Organisationserfahrung und Improvisationsvermögen auch in materiellen Notsituationen, die sie in schwierigen Zeiten gewonnen haben. Sie besitzen die Fähigkeit, sich mit wechselhaften und widersprüchlichen Anforderungen an die weibliche Rolle zu arrangieren.

Frauen der heute alten Kohorten mußten stärker als Männer wechselhafte gesellschaftliche Ereignisse und Ideen in ihr Selbstbild integrieren. Parallel zu den großen historisch-politischen Umbrüchen dieses Jahrhunderts, die Männer ebenso betrafen, waren Frauen noch den ideologischen Wechselbädern zur Rolle der Frau in Familie und Gesellschaft ausgesetzt: Als Reservearmee wurden sie in die Produktion gerufen und wieder weggeschickt, stets mit ideologischen Bildern über die wahre Natur der Frau verbrämt. Die kleinen Aufbrüche in den 20er Jahren, Kinder, Küche, Nation in den 30ern, Kinder, Nation und Kriegsarbeit im Krieg, heraus aus der Produktion und perfekte Hausfrau mit glänzendem Fußboden werden im Westen, in der Produktion bleiben und „ihren Mann in Produktion und Reproduktion stehen“ im Osten, mit den Töchtern die Fragen der Frauenbewegung diskutieren im Westen, den Beruf vorzeitig aufgeben im Osten - dieser Rückblick verdeutlicht, daß Frauen in Deutschland ihre Frauenrolle öfter zu revidieren hatten als Männer ihre Männerrolle. Sie sind geübter darin, Veränderungen zu bewältigen, läßt sich somit als These für weitere Forschungen formulieren. Zu beklagen bleibt allerdings die ungleiche Verteilung materieller Mittel, die ihnen viele Möglichkeiten konstruktiver und kreativer Lebensführung nimmt.

Marcus Hasselhorn

Informationsverarbeitung im Alter

Ergebnisse und Perspektiven der kognitiven Gerontopsychologie

Informationsverarbeitung gehört zu den grundlegenden Wesensmerkmalen des Menschen. Sie ist die Grundlage für die Lebensnotwendigkeit des Einzelnen, sich einer variablen Umwelt ständig anpassen zu müssen. Es gibt kaum eine Aktivität des Menschen, bei der nicht Informationen bemerkt, gezielt beachtet, wahrgenommen, interpretiert, verglichen, gespeichert und/oder bewertet werden müssen, kurz: bei der nicht Informationen zu verarbeiten sind. Die Qualität dieser Informationsverarbeitung ist entscheidend dafür, wie ein Mensch hört, sieht, denkt, spricht und handelt. Dies gilt unabhängig davon, ob es sich um einen jungen oder um einen alten Menschen handelt. Was jedoch nicht altersunabhängig zu sein scheint, ist die Qualität der Informationsverarbeitung selbst. Zumindest unter jüngeren Erwachsenen ist die Befürchtung verbreitet, daß es im Alter - sieht man einmal von der Weisheit ab - zumindest in allen kognitiven Bereichen zu einer Abnahme des Leistungsvermögens kommt (vgl. Perlmutter 1988).

Im vorliegenden Beitrag wird der Frage nachgegangen, wie realistisch diese reale Befürchtung ist. Vom Blickpunkt der kognitiven Gerontopsychologie wird die verbreitete These eines unvermeidbaren allgemeinen Abbaus von Informationsverarbeitungsressourcen im Alter hinterfragt. Auf der Basis einschlägiger Forschungsbefunde unter besonderer Berücksichtigung empirischer Arbeiten meiner Arbeitsgruppe wird der Versuch unternommen, ein differenziertes Bild der Informationsverarbeitung im Alter zu skizzieren und mögliche Schlußfolgerungen für eine angewandte kognitive Gerontopsychologie zur Diskussion zu stellen.

1. Altersveränderungen in der Leistungsfähigkeit des Informationsverarbeitungssystems

Man muß nicht erst auf die ab dem 7. Lebensjahrzehnt deutlich ansteigende Häufigkeit dementieller Erkrankungen verweisen, um die Vermutung zu untermauern, daß im Alter mit zunehmenden Störungen der Informationsverarbeitung zu rechnen ist. Zu den zentralen Charakteristika der Demenz gehören

Beeinträchtigungen des Gedächtnisses, des abstrakten Denkens und des Urteilvermögens (vgl. Bruder 1994). Die Tatsache, daß die Auftretenswahrscheinlichkeit dementieller Erkrankungen von etwa 1% bei den 60- bis 65jährigen auf über 30% bei den über 90jährigen zunimmt (Wiese 1994), sollte jedoch nicht zu dem Schluß verleiten, daß die im Durchschnitt deutlich schlechteren Leistungsresultate der Informationsverarbeitung bei alten im Vergleich zu jungen Erwachsenen lediglich die Konsequenz des im Alter erhöhten Anteils an Personen mit pathologischen kognitiven Veränderungen sei. Auch bei Ausklammern der pathologischen Varianten des Alterns finden sich deutliche Hinweise darauf, daß sich die individuellen Bedingungen der Informationsverarbeitung im Alter ändern. So werden z.B. die Sinnessysteme mit zunehmendem Alter generell immer weniger sensitiv gegenüber Reizen aus der Umwelt (vgl. Tesch-Römer/Wahl 1996). Dies führt zu einer Art sensorischer Deprivation, die nicht ohne Einfluß auf die Qualität der Interaktionen mit der Umwelt sein dürfte und vermutlich ein deutliches Herabsetzen des Funktionsniveaus der Informationsverarbeitung zur Folge hat.

In den traditionellen psychometrischen Beschreibungen des Altersverlaufs intellektueller Fähigkeiten spiegelt sich jedoch bereits wieder, daß es nicht nur zu einem generellen Nachlassen der Informationsverarbeitungskompetenzen im Alter kommt, sondern daß eine differenzierte Beschreibung notwendig ist, bei der in manchen Bereichen Defizite und in anderen Kompetenzen zu konstatieren sind. Psychometriker analysieren die Leistungen von Personen beim Bearbeiten der vielfältigen Anforderungen, die bei den seit Beginn des 20. Jahrhunderts entwickelten Intelligenztests zu bewältigen sind. Mit Hilfe mathematischer Techniken der Faktorenanalyse werden dabei die tatsächlich erbrachten Leistungen zu relevanten Dimensionen der intellektuellen Leistungsvariabilität komprimiert. Schon in frühen Arbeiten wurde festgestellt, daß nicht alle faktorenanalytisch bestimmbaren Dimensionen der Intelligenz die gleichen Altersverläufe zeigen.

Führt man die mathematische Komprimierungsstrategie fort und ermittelt auf der Basis der faktorenanalytisch bestimmten Dimensionen ganze Fähigkeitsbündel (Faktoren 2. Ordnung), so kommt man zu dem von Raymond B. Cattell und seinem Schüler John L. Horn seit Ende der 50er Jahre propagierten Bild des Altersverlaufs intellektueller Fähigkeiten, bei dem zwischen einer „fluiden Intelligenz“ und einer „kristallisierten Intelligenz“ unterschieden wird. Die Fähigkeiten der fluiden Intelligenz entscheiden darüber, ob jemand flexibel und adaptiv denken kann. Das logische Schlußfolgern und das Verstehen von Relationen zwischen Konzepten unabhängig von erworbenem Wissen und vorherigen Erfahrungen basiert auf der fluiden Intelligenz. Die hierunter subsumierbaren Fähigkeiten werden benötigt, um vor allem neue Situationen zu verstehen und angemessen darauf zu reagieren (vgl. Horn 1982). Sie sind damit eine wesentliche Voraussetzung für die erfolgreiche Verarbeitung unvertrauter und unerwarteter Informationen.

Kristallisierte Intelligenz bezieht sich dagegen auf das Wissen, das man im Laufe des Lebens durch Erfahrung und Bildung erworben hat. Das Erinnern von historischen Fakten oder von Begriffsdefinitionen zählt hierzu ebenso wie allgemeine Literaturkenntnisse. Während die Leistungen im Bereich der kristallisierten Intelligenz bei vielen Menschen bis weit ins achte Lebensjahrzehnt hinein stabil bleiben oder gar ansteigen, setzt oft schon im mittleren Erwachsenenalter ein Altersabbau im Bereich der fluiden Intelligenz ein.

Dieses differenzierte Bild von Defiziten und Kompetenzen in der Leistungsfähigkeit des Informationsverarbeitungssystems wirft eine Reihe interessanter Fragen auf: So z.B., welche Rolle die Kompetenzen bei der Verarbeitung von Informationen spielen? Oder, inwiefern die Defizite modifizierbar oder unvermeidbar sind? Einige aktuelle Antworten auf die erstere Frage versuche ich im folgenden zu skizzieren, bevor ich von unseren Bemühungen berichte, Antworten auf die Frage nach den Ursachen und Beeinflussungsmöglichkeiten von Leistungsdefiziten im Alter zu geben.

2. Alterskompetenzen der Informationsverarbeitung

Wie bereits erwähnt, kommt es im Bereich der Fähigkeiten, die die Psychometriker die kristallisierte Intelligenz nennen, nicht nur zu einem bis ins achte Lebensjahrzehnt hineinreichenden Erhalt des Leistungsniveaus, sondern in Einzelfällen sogar zu einem Altersanstieg. Dies weist auf spezifische Alterskompetenzen hin, die wohl der Grund dafür sein dürften, daß Führungspositionen in Politik, Wirtschaft und Wissenschaft bevorzugt mit vergleichsweise alten Menschen besetzt werden. Die Stärken der Informationsverarbeitung alter Menschen schlagen sich besonders beim Bewältigen sozialer und praktischer Alltagsprobleme - wie etwa dem Beilegen eines Streites mit dem Ehepartner - nieder (vgl. Heidrich/Denney 1994). Die Arbeitsgruppe um Paul Baltes am Berliner Max-Planck-Institut für Bildungsforschung hat in den letzten Jahren versucht, diese besonderen Alterskompetenzen im Rahmen des Konzeptes der Weisheit zu beschreiben.

Paul Baltes und Ursula Staudinger (1993) definieren Weisheit als eine Art Expertise in grundlegenden Lebensfragen. Diese Expertise ist dadurch gekennzeichnet, daß sie sich (a) auf wichtige und/oder schwierige Fragen des menschlichen Daseins bezieht, (b) tatsächlich überlegenes Wissen und Urteilsvermögen beinhaltet, das (c) von außergewöhnlicher Breite, Tiefe und Ausbalanciertheit ist und (d) sehr sorgfältig und gezielt mit Verstand und Tugend eingesetzt wird. Gemäß diesem Ansatz verfügen weise Leute über (1) viel Erfahrungen über wichtige Lebensbereiche, (2) ein reichhaltiges Handlungswissen, (3) ein hohes Maß an Verständnis für die unterschiedlichen und nicht immer widerspruchsfreien Eingebundenheiten des Lebens, (4) eine Einsicht in die Relativität jedes Urteils (abhängig von kulturellen und persönlichen Wertesystemen) und (5) über ein gewisses Maß an Toleranz gegenüber der zwangsläufigen Unvollständigkeit jeder Analyse von Lebensproblemen.

Der Zusammenhang zwischen Weisheit und Alter ist relativ komplex. Bei Weisheit handelt es sich weder um eine zwangsläufig auftretende Alterskompetenz, noch um ein Phänomen, das erst im Alter auftreten kann. Strittig ist daher, ob die seit jeher verbreitete Ansicht, daß Weisheit ein Privileg des Alters ist, berechtigt ist. Zwar nennen z.B. Erwachsene aller Altersgruppen auf die Frage, welche ihnen bekannte Person sie für sehr weise hielten, die Namen von Personen, die älter sind als sie selbst (vgl. Denney et al. 1995), andererseits werden als Ratgeber in kritischen Lebensfragen nicht unbedingt alte Menschen aufgesucht, sondern solche, die im kritischen Bereich über große Erfahrung verfügen. Das kann u.U. auch eine 35jährige Person sein, auch wenn mit dem Alter die Wahrscheinlichkeit ansteigt, daß entsprechende Erfahrungen gemacht worden sind.

Lebensalter und Erfahrung sind aber keineswegs hinreichende Bedingungen dafür, weise zu werden. Mit Paul Baltes und Ursula Staudinger (1993) läßt sich argumentieren, daß weitere persönliche Voraussetzungen („Verstand und Tugend“) erforderlich sind und auch die Lebenskontexte nicht unerheblich sind. Zusammenfassend läßt sich daher festhalten, daß Weisheit eher den Glücksfall als den Normalfall des Alters darstellt.

3. Lokalisationsversuche von Altersdefiziten im Informationsverarbeitungsfluß

Weit mehr als die Kompetenzen der Informationsverarbeitung im Alter fallen jedoch die vermeintlichen Defizite auf. Vor allem, wenn es um die Verarbeitung unvertrauter Informationen geht, fallen die Leistungen alter im Vergleich zu jungen Menschen in der Regel schlechter aus. Warum dies so ist, versucht man im Rahmen des Informationsverarbeitungsansatzes zu erklären. Der seit den 60er Jahren auch in der kognitiven Gerontopsychologie verbreitete Informationsverarbeitungsansatz greift auf die Metapher des Computers zurück, um zu erklären, wie Menschen Informationen verarbeiten. Wie beim Computer werden daher verschiedene Stufen der Verarbeitung unterschieden: Zunächst einmal muß die Information vom System aufgenommen werden. In dieser Aneignungsphase spielen die Prozesse der Wahrnehmung und der Enkodierung eine besondere Rolle. Die „Lernprozesse im engeren Sinne“ spielen sich in dieser Phase ab.

Sind die Informationen ins System gelangt, so setzen Prozesse und Mechanismen ein, die für die Konservierung der angeeigneten Information über kürzere oder längere Zeiträume verantwortlich sind. Diese Speicherungsphase umfaßt die Zeitspanne, die zwischen der Aneignung einer Information und einem späteren Rückgriff auf die Information (zum Zwecke der Nutzung) vergeht. Die

Qualität der Speicherungsprozesse determiniert das Ausmaß des Vergessens, d.h. je besser die Mechanismen der Speicherungsphase funktionieren, desto weniger angeeignete Information wird wieder vergessen bzw. desto mehr Information kann später wieder genutzt werden.

Die dritte Phase der Informationsverarbeitung ist schließlich die Abruf- oder Nutzungsphase. Sie enthält all die Prozesse, die beteiligt sind, wenn Personen versuchen, sich an irgendwann einmal angeeignete und gespeicherte Informationen zu erinnern, sie im „eigenen Gedächtnis" zu suchen und wiederzufinden, um sie wiederzugeben oder auf andere Art zu nutzen.

Seit Anfang der 70er Jahre hat man sich nun in der kognitiven Gerontopsychologie darum bemüht, die Ursachen von Leistungsdefiziten alter Menschen beim Bearbeiten von Informationsverarbeitungsanforderungen zu erforschen. Dabei standen anfangs Bemühungen zur Lokalisierung von Altersdefiziten in den drei Phasen der Informationsverarbeitung im Vordergrund. Ausgehend vom traditionellen Stereotyp der Vergeßlichkeit alter Menschen ging man zunächst davon aus, daß es im Alter zu Problemen in der Speicherungsphase kommt. Alte Menschen berichten häufiger als junge von Problemen, sich an Dinge zu erinnern, die sie gerade tun wollten (z.B. die Marmelade aus dem Keller holen, ein Medikament einnehmen). Vergessensforscher versuchten dieses mit dem Alter zunehmende „Vergessen" darauf zurückzuführen, daß sich bei Senioren angeeignete Informationen verstärkt mit irgendwann vorher (sog. proaktive Interferenz) oder später verarbeiteter Information (sog. retroaktive Interferenz) vermischen. Die Folge davon sei ein schnellerer Zerfall der beim Lernen aufgebauten „Gedächtnisspuren". Diese Hypothese hat sich jedoch in der empirischen Forschung nicht bestätigen lassen. In experimentellen Studien konnte gezeigt werden, daß 60- bis 80jährige im Vergleich zu jungen Erwachsenen sich weder durch eine erhöhte Interferenzneigung auszeichnen, noch einen stärkeren Spurenzerfall bzw. eine erhöhte Vergessensrate aufweisen (vgl. Poon 1985). Eine spezifische Altersbeeinträchtigung der Speicherungsphase ist somit im Normalfalle auszuschließen.

Wenn nun aber Vergessen im engeren Sinne gar kein spezifisches Altersproblem darstellt, wie läßt sich dann erklären, daß alte Menschen durchschnittlich bei vielen Anforderungen Informationen schlechter behalten als junge Erwachsene? Im Rahmen der skizzierten Phasenvorstellung des Informationsverarbeitungsflußes bieten sich zwei Erklärungen an, nämlich erstens Probleme bei der Aneignung und zweitens Probleme beim Abruf bzw. bei der Nutzung von Informationen. Tatsächlich lassen sich Altersprobleme beim Verarbeiten von Informationen sowohl in der Aneignungsphase wie in der Abrufphase lokalisieren (vgl. Burke/Light 1981; Poon 1985).

Sieht man einmal von den sehr verbreiteten, jedoch oft gut regulierbaren Seh- und Hörproblemen im Alter ab (vgl. Tesch-Römer/Wahl 1996), so sind vor allem drei Aspekte der Aufmerksamkeit als mögliche Ursachen von Informationsaneignungsproblemen alter Menschen untersucht worden: die verfügbare

Aufmerksamkeitskapazität, ihre Vigilanz und die selektive Ausrichtung auf relevante Informationen. Zu allen drei Aspekten der Aufmerksamkeit sind in den vergangenen drei Jahrzehnten nicht nur sehr viele empirische Untersuchungen durchgeführt, sondern auch die unterschiedlichsten Ansichten vertreten worden. Gegenwärtig dominiert etwa folgendes Bild von Altersveränderungen im Bereich der Aufmerksamkeit (vgl. Cavanaugh 1997):

a) Die Vigilanz, also Wachheit, mit der Personen ihre Aufmerksamkeit der zu verarbeitenden Information widmen, nimmt im Alter nicht prinzipiell ab, sondern nur in Abhängigkeit von der Komplexität der zur Verarbeitung vorgelegten Information. Je komplexer nämlich diese ist, desto eher ist mit Vigilanzproblemen alter im Vergleich zu jungen Menschen zu rechnen.

b) Die lange Zeit verbreitete Annahme, daß im Alter generell die Fähigkeit nachläßt, die vorhandenen Aufmerksamkeitsressourcen selektiv auf relevante Informationen bzw. Informationsmerkmale zu richten, konnte zumindest im Bereich visueller Informationsverarbeitung widerlegt werden (vgl. z.B. Hasselhorn/Kamm/Ueffing 1989). Im Gegenteil nutzen alte Personen oft intensiver als junge die selektive Aufmerksamkeit beim Verarbeiten von Informationen.

c) Was sich jedoch im Bereich der Aufmerksamkeit im Alter zu verschlechtern scheint, ist die zur Verfügung stehende Aufmerksamkeitskapazität (die allerdings weder empirisch noch theoretisch von der allgemeinen Informationsverarbeitungskapazität zu trennen ist) und die Effizienz des Ignorierens irrelevanter Informationen (vgl. Cavanaugh 1997). Unklar ist bisher allerdings noch, wie es zu diesen Altersproblemen beim Ignorieren irrelevanter Informationen kommt. Möglicherweise liegt dem ein Defizit in der kognitiven Hemmung oder in der Bewertung der Aufgabenrelevanz vorgegebener Informationen zugrunde. Denkbar ist jedoch auch, daß ältere Personen sich deswegen bemühen, auch scheinbar irrelevante Informationen zu verarbeiten, weil sie die Altersweisheit erlangt haben, daß auch scheinbar irrelevante Informationen unter gewissen Umständen relevant werden können.

Aber es sind nicht nur die veränderten Mechanismen der Aufmerksamkeit, die die Qualität der Informationsverarbeitung im Alter beeinträchtigen. Die nach Deborah M. Burke und Leah L. Light (1981) vermutlich schwerwiegendsten Probleme der Informationsverarbeitung alter Menschen lassen sich in der Abruf- bzw. Nutzungsphase lokalisieren. Hier treten Probleme um so stärker auf, je mehr der erfolgreiche Abruf von spezifischen Merkmalen des episodischen Kontextes abhängt, in dem die abzurufende Information angeeignet wurde. Die Befunde einer Untersuchung meiner Arbeitsgruppe bestätigen, daß (1) ältere Personen im Vergleich zu jüngeren deutlich mehr Mühe haben, verschiedene episodische Lernereignisse voneinander zu unterscheiden und daß (2) sich dieses Problem mit zunehmender Zeitdauer zwischen Aneignung und Abruf der Information noch verstärkt (Hasselhorn/Hager/Cienciala 1989). Eine Folge dieser spezifischen Abrufproblematik bei alten Personen sind Schwierigkeiten, sich daran zu erinnern, woher man eine Information zu einem bestimmten Sachverhalt bezogen hat.

Ein zweites markantes Abrufmerkmal im Alter ist im deutschsprachigen Raum erstmals ausführlich von Monika Knopf (1987) beschrieben worden. In ihren umfangreichen empirischen Analysen zum Gedächtnis im Alter war ihr aufgefallen, daß alte Personen zwar oft naheliegende Abrufstrategien im gleichen Ausmaße nutzten wie junge Personen, aber von der Nutzung dieser Strategien weniger profitierten; d.h. trotz vergleichbarer Strategienutzung fiel die Abrufleistung der älteren Erwachsenen deutlich schlechter aus als die der jungen Erwachsenen. Dieser Sachverhalt läßt sich als Nutzungsineffizienz von Abrufstrategien umschreiben, ohne daß damit geklärt wäre, warum es zu dem geringeren Wirksamkeitsgrad von Strategien im Alter kommt.

In einem gerontopsychologischen Experiment zur Nutzung kategorialer Organisationsmöglichkeiten als Abrufstrategie prüften wir, ob die Nutzungsineffizienz von Strategien im Alter eher durch Altersveränderungen im Wissen über die Strategie (man spricht in diesem Zusammenhang vom sog. Metagedächtnis) verursacht wird, oder eher ein Folgeproblem der zur Verfügung stehenden Kurzzeit- bzw. Arbeitsgedächtniskapazität darstellt (Hasselhorn/Hager 1993). Die Ergebnisse bestätigen die letztere Vermutung und legen daher nahe, daß die Nutzungsineffizienz von Abrufstrategien im Alter als ein Epiphänomen der allgemein nachlassenden Arbeitsgedächtniskapazität charakterisierbar ist. Diese Einschätzung paßt gut zu der gegenwärtig von führenden kognitiven Gerontopsychologen vertretenen These, daß den Altersveränderungen im Arbeitsgedächtnis eine Schlüsselrolle („key source") bei der Erklärung von Altersdefiziten der Informationsverarbeitung zukommt (Cavanaugh 1997; Salthouse 1994).

4. Einschränkungen der Informationsverarbeitung im Alter durch veränderte kognitive Funktionen

Vor dem Hintergrund dieser Einschätzung haben wir in meiner Arbeitsgruppe in den letzten Jahren verschiedene experimentelle Analysen zu Altersveränderungen und -invarianzen im Arbeitsgedächtnis durchgeführt. Ausgangspunkt unserer Analysen war dabei das Arbeitsgedächtnismodell von Alan Baddeley (1986). Dieses Modell ist das Ergebnis einer konstruktiven Kritik an der strukturellen Ausrichtung der traditionellen Kurzzeitgedächtnisforschung. Ausgehend von der Frage, welche Funktionen dem Kurzzeitgedächtnis bei der Verarbeitung von Informationen bzw. bei komplexen kognitiven Leistungen zukommt, erarbeitete Alan Baddeley in einem experimentellen Forschungsprogramm ein Modell des Arbeitsgedächtnisses, nach dem neben einer modalitätsunspezifischen Kontrolleinheit - der sog. zentralen Exekutive - wenigstens zwei modalitätsspezifische Hilfssysteme existieren. Das eine Hilfssystem ist für die Verarbeitung visuell-räumlicher Informationen zuständig (visuell-räumlicher Notizblock), das andere für die sprachlich-symbolischen Informationen (phonologische Schleife). Die phonologische Schleife setzt sich aus zwei Bausteinen zusammen. Da ist zunächst ein phonetischer Speicher, der in der Lage ist, akustische Informationen für 1,5 bis 2 Sekunden „festzuhalten". Der zweite Baustein ist der sog. artikulatorische Kontrollprozeß, eine Art „inneren Sprechens", das es der Person ermöglicht, Informationen auch über die Speicherdauer von ca. 2 Sekunden im Zugriffsbereich des Verarbeitungssystems bereit zu halten.

In unseren eigenen Experimenten zum alternden Arbeitsgedächtnis haben wir uns vor allem mit der phonologischen Schleife beschäftigt (vgl. Hasselhorn 1988, 1990, 1993; Grube/Hasselhorn/Weiß 1998). Ausgehend von der Annahme des akustischen Speichers und des Prozesses des „inneren Sprechens" unterscheiden wir mittlerweile vier verschiedene Funktionskomponenten dieses Teilsystems:

- die Größe des akustischen Speichers;
- die Präzision, mit der Informationen im Speicher bereitgehalten werden;
- die automatische Aktivierung des „inneren Sprechens"; und
- die Geschwindigkeit des „inneren Sprechens".

In unseren experimentellen Analysen fanden wir lediglich für die letzte der vier aufgeführten Komponenten bedeutsame Unterschiede zwischen jungen und alten Erwachsenen (Hasselhorn 1988, 1990, 1993; Grube et al. 1998). Demnach scheint es keine gravierenden qualitativen Veränderungen des phonologischen Arbeitsgedächtnisses im Alter zu geben. Lediglich die Geschwindigkeit, mit der Informationen subvokal artikuliert und somit aktiv im Verarbeitungssystem gehalten werden, scheint im Alter deutlich abzunehmen. Dies führt zu einer verringerten Effizienz des sprachlichen Hilfssystems des Arbeitsgedächtnisses.

Allerdings ist damit die Frage nach Altersveränderungen in der Leistungs- und Funktionsfähigkeit des Arbeitsgedächtnisses noch nicht erschöpfend beantwortet. In zwei unserer Studien (Hasselhorn 1990; Grube et al. 1998) konnten die Altersunterschiede in der Leistungsfähigkeit des Arbeitsgedächtnisses auch bei statistischer Kontrolle der Altersunterschiede in der Geschwindigkeit des „inneren Sprechens" nicht völlig eliminiert werden. Das deutet darauf hin, daß es noch bei weiteren Funktionskomponenten des Arbeitsgedächtnisses zu Alterseinbußen kommt. Martin van der Linden, Serge Brédart und Annick Beerten (1994) vermuten, daß diese weiteren Einbußen in der zentralen Exekutive lokalisierbar sind. In der amerikanischen Tradition der Arbeitsgedächtnisforschung hält man jedoch diese Annahme für überflüssig. So haben z.B. John E. Fisk und Peter Warr (1996) vor kurzem zu zeigen versucht, daß sich die scheinbaren Altersbeeinträchtigungen in der Leistungsfähigkeit der zentralen Exekutive leicht zurückführen lassen auf eine allgemeine kognitive Verlangsamung im gesamten Informationsverarbeitungssystem.

Die These von der allgemeinen kognitiven Verlangsamung hat durchaus einen hohen Attraktivitätswert, da sie nicht nur äußerst sparsam in den theoretischen

Annahmen ist und eine Vielzahl empirischer Befunde zur veränderten Informationsverarbeitung im Alter erklären kann, sondern darüber hinaus auch gut vereinbar mit modernen biologischen Alterstheorien ist (vgl. Cavanaugh 1997; Hasselhorn 1998). Auch die nachlassende Geschwindigkeit des „inneren Sprechens" im phonologischen Arbeitsgedächtnis ließe sich durch die einfache Annahme erklären, daß alle Prozesse der Informationsaktivierung mit zunehmendem Alter immer langsamer verlaufen.

5. Beeinträchtigungen der Informationsverarbeitung im Alter durch veränderte Motivsysteme und Selbstkonzepte

Etwas überspitzt formuliert, ließe sich aus dem bisher Gesagten ableiten, daß die Informationsverarbeitung im Alter sich kaum von der Informationsverarbeitung junger Menschen unterscheidet, außer in dem einen Punkt, daß sie langsamer verläuft. Wenn dem wirklich so wäre, so sollte man erwarten, daß sich die Leistungen junger und alter Menschen bei Informationsverarbeitungsanforderungen nicht mehr unterscheiden, wenn man den alten Menschen nur genügend Zeit zur Bearbeitung einräumt.

Genau dies ist jedoch in der Regel nicht der Fall. Viele Versuche, die Leistungsunterschiede zwischen jung und alt dadurch auszugleichen, daß den Alten mehr Verarbeitungszeit zur Verfügung gestellt wird, erbrachten nicht das erhoffte Resultat (vgl. z.B. Gold/Hasselhorn 1991). Der Zeitfaktor scheint demnach nicht allein für die Leistungsprobleme alter Menschen beim Bewältigen von Informationsverarbeitungsanforderungen verantwortlich zu sein. In jüngerer Zeit haben wir daher verstärkt darüber nachgedacht, ob neben Beeinträchtigungen kognitiver Funktionen nicht-kognitive Mechanismen die Art der Informationsverarbeitung im Alter mitbestimmen. Gemäß dem von Hubert Rohracher (1971: 66) in seiner Einführung in die Psychologie formulierten „Gesetz der funktionalen Aktivierung" ist nämlich die prinzipielle Verfügbarkeit psychischer Funktionen noch nicht hinreichend dafür, daß diese auch tatsächlich aktiviert und genutzt werden. Hierzu bedarf es entsprechender „psychischer Kräfte" wie z.B. Interessen oder Motive, damit die vorhandenen Möglichkeiten auch voll genutzt werden.

Dieser Zusammenhang zwischen psychischen Kräften und Funktionen wirft die Frage auf, ob alte Menschen aufgrund veränderter psychischer Kräfte unter ihren kognitiven Leistungsmöglichkeiten bleiben? Klaus Schneider, Herbert Götzl und Sabine Henrich (1992) haben in diesem Sinne versucht, die schlechteren Gedächtnisleistungen alter im Vergleich zu jungen Erwachsenen darauf zurückzuführen, daß das Leistungsmotiv im Alter an Bedeutung verliert und statt dessen das Anschlußmotiv handlungsleitend wird.

Neben veränderten Motiven bieten sich aber auch negative Selbstbilder zur Erklärung suboptimaler Nutzung kognitiver Funktionen im Alter an. Unter jungen Erwachsenen ist die Erwartung, daß die Leistungen in nahezu allen kognitiven Bereichen im Alter nachlassen, weit verbreitet. Einer Befragung von Marion Perlmutter (1988) zufolge wird dieses negative Altersstereotyp allerdings von alten Leuten kaum übernommen. Den Ergebnissen dieser Befragungsstudie zufolge scheinen 60- bis 80jährige ein ausgesprochen positives Selbstbild kognitiver Leistungsmöglichkeiten zu haben. Andere Autoren berichten dagegen von zunehmend negativen Selbstkonzepten eigener Leistungsmöglichkeiten im Alter (vgl. z.B. Knopf 1987), so daß es schwer fällt, Einschätzungen über allgemeine Altersveränderungen in diesem Bereich abzugeben.

Zusammen mit sechs Studierenden der Lehrveranstaltung „Forschungsorientierte Vertiefung“ ging ich daher vor kurzem in einer Untersuchung der Frage nach, ob im Alter überhaupt mit negativen Veränderungen des Selbstkonzeptes gerechnet werden muß und - wenn ja - ob sich durch derartige Veränderungen im Selbstkonzept kognitive Leistungseinbußen im Alter erklären lassen (Hasselhorn et al. 1997). An unserer Untersuchung nahmen 49 junge Erwachsene mit einem Durchschnittsalter von knapp 20 Jahren und 52 ältere Erwachsene mit einem Durchschnittsalter von 75 Jahren teil. Von diesen Personen erfaßten wir 13 verschiedene Facetten des Selbstkonzeptes und 4 verschiedene kognitive Leistungen. Bei 8 der 13 untersuchten Selbstkonzeptfacetten zeigten sich keine bedeutsamen Unterschiede zwischen jung und alt. Bessere Werte als die jungen Erwachsenen hatten die alten beim Selbstkonzept eigener sozialer Kontakt- und Umgangsfähigkeiten. Nur bei den verbleibenden 4 Selbstkonzeptfacetten kam es zur befürchteten Altersverschlechterung. Diese läßt sich mit den Begriffen Hoffnungslosigkeit, Machtlosigkeit und Fatalismus umschreiben. Demnach ist im Alter nicht mit einem generell schlechteren Selbstbild zu rechnen, wohl aber mit einer steigenden Resignation in Bezug darauf, welche individuellen Kontrollmöglichkeiten bezüglich der Geschicke des eigenen Lebens man noch zur Verfügung hat.

Von besonderem Interesse für unsere Fragestellung zum möglichen Einfluß veränderter psychischer Kräfte auf die Leistungen des Informationsverarbeitungssystems waren jedoch die Ergebnisse unserer Zusammenhangsanalysen zwischen den Altersunterschieden in den besagten Facetten des Selbstkonzeptes und den erfaßten kognitiven Leistungen. Wie nicht anders zu erwarten, fanden sich sehr drastische Leistungsunterschiede zwischen jung und alt in den kognitiven Leistungen. Fast 40 Prozent (!) dieser Altersunterschiede in der Leistung ließen sich allerdings statistisch auf die negativ veränderten Selbstkonzeptfacetten zurückführen. Dieser Befund unterstreicht eindrucksvoll die Bedeutung nicht-kognitiver Mechanismen für die veränderte Informationsverarbeitung im Alter.

6. Schlußfolgerungen für eine angewandte kognitive Gerontopsychologie

Fassen wir die bisherigen Ausführungen zusammen, so ergibt sich folgendes differenzierte Bild der Informationsverarbeitung im Alter: Obwohl in der kognitiven Gerontopsychologie vorrangig die Altersdefizite der Informationsverarbeitung Gegenstand der Betrachtung waren, erwerben viele Menschen im Laufe ihres Lebens Kompetenzen, die erst im Alter zum Tragen kommen und für die in unserer Gesellschaft eine große Nachfrage besteht. Diese Kompetenzen haben meist mit Expertise in grundlegenden Lebensfragen zu tun und werden über Erfahrungen und deren Reflexion erworben. Stellt eine Person dieses Wissen uneigennützig anderen zur Verfügung, so wird ihr bisweilen das Attribut „weise“ zugeschrieben.

Bei der Verarbeitung neuer Informationen fallen die Vorteile solcher möglichen Alterskompetenzen weniger ins Gewicht. Hier dominiert mehr die Beobachtung der reduzierten Leistungsfähigkeit im Alter. Ein erster Hauptgrund für die Leistungseinbußen im Alter scheint in der generellen Verlangsamung aller Prozesse der Informationsverarbeitung gefunden worden zu sein. Dennoch gibt es Indizien dafür, daß das beobachtbare kognitive Leistungsverhalten alter Menschen oft nicht den tatsächlichen Möglichkeiten entspricht. Durch veränderte Motivstrukturen und altersspezifische Änderungen in manchen Facetten des Selbstkonzeptes werden viele Informationsverarbeitungsprozesse ohne eine optimale Ausnutzung der verfügbaren kognitiven Möglichkeiten ausgeführt.

Für eine angewandte kognitive Gerontopsychologie stellt sich damit die Frage: Wie kann der Teufelskreis zwischen Leistungsverschlechterungen der Informationsverarbeitung und ungünstiger werdenden Selbstkonzepten zerschlagen werden?

In der aktuellen Diskussion zu dieser Frage findet man direkte und indirekte Zugangsversuche, den Teufelskreis zu zerschlagen. Der direkte Zugang erfolgt über Kompetenztrainings, bei denen entweder alltagsnahe Fertigkeiten und Tätigkeiten eingeübt werden (vgl. z.B. Oswald/Gunzelmann 1995) oder aber die Leistungsfähigkeit spezifischer kognitiver Funktionen trainiert wird (vgl. z.B. Klauer 1994). Mittlerweile zeichnet sich ab, daß die Wirksamkeit solcher direkten Zugangswege zur Verbesserung der Informationsverarbeitung im Alltag nur von vergleichsweise kurzer Dauer ist (vgl. z.B. Hasselhorn et al. 1995). Der Anspruch, den Trainingsteilnehmern durch Erfolgserlebnisse positive Kompetenzwahrnehmungen zu vermitteln, läßt sich scheinbar nur schwer direkt in die Praxis umsetzen.

Als erfolgversprechender haben sich dagegen indirekte Zugangswege erwiesen, bei denen kognitive Funktionstrainings angereichert werden durch Techniken, die wiederum direkt an den sog. psychischen Kräften ansetzen: so z.B. Entspannungsübungen und Suggestionen. Erste Vorarbeiten in diese Richtung in unserer eigenen Arbeitsgruppe führten zu erfolgversprechenden Zwischenbefunden. Sie ermutigen uns, hier in Zukunft noch mehr Zeit und Ideen zu investieren. Wir hoffen sehr, auf diesem Wege in absehbarer Zeit Möglichkeiten vorstellen zu können, den Teufelskreis zwischen kognitiven Funktionen und psychischen Kräften im Alter wirksam zu zerschlagen, so daß eine kompetente Informationsverarbeitung für immer mehr alte Menschen zum Normalfall werden kann.

Otto Bach

Gerontologische Aspekte der Psychiatrie

Das Fachgebiet der Psychiatrie ist in besonderer Weise an gerontologischen Fragestellungen interessiert. Dies ist darin begründet, daß ein beträchtlicher Teil der zu betreuenden Patienten an alters-psychiatrischen Erkrankungen leidet und sich derartige Patienten hinsichtlich bestimmter diagnostischer Ebenen deutlich von Patienten mit anderen psychiatrischen oder allgemein-körperlichen Erkrankungen unterscheiden.

Eine mehrdimensionale Diagnostik eines psychiatrischen Problems hat folgende Ebenen ins Auge zu fassen:

- *das psychopathologische Geschehen*: z.B. ein paranoid-halluzinatorisches Syndrom, ein Syndrom einer Depression, ein dementielles Geschehen,
- *das somatische Geschehen*: z.B. mit technischer Diagnostik erfaßbare Substanzschädigungen am Zentralnervensystem,
- *das psychodynamische Geschehen*: hierzu gehören Fragen der Krankheitsverarbeitung (z.B. Erlebnisse eigener Defizite), intrapsychische Konflikte, die chronifiziert (gar aus frühkindlicher Zeit resultierend) oder aktualgenetisch von Bedeutung sind sowie Wesensmerkmale der Person, die das Krankheitsgeschehen färben können,
- *das soziale Geschehen:* zu subsumieren wären hier z.B. Konflikte im sozialen Umfeld, soziale Isolation, sozialer Status.

Bezogen auf gerontopsychiatrische Patienten erweist sich dabei, daß die Definition einer solchen Patientengruppe ganz besonders auch vom soziodynamischen Aspekt bestimmt wird. Das Alter ist dabei ein wesentliches, aber kein ausschließliches Kriterium für ein geronto-psychiatrisches Problem. Wo sollte man die Grenze realiter ziehen? Beginnt eine präsenile Demenz im 47. Lebensjahr, dann könnte noch nicht von Alter gesprochen werden, obwohl ein typisches gerontopsychiatrisches Problem vorliegen könnte. Ebensowenig definiert das psycho-pathologische Syndrom, tritt es im höheren Lebensalter auf, den gerontopsychiatrischen Patienten. Es kann z.B. ein lebensfroher, sozial integrierter Mensch, der mit 75 Lebensjahren eine erneute Phase einer endogenen Depression bekommt, nicht als gerontopsychiatrischer Fall gewertet werden. Das entscheidende Kriterium für die Definition ist neben den (eher marginalen) Kriterien Alter und Syndrom das spezifische, sozial und pflegerisch charakterisierbare Hilfsbedürfnis und der soziologische Status der Person. Bestehen Erfordernisse des Ausgleichs sozialer Kompetenzdefizite im Bereich Aktivitäten des täglichen Lebens, besteht partielle oder gar totale soziale Isolation, sind als Folge kognitiver Defizite (impairment) handicaps vorhanden, dann wird der psychisch Gestörte zum gerontopsychiatrischen Fall. Hinzu kommt allerdings eine spezifische medizinische Besonderheit, daß wir es nämlich bei Alterspatienten oft mit multimorbid gestörten Menschen zu tun haben, die neben den psychopathologischen Krankheitserscheinungen auch internistische, orthopädische u.v.a. Gesundheitsprobleme haben können. Dies macht nicht selten ein dezidiert interdisziplinäres Handeln erforderlich.

Tatsächlich nehmen gerontopsychiatrische Erkrankungen in dem Maße zu, wie es zu einer Erhöhung des Anteils der alten und sehr alten Menschen in der Bevölkerung kommt. Epidemiologische Aspekte sind aus dieser Sicht zu erörtern.

1. Zur Epidemiologie

Eine zunehmend bessere medizinische Versorgung, bessere soziale Bedingungen und die erfolgreiche Prävention schwerer Erkrankungen führt u.a. dazu, daß die Bevölkerung in Deutschland älter wird. In der Bundesrepublik leben zur Zeit 150.000 Menschen, die über 90 Jahre alt sind; ab dem Jahr 2000 rechnet man damit, daß die über 90jährigen auf eine halbe Million ansteigen. Es wird etwa 3 Millionen Menschen geben, die über 80 Jahre sind und 120.000 werden älter als 100 Jahre sein. Aus den Tendenzen der Bevölkerungsentwicklung lassen sich Rückschlüsse auf den Betreuungsbedarf und die Morbiditätsstatistik treffen.

Gegenwärtig nimmt man an, daß in der Bundesrepublik Deutschland rund eine Million Menschen an der Alzheimerschen Erkrankung leiden; im Jahr 2010 sollen es etwa 1,8 Millionen sein. Bezieht man leichtere Demenzformen in die Erwägungen mit ein, erhöht sich die Zahl weiter. Die jährliche Ersterkrankungsrate liegt bei 1-2% (vgl. Bickel 1995). Da die Alzheimersche Erkrankung eine besondere gesundheitspolitische Herausforderung darstellt, sei in Tabelle 1 die Beziehung von Alter und Erkrankungsrisiko aufgeführt.

Alter in Jahren	%
65 - 69	2,4 - 5,1
70 - 74	5,3 - 9,1
75 - 79	10 - 12
80 - 90	20 - 24
Über 90	Über 30

Tab. 1: Häufigkeit der Altersdemenz

Das höhere erreichbare Alter bedeutet aber auch, daß die Zahl der Bürger, die in Einrichtungen der Altenhilfe leben, immer mehr zunehmen. In der Bundesrepublik liegt das Risiko, eine Heimbetreuung in Anspruch nehmen zu müssen, bei Menschen zwischen 65 und 75 Jahren bei 5,7%, bis zum 80. Lebensjahr bei 18,7% und bis zum 90. Lebensjahr immerhin bei 58,8% (vgl. Bickel 1994). Die Verweildauer in Seniorenheimen liegt bei Männern bei 50,7 Monaten, bei Frauen, die im Durchschnitt deutlich älter werden - bei 71,3 Monaten, was darauf hinweist, daß für viele Menschen eine beträchtliche Lebensetappe in Heimbetreuungen gestaltet werden muß.

Neben Fragen der Lebensqualität der Betroffenen spielen natürlich auch Kosten-Nutzen-Analysen insofern eine Rolle, als es Berechnungen von Fritz Beske et al. (1995) erbrachten, daß sich die Kosten der Pflegeversorgung von Demenzpatienten 1993 auf 65 Mrd. DM beliefen und daß sich diese Summe um 13% senken ließe, wenn es gelänge, diese Patienten länger in ambulanten, familiären Betreuungsstrukturen zu versorgen, wenn also ambulante Pflege vor stationärer stärker favorisiert würde.

2. Sozialmedizinische Aspekte von alterspsychiatrischen Erkrankungen

Höheres Alter ist in der Regel mit mehr körperlichen, aber auch psychischen Befindlichkeitsstörungen verbunden, wobei aber vor allem, wie einleitend schon hervorgehoben, der spezifische soziale Kontext, in dem sich der Mensch bewegt und in dem er sein Dasein realisiert, von besonderem Belang ist.

Altern ist keinesfalls, wie das in der Vergangenheit oft betrachtet wurde, als Erleben des Defizits, des Nachlassens von geistigen Bewältigungsmöglichkeiten, von nachlassender körperlicher und sexueller Aktivität, von allgemeinem Rückzug aus Leistung und Verantwortung zu betrachten. Wenn entscheidende Verluste eintreten, liegen sie häufig mehr im sozialen Bereich, in den sozialen Rollen, die nicht mehr umfangreich genug ausgestaltet werden können. Die Alterspsychiatrie, die Lehre von psychiatrischen Erkrankungen im Alter, reicht also tief hinein in die Soziologie.

Die moderne Entwicklungspsychologie hat viel dazu getan, den Gedanken, Alter sei ein Defizit, zu überwinden. War die Gerontologie früher überwiegend biologisch bestimmt und betonte den Abbau von Struktur, den Zerfall von Substanz, so werden heute die Erlebensmöglichkeiten des einzelnen unter dem Aspekt der gesamten Lebensspanne des erlebten und verarbeiteten Lebens gesehen. Faktoren wie die gesamte Lebensgeschichte, Befriedigung in der Ausgestaltung der wesentlichen Lebensbereiche, verschont bleiben von schweren Erkrankungen oder andere Einbußen von Selbst und Welt, etwa durch Krieg, Gefangenschaft, soziale Not in bestimmten Lebensepochen, bestimmen den Verlauf des Alters und auch den möglichen Ausbruch einer Alterserkrankung psychiatrischer Art mehr als die biologischen Veränderungen, die der physiologische Alterungsprozeß in den Organsystemen mit sich bringt, zumal das Altern eigentlich - wie der Leipziger Alternsforscher Max Bürger sagte - mit der

Geburt beginnt. Dabei werden die natürlich eintretenden Alternsveränderungen am Zentralnervensystem, die sich im wesentlichen in Stoffwechselvorgängen in den Neuronen und in den Übergangsmechanismen der Erregungs- und Hemmungsprozesse abspielen, ganz wesentlich vom allgemeinen Aktivitätsgrad während des ganzen Lebens bestimmt. Gerade das Gehirn ist ein Organ, das sich durch die Nutzung seiner genetisch angelegten Funktionen ganz wesentlich strukturell ausgestaltet.

Aus klinischer Sicht ist festzustellen, daß z.B. die häufig zu beobachtende Verschlechterung des Gedächtnisses im Alter oft auf fehlendes Training zurückzuführen ist; die Leistungsschwäche kommt durch mangelndes Üben zustande. Schauspieler, die ihr Gedächtnis ein Leben lang trainieren müssen, verfügen oft auch im hohen Alter noch über erstaunliche Gedächtnisleistungen. Ältere Menschen lernen bei sinnfreiem Material (etwa Wortfolgen ohne Zusammenhang) deutlich schlechter als jüngere; wenn aber ein logischer Zusammenhang besteht, bringen sie gleiche Leistungen zustande. Ihnen fehlt es mehr an Lerntechnik als an Behaltensfähigkeit.

Das psychologische Altern und damit auch der psychopathologische Alterungsprozeß, die Veränderungen im Verhalten, Urteilen und Erleben, zeigen große interindividuelle Differenzen, die vom Lebenslauf, wie schon betont, von den „Altersordnungen" der Gesellschaft, dem sozialen Netz, in dem der einzelne steht, aber auch von der historischen und gesellschaftlichen Entwicklung abhängen. So konnte z.B. bei Intelligenzvergleichsuntersuchungen unterschiedlicher Jahrgänge festgestellt werden, daß alte Leute in der Gegenwart klüger sind als früher. Voraussetzungen für Langlebigkeit und gesunde Leistungsfähigkeit scheinen vor allem Arbeitszufriedenheit und gute sozial-ökonomische Bedingungen zu sein, wobei der Lebensstandard nicht nur von den ökonomischen Bedingungen, sondern mehr von der Differenziertheit des sozialen Netzes bestimmt wird. Die Altersrolle unterliegt dabei auch fortlaufend historischen Wandlungen. Die sozial-psychologische Aktivitätstheorie des Alterns sagt dazu aus, daß Aktivität im Alter möglich und gleichzeitig notwendige Voraussetzung für gesundes biologisches und soziales Sein ist. Dort, wo über das physiologische Maß hinausgehende Alterungsvorgänge eintreten, mithin sich pathologische Erscheinungen, psychische Erkrankungen, einstellen, sind Probleme sozialer Natur besonders zu beachten. Der Mensch ist auf die Welt hin angelegt, er ist ein soziales Wesen; das soziale Netz, in das er eingebunden ist, hat für ihn damit wichtige stabilisierende Funktionen (ausführlich hierzu vgl. Hasselhorn i.d.B.).

Natürlich ist die nachfolgende Tabelle ein künstliches Gebilde, das die Wirklichkeit nicht einfängt, zumal sich - konsequent gedacht - alles auf die Kategorien soziale Integration bzw. Isolierung sowie - vom Subjekt aus gesehen - Selbstwertbestätigung oder Lebensunzufriedenheit zurückführen läßt. Von Bedeutung ist dabei aber, daß sich Defizite in einzelnen Lebensbereichen durch differenzierte Aktivitäten in anderen kompensieren lassen. Verdienter Ruhestand muß nicht automatisch Wertverlust bedeuten, er kann auch Freiwerden für andere Interessen und damit Erhöhung von Lebensfreude bewirken. Probleme treten für den einzelnen dort auf, wo alle Bereiche defizitär sind und er noch dazu durch Körperkrankheit in seinen Aktivitätsmöglichkeiten behindert ist.

Kategorie	**Bedeutung**	**Auswirkung von Defiziten**
Familie	Bindung, Verantwortung, Schutz; Lustgewinn (Intimpartner)	Emotionale Vereinsamung, Nachlassen von Strebungen
Beruf	Selbstbestätigung, Konkurrenzfähigkeit; Einordnung und Normenkontrolle	Verminderte Selbstachtung, Gefühl der Überflüssigkeit, Lockerung von Lebensregeln (z.B. Zeitplanung)
Wohnwelt	Geborgenheit, Erinnerung. Eigengestaltung	Schutzlosigkeit, Verlust der Geborgenheit, Fremdabhängigkeit
Freizeitbereiche	Selbstfindung, Lustgewinn durch Erfolg, kulturell-ästhetisches und religiöses Erleben	Resignation, soziale Vereinsamung
Gesellschaftliche Organisation	Engagement für gesellschaftliche Prozesse, Kontakt mit Gleichgesinnten, Autorität anderer	Isolation, Sinnentleerung, Normenverlust

Tab. 2: Lebensbereiche, die ein stabiles soziales Netz ausmachen können

Die Disengagementtheorie des sozialen Alterns (disengagement = negativ erlebte „Befreiung" von Funktionen) betont als pathogenetisch bedeutsame Faktoren des Alterns den Rollenverlust in Familie und Beruf, den Verlust persönlicher Fähigkeiten (auch Genußfähigkeiten, bezogen auf alle Triebebenen) mit der Folge des auch erlebnismäßigen Rückzugs aus den Beziehungen und der stärkeren Konzentration auf sich selbst, was von der Umwelt dann vielleicht sogar als egoistisch ausgelegt wird (ausführlicher dazu vgl. Lenz/Rudolph/Sickendiek i. d. Bd.). Die Normenkontrolle läßt nach, womit die das Leben eigentlich stabilisierenden Lebensregeln aufgeweicht werden und Resignation eintreten kann. Es läßt sich oft feststellen, daß die Menschen diesem Prozeß aktiv gegensteuern. So wird häufig nach der Pensionierung zunächst kaum Aktivität entfaltet, später aber das soziale Feld neu strukturiert und wieder erfüllt, nachdem die seelischen Energien zunächst auf das Suchen neuer Rollen, das Akzeptieren der neuen Lebensepoche - auch auf die Auseinandersetzung mit dem Tode - gerichtet waren.

3. Dementielle Prozesse

Die hirnorganischen Psychosyndrome infolge von Abbauprozessen des Gehirns lassen sich in drei große Klassen einteilen:

- psychotische Syndrome infolge zerebraler Abbauerscheinungen, die als Depressionen, wahnhafte Entwicklungen auftreten können,
- Verwirrtheitssyndrome mit dem Leitsymptom der Bewußtseinsstörung,
- chronische hirndiffuse Psychosyndrome mit dem Leitsymptom der Gedächtnisstörung.

Letztere Gruppe ist die häufigste und damit auch gesundheitspolitisch relevanteste. Wenn die Störungen von Gedächtnis, Konzentration, Auffassung und Aufmerksamkeit ein bestimmtes Ausmaß erreichen, die kognitive Leistungsfähigkeit - mithin intellektuelle Fähigkeiten - nachlassen, wird von Demenz gesprochen.

Einige allgemeine Aspekte der Diagnostik von psychiatrischen Alterserkrankungen sind zunächst zu bedenken:

- Die Symptomatologie hirnorganischer Abbauprozesse ist äußerst vielgestaltig und es gelingt kaum, aus der Psychopathologie auf die Art der Erkrankung zu schließen.
- Vorstadien des dementiellen Prozesses wie langanhaltende, sog. vorzeitige Versagenszustände (Erschöpfung, Konzentrationsmängel, Antriebsmattheit etc.), depressive Verstimmungen oder neurotisch anmutende Leistungsminderungen können dem eigentlichen Hirnleistungsabbau vorausgehen.
- Reaktive Momente - als Folge des Fehlverarbeitens der nachlassenden geistigen Leistungsfähigkeit und auch der im Alter eintretenden Einengung der sozialen Aufgaben und des Rollenstatus - überdecken die definitiv vorhandenen kognitiven Defizite.
- Die Multimorbidität alterspsychiatrischer Patienten (kardiale Dekompensationen) verstärken u.U. psychopathologische Phänomene.
- Demenzdiagnostik bedeutet, wenn sie wenigstens in Grenzen zu klaren, auch ätiologischen Aussagen kommen will, einen nicht geringen Aufwand an neuropsychologischer, bildgebender und klinisch-psychopathologischer Diagnostik.
- Eine diagnostisch wichtige Rolle spielen Angaben von Angehörigen oder anderen Beziehungspersonen über Verhaltensauffälligkeiten oder Leistungsdefizite des Patienten.

Abbildung 1 zeigt den Weg auf, welche diagnostischen Erwägungen anzustellen sind, um schließlich zu einer Diagnose wie Alzheimersche Demenz zu kommen.

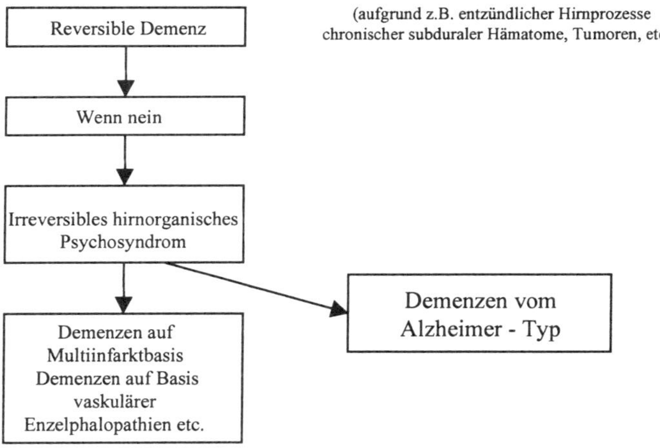

Abb. 1: Zur Diagnostik von Demenzen vom Alzheimer-Typ

Von den unterschiedlichen Formen von dementiellen Abbauprozessen soll im folgenden beispielhaft einiges zur Alzheimerschen Erkrankung ausgeführt werden.

4. Alzheimersche Erkrankung

Die Früherkennung der Alzheimerschen Demenz ist ein außerordentlich problematisches Feld, weil ganz unterschiedliche Gegebenheiten eine frühzeitige Diagnostik behindern. Auf der einen Seite könnte die Diagnostik sehr früh erfolgen, weil sich die Störungen der synaptischen Funktion - nämlich eine Abnahme der Synapsendichte in bestimmten Assoziationsfeldern z.B. des Großhirns - als Korrelat kognitiver Ausfälle mittels Positronenemissionstomografie relativ sicher darstellen läßt; die Stoffwechselveränderungen einer Minderutilisation von Glukose im temporoparietalen Bereich des Gehirns ist gut feststellbar. Dem stehen aber natürlich Gründe der Praktikabilität entgegen; derartige Untersuchungen sind nur an sehr wenigen deutschen Universitätskliniken möglich.

Noch wirksamer ist ein epidemiologisch behindernder Faktor. Wann kommt ein Patient und nachfolgend sein Arzt auf die Idee, eine Alzheimer-Erkrankung zu vermuten? Dieser Krankheit wohnt ein kurioses Phänomen inne. Alle sprechen von ihr - auch die medizinischen Laien - alle epidemiologischen Untersuchungen und Hochrechnungen weisen auf ein enormes gesundheitliches Problem vor allem in der Zukunft hin, aber in den psychiatrischen Kliniken finden sich eher wenige solcher Patienten bzw. werden Patienten mit hirnorganischen Psychosyndromen diagnostisch gar nicht weiter differenziert. Eine Rolle spielt hierbei natürlich, daß die klinische Diagnose mit Hilfe der Psychopathologie und verfügbarer bildgebender Verfahren nicht sicher möglich ist.

Der Konflikt, daß vermutlich ein nicht unerheblicher Teil von Menschen an der Alzheimerschen Demenz erkrankt ist, aber nur ein Teil davon in gezielter ärztlicher Diagnostik und - sofern möglich - Therapie erscheint, resultiert aus einem allgemein-menschlichen Problem. Die Erkrankung erfaßt etwa 30% aller hochbetagten Menschen. Jedoch wird von einem bestimmten Alter an von den Patienten und den sie betreuenden Angehörigen oder professionellen Helfern in Alten- und Pflegeheimen vermutlich die dann erkennbare Symptomatik als naturgegeben registriert und nur bei störenden bzw. gefährdenden Verhaltensweisen ärztliche Intervention angestrebt.

Da aber die Erkrankung in einem bestimmten Prozentsatz (ca. 1%) auch bei jungen Alten (ab 65., u.U. sogar vor dem 60. Lebensjahr) auftreten kann und bei Hochbetagten ebenfalls Behandlungsbedürfnisse bestehen und therapeutische und sozialmedizinische Strategien zumindest prozeßeindämmend bzw. das soziale System des Patienten stabilisierend wirken können, ist die Frage nach einer Frühdiagnostik berechtigt und gesundheitspolitisch bedeutsam.

Die wichtigsten Symptome einer Demenz vom Alzheimer-Typ können sein: Defizite in kognitiven Funktionen (z.B. Auffassung, Antizipation), Wortfindungsstörungen, progrediente Gedächtnisminderungen, die zunächst erst das kurz- und mittelfristige Behalten betreffen, Störungen in der Orientierung, eventuell stärkere Aphasien, Apraxien und Agnosien; neurologische Störungen können eventuell hinzukommen; Atrophien im Computertomogramm des Gehirns - einem bildgebenden Verfahren - sind nachweisbar. Das wichtigste Symptom ist das fast unaufhaltbare Fortschreiten des Abbaus, der in wenigen Jahre zum Tode führt.

Risikofaktoren einer Alzheimerschen Erkrankung können sein: erkrankte Angehörige 1. Grades, sehr hohes Alter, Depressionen im Vorfeld, langfristige schwere psychosoziale Belastung.

Da die Patienten schnell in einen Zustand der Hilflosigkeit geraten, die bei den Angehörigen naturgemäß zu schwerer Ratlosigkeit und ebenfalls Hilflosigkeit führen kann, ist neben der Betreuung des Patienten auch der Beistand für die Angehörigen besonders wichtig. Erste Ansätze einer pharmakologischen Therapie der Erkrankung lassen mittelfristig erwarten, daß die Beschwerden gemildert, der fortschreitende Prozeß verlangsamt werden kann.

Es darf bei der Diagnostik von Altersdemenzen nicht vergessen werden, daß Patienten nicht selten über Beschwerden im Sinne einer beginnenden Altersvergeßlichkeit und Schusseligkeit klagen, die gerade auf dem Hintergrund der medienwirksamen Auseinandersetzung mit der Alzheimer-Erkrankung zu Befürchtungen führt. Hier ist durch angemessene Aufklärung entgegenzuwirken.

Alterspsychiatrie und Gerontologie sind, wie weiter oben gezeigt wurde, auch praktizierte Soziologie; d.h. daß der Arzt dem altwerdenden und alten Menschen auch in seinen Konflikten, die mit der Altersrolle in Zusammenhang stehen können, beratend zur Seite stehen sollte.

Martin Rudolph

Alter und Körper

Die Körperlichkeit des Menschseins wird entweder in bestimmten Lebensphasen wie z.B. Kleinkindheit oder Alter oder auch im gestörten oder behinderten Alltag wahrgenommen, d.h. wenn Leistungen des Körpers noch nicht oder nicht mehr erwartbar sind, ebenso wenn Unfälle bzw. Krankheiten dazu zwingen, sich mit Bewegungseinschränkungen oder Schmerzen auseinanderzusetzen, sie zu bewältigen. Wenn der Körper nicht (mehr) funktioniert, so fühlt man und frau sich abhängig, ist peinlich berührt oder damit beschäftigt, seinen Schmerz auszuhalten, zu verdrängen, wenn es geht, nicht zur Kenntnis zu nehmen. Zuschreibungen von Lebensalter und Körperlichkeit werden in der Öffentlichkeit zwar nach wie vor häufig gebraucht („Da hab' ich aber alt ausgesehen"), die Entstrukturierung und Pluralisierung der Lebensphasen verweisen solche Zuschreibungen eher als Befindlichkeitsbeschreibungen denn als Spezifika von Lebensaltern.

Alter betrachte ich im folgenden vor allem unter der Perspektive der Bewältigung des Zurückverwiesenwerdens auf den Körper als Ressource, des allmählichen körperlichen Abbaus, der Langsamkeit und Hinfälligkeit. Die im Alter nicht seltene oftmals bittere Wiederentdeckung von Körperlichkeit als Aneignungs- und Bewältigungsform von Welt, muß vor dem Hintergrund gelebten Lebens, eines durch Alltag, Arbeit, Biographie und Gesellschaft überformten Körpers dargestellt werden. Die in den Körpern geronnene manifeste und latente Biographie und die zunehmend drängende Auseinandersetzung mit der eigenen Endlichkeit prägen diese Lebensphase. Die ständige Neudefinition der Körperlichkeit und damit einhergehender Selbstdefinition ist von großer Bedeutung zum Erhalt von Integrität und Identität. Im Verweis auf die lebenslange Dauer des Definitionsprozesses und auf die Interdependenz mit Integrität und Identität von Personen wird deutlich, daß mit Körperlichkeit keineswegs ausschließlich die biophysische Dimension menschlicher Existenz gemeint ist. Gerade die Verflechtung von Körper, Selbstfindung, Selbstwert als Aneignungs- und Auseinandersetzungsform mit einer konkreten Gesellschaft und einer konkreten Umwelt macht es möglich, Körperlichkeit als Indikator für soziale Prozesse im normativen Umgang mit Alter und alten Menschen anzusehen.

Die Definition und Selektion nach Kriterien der Körperlichkeit und Beweglichkeit ist bei wissenschaftlichen Betrachtungsweisen nicht selten; so ist nach Jean Piaget das Zusammenspiel von Bewegung, körperlichen Reflexen und Lernen eine der Grundvoraussetzungen für das Anpassungsverhalten und die Entwicklung des Menschen. Auch den Professionellen im Altenhilfebereich sind Beurteilungen von alten Menschen nach Beweglichkeit wie z.B. „Go-gos“, „slow-gos“ und „no-gos“ augenfällige wie einleuchtende Unterscheidungsmerkmale. Beschreibungen dieser Art erfüllen im öffentlich-fachlichen Diskurs eine ähnliche Funktion wie sie die Figur des Pantalone des lächerlichen, meist buckligen, ungeschickten, vertrottelten Alten in der Comedia dell'arte im 16. Jahrhundert innehatte. Die Menschen einer Gesellschaft versuchen sich in solchen sinnfälligen Bildern, die sie vom Alter entwerfen, den Erfahrungsbereich, der mit der allmählichen Veränderung durch Alterung des Körpers einhergehenden Befürchtungen, auseinanderzusetzen. Ob dies nun über die Beschreibung von Leistungsmerkmalen des Körpers wie im Fall der Moderne oder über die Distanzierung durch Humor verläuft wie im Mittelalter, spielt insofern keine Rolle, als durch solche Selbstvergewisserungsdiskurse Normalitätsvorstellungen innerhalb der Gesellschaft ausgetragen werden. Somit können die folgenden Betrachtungen als Diskurs über Normalitätsvorstellungen des Alters in der Gegenwart interpretiert werden. Die Vielfalt der Normalitätsvorstellungen über Körper und Alter zeigen zunächst kulturell hegemoniale Züge (z.B. Schönheit, Gesundheit, Beweglichkeit, Schnelligkeit, Schlankheit), und damit durchaus alters- und geschlechtsspezifische Erscheinungsformen, die aus der individuellen Auseinandersetzung mit den gesellschaftlich dominanten Vorstellungen gewonnen werden. Die Abweichung von der nicht abgrenzbaren körperlichen Normalität wird kontrollierenden und sanktionierenden sozialen und gesellschaftlichen Reaktionen unterworfen.

Wie weitreichend Fragen der Körperlichkeit den Alltag strukturieren, soll durch Beispiele illustriert werden. Man muß sich eine breite Fußgängerzone an einem Samstagmorgen um 11 Uhr vorstellen, auf der sich gleichzeitig Inline-Skater, Fahrradfahrer, Kinderwagen schiebende Eltern, herumrennende Kinder, eilige Erwachsene und am Rande, quasi geschützt durch die herausgeschobenen Verkaufsstände, die Flaneure, die Langsameren, Gehbehinderten. Im Jahr 2030, wenn über ein Drittel der Gesellschaft 65 Jahre und älter ist, wird sich die Geschwindigkeit des Bewegungsbildes merklich verändert haben. Am deutlichsten unterscheidbar für einen heutigen Betrachter wären die zeitlupenhafte Langsamkeit, die vielen treppenüberwindenden Hilfen, Stöcke und Ruhemöglichkeiten, die das Bild prägen. Eine zweite Skizze führt uns in der heutigen Zeit zur rush-hour an die Kasse eines Supermarktes. An einem Freitagabend hat ein alter Mann mühsam seinen Wochenendeinkauf auf das Förderband gelegt und versucht in Kontakt mit der Kassiererin zu treten, die sich davon sichtlich in ihrer Tätigkeit gestört fühlt. Einsilbig versucht sie den Mann ruhig zu bekommen, um ihm schließlich seine Rechnung zu präsentieren. Umständlich langsam kramt der Mann sein Portemonnaie aus seinen Taschen und zahlt Schein für Schein und Geldstück für Geldstück, leise dabei mitzählend. In der wartenden Schlange macht sich lauter Unmut breit, als ihm am Schluß mehrere Geldstücke auf den Boden fallen und er sich mühsam bückt, um diese aufzuheben. Kommentare, wie etwa: „Was sucht denn der hier um diese Zeit?“ „Der hat sie wohl nicht mehr alle.“ etc. vergiften zusätzlich die ohnehin schon äußerst angespannte Atmosphäre. Im Jahre 2030 fällt in einer solchen Schlange höchstens noch die hektische junge Frau mit drei kleinen Kindern auf. Die Lautstärke ihrer Kinder und gleichzeitig das Bezahlen, Kinder von den Süßigkeiten fernzuhalten und das Herbeirufen eines davongelaufenen Kindes bringen die Frau zur Verzweiflung. Ob dann die Kommentare der die Warteschlange prägenden Alten freundlicher sein werden? Vielleicht fühlen sich die Alten in ihrer Kommunikation miteinander durch so eine Ausnahmeerscheinung, wie Kinder es dann sein werden, nicht gestört und freuen sich sogar über diesen quirligen Wirbel und die Abwechslung. Beim Betrachten dieser Situationen wird einleuchtend, was es heißt, wenn der „Störfall Alter“ zum Normalfall wird.

1. Gesellschaftliche Formung der Körper

Im folgenden werden gesellschaftlich hegemoniale Körperbilder in verschiedenen Zeitabschnitten dargestellt. Aus dem Kontrast der unterschiedlichen Auffassungen von Körperlichkeit im jeweiligen Zeitabschnitt ergibt sich der Wandel der Einstellungen der Menschen zu ihren Körpern. Daß dieser Wandel nicht nur mit physischem Verändern zu tun hat, wird im Kapitel über die Veränderung von Scham und Peinlichkeitsvorstellungen erläutert. Ergänzend dazu werden die disziplinierenden Agenturen auf Körper und Psyche der Menschen am Beispiel des Zugriffs durch die Institutionen der professionellen Altenhilfe auf die Körper alter Menschen dargestellt.

Die Betrachtung des Körpers als gesellschaftliches Produkt mag befremden, gilt er doch in unserem Kulturkreis in der Regel als „Natur“, den biologischen und medizinischen Kausalitätsgesetzen unterworfen und somit der sozialwissenschaftlichen Betrachtung eher fern. In einigen anderen Disziplinen taucht der Körper als mehr oder weniger ästhetisches Betrachtungs- und Darstellungsobjekt auf, wie zum Beispiel in Malerei, Skulptur etc. In der Sportwissenschaft erscheint er vor allem unter Leistungssteigerungsgesichtspunkten. Diese funktionsspezifischen Betrachtungsweisen sind sehr modern und dabei aber für unsere Analyse wenig gegenstandsadäquat.

Zunächst soll im folgenden jedoch in holzschnittartigen Mustern nachvollzogen werden, wie Alter zum Störfall wurde. Mit einer strukturellen Betrachtung der historischen Überformung der Körper durch Arbeit soll verdeutlicht werden, wie die „zur Verfügungstellung der Körper für die Gesellschaft“ (Schachtner 1988) schließlich zur Ächtung der gealterten Körper führt. Solche Verschiebungen der normativen Orientierung der Gesellschaft gehen in den Subjekten mit einer Veränderung der Selbstwahrnehmung und Selbstkontrolle einher, wie Norbert Elias (1979) dargelegt hat. Peinlichkeit und Scham, Veränderung von Hemmschwellen sowie die Ausweitung disziplinierender Agenturen müssen also in die Betrachtung mit einbezogen werden, um Prozesse gewaltbasierter Handlungen beschreibbar zu machen.

1.1 Körperliche Existenz im 17. Jahrhundert

Die Grundlage für die gesellschaftliche Überformung der Körper ist zum einen die Arbeit der Menschen in einer Gesellschaft sowie andererseits kulturell-ästhetische Imperative. Anhand einer historischen Gegenüberstellung von Prägungen der Körper durch Alltags- und Arbeitsverläufe im 17. Jahrhundert und in der Moderne wird illustriert, wie sich der gesellschaftliche Wandel in den Körpern vollzogen hat. Die unterschiedliche Körperlichkeit, die Einstellung und das Verhältnis zum Körper sowie die gesellschaftliche Inanspruchnahme der Körper sollen so verdeutlicht werden. In seiner „Sozialgeschichte des 15.-18. Jahrhunderts" bezeichnet Fernand Braudel den Menschen als „vielseitig verwendbare Kraftmaschine" (Braudel 1985: 362) in der bäuerlichen Gesellschaft dieses Zeitabschnittes. Als gesellschaftlich ausgeprägteste Gruppe in dieser Zeit hatte die bäuerliche Wirtschaft eine heterogene Existenzform (vgl. Jacobeit 1980: 342ff; Braudel 1985: 362ff; Borst 1979: 347ff; Imhof 1984: 56ff; Imhof 1988: 85ff), aus der sehr unterschiedliche Belastungen resultierten, zumal die Differenzierung der Besitz- und Herrschaftsverhältnisse regional sehr unterschiedlich war. Im Hinblick auf die Differenz zur gesellschaftlichen Inanspruchnahme der Körper in der Moderne sind diese regionalen Unterschiede jedoch vernachlässigenswert. Das Ausgeliefertsein der Bevölkerung durch die großen Gefahren von Pest, Hunger und Krieg, das alltägliche Arbeiten bis zur Erschöpfung sowie der Mangel an Medikamenten und Heilmitteln, war eine eigene, für uns heute kaum nachvollziehbare Welt.

Zur Analyse des Alltags im 17. Jahrhundert nutzt Jürgen Kuczynski (1980) die Begriffe Arbeit, Angst, Gewalt und Sicherheit. Über Arbeit definiert er sowohl die Verhältnisse der Menschen zur Natur als auch untereinander. Die hierarchische Teilung der Ständegesellschaft verweist auf die zur Aufrechterhaltung notwendigen Gewaltverhältnisse, die ihrerseits Grundlage der Produktionsverhältnisse sind. Zwang und Unterordnung prägen den Alltag der Besitzlosen, deren Körper Besitz der Herrschenden sind (Leibeigene); über die Körper verfügen die Herrschenden wie über Sachen. Sicherheit und Angst sind in diesen Gewaltverhältnissen bestimmt durch die Nähe bzw. Distanz zur Herrschaft einerseits sowie von existentiellen Bedrohungen durch Pest, Hunger und Krieg, aber auch durch Vorstellungen von Überleben, Tod und Hölle andererseits. Der durch Geburt erworbene und durch Ahnen legitimierte „Stand" ist lebenslang verbindlich und regelt die über Herrschaft integrierte Gesellschaft. Das häufigste Produktionsverhältnis dieser Zeit war das leibeigene, bäuerliche Leben. Die Sozialform bäuerlichen Wirtschaftens war die Hausgemeinschaft. Utz Jeggle (1977) beschreibt den Zusammenhang von Wirtschaft und Sozialform folgendermaßen: „Aber jede Art von Arbeitsschwierigkeiten oder Unfähigkeit wurde als Makel behandelt. Wer nicht schafft, braucht nichts zu essen, lautet die Moral, die heute unbarmherzig klingt, damals aber zum Handlungsrepertoire gehören mußte, wollte man nicht selbst im Kampf ums Überleben unterliegen. Eine Beziehung zu einem anderen Menschen, die andere als materielle Gründe gehabt hätten, wäre leichtsinnig, ja lebensgefährlich gewesen" (Jeggle 1979: 149).

Die harte, fortwährend andauernde Arbeit war durch den jahreszeitlichen Wechsel, herrschaftliche Anordnungen und die Unmöglichkeit, sie zu verweigern, gekennzeichnet. Der Einsatz des eigenen Körpers, als einzige Energiequelle neben dem Einsatz von Arbeitstieren, erfolgte, außer im Winter, zwischen 12 und 18 Stunden täglich. Nur wenige Geräte vereinfachten den Arbeitsalltag. Die geschlechtsspezifische Arbeitsteilung trennte Arbeiten im Haus, die von den Frauen verrichtet wurden, von denen außer Haus, die die Männer verrichteten. Nicht nur die große Arbeitsbelastung machte das Überleben für Frauen schwierig, vor allem die Geburten führten zu einer hohen Frauensterblichkeit.

Der Ertrag der gemeinsamen Produktion war häufig nicht ausreichend, so daß Hunger und Mangel alltäglich waren. Die Ernte konnte durch widriges Wetter ebenso zu gering ausfallen, wie durch Abgaben an den Grundherren bzw. sie konnte nur zu Teilen eingebracht werden, da die Arbeit für den Grundherrn zu verrichten war, die selbstverständlich Vorrang vor der Reproduktionsleistung der Bauern hatte. Allzeit mögliche Zerstörung der Felder durch Kriegseinflüsse oder Jagdgesellschaften sowie die Wegnahme von Arbeitstieren durch den Grundherren reduzierten die ohnehin schmalen Erträge durch die Dreifelderwirtschaft. Allgegenwärtige Seuchen wie die Pest und Typhus verringerten die kurze Lebenserwartung.

Für den Umgang mit dem Körper scheint eine Nebensächlichkeit typisch: der Alkoholverbrauch. Hasso Spode (1997) geht von einem durchschnittlichen Verbrauch von 1000 Liter Bier oder Wein (Streuung von 500 bis 1500 Liter) pro Person jährlich aus. Da kaum andere schmerzstillende Mittel vorhanden waren und Zahnschmerzen durch die Mangelernährung und die nicht vorhandenen Medikamente ab einem gewissen Alter unvermeidbar waren, scheint dieser Verbrauch eher gering. Selbstverständlich waren es auch Gewohnheiten und Traditionen, die zu diesem Verbrauch führten. Neben diesem ruinösen Alkoholverbrauch waren es vor allem mangelnde Hygiene, Mangelernährung und das Nichtvorhandensein medizinischen Wissens sowie die dauernde körperliche Anstrengung, die die gesellschaftliche Überformung der Körper zu einem hohen Lebensrisiko für die Bevölkerung machten. Alter hieß Verschleiß und Rückgang der Körperkraft. Alter, so es denn bei dem hohen Alltagsrisiko überhaupt erreicht wurde, bedeutete trotz allem Reproduktionsarbeit leisten zu müssen, bedeutete harte körperliche Belastung durch Arbeit und Krankheit bis ans Ende der irdischen Tage. Schonung, Entlastung und Ausruhen als „Belohnung" für gelebtes Leben und geleistete Arbeit waren unbekannt. Alte Menschen bedeuteten Mehrbelastung und Mehrarbeit für die Produktionsgemeinschaft. Die gesellschaftliche Norm (Ehre [respektiere] das Alter) zeigt die Kehrseite der

Medaille. Ihr wurde in den Zeiten Rechnung getragen, in denen Pest, Hunger und Krieg abwesend waren; diese Zeiten waren in Mitteleuropa im 17. Jahrhundert selten. Da das Alter nicht erwartbar war, Erfahrungen in der bäuerlichen Landwirtschaft aber wichtig sind, hatten Alte einen gewissen Status. Die unmittelbare Körperlichkeit der Existenz, die Reduktion der Menschen auf ihren Körper als Energiequelle, das Ausgeliefertsein an diese Körperlichkeit, prägte die Menschen von der Wiege bis zur Bahre. Hunger, Krankheit und der ständige Schmerz, aber auch Krieg, Ausbeutung und Herrschaft zwängten die Körper in einen gesellschaftlichen Rahmen, überformten und deformierten sie bis zur Unkenntlichkeit: Der Mensch als Arbeitstier; Alter als das Abnehmen dieser Kraftquelle und damit als Gefährdung der Existenz.

1.2 Gesellschaft und Körper: Herrschende Körperbilder der Moderne

In ihrem Buch „Störfall Alter“ thematisiert Christel Schachtner (1988) das Körperbild der Gegenwart unter der Überschrift „Der maschinisierte Leib“. Mit diesem Vorgehen unternimmt sie eine Betrachtung mit gesellschaftskritischer Intention. Indem sie die herrschenden Körperbilder beschreibt und sie mit den gesellschaftlich herrschenden Leitnormen in Beziehung setzt, findet sie nicht nur Diskrepanzen und Konflikte, die insgesamt auf eine Ablehnung und Abwertung der Körper alter Menschen hinauslaufen, darüber hinaus verbindet sie den normativen Diskurs über Körper alter Menschen mit den Widersprüchen der Moderne. Die Vorstellung des maschinisierten Leibes ist in der europäischen Philosophie mit dem Namen René Descartes verbunden. René Descartes beschrieb den Leib als Mechanismus, der einer Uhr vergleichbar ist, in seiner Regelmäßigkeit, Berechenbarkeit, Eindeutigkeit und Zuverlässigkeit. Dieses mechanische Bild des Körpers genießt bis in die Gegenwart hohe Relevanz, wenn z.B. die Bezeichnung „Pumpe“ für das Herz, „Speicherkapazität“ oder „Schaltzentrale“ für das Gehirn gewählt wird. Die damit gesetzten mechanischen (linearen) und gleichzeitig normativen Impulse, die aus solcherlei Bildern hervorgehen, möchte ich zunächst in Anlehnung an Christel Schachtner genauer beschreiben. Sie beschreibt den mechanisierten Leib in vier Bildern: (a) der Arbeitsleib, (b) der medizinische Leib, (c) der soldatische Leib und (d) der schöne Leib.

a) Der Arbeitsleib

In direkter Folge des Bildes des mechanisierten Leibs steht der Arbeitsleib. In den Arbeitswissenschaften geht in die Arbeitsplatzbeschreibungen, insbesondere in der Fließbandproduktion, der Körper als beweglicher Mechanismus ein. Körperglieder sind meist nur noch erweiterte Werkzeuge. Die damit einhergehenden einseitigen körperlichen Belastungen, der Verschleiß einseitig genutzter Körperteile sind mit diesen Arbeitsplätzen bereits vorprogrammiert und vielfach als Berufskrankheiten und somit als „normaler“ Verschleiß des Körpers anerkannt. Diese bekannten Schädigungen versuchen Arbeitswissenschaftler mit anthropometrischen Mitteln beizukommen. Die Anthropometrie sieht den Menschen als zu vermessende Einheit, der Normalmensch ist, so Christel Schachtner „der Triumph des Durchschnittlichen“. Die Fehlleistungen dieser Disziplin sind hinlänglich bekannt. Die Reduzierung von Teilen des Körpers auf Bewegungs- und Leistungsfunktionen beurteilten Max Horkheimer und Theodor W. Adorno folgendermaßen: „Sie sehen den Körper als beweglichen Mechanismus, die Teile in ihren Gelenken, das Fleisch als Polsterung des Skeletts. Sie gehen mit dem Körper um, hantieren mit seinen Gliedern, als wären sie schon abgetrennt“ (Horkheimer/Adorno 1979: 210). Eine besondere Vervollkommnung dieser Sicht des Menschen findet sich bei den Rationalisierungsfachleuten in der Industrieproduktion, die als Taylorisierung der Arbeit und Arbeitsplatzergonomie bekannt ist. Das Zergliedern von Arbeitsabläufen in beliebig viele Einzelbewegungen, die möglichst kosten-, zeit- und materialsparend vorgenommen werden müssen, der Triumph der Körpermechanik und -effizienz über körpereigene Bewegungsabläufe ist uns allen durch Charlie Chaplins Film „Modern Times“ in Erinnerung, der den Arbeitskörper zunächst als maschinenangepaßtes Werkzeug, als virtuoses und mechanisches Spielzeug und schließlich als dysfunktionales Element des maschinellen Produktionsablaufs innerhalb einer Filmsequenz zusammenfaßt. Körper, Bewegung und Arbeit sind im Produktionsbereich entweder ein funktionales Ganzes und mithin maschinenrhythmenbestimmt oder der Körper des Menschen ist dysfunktional, störend und muß angepaßt, umgesetzt oder durch eine Maschine selbst ersetzt werden. Die gesundheits- und körperverschleißenden Folgen dieser Art des Körpereinsatzes sind heute als durchschnittliche Alterserscheinungen gesundheitspolitisch entschieden und verwaltet. Die Bewältigung solcherart gealterter Körper ist aber auf eine Sozialität verwiesen, die sich in der Gegenwart eher selten erweist.

b) Der medizinische Leib

Das medizinische Konzept, das den Imperativen des mechanischen Körperbildes folgt, sieht den Körper als eine Summe von Organen, Zellen, Geweben und Funktionen. Das ärztliche Handeln ist demzufolge eine Beseitigung eines organischen Defizits mit dem Ziel der „Wiederherstellung des Leibes auf einem (vor-) bestimmten Niveau“ (Schachtner 1988: 161f). In diesem Zusammenhang weise ich auf den Begriff der Wiederherstellung und die damit verbundene Bedingung der Möglichkeit der Wiederherstellbarkeit hin, da diese selbstverständlich den „bio-logischen“ Ausschluß von Pflegefällen aus der ärztlichen Reparaturwerkstatt verlangt. Ein Ausschluß allerdings, der die Betroffenen, und dies sind keineswegs ausschließlich alte Menschen, zusätzlich aus dem Leistungsbereich der Krankenversicherung entfernt und sie damit häufig zu Sozialhilfeempfängern macht bzw. in den Bereich der Pflegeversicherung überweist.

c) Der soldatische Leib

Um geschlechtsspezifische Leiber handelt es sich bei den abschließenden zwei Ausführungen zum Leib. Ein Zitat des Literaten Ernst Jünger aus dem Jahr 1922, das Christel Schachtner in diesem Zusammenhang einführt, veranschaulicht die starke Entfremdung dieser Art von Körperlichkeit. „Es war eine ganz neue Rasse, verkörperte Energie, mit höchster Wucht geladen. Geschmeidig, hagere sehnige Körper, markante Gesichter, Augen in tausend Schrecken unterm Helm versteinert. Sie waren Überwinder, Stahlnaturen, eingestellt auf den Kampf in seiner gräßlichsten Form" (Schachtner 1988: 163). Menschen, genauer Männer, werden reduziert zum versteinerten, harten Bollwerk, sie denaturieren zu menschenähnlichen Mutanten man denke nur an die modernen Nachfahren dieser Idealisierungen z.B. an Rambo, Rocky, Terminator und man erkennt die beinahe ungebrochene Strahlkraft dieser Entwürfe. Die Vorstellung der Reaktionen eines solchen Körpers auf die Situation des Ausgeliefertseins an zärtliche und sensible, pflegende Hände zeigt das Menschenverachtende dieses Modells.

d) Der schöne Leib

Bei der ästhetischen Vermessung ist der gesellschaftliche Charakter der Deutung, aber auch der Überformung von Körpern am augenscheinlichsten und sinnfälligsten darstellbar. Gemälde und Statuen der Antike, des Mittelalters und der Neuzeit sind Zeugnisse des Wandels der Vorstellungen und Ausformungen schöner Leiber. Die Bandbreite der Unterschiede zwischen der Venus von Milo zum Foto Claudia Schiffers, vom David Michelangelos zur Selbstdarstellung des greisenhaften Picasso als lüsterner Säugling, vermittelt Einsichten in Über- und Umformungen der Körpern.

Gerade deshalb muß auf die Darstellung alter Körper zumindest in der gegenwärtigen Werbung eingegangen werden. Faltenlos, sich graziös bewegend, sexuell attraktiv, lächelnd, froh und gutgelaunt - Attribute die Menschen erfolgreich, glücklich und sozial anerkannt machen. Bilder die Jugend zum allein Gültigen erheben. Es ist nur gering übertrieben, diese Aussagen zum Normalitätsstandard unserer Gegenwart zu erheben. Wie anders dagegen ist das Bild einer alten, durch Arbeit und Leben verbrauchten Frau. Kaum ein größerer Unterschied scheint vorstellbar. Christel Schachtner verweist auf den Umgang mit faltigen, buckligen, abgearbeiteten Frauen, die in uns schon durch solche Beschreibungen die Märchenbilder von Hexen hervorrufen und zeigt, daß das historische Schicksal solcher „Frauen ihre physische und soziale Liquidation war und ist" (Schachtner 1988: 166). Auch die alternde Frau trifft dieses Schicksal, wenn sie für wertlos befunden wird, so wertlos wie eine „alte Schachtel".

1.3 Zusammenfassung

Die herausgearbeiteten gesellschaftlich hegemonialen Präferenzen für junge, starke, funktionsfähige, schöne und schnelle Körper führen zur Abwertung aller davon abweichenden Erscheinungsformen. Gleichzeitig bewirkt der gesellschaftliche Gebrauch der Körper in Arbeit und Reproduktion den Ausschluß „verbrauchter", den gesellschaftlichen Anforderungen nicht mehr entsprechenden Körpern, in institutionelle Randexistenzen, z.B. in Heimen.

Vom erlebenden Individuum aus betrachtet, ergibt sich ein ambivalentes Ergebnis: „Jedes Individuum überläßt seinen Körper der Welt, den anderen, in unterschiedlicher Weise, je nach sozialer Zugehörigkeit, seiner beruflichen Bildung. Es ist die Tragik des Körpers, daß er in diesen Beziehungen gebildet und später verachtet wird" (Léonard 1984, übersetzt von Herbert-Marz/Raphael: 1986: 336). Der verachtete alte Körper wird zum „Störfall", der die gesellschaftlichen Normen Leistungsfähigkeit, Geschwindigkeit und Attraktivität verletzt, weil er sich während seiner Existenz an eben jene Verhaltensimperative gehalten hat. Müdigkeit, Erschöpfung und Langsamkeit sind die Folgen der gesellschaftlichen Indienstnahme der Körper und gleichzeitig Ausschließungskriterien vom gesellschaftlichen Ablauf.

Je mehr nun diese „Störfälle" zum durchschnittlich erwartbaren Normalfall werden - und dies kann aus der demographischen Veränderung der Gesellschaft um die Jahrtausendwende geschlossen werden - wird die bereits gegenwärtig erodierende verrechtlichte Generationensolidarität nicht mehr für einen verhaltensmäßigen Ausgleich zwischen den Generationen ausreichen. Vielmehr bedarf es einer in zentralen Normen veränderten Gesellschaft, die einen anderen Umgang in beinahe allen Begegnungsbereichen der Generationen ermöglicht. Die Entkörperlichung und das Verschwinden der Erwerbsarbeit in der industriellen Moderne des 20. Jahrhunderts können insofern als willkommene Vorboten interpretiert werden, sie sind zumindest Bedingung der Möglichkeit der Veränderung.

In der vorausgegangenen Darstellung wurden insbesondere „äußere" Erscheinungsformen in Zusammenhang mit gesellschaftlichen Prägungen analysiert. Daß der körperliche Alterungsprozeß und damit einhergehende gesellschaftliche Wertungen jedoch auf einer Ebene des Erlebens des alten Körpers sind, darauf macht Leopold Rosenmayr (1983: 310) aufmerksam: „Der Irrtum muß ausgeschlossen werden, daß die biologischen Faktoren direkt wirken oder daß die psychischen und sozialen Muster sich parallel zu den biologischen in einer Art Isomorphie entwickeln. Die Sozialwissenschaften können die psychosoziale Entwicklung des Alterns als einen Systemprozeß eigener Art ansehen." Deshalb wird im folgenden den Veränderungen im Empfinden des alten Körpers nachgegangen.

2. Peinlichkeit und Scham

> „Und menschengeschaffene Ängste halten schließlich von innen und von außen auch noch den Erwachsenen in Bann. Schamempfindungen, Furcht vor Krieg oder Furcht vor Gott, Schuldgefühle, Angst vor Strafe oder vor dem Verlust des sozialen Prestiges, die Angst des Menschen vor sich selbst, vor der Überwältigung durch die eigenen Triebe, sie alle werden in dem Menschen direkt oder indirekt durch andere Menschen hervorgerufen. Ihre Stärke, ihre Gestalt und die Rolle, die sie im Seelenhaushalt des Einzelnen spielen, hängt von dem Aufbau seiner Gesellschaft und seinem Schicksal innerhalb ihrer ab" (Elias 1979: 447).

Die latenten und langfristigen Strukturprozesse in der Gesellschaft wie sie vor allem durch Norbert Elias in seinem Standardwerk „Über den Prozeß der Zivilisation" (1939) beschrieben wurden, zeigt das Entstehungsgefüge von Peinlichkeit und Scham. Das Vorrücken der Peinlichkeitsschwelle, die Entkörperlichung der Arbeit und des Alltags sowie die Selbstkontrolle von Körpern und Trieben als verinnerlichter Automatismus sind die Stichworte. Auch an den französischen Philosophen Michel Foucault (1976; 1978) wäre zu erinnern, der die gewaltsame Disziplinierung des Körpers als Verwirklichung der „Vernunft" dieser Gesellschaft, als Hauptgefahr der Moderne beschreibt.

Solche latenten Prozesse bilden sowohl den gesellschaftlichen aber auch persönlichkeitsstrukturellen Hintergrund auf denen die folgenden noch zu beschreibenden Einwirkungen und Auswirkungen auf Körper und Alter zu interpretieren sind. Wesentliche Perspektiven auf die normative Dimension des Körpers in der Moderne sind dargestellt worden, wobei die Indienstnahme und Funktion der Körper in der geschlechtshierarchischen Arbeitsteilung deutlich wurde. Als Ergänzung könnte noch auf die modernen „Leiber" in Spiel und Konsum eingegangen werden, etwa im Hinblick auf Sport, Gymnastik, Fitneß, aber auch der veräußerlichten Sexualität.

Der gesellschaftliche Zugriff, die Zurichtung der Körper durch Machtprozesse beschrieb Michel Foucault, der in der Überformung und Disziplinierung der Menschen das Spezifikum der Moderne entdeckte. Dieser institutionell verfestigte Ausdruck der Moderne bietet für uns einen Zugang zu einer Betrachtung von Interaktions- und Kommunikationssituationen von Professionellen der Altenhilfe in Einrichtungen für die Pflege alter Menschen. Als Kernbereich soll hier der Umgang mit der Sexualität genauer betrachtet werden.

Zuvor jedoch ist es wichtig, sich einiger Strukturen der Veränderung von Menschen in der Moderne zu vergewissern. Norbert Elias verweist auf die interdependente Entwicklung von Gesellschaft und der Internalisierung und Selbstdisziplinierung der darin lebenden Menschen, die insgesamt auf eine Ausweitung der Scham und Peinlichkeitsschwelle hinauslaufen. Gleichzeitig dazu verlaufen Veränderungen im Umgang mit dem eigenen und fremden Körper ab. Insbesondere gilt dies im Hinblick auf Körperhygiene und Ausscheidungsvorgänge, aber auch in einer veränderten Sexualität. Hier ist vor allem an die Veränderung des Partnerwahlverhaltens („Liebesheirat"), die Verringerung des Geburtenrisikos für Frauen und die ausgeweiteten Verhütungsmöglichkeiten zu denken. Die Entfamilialisierung der Lebensverläufe bei gleichzeitiger Institutionalisierung bestimmter Lebensphasen und Lebenskrisen, vor allem im Gesundheitsbereich, kompliziert den Umgang mit Körpern um ein Vielfaches. Der Verlust des sozialemotionalen Rückhaltes durch die Familien ist in Institutionen der psychosozialen Dienstleistungen, die sich selbst unter zunehmendem Effizienzdruck definieren müssen, kaum ausgleichbar. Und die veränderten Scham- und Ekelgefühle bilden für alte Menschen oft die letzten Grenzen ihrer Identität und Integrität, die im Zeichen von Effizienz und Effektivität der Institutionen, aber auch durch Scham und Peinlichkeitsschwellen des Personals gedehnt und z.T. überrannt werden.

Vor allem die Handlungsbereiche, die direkt mit der Befriedigung der Grundbedürfnisse Hunger, Durst, Hygiene und Sexualität verbunden sind, verlangen die unmittelbare Beteiligung des Körpers. Deshalb wird in einem abschließenden Punkt die Besonderheit des Umgangs mit dem Körper alter Menschen im Bereich der Körperlichkeit und Sexualität im Alter dargestellt. Sexualität wird dabei nicht auf Geschlechtsverkehr reduziert, sondern im umfassenden Sinn als Umgang, Berührung und Zärtlichkeit im Brauchen des eigenen und fremden Körpers interpretiert.

3. Sexualität im Alter

Wie stark die Fremd- und Selbsteinschätzung des alten Körpers sowie die entsprechenden Reaktionen durch andere oder alte Personen selbst differieren, belegt Christel Schachtner: „Die leiblich sinnliche Existenz des alternden Menschen wird im alltäglichen Miteinander als Besonderheit registriert, die Reaktionen auslöst wie Abscheu, Spott, Ärger, Aggression, Mitleid. Die Betroffenen selbst fühlen sich von ihrem alternden Leib oft nicht minder irritiert; er macht sie traurig, verzweifelt, wütend oder verbittert. Der alternde Leib wird zum Störfall" (Schachtner 1983: 157).

Ein greisenhafter Körper ist in den Medien nur präsentabel, wenn es sich um silberweißhaarige, gütige Großeltern handelt, die ihre dezent-frische Urlaubsbräune zum Kontrast ihrer blassen Enkel der Kamera demonstrieren. Die alten Menschen haben in jedem Fall eine geradezu lupenreine Asexualität auszustrahlen. Der durch Arbeit, biographische und historische Erlebnisse, Krankheit und Gebrechlichkeit geprägte Körper findet sich abgeschoben in die institutionelle Nische, die unsere Gesellschaft dafür bereitstellt. Von Institutionen die gerade für solche Menschen und solche Körper eingerichtet wurden, könnte man nun einen besonders sensiblen und sorgfältigen Umgang mit den genannten Alterserscheinungen erwarten. Deshalb wird am Beispiel der Institution Alten- und Pflegeheim der Umgang mit dem alten Körper und der Sexualität im

Alter dargestellt, weil sich hier besonders prägnant gesellschaftliche und professionelle Einstellungen und Handlungsweisen gegenüber diesem Grundbedürfnis alter Menschen veranschaulichen läßt.

Die Problemtiefe, um die es für die auf ihre Rolle als „Pfleglinge" reduzierten Menschen geht, wird im folgenden Zitat erfahrbar: „Der Kampf um die Bewahrung der individuellen Identität wird beeinflußt durch die Beziehung, die der alte Mensch zu seinem Körper unterhält. (...) Der Körper des alten Menschen ist gekennzeichnet von seinen vergangenen emotionellen Erfahrungen, und diese intimen Erlebnisse wirken sich auf das Verhältnis aus, das er jetzt zu seinem Körper hat. Man kann von einer gegenseitigen Durchdringung von Physiologischem und Psychischem sprechen. Die Koexistenz beider Bereiche macht sich paradoxerweise ausgerechnet dann bewußt, wenn die Abtrennung einsetzt, wenn der alte Mensch sich von seinem Körper distanziert" (Herberich-Marx/Raphael 1986: 333f). Bildlich gesprochen kann man sagen, daß der alte Mensch sich in seinen Körper zurückzieht, so wie sich viele alte Menschen in ihre Wohnung zurückziehen. Im Körper liegt die letzte Zuflucht, über die versucht wird, die Herrschaft aufrechtzuerhalten, Identität sowie psychische und soziale Integrität zu bewahren.

Es zeigt sich, so paradox dieser Rückzug in den Körper auch sein mag, daß diese letzte Bastion im Altenpflegeheim bedroht, um nicht zu sagen systematisch und organisiert zerstört wird. Einer der wesentlichen Grundkonflikte liegt im gegenseitigen Anerkennen von Krankheit bzw. Bedürftigkeit von Pflegling und Personal. Auf der einen Seite kultivieren alte Menschen geradezu selbstgefällig Krankheiten, ja sogar Schmerzen. Dies ist oft das letzte Mittel, die Kommunikation mit ihrer Umgebung wiederherzustellen. Indem sich diese um die Krankheit sorgt, besetzt sie indirekt wieder den vernachlässigten Körper. „Der kranke Körper wird nun zum Mittel der Macht über den anderen" (Herberich-Marx/Raphael 1986: 332). Daß diese Situation dem Personal bekannt ist, dieses sich aber ganz anderen Zwängen wie Zeitknappheit, Effektivität und Gleichbehandlung unterworfen sieht, daß Pflege unter dem Gesichtspunkt „schnell, satt und sauber" zu verlaufen hat, kennzeichnet die Pflegesituation von vornherein als eine ambivalente Grundsituation.

Die einseitige bzw. wechselseitige Anerkennung bzw. Verletzung der eigenen und fremden Scham und Peinlichkeitsschwellen wird so zum alltäglichen Aushandlungsprodukt der Pflege. Insbesondere dann, wenn die „zur Schaustellung" des Körpers bei der Pflege, die unter dem Gesichtspunkt der allgegenwärtigen Hygiene zum grausamen Alltag der Pflege gehört, berücksichtigt wird, so zeigt sich die eine Seite der Möglichkeit der Zerstörung der körperlichen Integrität.

Auf der anderen Seite ist die Ablagerung gesellschaftlicher Tabus in den Körpern der Alten von besonderer Bedeutung. Die Erziehung und Sozialisation der Körper in diesem Jahrhundert ist von spezifischen Ambivalenzen geprägt. Sexualität und Körperlichkeit galten überwiegend als gesellschaftliche Tabubereiche, als sündhafte Bereiche, deren Zwecke Arbeit und Fortpflanzung sein sollte. Deshalb ist die Vermeidung von Sexualität im Alter, die in der Regel mit der Ablehnung des eigenen Körpers einhergeht, eine verhängnisvolle Allianz. „Erschreckt durch die noch in ihnen lebendige, sexuelle Realität, neigen viele Alte dazu, im Namen der Medizin und der Moral sexuelle Handlungen zu verdammen" (Herberich-Marx/Raphael 1986: 334). Diese werden als Mißbrauch gesehen, der den Tod zur Folge haben kann, aber auch als Zeichen einer egoistischen schuldhaften Einstellung. Deshalb verzichten viele Alte auf jede sexuelle Aktivität, sie bemühen sich ihr Verlangen in eine geistige Entwicklung zu übertragen, die auf körperliche Gesundheitspflege und die Vorbereitung auf den Tod abzielt. „Man kann sagen, daß der soziale Druck so stark ist, daß die Lust „von selbst" abnimmt und daraus eine wahre Selbstverstümmelung folgt" (Herberich-Marx/Raphael 1986: 336).

Selbstverständlich gibt es alte Menschen, die sich ihre Sexualität bewahrt haben, die ihren Körper nach wie vor als Quelle von Genuß und zur persönlichen Bereicherung einsetzen. Einen deutlichen Einblick in das Erleben von Sexualität im Alter gibt der folgende Interviewauszug: „Je älter ich werde, desto mehr gefällt mir die Liebe. Die sexuellen Beziehungen sind vielleicht nicht mehr so stürmisch wie in der Jugendzeit, aber das Vergnügen daran ist genußreicher. Ich frage mich, ob ich in meiner Jugend die Liebe wirklich genossen habe. Ich habe regelmäßig sexuelle Kontakte zu meinem Mann. Wenn ich keine sexuellen Beziehungen mehr habe, dann werde ich bestimmt mit einem Schlag alt" (Herberich-Marx/Raphael 1986: 338).

Die Institution des Pflegeheims behandelt Alte als geschlechtslose Wesen, die gerade in dieser Hinsicht überwacht und diszipliniert werden müssen. Bis hin zur Einrichtung von „Liebeszimmern" reichen die überwachenden Eingriffe und Ausgrenzungen von Heimordnung und Personal. Sexualität im Alltag, in der direkten Umgebung wird unterbunden und verhindert, lächerlich gemacht und verspottet. Beim Personal rufen sexuelle Bedürfnisse der Alten Widerwillen hervor.

Auch für die Mediziner ist Alterssexualität kein Thema. Sexualität hat für sie im Alter keine Bedeutung, obgleich körperliche Probleme im Bezug auf Sexualität kaum eine Rolle zu spielen scheinen. Daraus läßt sich schließen, daß es sich bei der Alterssexualität um einen ausschließlich moralischen, um einen normativen Diskurs handelt, der vorsichtig machen sollte einfach alte durch neue, vielleicht sogar Leistungsnormen zu ersetzen.

Die Perspektive des pflegenden und medizinischen Personals ist geprägt von der eigenen künftigen Gebrechlichkeit und der Perspektive des eigenen Todes. Hinter den Zurückweisungen, dem Spott und der Aggressivität, die gezeigt wird, verbirgt sich die Angst des Betreuers angesichts des entwürdigten, inakzeptablen Körpers, den sie nicht zuletzt in ihrem Fürsorge- und Disziplinierungsmilieu selbst herstellen helfen. Mit der Zeit werden die in Krankenhäusern und Pflegeheimen untergebrachten alten Menschen nur noch dann angefaßt, wenn bestimmte Pflegemaßnahmen dies erfordern: Waschen, Bettenmachen,

Heilgymnastik, Vorbeugen oder Behandeln der bei der Bettlägrigkeit entstehenden Druckschäden. „So sind die alten mit einer Umgebung konfrontiert, die sich nach der Einstellung verhält, daß man alte Leute nicht ‚zum Vergnügen berührt'" (Herberich-Marx/Raphael 1986: 340). Der pflegende Profi wird in der Gegenüberstellung mit dem Pflegling gezwungen, die Belanglosigkeit der eigenen Anstrengungen zu erkennen, die er selbst unternimmt, um in Form zu bleiben und Alterserscheinungen abzuwehren. Deutlich wird dies, wenn die übertrieben fürsorgliche Haltung beachtet wird, die die alten Menschen infantilisiert; sie zeugt von der Unmöglichkeit, den verfallenden Körper zu akzeptieren.

Die für die Veränderung des Umgangs mit gealterten Körpern (nicht nur für die Pflege) notwendige Umorientierung in den gesellschaftlich hegemonialen Normen kommt in den Fragen von Geneviéve Herberich-Marx und Freddy Raphael deutlich zum Ausdruck (1986: 348f): „Kann unsere Gesellschaft, ..., die hegemoniale Vorstellung vom produzierenden, instrumentellen Körper, vom ‚arbeitenden Körper', vom ‚kinderzeugenden Körper', vom ‚Leistung erbringenden Körper' zurückdrängen und ein anderes Bild vom Körper zulassen, das sich auf das imaginäre und emotionale Leben gründet? Wie kann sie neben dem sexbetonten, aktiven Körper im Erwachsenenalter, den sie braucht, um sich zu transformieren, dem alten, langsamen, bisweilen beschädigten Körper, der nur eine private, emotionale Verbindung zur Welt hat, einen Platz einräumen?"

Karl-Heinz Reuband

Kriminalitätsfurcht im Alter

Empirische Befunde aus ostdeutschen Studien

In den neuen Bundesländern ist die Kriminalität seit der Wende gestiegen. Sowohl an Viktimisierungsumfragen in der Bevölkerung (Boers 1995) als auch an der polizeilichen Kriminalstatistik gemessen, hat sich die Zahl der Delikte erhöht. Sie hat sich derart erhöht, daß in den neuen Bundesländern inzwischen die Häufigkeitsziffer polizeilich registrierter Kriminalität nahezu um 30% höher liegt als in den alten Bundesländern. Leipzig als größte Stadt Ostdeutschlands stieg innerhalb kurzer Zeit in Deutschland vorübergehend zur Stadt mit der zweithöchsten Kriminalitätsrate auf (Bundeskriminalamt 1996; 1997; 1998). Und parallel zu der Ausbreitung von Kriminalität hat sich die Kriminalitätsfurcht in der Bevölkerung ausgeweitet. Sie erreichte bereits kurz nach der Wende ein derart hohes Niveau, daß die entsprechenden Werte in Westdeutschland bei weitem überschritten wurden - und dies, obwohl die Kriminalitätsrate damals noch unter der westdeutschen lag. Ob diese Überschreitung als Antizipation zukünftiger Entwicklungen verstanden werden kann oder als Überreaktion auf die aktuelle Kriminalitätssituation, sei dahingestellt (Reuband 1996).

Wie ältere Menschen in den neuen Bundesländern den Wandel in der Kriminalitätsbedrohung erleben, ist bislang weitgehend unbekannt. Selbst für die alten Bundesländer liegen zum Thema des Kriminalitätserlebens Älterer erhebliche Wissenslücken vor. In der Literatur über alte Menschen (vgl. u.a. Baltes et al. 1994; Cockerham 1997; Baur et al. 1997) stehen sozial- und gesundheitspolitische Themen im Vordergrund, Fragen nach dem Kriminalitätserleben haben keinen Platz - obwohl diese für die Bestimmung der objektiven und subjektiven Lebensqualität durchaus bedeutsam sind. In der kriminologischen Literatur andererseits gibt es zwar ein gewisses Interesse am Thema, eine systematische Betrachtung - von wenigen Ausnahmen abgesehen - fehlt jedoch.

Dabei gibt es gerade im Hinblick auf das Merkmal Alter eine ganze Reihe widersprüchlicher Befunde, die der näheren Analyse bedürfen. Wiederholt wurde in in- und ausländischen Untersuchungen festgestellt, daß die Viktimisierungswahrscheinlichkeit mit steigendem Alter sinkt, die Kriminalitätsfurcht jedoch steigt. Man hat dieses Phänomen als „Kriminalitätsfurchtparadoxon" bezeichnet und die Diskrepanz in der Regel als Hinweis für das Vorliegen irrationaler Einflüsse auf die Kriminalitätsfurcht gewertet (vgl. Boers 1991). Doch es gibt auch alternative Erklärungen dafür. Danach bedeutet ein kriminelles Ereignis für die Betroffenen nicht ein- und dasselbe. Je nach Verletzbarkeit (Vulnerabilität) - sei diese nun psychischer, sozialer oder physischer Art - hat es unterschiedliche Konsequenzen für den Betroffenen. Das Delikt wiegt jeweils um so schwerer, je weniger sich der einzelne dagegen wehren kann und/oder je größer die Folgeschäden für ihn sind (Stinchcombe et al. 1980: 55ff). Die Älteren nehmen in dieser Hinsicht eine besonders verletzbare Position ein. Sie sind körperlich schwächer, können sich schlechter wehren und werden häufiger körperliche Folgeschäden aus gewaltsamen Auseinandersetzungen davontragen. Die hohe Kriminalitätsfurcht unter ihnen - besonders vor Gewaltdelikten - ist aus dieser Sicht durchaus rational. Welche der beiden Deutungen eher der Realität gerecht wird, ist bislang wenig untersucht worden.

In letzter Zeit sind nun in der Literatur grundsätzliche Zweifel an der empirischen Ausgangsbasis selbst entstanden. In einer Reihe von Arbeiten wurde die bisher als gültig betrachtete Beziehung zwischen Alter und Kriminalitätsfurcht in Frage gestellt. Methodisch richtete sich die Kritik gegen den üblicherweise eingesetzten Standardindikator zur Messung der Kriminalitätsfurcht, auf den sich die meisten Aussagen stützen. Er messe nicht, was er messen solle. Die Altersbeziehung werde stärker akzentuiert als sie realiter vorhanden sei, womöglich gar würde keine Altersbeziehung existieren (vgl. u.a. Ferraro 1995: 26f; Wetzels et al. 1995: 271). Das wohl gewichtigste Argument aber ist empirischer Art: In mehreren neueren in- und ausländischen Untersuchungen wurden konträre empirische Befunde zur bisher geltenden These ermittelt. Entweder gibt es keine Korrelation oder sie ist umgekehrt zu den herkömmlichen Befunden (vgl. Ferraro 1995: 59; Greve et al. 1996: 41).

Die konträren Befunde beruhen z.T. auf anderen Meßinstrumenten. Aus dieser Sicht sind inhaltliche und methodische Fragen nicht unabhängig voneinander. Die verwendeten Indikatoren unterscheiden sich von dem bisher eingesetzten Standardindikator zum einen insofern, als sie spezifischer und expliziter auf die Kriminalitätsthematik hin bezogen sind und die Häufigkeit der Furcht oder die Stärke der Furcht vor Kriminalität - meist deliktspezifisch - ermitteln. Zum anderen unterscheiden sie sich, indem sie stärker die kognitive Risikoeinschätzung anstelle der affektiven Furcht thematisieren. Manche Autoren sehen in der kognitiven Risikoeinschätzung gar die zentrale Variable zur Messung von Kriminalitätsfurcht schlechthin. Wenn diese keine Beziehung zum Alter erbringe, dann wäre die in der Vergangenheit behauptete Altersbeziehung nicht existent (vgl. Wetzels et al. 1995: 205).

Ob diese neuen Befunde und Indikatoren eine Revision der bisherigen Erkenntnisse erfordern, ist eine Frage, die ohne weitere empirische Prüfung nicht geklärt werden kann. Die neueren amerikanischen Studien, die andersgeartete Alterstrends abbilden, mögen Besonderheiten der neuen Entwicklung in den

USA - insbesondere die Gewalt unter Jugendlichen im Zusammenhang mit Drogenhandel - widerspiegeln und insofern zeitspezifisch sein. Und einige der deutschen Arbeiten, die andersgeartete Altersbeziehungen zu belegen scheinen, sind selbst methodisch nicht ohne Probleme. So wird z.B. in einer Studie des Kriminologischen Forschungsinstituts Niedersachen auf einen Index für Kriminalitätsfurcht zurückgegriffen, in den u.a. auch die Furcht vor Vergewaltigung eingeht (vgl. Greve et al. 1996: 40). Nicht nur, daß es sich dabei um ein Delikt handelt, das auf eine Teilgruppe der Bevölkerung - nämlich der Frauen - hin konzentriert ist und deshalb als allgemeines Maß für die Bevölkerung nur eingeschränkt gelten kann. Erschwerend kommt hinzu, daß vor allem jüngere Personen betroffen sind, und diese dürften es denn auch sein, welche die Altersbeziehung maßgeblich beeinflussen. Weitere empirische Studien unter Verwendung unterschiedlicher Indikatoren und unter Berücksichtigung ihrer methodischen Probleme sind angeraten.

1. Zielsetzung und methodisches Vorgehen

Im folgenden wollen wir für die neuen Bundesländer - am Beispiel der Einwohner sächsischer Großstädte - untersuchen, wie jüngere und ältere Menschen Kriminalität subjektiv erleben und welche Ursachen und Folgen damit verbunden sind. Wir greifen sowohl auf den in der Literatur üblichen Standardindikator zurück als auch auf alternative Indikatoren. In einem ersten Schritt wollen wir untersuchen, wie sich die objektive Kriminalitätsbelastung über die Altersgruppen hinweg verteilt. In einem zweiten Schritt wollen wir dann die Indikatoren methodisch und konzeptuell eingehender diskutieren und in die empirische Analyse einbringen. Und in einem dritten Schritt soll versucht werden, die Altersbeziehungen der Variablen zu erklären: welchen Stellenwert hat die Überschätzung des Gefährdungspotentials und welchen hat die physische Verletzbarkeit?

Empirische Basis unserer Untersuchung sind repräsentative Befragungen, die wir im November 1995 bis Februar 1996 in Chemnitz, Dresden und Leipzig durchführten. Leipzig stellt mit annähernd 500.000 Einwohnern die größte Stadt in Ostdeutschland dar (Berlin als Sonderfall ausgeklammert), Dresden die zweitgrößte. Chemnitz hat halb so viele Einwohner und - wie sich in der Polizeistatistik und in eigenen Untersuchungen abbildet - rund halb so viele Delikte pro Kopf der Bevölkerung wie Leipzig (vgl. Bundeskriminalamt 1997; Reuband 1999). Die Untersuchung stützt sich auf eine Zufallsstichprobe aus dem Einwohnermelderegister der drei Städte von der deutschen Wohnbevölkerung ab 18 Jahre. Die Befragung selbst wurde als postalische Befragung in Anlehnung an die Empfehlungen Don Dillmans (1978) mit bis zu drei Mahnungen durchgeführt. Die Ausschöpfungsquote liegt mit 68-70% über den üblichen Ausschöpfungsquoten in Umfragen. Die Zahl der Befragten beläuft sich je Stadt auf rund 1.200 Personen.

Für die folgende Analyse fassen wir die Befragten der drei Städte zusammen, um die Fallzahlen in den älteren Altersgruppen, den Personen über 60 Jahren, zu maximieren. Dabei beschränken wir uns nicht allein auf die Alten, sondern beziehen das übrige Altersspektrum in die Betrachtung mit ein. Uns geht es darum, die Alten im Kontext der anderen Altersgruppen zu beurteilen und zu sehen, wie sehr sich in ihren Orientierungen ein allgemeines Altersmuster oder das spezifische Muster ihrer Altersgruppe wiederfinden. Durch die Zusammenfassung der Befragten aus den drei Städten erwachsen keine substantiellen Änderungen, die Beziehungen sind - wie weitere Analysen belegen - tendenziell die gleichen. Nur das Ausgangsniveau der Furcht ist unterschiedlich: die Furcht - ebenso wie die Kriminalitätserfahrung - ist in Leipzig am größten und in Chemnitz am geringsten. Die Gesamtzahl der Befragten liegt bei 3.788 Personen, die Zahl der über 60jährigen bei 986 und der über 75jährigen, die hierbei von besonderem Interesse sind, bei 245 Personen.

2. Viktimisierung und Kriminalitätsfurcht

2.1 Verbreitung von Viktimisierungserfahrungen

In einem ersten Schritt soll zunächst die Verbreitung von Opfererfahrung ermittelt werden. Sie bildet die Folie ab, anhand der wir etwas über den Realitätscharakter der Kriminalitätsfurcht aussagen können. Gefragt wurde in unserer Erhebung, ob man selbst innerhalb der letzten 12 Monate Opfer von Kriminalität geworden sei. Anzugeben war das Delikt auch dann, wenn kein nennenswerter Schaden entstand oder es sich nur um einen Versuch handelte. Auf einer Liste wurden mit knappen Worten dann die Delikte beschrieben (z.B. „Jemand hat mich bestohlen bzw. versucht mich zu bestehlen z.B. auf der Straße, auf der Reise usw."). Weil es sich um relativ globale Deliktbeschreibungen handelt und besonders minimale Delikte ohne Schaden schnell wieder vergessen werden, stellen die ermittelten Angaben eher untere und nicht obere Schätzgrößen dar. Doch reichen sie für unsere Zwecke, zur Beschreibung der Rahmenbedingungen, aus.

Die Ergebnisse erbringen, wie man Abb. 1 entnehmen kann, in Übereinstimmung mit den Befunden aus der in- und ausländischen Literatur (vgl. Boers 1991) und im Gegensatz zu öffentlichen Stereotypen eine *sinkende* Tendenz zur Viktimisierung mit steigendem Alter. Nicht die ältesten Befragten, sondern die jüngsten werden am häufigsten Opfer. Weitere Differenzierungen nach der Art des Deliktes belegen, daß die Älteren in der Regel über die unterschiedlichen Deliktarten hinweg die geringeren Prävalenzwerte aufweisen: Nicht nur sind sie seltener Opfer von Eigentumsdelikten, sie sind auch seltener Opfer von Gewaltdelikten einschließlich Raub und Körperverletzung. Ältere leben auch seltener in Haushalten, in denen jemand von Kriminalität betroffen ist. Und sie kennen auch seltener Personen in ihrem Freundes- und Bekanntenkreis, die Opfer innerhalb der letzten 12 Monate wurden. Während unter den unter 30jährigen immerhin rund die Hälfte jemand in der Familie oder dem Freundeskreis kennen, sind es unter den über 74jährigen lediglich 21%. Damit ist bei ihnen die direkte und die indirekte Viktimisierung - mittels Verwandter und Bekannter - durchweg geringer als in den jüngeren Altersgruppen.

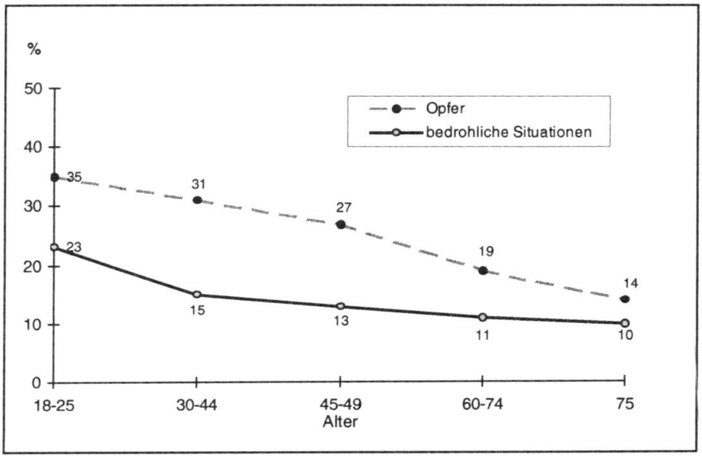

Abb. 1: Viktimisierung und Viktimisierungsbedrohung innerhalb der letzten 12 Monate nach Alter in %

Dies gilt auch dann, wenn man die Perspektive auf die *potentielle* Viktimisierung erweitert. Gefragt, ob in den letzten 12 Monate eine Situation aufgetreten sei, die für sie bedrohlich erschien, in der ihnen aber nichts geschah, erweisen sich einmal mehr die Älteren als diejenigen, die einer geringeren realen oder potentialen Kriminalitätsbelastung ausgesetzt sind. Dies muß nicht notwendigerweise heißen, daß die Älteren generell im Leben seltener derartiges erleben - es bedeutet lediglich, daß innerhalb der letzten Zeit dies nicht geschah. Aufgrund der verstrichenen Zeit seit Geburt ist es durchaus möglich, daß die „life time“ Prävalenz in der älteren Generation höher liegt als der Jüngeren. Entsprechende Daten des Kriminologischen Forschungsinstituts Niedersachen deuten in diese Richtung (vgl. Greve et al. 1996: 27). Ob es sinnvoll ist, diese zum Maßstab der Beurteilung der subjektiv erlebten kriminellen Belastung zu nehmen, ist jedoch fraglich. Entscheidender für das unmittelbare Erleben und die Reaktionen ist das, was sich in überschaubaren Zeiträumen abgespielt hat.

2.2 Unsicherheit in der eigenen Wohngegend

Wie verhält es sich nun mit der Kriminalitätsfurcht? Geht sie parallel zur Viktimisierung oder nicht? In der in- und ausländischen Literatur wird in geradezu universeller Weise zur Messung der Kriminalitätsfurcht ein Indikator verwandt, der sich auf die Gefährdung in der eigenen Wohngegend bezieht. Er gilt deshalb auch als „Standardindikator“ (Arnold/Teske 1988: 359). Die meisten Ergebnisse über den Zusammenhang von Alter und Furcht gründeten sich in der

Vergangenheit auf ihn. Er zielt entweder darauf hin, ob es eine Gegend im Umkreis der Wohnung gebe, wo der Befragte nachts nicht allein gehen möchte. Oder er ermittelt, wie sicher man sich in der Wohngegend fühle, wenn man nachts allein unterwegs sei: „Wie sicher fühlen Sie sich in Ihrer Wohngegend, wenn Sie abends bei Dunkelheit allein auf die Straße gehen?"

Mehrere Argumente sind gegen den Indikator vorgebracht worden. Dazu zählt zum einen, daß er nicht so sehr die affektive Dimension von Kriminalitätsfurcht messe, sondern eine Art Risikoeinschätzung. Dazu zählt zum anderen, daß implizit allenfalls von Gewaltkriminalität die Rede sei und andere Formen der Kriminalität ausgeblendet bleiben. Doch am gewichtigsten ist wohl, daß nirgends *explizit* der Kriminalitätsbezug hergestellt wird. Der Indikator sei in geradezu „alarmierender Weise unspezifisch", lautet das Verdikt (Ferraro 1995: 26). Alte Menschen wären womöglich nur deswegen nach diesem Indikator furchtsam, weil sie sich allgemein gebrechlicher fühlen und z.B. Angst hätten, im Dunklen zu stolpern und sich zu verletzen.

Die ersten beiden Argumente ziehen den Indikator nicht prinzipiell in Frage, verschieben lediglich die Akzente bei der Interpretation. Danach könnte man es weiterhin für sinnvoll halten, diesen Indikator einzusetzen: weil (a) die Furcht vor Gewaltkriminalität eine der wichtigsten Determinanten des allgemeinen Unsicherheitsgefühl in Bezug auf Kriminalität repräsentiert und (b) Risikoeinschätzungen eine Grundvoraussetzung für das Erleben von Kriminalitätsfurcht darstellen. Das zuletzt genannte Argument jedoch, das den fehlenden begrifflichen Bezug zur Kriminalität bemängelt, wiegt schwerer. Es ist konzeptuell stimmig und wirft die Frage nach der prinzipiellen Verwendbarkeit des Indikators auf.

Doch wie sehr auch die Argumente plausibel erscheinen mögen, in der empirischen Praxis sind sie weniger problematisch als angenommen. Daß der „Standardindikator" sehr wohl für die Messung von Kriminalitätsfurcht verwendet werden kann, haben jüngst mehrere Studien dokumentiert, in denen dieser u.a. einer Analyse der Zusammenhangsstruktur mittels Faktorenanalyse unterworfen wurde. Dabei zeigte sich, daß er auf dem gleichen Faktor wie andere, direkte Indikatoren für Kriminalitätsfurcht lud (vgl. Obergfell-Fuchs/Kury 1995: 35). Auf eine prinzipielle Verwendbarkeit des Indikators weisen auch die Ergebnisse einer eigenen Studie hin, in der wir im Rahmen einer face-to-face Befragung in Dresden mit einer offenen Nachfrage den Bezugsrahmen bei der Beantwortung zu erfassen versuchten. Nahezu alle Befragten verstanden diese Frage als Frage zur Kriminalitätsbedrohung. Dies galt unabhängig von den sozialen Merkmalen, betraf Ältere ebenso wie Jüngere (vgl. Reuband 1998a). Manche der Autoren, die ursprünglich die Verwendung des Indikators ablehnten und in eigenen Analysen ihre Annahmen revidieren mußten, sprechen inzwischen so denn auch von einer „Rehabilitierung" des Instrumentariums (Greve et al. 1996: 62). Angesichts der vorliegenden durchaus positiven Erfahrungen sollte auf die Verwendung dieses Indikators nicht verzichtet werden.

In unserer Untersuchung haben wir den Standardindikator zusammen mit anderen Indikatoren eingesetzt. Dabei haben wir ihn nicht nur auf die Gegenwart, sondern zusätzlich retrospektiv auch auf die Zeit vor der Wende bezogen. Natürlich ist die Rückerinnerung stets mit Fehlern behaftet (vgl. Reuband 1980), aber zur groben Schätzung vergangener Realität dürfte sie wohl reichen. Setzt man die Angaben über die gegenwärtigen mit den Angaben über die vergangenen Verhältnissen in Beziehung, kann man zudem Aussagen über wahrgenommene Veränderungen seit der Wende ableiten. Darüber hinaus haben wir einen Indikator entwickelt, der den subjektiv erlebten Wandel in der Sicherheit der eigenen Wohngegend innerhalb der letzten zwei Jahre zu messen versucht. Erfragt wird die Richtung des Wandels, nicht das Ausgangsniveau.

	Alter					
	18-29	30-44	45-59	60-74	75 +	Gesamt
Aktuelle Unsicherheit (sehr unsicher/ziemlich unsicher) (1)	31	38	45	61	74	46
Unsicherheit vor der Wende (sehr unsicher/ ziemlich unsicher) (2)	16	7	3	5	4	7
Verschlechterung der Sicherheit seit der Wende (3)	44	58	70	83	86	65
Verschlechterung der Sicherheit in den letzten zwei Jahren (4)	21	23	29	31	40	27

Frageformulierung: (1) „Wie sicher fühlen Sie sich in Ihrer Wohngegend, wenn Sie abends bei Dunkelheit allein auf die Straße gehen?" Antwortvorgaben: „sehr sicher, ziemlich sicher, ziemlich unsicher, sehr unsicher" (2) „Wie war das vor der Wende in der Wohngegend, in der Sie lebten? Wie sicher fühlten Sie sich damals, wenn Sie abends bei Dunkelheit allein auf die Straße gingen?" Antwortvorgaben: „sehr sicher, ziemlich sicher, ziemlich unsicher, sehr unsicher, weiß nicht mehr" (3) Errechnet aus Indikator 1 und 2 (4) „Fühlen Sie sich im Vergleich zur Zeit vor 2 Jahren in Ihrer Wohngegend abends bei Dunkelheit: sicherer, weniger sicher, genauso sicher, genauso unsicher, weiß nicht, ich wohne jetzt woanders".

Tab. 1: Wahrgenommene Unsicherheit in der eigenen Wohngegend nach Alter (in %)

Die Ergebnisse sind in Tabelle 1 zusammengefaßt. Als erstes wird deutlich, daß - in Übereinstimmung mit der Literatur - die Kriminalitätsfurcht mit steigendem Alter geradezu dramatisch wächst. Die unter 30jährigen bekunden zu 31% Unsicherheitsgefühle, die über 75jährigen tun es mit 74% mehr als doppelt so häufig. Als zweites wird deutlich, daß es Unsicherheitsgefühle vor der Wende in allen Altersgruppen nahezu *nicht* gab[1]. Ob sie aufgrund real niedriger objektiver Bedrohung nicht existierten, einer anders wahrgenommenen Polizeipräsenz oder des Gefühls, daß Kriminalität in der DDR sich nicht lohne, da man sich dem Gesetz und dessen Instanzen nicht entziehen könne (zumal Fluchtmöglichkeiten in das Ausland ohnehin nicht bestanden), muß dahingestellt bleiben. Welche Gründe auch immer verantwortlich sein mögen - der Wandel in der Folgezeit muß um so stärker erscheinen, und er betrifft überproportional die Älteren. Als drittes zeigt sich: Nicht nur im Vergleich zur Zeit vor der Wende hat sich die Unsicherheit ausgebreitet, auch in Bezug auf die letzten Jahre. Von einer Verschlechterung sprechen immerhin rund ein Viertel. Und je älter jemand ist, desto eher sagt er dies. Die Älteren, so scheint es, fühlen sich von einer Kriminalitätswelle geradezu überrollt.

2.3 Besorgnis über Kriminalität

Unsicherheit in der eigenen Wohngegend signalisiert Gefahr und Angst vor Kriminalität ist eine mögliche Folge. Doch massive Angst muß nicht zwangsläufig daraus erwachsen. Wenn jemand es unterläßt, die Wohnung abends zu verlassen, wird ihm zwar ein Grundgefühl von Unsicherheit bleiben, doch die akute Furcht wird reduziert. Erst wenn sich jemand wiederholt in der potentiell bedrohlich wirkenden Gegend aufhalten muß, wird er intensivere Ängste entwickeln. Um die aktuelle Furcht zu messen, bedarf es daher anderer Indikatoren - solche, die entweder auf die Häufigkeit der Furcht oder die Intensität der Furcht Bezug nehmen. In unserer Untersuchung habe wir die *Intensität der Furcht* jeweils deliktspezifisch ausdifferenziert mit besonderer Betonung von Raub- und Körperverletzungsdelikten erfragt. Dieses geschah im Kontext allgemeiner Sorgen. Die Formulierung lautete: „Ich mache mir Sorgen, daß in meine Wohnung eingebrochen wird ... ich überfallen werde ... ich mich abends allein nicht mehr auf die Straße trauen kann."

Weiterhin haben wir im Kontext dieser Sorgen die Beunruhigung über die *allgemeine* Zunahme der Kriminalität erhoben, in einem weiteren Teil des Fragebogens die Unzufriedenheit mit der Bekämpfung der Kriminalität und die Beurteilung der Wichtigkeit der Kriminalitätsbekämpfung. Erfaßt wird damit jeweils die *gesellschaftliche* und nicht die persönliche Bedrohung (vgl. Reuband 1998a). Es handelt sich dabei um eine durchaus bedeutsame Unterscheidung. Wer eine gesellschaftliche Bedrohung wahrnimmt, muß nicht auch ein Gefühl der persönlichen Bedrohung haben.

---

1 Dieser Befund ist ein weiterer Hinweis dafür, daß die Altersbeziehung bei diesem Indikator bei den Alten nicht die Angst vor dem Stolpern und Stürzen in der Dunkelheit beinhaltet. Wäre dies der Fall, müßte diese Beziehung ebenso vor der Wende gegolten haben.

	Alter					
	18-29	30-44	45-59	60-74	75 +	Gesamt
Persönliche Sorge, daß in meine Wohnung eingebrochen wird (1)	25	33	47	55	52	41
ich überfallen werde (1)	28	33	50	69	72	46
ich mich abends allein nicht mehr auf die Straße trauen kann (1)	32	39	56	73	78	52
Allgemeines Unsicherheitsgefühl Sorge, daß die Kriminalität in Deutschland immer mehr zunimmt (1)	50	67	80	92	91	74
Unzufriedenheit mit Schutz vor Kriminalität (2)	49	64	73	80	73	68
Wirksame Verbrechensbekämpfung „sehr wichtig" (3)	52	68	78	85	86	72

Frageformulierung: (1) „Was bereitet Ihnen zur Zeit persönlich Sorgen? Was bedrückt Sie, wenn Sie an sich und Ihre Zukunft denken? Geben Sie bitte anhand der Skala an, wie sehr die jeweilige Anmerkung auf Sie zutrifft." *Antwortkategorien* wie oben aufgeführt, Kategorien „sehr stark, stark, mittel, wenig, überhaupt nicht". *Hier: „sehr stark/ stark"* (2) „Wie zufrieden sind Sie in ... mit dem Schutz der Bürger vor Kriminalität? *Antwortkategorien:* „sehr zufrieden, zufrieden, teils-teils, unzufrieden, überhaupt nicht zufrieden." *Hier: „unzufrieden/überhaupt nicht zufrieden"* (3) „Hier haben wir eine Reihe von Aufgaben und Ziele, über die in Deutschland gesprochen wird. Kreuzen Sie bitte für jede dieser Aufgaben an, ob Sie Ihnen persönlich sehr wichtig, wichtig, nicht so wichtig oder ganz unwichtig erscheint, für wirksame Verbrechensbekämpfung sorgen." *Hier: „sehr wichtig"*

Tab. 2: Kriminalitätsfurcht nach Alter („sehr stark/stark") in %

Die Ergebnisse, dargestellt in Tabelle 2, weisen über die unterschiedlichen Indikatoren hinweg einen deutlichen Zusammenhang mit dem Alter auf. Je älter jemand ist, desto stärker bekundet er Sorgen und allgemeine Unzufriedenheit mit der Kriminalitätsbekämpfung. Die Sorge, überfallen zu werden, wird z.B. von unter 30jährigen zu 28% als sehr stark oder stark eingestuft, unter den über 75jährigen sind es mit 72% mehr als doppelt so viele. Angst vor einen Einbruch bekunden 25% der unter 30jährigen und 52% der über 75jährigen. Das Muster würde auch kaum anders ausfallen, wenn noch andere Delikte in die Betrachtung einbezogen worden wären. Die Fragen zur Furcht replizieren damit den Trend, der sich schon bei der Verwendung des „Standardindikators" herauskristallisierte. Die zunehmende Wahrnehmung von Unsicherheit in der eigenen Wohngegend geht mit zunehmender Furcht vor Kriminalität - insbesondere Gewaltkriminalität wie Raub - einher. Die Beunruhigung über die persönliche und die allgemeine gesellschaftliche Gefährdung verlaufen annähernd parallel.

2.4 Exkurs: Personale Risikoeinschätzung

Nun gibt es aus in- und ausländischen Untersuchungen eine ganze Reihe von Befunden, die auf gegenteilige Beziehungen zwischen Furcht und Alter hinweisen, als wir sie bisher festgestellt haben. Danach gibt es keinen oder gar eine umgekehrte Beziehung zwischen Alter und Kriminalitätsfurcht. Die Studien stützen sich z.T. auf andere Indikatoren für Kriminalitätsfurcht - u.a. welche, die angeben, wie der Befragte die *Wahrscheinlichkeit* einschätzt, innerhalb der nächsten 12 Monate Opfer von Kriminalität zu werden. Man hat dieses Maß als kognitives Element der Kriminalitätsfurcht oder auch als „Risikoeinschätzung“ bezeichnet und gelegentlich als gewichtige Dimension im Konzept der Kriminalitätsfurcht betrachtet. Die kognitive Dimension wäre integrales Merkmal der Kriminalitätsfurcht, wenn nicht gar die konstitutive Komponente schlechthin: Denn ohne Risikoeinschätzung gäbe es keine Gefährdungswahrnehmung und dementsprechend auch keine Furcht (vgl. Wetzels et al. 1995: 205). In manchen Arbeiten - wie dem Wohlfahrtssurvey 1994 - wird die kognitive Risikoeinschätzung, wie sie durch die Frage zur Viktimisierungswahrscheinlichkeit ermittelt wird, gar zum alleinigen Maß für Kriminalitätsfurcht erhoben (vgl. Noll/ Schröder 1995).

Ob man eine solche Gleichsetzung der Wahrscheinlichkeitsrechnung mit der Furcht vornehmen kann, halten wir keineswegs für schlüssig. Die Furcht könnte im Gegenteil die primäre Determinante von Handlungen sein, welche - aus subjektiver Sicht - das eigene Opferrisiko und dessen Wahrnehmung reduziert: Wer abends nicht mehr außer Haus geht, braucht keine Angst mehr zu haben, daß er abends auf der Straße überfallen wird. Er wird das Risiko entsprechend niedriger einschätzen.

In unserer Untersuchung haben wir den Indikator für persönliche Risikoeinschätzung, bezogen auf die nächsten 12 Monate, in Anlehnung an die bisherige neue Praxis zunächst in Ergänzung zu den anderen Indikatoren eingesetzt. Den Ergebnissen kann man als erstes entnehmen, daß die Wahrscheinlichkeit, Opfer zu werden, bemerkenswert hoch eingeschätzt wird. Würde man über *alle* der vorgegebenen Delikte hinweg den Anteil der Befragten berechnen, die es für „sehr wahrscheinlich“ oder „wahrscheinlich“ halten, Opfer eines der Delikte zu werden, käme man auf einen Anteil von vier Fünftel (!). Und auch wenn einige Befragte die Frage anders verstehen mögen - die „Wahrscheinlichkeit“ mit „prinzipieller Möglichkeit“ gleichsetzen - es kann kein Zweifel daran bestehen, daß die Bedrohung durch Kriminalität massiv überschätzt wird. Irrationale Vorstellungen von Gefährdungen scheinen vorzuherrschen.

Als zweites kann man den Ergebnissen entnehmen, daß die wahrgenommene Wahrscheinlichkeit, überhaupt ein Opfer eines der Delikte zu werden, im Kontrast zu den bisherigen Indikatoren in vielen Fällen einen *Rückgang* der Bedrohung oder eine Stabilität mit zunehmendem Alter erkennen läßt (Tabelle 3). Dieser Rückgang wird auf der Ebene jedes einzelnen Deliktes reproduziert. *Die Wahrnehmung der eigenen Wahrscheinlichkeit, Opfer eines Deliktes zu werden, ist offenbar grundsätzlich von der Furcht vor Kriminalität zu unterscheiden.* Das eigene Opferrisiko ist selbst nicht schon ein Indikator für Kriminalitätsfurcht und schon gar nicht diesem kausal vorgeordnet. Angesichts dessen halten wir es für sinnvoll, unsere bisherigen Aussagen über die Beziehung zwischen Alter und Furcht nicht zu revidieren, sondern beizubehalten. Das Kriminalitätsfurchtparadoxon gilt offenbar auch für Ostdeutschland. Die Älteren weisen mehr Furcht auf, als es von der Realität objektiver Bedrohung her zu erwarten wäre.

	Alter					
	18-29	30-44	45-59	60-74	75 +	Gesamt
Zu sexuellen Handlungen gezwungen zu werden *	23	21	13	5	2	15
Daß meine Wohnung aufgebrochen wird	23	33	36	34	31	32
Körperlich angegriffen zu werden	31	30	36	38	30	33
Überfallen und bedroht zu werden	30	34	41	41	38	37
Bestohlen zu werden	56	58	60	55	43	57
Angepöbelt und bedroht zu werden	63	59	61	60	50	60
Daß mein Auto gestohlen wird **	55	56	56	51	38	55
Daß mein Auto aufgebrochen wird **	69	69	68	65	48	68
Daß mein Auto mutwillig beschädigt wird **	70	72	73	70	53	72

*nur Frauen **Autobesitzer

Frageformulierung: „Bitte sagen Sie nun für jede Situation aus der folgenden Liste, für wie wahrscheinlich Sie es halten, daß Ihnen in den nächsten 12 Monaten so etwas passiert“. *Antwortkategorien:* „Sehr wahrscheinlich, wahrscheinlich, weniger wahrscheinlich, unwahrscheinlich“. *Hier: „sehr wahrscheinlich/wahrscheinlich“.*

Tab. 3: Wahrscheinlichkeit, innerhalb der nächsten 12 Monate selbst Opfer eines Delikts zu werden, nach Alter (in %)

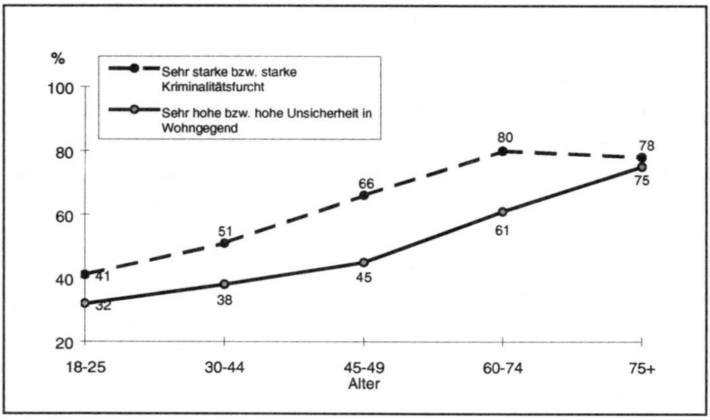

Abb. 2: Kriminalitätsfurcht

2.5 Konsequenzen auf der Verhaltensebene

Die größte Furcht der Älteren vor Kriminalität, wie wir sie über den Standardindikator und Indikatoren für affektive Kriminalitätsfurcht gemessen haben, bleibt nicht ohne Konsequenzen auf der Verhaltensebene. Je größer die Furcht ist, desto eher werden Maßnahmen zur Vermeidung einer Viktimisierung getroffen, und je älter jemand ist, desto häufiger werden Maßnahmen ergriffen. Die Altersbeziehung ist freilich nicht linear. Die Zahl der Maßnahmen zur Abwehr von Raub und Überfall steigt bis zur Altersgruppe der 45-59jährigen an und sinkt dann wieder. Der Grund: Statt einer differentiellen situationsspezifischen Abwehrstrategie wird immer häufiger ein allgemeiner Rückzug aus dem Bereich der Öffentlichkeit gewählt. Und noch etwas weiteres wird deutlich: je nach Tageszeit wechseln die Strategien. Die selektive Nutzung der Orte (Vermeidung von Gegenden, Wechsel der Straßenseite) - die bei Tag eher für die Älteren typisch ist - ist nun eher charakteristisch für die Jüngeren. Die Älteren entscheiden sich statt dessen für einen vollständigen Rückzug in die Privatsphäre.

Je älter jemand ist, desto stärker ist dies der Fall: Daß man aus Angst vor Kriminalität abends nicht mehr ausgeht, sagen 9% der unter 30jährigen, hingegen 70% der über 75jährigen (Tabelle 4). Auch wenn man einräumt, daß ein Teil dieses Rückzugs nicht nur durch die Kriminalitätsfurcht bedingt sein mag, sondern Teil eines altersbedingten Lebensstils ist: Es kann kein Zweifel bestehen, daß die Alten, die so sehr auf Kontakte mit anderen Personen angewiesen sind, die eigentlichen Opfer der Kriminalität sind - nicht aufgrund der aktuellen Gefährdung, sondern der perzipierten. Weniger die objektive als die subjektive Kriminalitätsbedrohung erweist sich als das eigentliche Problem der Älteren.

	Alter					
	18-29	30-44	45-59	60-74	75 +	Gesamt
Keine Maßnahmen						
Tag	47	48	41	27	32	40
Dunkelheit	19	15	13	8	16	14
Wechsel der Straßenseite						
Tag	34	34	41	48	39	39
Dunkelheit	51	47	48	42	31	46
Vermeide Gegenden						
Tag	31	28	34	41	36	33
Dunkelheit	59	58	56	47	29	54
Benutze Taxi						
Tag	10	9	12	13	13	11
Dunkelheit	39	48	48	48	35	45
Gehe nur mit anderen Menschen aus						
Tag	7	6	11	22	34	13
Dunkelheit	29	23	26	33	34	28
Meide öffentliche Verkehrsmittel						
Tag	3	3	4	3	4	4
Dunkelheit	19	17	16	13	12	16
Gehe nicht aus						
Tag	-	*	*	3	7	1
Dunkelheit	9	15	26	53	79	28
Trage Waffen/Spray						
Tag	9	6	6	5	2	6
Dunkelheit	13	11	9	7	2	9

(* ≤ 0,5%)

Frageformulierung: „Wenn Sie am Tag (abends bei Dunkelheit) unterwegs sind, ergreifen Sie dann irgendwelche Vorsichtsmaßnahmen aus Sorge vor Raub und Überfall? Oder ergreifen Sie keine? Bitte schauen Sie sich die folgende Liste an und kreuzen Sie an, was alles auf Sie zutrifft. *(Mehrfachnennungen möglich)*

Antwortkategorien: „Ich gehe aus Sorge vor Kriminalität möglichst nicht zu Fuß, sondern benutze ein Auto/Taxi

- Ich meide bestimmte Straßen/Gegenden
- Ich meide öffentliche Verkehrsmittel
- Ich wechsle die Straßenseite, wenn mir verdächtige Personen entgegenkommen
- Aus Angst vor Kriminalität gehe ich möglichst nur noch mit anderen Menschen aus
- Ich trage eine Waffe/Spray bei mir
- Ich gehe aus Angst vor Kriminalität auch am Tag (abends bei Dunkelheit) möglichst überhaupt nicht aus
- Sonstiges, was? ...
- Ich ergreife am Tag keine besonderen Vorsichtsmaßnahmen aus Sorge vor Kriminalität".

Tab. 4: Maßnahmen zur Vermeidung von Raub und Überfall am Tag und abends bei Dunkelheit, nach Alter (in %)

3. Ursachen der Beziehungen zwischen Alter und Kriminalitätsfurcht

3.1 Allgemeine Risikoeinschätzung, Vulnerabilität und Anomie

Warum aber ist die Furcht der Älteren so groß, obwohl doch die objektive Gefährdung gering ist? Haben sie übersteigerte Vorstellungen von der Bedrohung durch Kriminalität - wie in der Vergangenheit oftmals vermutet wurde - und setzen das Gefährdungspotential durch Kriminalität zu hoch an? Oder ist es ihre spezifische Verletzbarkeit, welche sie anfällig dafür macht? Ist es die Tatsache, daß sie körperlich schwächer sind, eher als Jüngere sich nicht wehren können und die Schäden körperlicher Auseinandersetzungen größer sind? Oder gibt es noch andere Einflußfaktoren von potentieller Relevanz?

Die Thesen von der fehlerhaften Risikowahrnehmung und der Vulnerabilität stellen die in der Literatur bedeutsamsten - aber bislang wenig untersuchten - Erklärungen der Altersbeziehung von Kriminalitätsfurcht dar. In jüngster Zeit ist noch eine weitere eingebracht worden, welche die Kriminalitätsfurcht als Metapher tieferliegender Ängste begreift. So haben wir an anderer Stelle vermutet, daß besonders in Ostdeutschland die sozialen Verwerfungen und der beschleunigte soziale Wandel eine gewichtige Ausgangsbasis der Kriminalitätsfurcht darstellen könnten. Der Wandel könnte Prozesse der Anomie auf der innerpsychischen Ebene bedingt haben. Und diese könnten mitverantwortlich dafür sein, daß die Furcht in Ostdeutschland bereits zu einem Zeitpunkt höher lag, als in Westdeutschland die Kriminalitätsrate objektiv noch niedriger war (Reuband 1992). An dieses Erklärungsmodell anknüpfend könnte man ableiten, daß auch die Altersbeziehungen diesen Rahmenbedingungen unterworfen sind. Weil Anpassungen an soziale Veränderungen gewöhnlich mit zunehmendem Alter schwerer fallen, müßten in den neuen Bundesländern Ältere in besonderem Maße mit den Gefühlen der Verunsicherung und Anomie reagieren.

Um der Frage der Relevanz der unterschiedlichen Einflußfaktoren nachzugehen, erscheint es ratsam, die Bedeutsamkeit der einzelnen Erklärungsansätze empirisch im einzelnen zu prüfen. Dies setzt die Verfügbarkeit entsprechender Indikatoren voraus. Hinsichtlich des ersten Erklärungsansatzes, welcher die *Risiken* zum Maßstab macht, bedarf es eines Maßes, welches - personen*unabhängig* - ganz allgemein die situationsspezifischen Gefährdungen ermittelt. Ob jemand irrationale oder rationale Furcht vor Kriminalität hat, wäre am ehesten daran zu ermessen.

In der Literatur hat es bislang an einem derartigen Instrumentarium gefehlt. Wir haben deshalb eigens eine Reihe von Verhaltensbeschreibungen entwickelt, die Situationen potentieller allgemeiner Gefährdung thematisieren. Gefragt wird, wie groß wohl die Gefahr am Ort sei, wenn man - bei Tag oder Nacht - bestimmte Aktivitäten verfolgt. Die vorgegeben Verhaltensweisen reichen von: „am Tag von der Bank Geld abholen“ bis „in der Nachbarschaft abends bei Dunkelheit von der Bus- oder Bahnhaltestelle nach Hause unterwegs sein“. Anzugeben war vom Befragten jeweils, für wie groß er die Wahrscheinlichkeit halte, daß ein Überfall in einer derartigen in einer derartigen Situation geschehe: „sehr groß, groß, mittel, wenig oder überhaupt nicht“. In der Verwendung dieser Kategorien orientieren wir uns an anderen Risikoeinschätzungen wie sie u.a. in der Gesundheitsforschung eingesetzt wurden - etwa zur Ermittlung der wahrgenommenen Gefahren des Drogengebrauchs.

	Alter					
	18-29	30-44	45-59	60-75	75 +	Gesamt
Gefahr des Überfalls, wenn man ... am Tag von der Bank Geld abholt	15	16	28	37	53	26
am Tag am Geldautomaten Geld abhebt	20	19	29	37	52	28
in Ihrer Nachbarschaft abends bei Dunkelheit von der Bus-/Bahnhaltestelle nach Hause unterwegs ist	21	24	29	39	55	30
abends Bus oder Straßenbahn benutzt	33	36	40	46	58	40
bei Dunkelheit abends allein in der Innenstadt zu Fuß unterwegs ist	38	45	55	68	77	53
nach Anbruch der Dunkelheit durch Park- und Grünanlagen geht	66	72	77	83	88	75
Sonstige Delikte Bestohlen zu werden, wenn man in der Innenstadt einkaufen geht	32	42	47	51	56	44
Opfer eines Einbruchs zu werden, wenn die Wohnung längere Zeit leer steht oder man auf Reisen ist	23	29	34	39	43	32

Frageformulierung: „Und nun wieder zur Gegenwart: Geben Sie bitte für die folgenden Situationen an, wie groß Ihrer Meinung nach heutzutage in ... im allgemeinen die Gefahr ist, überfallen zu werden, wenn man: am Tag von der Bank Geld abholt - am Tag am Geldautomaten Geld abhebt - bei Dunkelheit abends allein in der Innenstadt zu Fuß unterwegs ist - abends Bus oder Straßenbahn benutzt - nach Anbruch der Dunkelheit durch Park- und Grünanlagen geht - in Ihrer Nachbarschaft abends bei Dunkelheit von der Bus-/Bahnhaltestelle nach Hause unterwegs ist.“ „Und wie groß ist in ... die Gefahr: bestohlen zu werden, wenn man in der Innenstadt einkaufen geht? - Opfer eines Einbruches zu werden, wenn man auf Reisen ist und die Wohnung längere Zeit leer steht?“ *Antwortkategorien jeweils*: „sehr groß, groß, mittel, gering, überhaupt nicht“. *Hier: „sehr groß/groß“*

Tab. 5: Wahrgenommene allgemeine Wahrscheinlichkeit („sehr groß/groß“), Opfer eines Delikts zu werden, nach Alter (in %)

Die Frage der *Verletzbarkeit* erfassen wir über Indikatoren zum Gesundheitszustand und zum Sport-Treiben sowie Indikatoren zu der Möglichkeit, sich gegen Überfälle zu schützen und in Situationen des Angriffs den Angreifer abzuwehren. Während die gesundheitliche Dimension primär die biologisch-somatischen Aspekte umfaßt, wird bei der Frage der Schutzmöglichkeiten auch die soziale Vulnerabilität mit einbezogen. Sie ist zum Teil Folge des eigenen Rollenverständnisses. Insofern muß sie über die Zeit, bei sich wandelndem Verständnis von Rollenbeziehungen, nicht konstant bleiben.

	Alter					
	18-29	30-44	45-59	60-74	75 +	Gesamt
Gesundheit Gesundheit (es geht/ ziemlich schlecht/ sehr schlecht)	22	31	56	72	82	55
Sorge, daß ich dauerhaft krank werde (sehr stark/stark)	13	25	37	46	58	32
Sportliche Aktivitäten	39	27	22	20	12	28
Schutzlosigkeit im Fall eines Überfalls Allgemeiner Schutz nicht möglich	8	12	19	32	52	18
Persönlicher Schutz nicht möglich	5	10	20	40	73	20
Persönlicher Schutz im Fall eines Angriffs (gering/keiner)	35	45	60	79	89	57

Frageformulierung: Gesundheit: „Alles in allem gesehen, wie würden Sie im großen und ganzen Ihren Gesundheitszustand beschreiben?“ *Antwortkategorien:* „sehr gut ... überhaupt nicht gut“- Was bereitet Ihnen zur Zeit persönlich Sorgen? Was bedrückt Sie, wenn Sie an sich und Ihre Zukunft denken? Geben Sie bitte anhand der Skala an, wie sehr die jeweilige Aussage auf Sie zutrifft. Ich mache mir Sorgen, daß ich dauerhaft krank werde.“ *Antwortkategorien:* „sehr stark ... überhaupt nicht“ „Sie haben hier nun eine Reihe von Aussagen. Bitte geben Sie für jede dieser Aussagen an, wie sehr Sie ihr zustimmen: Ich treibe viel Sport.“ *Antwortkategorien:* „stimme voll und ganz zu ... stimme überhaupt nicht zu.“

Schutzlosigkeit: „Einmal ganz allgemein gefragt, inwieweit kann man sich überhaupt vor dem Risiko, überfallen zu werden, schützen?“ *Antwortkategorien:* „Man kann sich voll und ganz schützen - man kann sich weitgehend schützen - man kann sich nur gering schützen - man kann sich überhaupt nicht schützen - Sonstiges, was?“ ... „Und jetzt einmal ganz persönlich gefragt, inwieweit fühlen Sie sich persönlich in der Lage, sich vor dem Risiko eines Überfalls zu schützen?“ *Antwortkategorien:* „Ich kann mich voll und ganz schützen - Ich kann mich weitgehend schützen - Ich kann mich nur gering schützen - Ich kann mich überhaupt nicht schützen - Sonstiges, was?“ „Stellen Sie sich nun bitte folgende Situation vor: Sie sind nachts allein zu Fuß unterwegs. Auf diesem Weg werden Sie von einem einzelnen Täter ohne Waffe körperlich angegriffen. Was glauben Sie, wie hoch in einem solchen Fall Ihre Chance wäre, den Täter von seinem Vorhaben abzubringen?“ *Antwortkategorien:* „sehr hoch ... keine - sonstiges, was?“

Tab. 6: Vulnerabilität nach Alter (in %)

Zur Messung der *Anomie* - verstanden als Zustand psychischer Verunsicherung - liegen in unserer Untersuchung mehrere Statements vor. Sie thematisieren die psychische Verunsicherung im Kontext gesellschaftlichen Wandels. „Es haben sich nach der Wiedervereinigung so viele Dinge geändert, daß ich mich oft fremd fühle", „In diesen Tagen ist alles so unsicher geworden, daß man auf alles gefaßt sein muß" Und: „Das Leben ist heute so kompliziert geworden, daß ich mich fast nicht mehr zurechtfinde". Analytisch davon unterschieden, gleichwohl eng damit zusammenhängend ist die Frage, wie sehr man den Menschen vertrauen kann. Gerade in den neuen Bundesländern ist das Gefühl weit verbreitet, daß sich die einst dichten sozialen Netzwerke aufgelöst haben und die Solidarität geschwunden ist (Barthel 1992: 142). Die Folge dieser Erosion könnte ein Zuwachs an Mißtrauen gegenüber anderen Menschen und ein Gefühl tiefgreifender Verunsicherung sein.

	Alter					
	18 - 29	30 - 44	45 - 59	60 - 74	75 +	Gesamt
Menschen nicht vertrauenswürdig	73	70	62	54	51	38
Fremdheitsgefühl	27	34	44	55	63	39
Unsicherheitsgefühl	70	70	75	78	82	71
Komplexität des Lebens	14	17	27	35	64	27

Frageformulierung: „Sie haben hier nun eine Reihe von Aussagen. Bitte geben Sie für jede dieser Aussagen an, wie sehr Sie ihr zustimmen: (1) Den meisten Menschen kann man vertrauen. (2) Es haben sich seit der Wiedervereinigung so viele Dinge geändert, daß ich mich oft fremd fühle. (3) In diesen Tagen ist alles so unsicher geworden, daß man auf alles gefaßt sein muß. (4)Das Leben ist heute so kompliziert geworden, daß ich mich fast nicht mehr zurechtfinde." *Antwortkategorien:* „Stimme voll und ganz zu, stimme eher zu, stimme eher nicht zu, stimme überhaupt nicht zu". *Hier: jeweils zusammengefaßt die beide positiven, bzw. negativen Werte*

Tab. 7: Anomie und Vertrauen nach Alter (in %)

Die Ergebnisse zur Risikowahrnehmung sind in Tabelle 5 zusammengestellt, die zur Vulnerabilität in Tabelle 6 und die zur Anomie in Tabelle 7. Bezüglich der Risikowahrnehmung wird deutlich, daß diese bei allen Delikten mit zunehmendem Alter steigt. Dies gilt auch für Eigentumsdelikte, wie Diebstahl oder Einbruch. Damit scheint es angesichts der realen Viktimisierung, als würde die Bedrohung durch Kriminalität durch die Älteren überschätzt[2]. Zugleich kann

2 Läßt man die Befragten den Anteil der Gewaltdelikte unter allen Delikten schätzen, den Anteil ausländischer Täter und die absolute Zahl der Morde, würde ein analoger Trend zunehmender Risikoüberschätzung mit zunehmendem Alter nicht sichtbar. Die Durchschnittszahlen, gemessen am Median, bleiben über die Altersgruppen hinweg gleich oder sinken gar - wie z.B. bei der Zahl der Morde (Median: 43 Fälle bei den 18-29jährigen, 20 Fälle bei den über 75jährigen). Die Alten überschätzen ebenso wie die Jungen den Anteil der Gewaltdelikte und der ausländischen Täter, bezüglich der Zahl der Mordfälle entspricht die Schätzung annähernd der tatsächlichen Zahl registrierter Opfer in den drei Städten. Die Tatsache, daß die konkreten Schätzungen zwi-

auch die Vulnerabilitätshypothese - von den Grundvoraussetzungen her - Geltung für sich beanspruchen. Mit steigendem Alter nimmt die körperliche Gesundheit ab und die Sorge um die eigene Gesundheit zu. Parallel dazu sinkt der Anteil derer, die von sich sagen, sie betrieben Sport. Und wie ebenfalls ersichtlich ist, sinken auch die wahrgenommenen Abwehrmöglichkeiten gegenüber Kriminalität.

Mit dem Übergang in das Alter von 60 Jahren aufwärts fallen die Prozentwerte für eigene und allgemeine Schutzmöglichkeiten dann bemerkenswerterweise vermehrt auseinander. Die allgemeine Schutzmöglichkeit wird höher eingeschätzt als die eigene - Folge, so ist zu vermuten, des eigenen körperlichen Leistungsabbaus und darüber hinaus auch der Altenrolle, die dem einzelnen ein gewisses Element von Rückzug und Hilflosigkeit zuschreibt (vgl. Lehr 1972). Die Älteren sehen ihre eigenen Möglichkeiten stärker im Kontrast zu den Handlungsmöglichkeiten des Durchschnittsbürgers als die Jüngeren.

Weitere Untergliederungen belegen, daß die Aussagen über die eigenen Handlungsmöglichkeiten von der Beurteilung des eigenen Gesundheitszustandes und der eigenen sportlichen Aktivitäten mitgeprägt werden, aber keineswegs in besonders starkem Maße. In jeder Altersgruppe gilt, daß Personen in guter körperlicher Konstitution häufiger meinen, sie könnten sich gegen Angreifer wehren - je älter die Befragten sind, desto stärker ist dies der Fall. Gleichwohl ist der Effekt zu gering, um die Altersbeziehung zu erklären. Die pessimistische Einschätzung der Älteren bezüglich ihrer Abwehrmöglichkeiten muß so denn noch andere Gründe haben als rein persönliche. Die Vorstellung von den eigenen Handlungsmöglichkeiten, welche durch die soziale Rolle der Alten mitgeprägt sein dürfte, wirkt zusätzlich mit.

Im Fall der Anomiehypothese erweist sich die Realität als komplexer als zunächst erwartet. So steigt die Anomie mit steigendem Alter tatsächlich an. Die Zahl derer, welche z.B. meinen, es hätten sich nach der Wiedervereinigung so viele Dinge geändert, daß man sich oft fremd fühle, nimmt von 27% unter den unter 30jährigen auf Werte von über 63% unter den über 75jährigen zu. Mit der Frage nach dem Vertrauen in andere Menschen jedoch verhält es sich umgekehrt: Nicht die Älteren, sondern die Jüngeren hegen eher gegenüber anderen Menschen Mißtrauen. Welche Gründe für diese andersgeartete Beziehung gelten - Generationserfahrungen, Lebenszykluseffekte oder Effekte der gegenwärtigen Situation - wissen wir nicht und bedarf näherer Prüfung[3]. Sicher ist zu-

schen den Altersgruppen nicht differieren, könnte bedeuten: Die altersspezifisch unterschiedlich wahrgenommene Bedrohung wird weniger an der Zahl der Mordfälle oder der Deliktverteilung festgemacht als an der Chance, überhaupt Opfer zu werden. Daß die Begrifflichkeit „größere“ Gefahren je nach Alter etwas unterschiedliches bedeutet, halten wir demgegenüber für wenig wahrscheinlich.

3 Im Vergleich von westdeutschen Daten aus der heutigen Zeit mit welchen aus den 50er Jahren wird eine Generationinterpretation nahegelegt. Analoge Altersbeziehun-

mindest jedoch: Die Anomiehypothese kommt, wenn man die interpersonalen Vertrauensdimensionen ausklammert, als zusätzliche Erklärungsmöglichkeit der Kriminalitätsfurcht durchaus in Betracht.

Als erstes Fazit bleibt: Alle drei Erklärungsmodelle, mögen sie nun auf die Risikowahrnehmung, Vulnerabilität oder Anomie rekurrieren, können sich auf eine entsprechende Altersbeziehung stützen. Ob sie auch einen Zusammenhang mit der Kriminalitätsfurcht aufweisen und die Altersbeziehung der Kriminalitätsfurcht erklären könnten, ist eine weitere, empirisch zu klärende Frage.

3.2 Die Erklärungsansätze im Vergleich

Um die relative Bedeutung der verschiedenen Erklärungsansätze zu überprüfen, ziehen wir in einem weiteren Schritt die relevanten Variablen der jeweiligen Ansätze in die Analyse sukzessiv mit ein. Eine Möglichkeit, deren Bedeutung für die Erklärung der Altersbeziehung zu bestimmen, liegt darin, die Stärke des Rückgangs des Alterseinflusses *nach* Einführung der relevanten Variablen zum Maßstab zu nehmen. Je stärker der Alterseffekt reduziert wird, desto größer der Beitrag zur Erklärung der Altersbeziehung.

Als abhängige Variable verwenden wir ein Kompositum aus drei Indikatoren zur Kriminalitätsfurcht: den Standardindikator sowie zwei Indikatoren, welche die Angst vor Überfall erfassen. Als Kontrollvariable beziehen wir in unsere Analyse das Merkmal Geschlecht mit ein. Dies ist insofern sinnvoll, als Frauen - besonders gegenüber Gewaltkriminalität - gewöhnlich ein höheres Furchtniveau bekunden (vgl. u.a. Boers 1991) und in den höheren Altersgruppen stärker vertreten sind. Es ist nicht ausgeschlossen, daß dadurch die Altersbeziehungen stärker akzentuiert werden als sie es von der Natur der reinen Altersbeziehung her sein müßte.

Die Ergebnisse der verschiedenen Prüfungen, für die einzelnen Erklärungsmodelle zunächst getrennt, sind in Tabelle 8 aufgeführt. Sie zeigen: *Alle* drei Ansätze sind geeignet, die Altersbeziehung partiell zu erklären. Von der Erklärungskraft insgesamt am besten, gemessen an der erklärten Varianz, schneidet das Risikowahrnehmungsmodell ab, vom Effekt auf die Altersbeziehung dagegen das Vulnerabilitätsmodell. Innerhalb des Vulnerabilitätsmodells selbst tragen die Variablen für gesundheitlichen Zustand und Einschätzung der eigenen Verteidigungsmöglichkeiten - wie die Stärke der Koeffizienten dokumentiert - gleichermaßen zum Effekt mit bei. Im Fall des Anomiemodells gilt gleiches für den gesundheitlichen Zustand und die Verteidigungsmöglichkeiten. Die Variable, welche das Vertrauen in die Mitmenschen ermittelt, ist demgegenüber in ihren Auswirkungen etwas stärker.

---

gen gelten auch für die USA. Eine ausführliche Analyse des Phänomens findet sich in Karl-Heinz Reuband (1998b).

	Risiko-wahrneh-mung (1)	Vulner-abilität (2)	Anomie-modell (3)	Integra-tions-modell (1+2)	Integra-tions-modell (1-3)
Risikowahr-nehmung	.56	*	*	.48	.46
Gesundheit	*	.26	*	.15	.12
Schutzmög-lichkeit	*	.26	*	.15	.14
Anomie	*	*	.31	*	.12
Vertrauen	*	*	.10	.05	-
Geschlecht	.13	.17	.22	.10	.10
Alter	*.22*	*.12*	*.29*	*.11*	*.09*
r	.69	.56	.55	.71	.72
r^2	.47	.31	.30	.51	.52

- Nicht im Modell, da von Stärke der Effekte her unbedeutend
* Nicht Teil des Modells
Die Regression wurde mit paarweisem Ausschluß der Werte vorgenommen.

Tab. 8: Regressionsanalyse: Erklärungsmodelle im Vergleich (Beta-Koeffizienten)

Die Tatsache, daß die erklärte Varianz je nach Modell nur unwesentlich variiert, die jeweils eingesetzten Variablen aber unterschiedlich sind - je nach Modell in ihren Effekten mal stärker oder schwächer - verweist auf Interkorrelationen zwischen den Variablen. In der Tat korrelieren Anomie und Risikowahrnehmung ebenso wie Gesundheit und Schutzmöglichkeit miteinander. Welche Kausalstrukturen im einzelnen vorherrschen, ist ungeklärt: Denkbar wäre sowohl, daß die Anomie auf die Risikowahrnehmung wirkt als auch daß der Einfluß umgekehrt verläuft. Mangels Longitudinalzeitdaten auf individueller Ebene können wir über die Richtung der Kausalität nicht entscheiden und verzichten daher auf die Modellierung eines Kausalmodells. Was wir prüfen können, sind jedoch die *direkten* Effekte der einzelnen Variablen jeweils unter Kontrolle der übrigen Variablen.

Beziehen wir die drei Erklärungsansätze mit ihren Variablen in das Regressionsmodell mit ein, wird im Vergleich mit den Ergebnissen der vorangegangenen Modelle offenbar, daß die Struktur der Einflüsse erhalten bleibt, die Stärke des Koeffizienten jedoch sinkt. Die Erklärungskraft steigt, gemessen an der Varianzerklärung, durch die Zusammenführung der drei Modelle auf Werte über 50% an. Der Alterseffekt sinkt auf einen Wert von .09 und unterschreitet damit das Niveau von .10, das nach der Daumenregel der Kausalanalysen erreicht sein sollte, um von einem Effekt sprechen zu können (vgl. Opp/Schmidt 1976; Weede 1977).

Im Rahmen zusätzlicher Analysen haben wir geprüft, ob noch weitere Variablen, die mit den Erklärungsmodellen direkt oder indirekt in Beziehung stehen, das Gesamtergebnis verbessern können. So haben wir die eigene subjektive Einstufung der Wirtschaftslage und die Furcht vor Arbeitslosigkeit als Ausdruck psychosozialer Problembelastung in die Analysen eingeführt. Darüber hinaus haben wir die Viktimisierungserfahrung und die Kenntnis von anderen Personen, die Opfer wurden, sowie die Erfahrungen mit potentiell bedrohlichen Situationen berücksichtigt. Doch in allen diesen Fällen erweisen sich die Einflüsse als gering oder nicht existent, die Beta Koeffizienten liegen nahe Null und sind statistisch nicht signifikant.

Daß selbst die Kriminalitätserfahrung ohne Bedeutung ist, mag erstaunen. Doch ist unser Ergebnis keineswegs einzigartig, es ist typisch für die meisten Untersuchungen der Kriminalitätsfurcht (vgl. Boers 1991) und dürfte methodische und inhaltliche Aspekte widerspiegeln. In unserem Fall dürfte ein gewichtiger Grund sein, daß wir uns in der Kriminalitätsfurcht auf die Furcht vor Gewaltdelikten beschränken, die meisten Formen der Kriminalitätserfahrung jedoch beziehen sich auf Eigentumsdelikte - meist Diebstahlsdelikte. Eigentumsdelikte sind weniger geeignet als Gewaltdelikte, starke emotionale Reaktionen hervorzurufen.

In weiteren Analysen haben wir schließlich die Bedeutung von Medieneinflüssen geprüft. Man könnte meinen, daß alte Menschen womöglich auch deswegen eine so hohe Furcht aufweisen, weil sie viel Zeit haben, um Medien zu nutzen. Sie verbringen mehr Stunden als die jüngere Altersgruppe vor dem Fernseher. Und die Zahl der derart genutzten Stunden könnte - so etwa nach George Gerbners Kultivierungsthese - die Realitätswahrnehmung bestimmen. Je mehr Zeit mit dem Fernsehen verbracht wird - so die These - desto größer die Kriminalitätsfurcht (vgl. Burdach 1987). Für diese These jedoch sprechen unsere Daten nicht. Die Zahl der Stunden, die ferngesehen werden, korreliert nicht mit der Angst und reduziert nicht die Altersbeziehung. Auch wenn die Älteren über 60 Jahre mehr fernsehen als die Jüngeren - einschließlich Kriminalfilme -, ein Effekt aus der Dauer des Fernsehens auf die Furcht ist nicht erkennbar.

3.3 Altersspezifische Einflußstrukturen

Nun fragt sich, ob die Variablenkonstellation, die sich in der Gesamtstichprobe empirisch als erklärungskräftig erweist, auch auf der Ebene der unterschiedlichen Altersgruppen bedeutsam bleibt. Denkbar wäre, daß mit zunehmendem Alter bestimmte Variablen an Bedeutung gewinnen, andere an Bedeutung verlieren. Die interne Struktur der Einflüsse könnte sich dadurch ändern und ebenso die relative Erklärungskraft. Aus diesem Grund haben wir die Analyse nochmals für die einzelnen Altersgruppen getrennt gerechnet (Tabelle 9). Als wichtigster Befund ist festzuhalten: Die Grundstruktur bleibt überall erhalten. Die Stärke der Koeffizienten schwankt zwar, konsistente Trends aber deuten sich in der Regel nicht an.

	Alter				
	18-29	30-44	45-59	60-74	75 +
Risikowahrnehmung	.48	.45	.49	.46	.36
Gesundheit	.07	.18	.10	.12	.15
Schutzmöglichkeit	.06	.14	.16	.16	.13
Anomie	.14	.09	.11	.14	.13
Vertrauen	- .01	.02	.02	.06	.18
Geschlecht	.19	.13	.09	.09	.06
r	.67	.68	.68	.70	.67
r^2	.45	.44	.46	.48	.45

Tab. 9: Regressionsanalyse: Determinanten der Kriminalitätsfurcht in unterschiedlichen Altersgruppen (Beta Koeffizienten)

Auffällig ist allenfalls, daß mit zunehmendem Alter der Einfluß des Merkmals Geschlecht an Bedeutung abnimmt. Dieser Rückgang könnte mit der sich ändernden Bedeutung des Merkmals Geschlecht für Überfalldelikte zusammenhängen. Je jünger die Frauen sind, desto eher werden sie die Vergewaltigung als einen potentiellen Bestandteil dieser Delikte ansehen. In dem Maße wie diese Assoziation schwindet, sinkt die Bedeutung des Merkmals Geschlecht für die Kriminalitätsfurcht. Auffällig ist weiterhin, daß die Variable, welche das Vertrauen in andere Menschen messen soll, unter den über 75jährigen sehr wohl einen Effekt ausübt, in den übrigen Altersgruppen jedoch nicht. Bei den über 75jährigen steigt die Furcht in dem Maße an, wie gegenüber anderen Menschen Mißtrauen vorherrscht. Weil in unserer Untersuchung die Älteren ohnehin weniger gegenüber den Mitmenschen mißtrauisch sind, bedeutet dies: Wäre der Effekt nicht existent, so wäre die Furcht der Alten vor Kriminalität größer und der Alterseffekt noch stärker.

Warum bei den Alten, nicht aber bei den Jüngeren das Vertrauen einen Effekt ausübt, ist ungeklärt. Unter Umständen hat bei den Alten, die durch einen generell eingeschränkten Umfang des sozialen Netzwerkes - insbesondere im Freundes- und Bekanntenkreis - gekennzeichnet sind (vgl. Reuband 1990), das generalisierte Vertrauen in andere Personen eine kompensierende Funktion für das Fehlen eines engen Bekanntenkreises. Sie müssen sich angesichts der eingeschränkten Handlungsmöglichkeiten auf andere Personen verlassen können. Und um so gravierender ist es, wenn hier keine potentielle Unterstützung wahrgenommen wird.

4. Schlußbemerkungen

Wie unsere Daten belegen, gilt in den neuen Bundesländern: Mit steigendem Alter sinkt die Viktimisierungserfahrung und die Furcht vor Kriminalität nimmt zu. Insofern spiegelt sich hier ein Muster wider, das auch in Westdeutschland und anderen westlichen Ländern festgestellt wurde. Ungeklärt bleiben muß mangels Longitudinaldaten vorerst die Wechselwirkung zwischen Kriminalitätserfahrung, Furcht und Vermeidungsverhalten. Denkbar wäre, daß die Viktimisierungschancen der Älteren z.T. auch so gering sind, weil die Älteren aus Furcht vor der Kriminalität ihr Verhalten im Alltag ändern und so weniger Gelegenheiten für eine Viktimisierung bieten. Mögen auch z.T. spezielle Tätergruppen - wir z.B. Jugendliche - Ältere aufgrund ihrer Wehrlosigkeit gezielt als Opfer aussuchen, so wären unter diesen Umständen doch die Gelegenheiten dafür reduziert.

Welche Gründe primär für das Kriminalitätsfurchtparadoxon verantwortlich sind, ist bislang nicht hinreichend geklärt. Die verschiedenen konkurrierenden Erklärungsansätze sind auf ihre Brauchbarkeit bisher nicht oder nur unzureichend untersucht worden. Wir haben versucht, z.T. auf der Basis neu entwikkelter Indikatoren der Bedeutsamkeit unterschiedlicher Erklärungsmodelle nachzugehen. Sowohl der Ansatz, der die Risikowahrnehmung zum zentralen Erklärungsmerkmal erhebt, erweist sich als erklärungskräftig wie auch der Vulnerabilitätsansatz und der Anomie-Ansatz. Die Kriminalitätsfurcht ist - gemessen an der subjektiven Risikokalkulation - irrational, gemessen an der Vulnerabilität hingegen rational.

Die Tatsache, daß auch in unserer Untersuchung, die sich auf eine postalische Befragung stützt, die Furcht mit steigendem Alter ansteigt, stellt zugleich die Annahme von Kenneth F. Ferraro über Methodeneffekte bei der Datenerhebung in Frage. Er meint, daß Untersuchungen, die eine positive Korrelation zwischen Furcht und Alter feststellen, sich der mündlichen face-to-face Befragungen bedienten. Bei postalischen und telefonischen Befragungen wäre die Korrelation vermutlich anders (vgl. Ferraro 1995: 71). Daß dies - zumindest für Ostdeutschland - nicht zutrifft, belegt unsere Untersuchung. Aus der Perspektive von Konstanz und Wandel in der Kriminalitätsfurcht, hier als Makrophänomen gesehen, gilt: Gefühle von Verletzbarkeit werden sich, weil sie sich zum Teil auf das Alter als biologisches Faktum gründen, über die Zeit weniger stark verändern als die Risikowahrnehmung und anomische Befindlichkeiten. In weiteren Studien wird daher zu klären sein, wie sehr diese durch Medien und andere Instanzen beeinflußt werden und welche Entwicklungen damit unter dem Einfluß von Ereignissen verknüpft sind.

Gisela Wiesner

Unfreiwillig in den vorzeitigen Ruhestand

1. Einleitung

Vorzeitiger Ruhestand basiert auf unterschiedlichen Ursachen. Zunächst ist zwischen „gewolltem" und „ungewolltem Ruhestand" zu differenzieren. In den folgenden Betrachtungen soll es ausschließlich um den zweitgenannten Ursachenbereich gehen. Der Focus ist auf den Bereich des ungewollten vorzeitigen Ruhestands gerichtet, der vorrangig auf wirtschaftliche, arbeitsmarktpolitische, gesellschaftspolitische, aber auch qualifikatorische Ursachen zurückzuführen ist. Demgegenüber werden beim Individuum liegende Gründe - wie Invalidität oder auch familiär begründete Notwendigkeiten des ungewollten Ausscheidens aus dem Arbeitsprozeß - hier nicht betrachtet.

Infolge des Transformationsprozesses, der gesellschaftlichen und wirtschaftlichen Umgestaltung in Ostdeutschland, wurden viele ältere Arbeitnehmer plötzlich mit dem Phänomen der Arbeitslosigkeit konfrontiert. Dies führte bei vielen zu einer Identitätskrise: Die enge Verbundenheit mit der bisherigen Erwerbstätigkeit, die hohe Identifikation mit beruflicher Tätigkeit schlechthin, d.h. Arbeit als hochrangiger Wert, waren plötzlich obsolet geworden. Das Ausgeschlossensein von Erwerbstätigkeit ließ sich verarbeiten, verdrängen oder aber resignierend hinnehmen.

Der Verdrängung insbesondere der Älteren aus der Erwerbsarbeit leistet die stark verbreitete Stigmatisierung des Alters in unserer Gesellschaft noch Vorschub. Diesbezüglich bedarf es einer intensiven aufklärenden und praktisch wirksamen Gegensteuerung durch Pädagogen. Die im sozialwissenschaftlichen Bereich zunehmend akzeptierte psychische und physische Leistungsfähigkeit der „jungen Alten" ist stärker in das gesellschaftliche Bewußtsein zu heben und in konsequentes praktisches Handeln, besonders auch im Erwerbsarbeitsbereich, umzusetzen. Allein die Heraufsetzung des „normalen" Rentenalters laut dem neuen Rentenrecht kann sicher nicht als ausreichendes Indiz für die Anerkennung der Leistungsfähigkeit Älterer herangezogen werden, wenngleich dies außer massiven volkswirtschaftlichen Gründen auch die Akzeptanz entsprechender Leistungsfähigkeit mindestens bis zum Alter von 65 Jahren einschließt.

Die Befindlichkeiten von unfreiwilligen „Vorruheständlern" sind nicht pauschal darstellbar. Die Verarbeitung des Erwerbsarbeitsverlustes und damit das Umgehen mit dem zentralen individuellen Wert der Arbeit erfolgt sehr unterschiedlich und reicht von der aktiven Verarbeitung im sozialen Bezug über mehr oder weniger persönlich befriedigende Anpassungsversuche bis hin zur passiven Duldung oder verbittertem Rückzug, der oft mit Isolation verbunden ist. Die Reaktion der Gesellschaft auf diese differenzierten Befindlichkeiten bedarf einer stärkeren sozialwissenschaftlichen Orientierung, eines sensiblen sich Einlassen-Wollens und selbstverständlich auch geeigneter Strategien und Verfahren des sich Einlassen-Könnens auf diese sehr heterogenen Personengruppen.

Da Lebensgestaltung im Ruhestand lebenslaufabhängig ist (vgl. auch Kade 1992: 118) und an den bisherigen Sozialisationsbedingungen und lebenslang entwickelten Interessenfeldern anknüpft, erfordert der Umgang mit dem unerwarteten und ungewollten Ruhestand im Vergleich zu einer langfristigen Vorbereitung auf einen erwartbaren Ruhestand eine andere gesellschaftliche und pädagogische Begleitung der Wegführung. Dies schließt Formen der Bildung, Geselligkeit und eventuell auch der gesellschaftlich anerkannten, unentgeltlichen Arbeit ein.

2. Vorzeitiger Ruhestand - Ursachen und rechtliche Rahmenbedingungen

2.1 Transformationsprozeß und Freisetzung insbesondere älterer Arbeitnehmer

Auf der Grundlage erforderlicher Umgestaltungen in Wirtschaft, Dienstleistung und Verwaltung änderten sich die Beschäftigtenzahlen im Osten Deutschlands drastisch. Untersuchungen des IAB (Arbeitsmarktentwicklung 1997: 5ff) weisen daraufhin, daß die durchschnittliche Zahl der Erwerbstätigen bis Ende 1993 auf 68% zurückging und Ende 1994 bei 70% lag. In den einzelnen Wirtschafts- und Dienstleistungsbereichen differierte diese Entwicklung allerdings sehr stark. Die unterschiedliche Beschäftigtenentwicklung in den einzelnen Regionen ist dabei auf sektorale Unterschiede in Verbindung mit standortspezifischen Einflüssen zurückzuführen. So waren beispielsweise Land- und Forstwirtschaft sowie Bergbau- und Energiewirtschaft stark, aber auch die Metall- und Elektroindustrie von einem Personalabbau betroffen. In anderen Bereichen, z.B. dem Bildungswesen oder der öffentlichen Verwaltung gab es aus politischen und qualifikatorischen Gründen eine hohe Anzahl von Freisetzungen und Personalumschichtungen.

Die Untersuchungen der o. g. Autorengemeinschaft belegen unmißverständlich, daß der hohe Beschäftigtenabbau zu Lasten der Frauen und der Älteren - und hier wiederum extrem der älteren Frauen - erfolgte. Die folgende Tabelle 1 verdeutlicht sowohl in der Altersgruppe der 55- bis 59jährigen als auch der 60- bis 64jährigen, daß Männer signifikant höher an der Erwerbstätigkeit beteiligt sind als Frauen.

	Männer 55-59 Jahre	Frauen 55-59 Jahre	Männer 60-64 Jahre	Frauen 60-64 Jahre
Nov/1991	57	34	19	8
Nov/1992	40	29	12	9
Nov/1993	49	34	11	6
Nov/1994	66	49	15	9

Tab. 1: Ältere Erwerbstätige - alters- und geschlechtsspezifische Daten im Vergleich zu 1989 (nach IAB Bericht Nr.5 1997: Anhang) - November 1989 = 100

Interessanterweise sind laut Mikrozensus-Daten (vgl. Engelbrech/Reinberg 1997: 2) Tatbestände der geschlechtsspezifischen Erwerbstätigkeit im Dienstleistungsbereich in Ost- und Westdeutschland diametral: Während in Westdeutschland die Zahl erwerbstätiger Frauen stärker anstieg als die der Männer, konnten in Ostdeutschland die Männer mehr in diesem Bereich Fuß fassen, während Frauen weiter hinausgedrängt wurden.

Ein Ost-West-Vergleich Älterer hinsichtlich sozialversicherungspflichtig Beschäftigter, Arbeitsloser und vorzeitiger Ruheständler (vgl. Hofmann 1996: 1) läßt Schlußfolgerungen für die Abdrängung ostdeutscher Älterer in den vorzeitigen Ruhestand zu (Bezugsjahr 1995):

- Bei den 55- bis 59jährigen ist die Zahl der sozialversicherungspflichtig Beschäftigten annähern gleich groß (Ost: 38,9%, West 39,7%). Bei Arbeitslosen ist bereits ein Unterschied erkennbar (Ost: 14%, West 10,2%). Der entscheidende Unterschied wird erst dann deutlich, wenn die Gruppe der Arbeitslosen und Empfänger von Vorruhestandsgeld, einschließlich der Leistungsträger nach § 105 AFG[1], betrachtet wird.
- Bei den 60-bis 64jährigen unterscheiden sich die Zahlen der sozialversicherungspflichtig Beschäftigten (Ost: 5,4%, West: 11,2%) sowie der Ruheständler (Ost: 74,3%, West: 51,2%) ganz erheblich. Die hohe Zahl der Ruheständler im Osten ist durch den Übergang vom Vorruhestand in den Ruhestand bedingt; die Bereitschaft von Arbeitgebern, Ältere zu beschäftigen, ist offenbar in Ostdeutschland noch weniger ausgeprägt als in Westdeutschland.

Das Problem, einer gewollten Beschäftigung auch im Alter ab 55 nachgehen zu können, verschärft sich noch dadurch, daß

- alle Altersstufen im Osten von einer hohen Arbeitslosigkeit betroffen sind,
- Langzeitarbeitslosigkeit im Alter über 50 nur schwer wieder zu Erwerbstätigkeit führt[2],

1 58jährige oder ältere Leistungsempfänger müssen nicht mehr voll verfügbar sein und werden dann statistisch nicht mehr als Arbeitslose erfaßt. Sie sind verpflichtet, zum frühest möglichen Zeitpunkt Altersrente zu beantragen.

2 Hierauf sind auch die Regelungen gerichtet, daß ab 60 Jahren ein Übergang in Altersrente wegen Arbeitslosigkeit möglich ist.

- die Heraufsetzung des Rentenalters zu zusätzlichen Belastungen des Arbeitsmarktes und zu Problemen bei Arbeitslosigkeit über 50 führt[3] und
- Frauen offenbar in geringerem Maße als Männer die Chance einer Erwerbstätigkeit erhalten.

Gesonderte Untersuchungen zur Frauenerwerbstätigkeit in Ostdeutschland (vgl. Engelbrech 1993) verdeutlichen einen Rückgang der Frauenbeschäftigung (von 90% 1989 auf bereits 77% 1991), eine deutliche Reduktion der Arbeitsplätze (von 1990 zu 1992 auf zwei Drittel), eine höhere Arbeitslosigkeit im Vergleich zu Männern (Arbeitslosenquote bis Jan. 93 von 20% im Vergleich zu Männern mit 11%).

Eine Betrachtung aktueller Daten vom Juli 1998 (Bach/Jung-Hammon/Otto 1998: 15) zeigt, daß die extremen Unterschiede nicht mehr erkennbar sind: Die Arbeitslosigkeit von Frauen in den ostdeutschen Bundesländern liegt bei ca. 50%, die Vermittlung von Frauen bei 43%. Die Zahlen lassen dennoch wenig Optimismus zu, denn bei deren Interpretation ist vor allem zu berücksichtigen, daß der Anteil von Frauen in der „Stillen Reserve“[4] genauer analysiert werden müßte.

Zum Rückgang der Beschäftigung älterer Frauen kommt (vgl. Engelbrech/ Reinberg 1997: 2) hinzu: Besonders bei älteren Frauen gibt es häufige Unterbrechungen im Berufsverlauf insbesondere dann, wenn die Qualifikation unterhalb des Facharbeiterniveaus liegt. Der Sektor der „geringfügigen Beschäftigung“[5] ist zu drei Viertel von Frauen besetzt.

Für ältere Erwerbsfähige gilt generell, daß die Gründe der Nichteinstellung älterer Arbeitsloser wesentlich in der gesellschaftlichen Bewertung von Alter liegen.[6] Dies bewirkt eine fatale Folgereaktion: Wenn schon das Erfahrungspotential älterer Betriebsangehöriger verzichtbar ist, dann läßt sich auch schwer begründen, weshalb gerade ältere Arbeitslose ohne diese betrieblichen Erfahrungen durch Betriebe eingestellt werden sollten (vgl. auch Koller 1995: 6). Solange diese defizitäre Betrachtung von Alter in unserer Gesellschaft vorherrschend ist, werden Betriebe ihr Verhalten der altersselektiven Personalpolitik auch nicht ändern.

Freisetzung bzw. Beschäftigung Älterer lassen sich in Abhängigkeit von Betriebsgrößen (vgl. Hoffmann 1996) betrachten: In Großunternehmen ab 5000

---

3 Dies bedeutet für Frauen, die nach dem 31.12.40 geboren sind, eine Heraufsetzung um 5 Jahre und für Männer, die nach dem 31.12.37 geboren sind, zunächst um 2 Jahre.

4 Erwerbsfähige, die nicht erwerbstätig sind und nicht als arbeitslos registriert sind (zur „Stillen Reserve“ vgl. auch Thon/Bach 1998

5 Unter 15 Stunden pro Woche

6 Die sogenannte „sozialverträgliche“ Ausgliederung Älterer durch Zahlung von Altersübergangsgeld in Ostdeutschland begünstigt damit noch betriebliche Personalpolitik der Trennung von älteren Mitarbeitern trotz ihrer langjährigen Erfahrungen.

Beschäftigten ist ein Bestreben erkennbar, den Anteil der 55- bis 64jährigen zu senken, während in Betrieben mit einer Beschäftigtengröße von 500 bis 5.000 und in Klein- und Mittelunternehmen dieser Abbau nicht der Fall ist. Eine gesonderte Untersuchung umstrukturierter oder neugegründeter ostdeutscher Betriebe dürfte diese Aussage mit Sicherheit in Frage stellen und vermutlich die Tendenz der Ausgrenzung Älterer zeigen.

2.2 Einige rechtliche Grundlagen

Eine Reihe gesellschaftlicher Rahmenbedingungen ermöglicht es älteren Erwerbsfähigen, materiell abgesichert in einen vorzeitigen Ruhestand zu gehen. Viele Erwerbsfähige wählten die Sicherheit des vorgezogenen Ruhestandes, um der drohenden Arbeitslosigkeit zu entgehen. Dabei muß jedoch hervorgehoben werden, daß die bloße materielle Absicherung für einen großen Teil dieser älteren Menschen nicht das Problem eines Identitätsverlustes oder auch eines Identitätsbruches löste: Das intensive Erleben, im Arbeitsprozeß nicht mehr gebraucht zu werden, das Verarbeiten-müssen einer gezielten Verdrängung vom Arbeitsmarkt, löste bei den Betroffenen zunächst Enttäuschung und Verbitterung aus. Hinzu kommt, daß vorzeitiger Ruhestand in der Regel mit Renteneinbußen einhergeht. Nach Johann Fuchs (1996: 2) hatten z.B. 36% der 55- bis 59jährigen im Jahr 1996 keine Möglichkeit, ohne Rentenkürzungen in den Ruhestand zu gehen. Rentenkürzungen bedeuten aber gerade für untere Einkommensgruppen einen geringeren Bewegungsspielraum aufgrund ihrer materiellen Situation. Im folgenden sollen einige gesetzliche Rahmenbedingungen betrachtet werden, die das vorzeitige Ausscheiden aus dem Erwerbsleben, also vor dem Alter von 65, ermöglichen. Dazu gehören

- Regelungen zum Übergang in die Vollrente,
- Vorruhestandsregelungen/Altersübergangsgeld und
- Rentenregelungen aufgrund verminderter Erwerbsfähigkeit, insbesondere für ältere Menschen.

1994 bis 1998 bot das Gesetz zur Erleichterung des Übergangs vom Erwerbsleben in den Ruhestand in Westdeutschland die Möglichkeit, ab dem 58. Lebensjahr aus dem Erwerbsleben auszuscheiden. Gegenwärtig sind differenzierte Regelungen in Kraft, die stichtagsgebunden für einen Teil der älteren Menschen den Übergang in eine Vollrente ab dem Alter von 60 bzw. 63 Jahren ermöglichen (vgl. Thon 1996: 3; Fuchs 1996: 1ff). Der generelle Trend geht allerdings hin zu einer Erhöhung der Altersgrenze, ab der eine Vollrente gezahlt wird.

In den alten Bundesländern ermöglichte das „Gesetz zur Erleichterung des Übergangs vom Erwerbsleben in den Ruhestand“ mit Gültigkeit von 1984 bis 1988 den Übergang in den „Vorruhestand“ ab Vollendung des 58. Lebensjahres.

Die auf dem Gebiet der ehemaligen DDR bestehende Verordnung über die Zahlung von Vorruhestandsgeld vom 08.02.1990 wurde in den Einigungsvertrag übernommen. Mit dem Stichtag vom 02.10.1990 war es somit unter definierten Voraussetzungen möglich, bis zum Erreichen des Rentenalters Vorruhestandsgeld in Höhe von 65% des Nettoarbeitsentgelds - gemittelt über die letzten drei Monate - zu erhalten[7]. Aufgrund der gesetzten Stichdaten ist diese Vorruhestandsregelung Ende 1995 ausgelaufen. Im Zuge des gesellschaftlichen Umbruchs mit hohen Unsicherheiten von Beschäftigung bei wirtschaftlicher Umstrukturierung war diese Vorruhestandsregelung janusköpfig: Sie bot einerseits die Chance eines risikofreien Rückzugs bei materieller Eingrenzung. Andererseits wurde sie als willkommenes Mittel der Nötigung zum vorzeitigen Abbruch des Erwerbslebens durch Arbeitgeber sowie das gesellschaftliche Umfeld benutzt.

Altersübergangsgeld laut AFG konnten diejenigen Arbeitnehmer erhalten, die zwischen dem 03.10.1990 und dem 31.12.1992 (mit zweimaliger Terminverlängerung) arbeitslos wurden und das 55. Lebensjahr vollendet hatten. Auch diese Regelungen sind aufgrund der Stichdaten ab Ende 1997 gegenstandslos.

2.3 Zum Einfluß von Qualifikation und Bildung

Diese Betrachtungen hängen eng mit der wirtschaftlichen Entwicklung in Regionen zusammen. Aufgrund der Datenlage soll deshalb exemplarisch hier der Einfluß von Qualifikation und Bildung in Ostdeutschland betrachtet werden.

Die Beschäftigungsdaten und Arbeitslosendaten bezüglich unterschiedlicher Qualifikationsstufen in Ostdeutschland (vgl. Arbeitsmarktentwicklung 1997: 5ff) lassen folgende Trends erkennen:

- Geringer Qualifizierte werden am meisten in die Arbeitslosigkeit gedrängt (z.B. Ungelernte und Teilfacharbeiter) und bilden die höchste Anzahl an Langzeitarbeitslosen.
- Hochschulabsolventen haben am ehesten die Chance, wieder in berufliche Tätigkeit einzutreten.
- Weibliche Facharbeiter sind prozentual höher von Arbeitslosigkeit betroffen als Männer; dies betrifft auch die Langzeitarbeitslosigkeit.
- Ausländische Frauen ohne Qualifikation und ausreichende Sprachkenntnisse haben es besonders schwer, einen Arbeitsplatz zu erhalten (vgl. Kiel/Werner 1998: 21).

Laut Gerhard Engelbrech und Alexander Reinberg (1997: 2) konnten Frauen und Männer mit Fach- bzw. Hochschulabschluß Beschäftigungsmöglichkeiten hinzugewinnen: „Doch anders als im Westen mußten in Ostdeutschland nicht nur

---

7 Vollendung des 55. Lebensjahres bei Frauen, des 60. bei Männern

Frauen ohne Berufsabschluß, sondern auch solche mit abgeschlossener Lehre oder Fachschulausbildung erhebliche Beschäftigungsverluste in Kauf nehmen."

Die Tendenz einer hohen Frauenerwerbsbeteiligung in Ostdeutschland ist auf den tradierten individuellen Wert der Arbeit zurückzuführen und entspricht dem nach wie vor wenig veränderten Wunsch ostdeutscher Frauen nach beruflicher Bestätigung und materieller Unabhängigkeit. Insofern sollte sehr sensibel mit solchen aus volkswirtschaftlichen Untersuchung abgeleiteten Aussagen und möglichen Schlußfolgerungen von Meinhard Miegel und Stefanie Wahl (1996: 2) umgegangen werden: „Die hohe Erwerbsbeteiligung von Frauen ist auch ein Grund für die höhere Arbeitslosigkeit in Ostdeutschland".

Trotz guter Qualifikation ist eine zunehmende Verdrängung von Frauen aus dem gewerblich-technischen Bereich zu verzeichnen. Insbesondere betrifft dies das verarbeitende Gewerbe. So steht einem Rückgang der Beschäftigung von Männern im Metall- und Elektrobereich auf 60% ein Rückgang der Beschäftigung von Frauen auf 26% gegenüber. Frauen werden auch trotz vergleichbarer Qualifikation von Männern aus DDR-typischen Beschäftigungssektoren wie Banken und Versicherungen verdrängt.

Da in der modernen Gesellschaft als Arbeitsgesellschaft berufliche Tätigkeit in besonderem Maße persönlichkeitsstabilisierend und -entwickelnd wirkt, führt eine Entwertung beruflicher Qualifikation zu einem Doppeleffekt: Zum einen ist das die Ausgrenzung von sozialer Integration im Arbeitsfeld, zum anderen sind dies die Zweifel an der Sinnhaftigkeit biographischer Abschnitte und an den Selbstbestimmungsmöglichkeiten bildungs- und qualifikationsabhängiger Erwerbsarbeit.

3. Befindlichkeiten von Vorruheständlern

3.1 Selbstwertempfinden und der individuelle Wert der Arbeit

Da die Vorruhestandsregelungen im Osten Deutschlands und die damit verbundenen Befindlichkeiten der Betroffenen nicht mit denen in Westdeutschland vergleichbar sind (vgl. dazu auch Wolf 1994), soll bei den folgenden Betrachtungen eine Begrenzung auf Befindlichkeiten von Vorruheständlern in Ostdeutschland vorgenommen werden.

Wichtigste Prämisse ist, daß der vorgezogene Ruhestand für die Betroffenen nicht erwartbar war und auch ganz überwiegend einen unfreiwilligen Ausschluß aus dem Erwerbsleben bedeutete. Ein wohl treffendes Bild dieser Situation zeichnet im Rahmen eines Gesprächs ein ehemaliger Mitarbeiter des zu DDR-Zeiten hoch angesehenen Betriebes SKET - Schwermaschinenbau in Magdeburg (vgl. Kade 1997: 132): „Ich kam mir vor wie eine Lokomotive, die mit Volldampf fährt und die man dann so vom Gleis runternimmt - und dann zappelt man so in der Luft umher und findet keinen Boden."

Der Altenreport 92 (vgl. Schwitzer 1993) verdeutlicht, daß die Gruppe der 50- bis 65jährigen eine stark verunsicherte Gruppe ist. Diese Verunsicherung resultiert aus:

- dem völlig unerwarteten und vorzeitigen Aufgebenmüssen beruflicher Tätigkeit,
- mangelnden Kontakten bis hin zu Kontaktabbrüchen zu weiterhin Beschäftigten,
- dem Verlust an Selbstwert durch die Ausgrenzung von Erwerbstätigkeit sowie
- der materiellen Situation.

Im Rahmen der sozialen Situation der abrupten Verkürzung von Lebensarbeitszeit betont Sylvia Kade (1997: 8) als Grundproblem der Vorruheständler in Ostdeutschland „...die Desorientierung und Verunsicherung als Folge des Zusammenbruchs legitimer Erwartungen, die im neuen System nicht mehr eingelöst werden. Die Erwartbarkeit von Ereignissen im Lebenslauf ist Voraussetzung dafür, daß eine Zukunftsperspektive entwickelt werden kann."

Eine Untersuchung von Jochen Ernst (1995) zur Frühverrentung in Ostdeutschland markiert insbesondere materielle Probleme von Frauen im Vorruhestand, da zwei Drittel der Frauen im Vergleich zu 18% der Männer mit monatlichen Bezügen unter 1.000 DM auskommen müssen. Dies ist sicher ein Grund der hohen Unzufriedenheit von Vorruheständlerinnen. Dennoch ist dieser materielle Faktor nur die eine Seite der Medaille. Nach Sylvia Kade (1997: 10) besteht die größte Unzufriedenheit bei Vorruheständlerinnen mit relativ hohen Altersbezügen. Hier liegt das Hauptproblem in der Bewältigung eines umfassenden sozialen Abstiegs. Enge Verwurzelung mit der früheren Arbeit potenziert sich in Verbindung mit der früheren Identifikation mit dem ehemaligen DDR-System.

Allein der Faktor Arbeit nahm im Denken und Handeln der früheren Beschäftigten in der DDR einen zentralen Stellenwert ein. Der Betrieb war nicht nur Arbeitsstätte zwecks Erwerb von Mitteln zur Bestreitung des Lebensunterhalts. Der Betrieb war in hohem Maße Sozialisationsfeld mit vielfältigen Interessen und Wirkungen auch in den Freizeitbereich hinein. Untersuchungen zur Arbeit als subjektiver Wert am Bsp. empirischer Untersuchungen von ca. 9.700 berufstätigen Frauen im Jahre 1991 (vgl. Engelbrech 1993) belegen dies eindrucksvoll (Tab. 2).

Nennung von völlig zutreffenden Gründen für Berufstätigkeit (Mehrfachnennungen):	
– Gern im Beruf mit anderen Menschen zusammen sein	81%
– Freude an beruflicher Tätigkeit	75%
– Vorsorge für die Rente	74%
– Arbeit als Selbstverständlichkeit	72%
– Sicherung des Lebensunterhaltes	68%
– Sich mehr leisten können	63%
– Hausarbeit allein füllt nicht aus	62%
– Ausübenwollen des erlernten Berufs	61%
– Unabhängigkeit	59%

Tab. 2: Gründe für die Berufstätigkeit von Frauen in den neuen Bundesländern (nach Engelbrech 1993: 37

Die genannten Gründe für die Berufstätigkeit zeigen, daß neben materiellen Aspekten die ideelle Seite für eine Berufstätigkeit einen hohen Stellenwert einnimmt. In den Untersuchungen wurden die Frauen in einer gesonderten Frage nochmals aufgefordert, den für sie wichtigsten Grund für eine berufliche Tätigkeit zu nennen. Die gewonnenen Daten relativieren zwar die in Tab. 2 dargestellten Aussagen. Dennoch stehen bei der Nennung des wichtigsten Grundes die „Freude an beruflicher Tätigkeit“ auf der Position 2 sowie weitere ideelle Aspekte von Beruf und Arbeit („gern mit anderen Menschen zusammen sein“ - auf Position 4 und „Arbeit als Selbstverständlichkeit“ - Position 5), d.h. noch vor dem vielfach erwarteten hohen Rang „materieller Unabhängigkeit“ (Position 6).

Barbara Haenschke (1993: 17) verweist in ihren Analysen soziologischer Untersuchungen auf unterschiedliche „Bedeutungshöfe“ des Begriffes „Arbeit“ in Ost und West: „Bei den Ostdeutschen sind im Begriff Arbeit mehr Befindlichkeitskategorien enthalten als bei Westdeutschen. Beruf und Erwerbsarbeit hatten in der DDR für die Menschen eine andere soziale Regulationsfunktion als in der Bundesrepublik. Nicht nur unter Qualifizierungsgesichtspunkten war der Betrieb auch Lernort und Ort zur Identitätsfindung. Der Betrieb wurde als komplexes soziales System erlebt, als Ort des Arbeitens, Lernens und Lebens. Einkommen, Zufriedenheit mit der Arbeitstätigkeit und der Gruppenatmosphäre sowie Erfolg im Beruf besaßen einen sehr hohen Stellenwert in der Einschätzung der Lebensqualität.“

Der Wegfall des betrieblichen und kollegialen Zusammengehörigkeitsgefühls sowie als Belastung empfundene Individualisierungstendenzen kennzeichnen nunmehr Situationen der Neuorientierung. Hinzu kommen Orientierungsschwierigkeiten in einem neuen rechtlichen Rahmen, die zusätzlich ein Besinnen auf notwendige eigene Kräfte und das Ausschöpfenkönnen staatsbürgerlicher demokratischer Möglichkeiten erfordern. Stattdessen werden Erwartungen an Reaktionen des Staates geknüpft und die Verantwortung für Veränderungen zu stark an diesen Staat delegiert.

Der Zerstörung alter Orientierungsmuster folgte noch unzureichend der Aufbau neuer Orientierungen. Zu fragen ist sicher auch, ob das Bewältigen von Lebensbrüchen die generelle Abkehr von bisherigen Orientierungen erfordert. Oder gibt vielmehr das Festhalten an einigen Werten wie z.B. Solidarität oder Kollegialität notwendige Haltepunkte in einem Prozeß des Veränderns in Verbindung mit Bewahren? Interessant ist in diesem Zusammenhang auch die Argumentation von Sylvia Kade (1997: 29) zur Dauerhaftigkeit von Selbsttäuschungen und zu Erfahrungen der Mühen, diese im Rahmen von Geschichtswerkstätten durch Selbstaufklärung und Einsicht zu überwinden: „Ort der Illusionen sowie der Desillusionierung ist die Person selbst. Desillusionierung ist die Enttäuschung einer Erwartung, die für das Selbstbild wichtig war. Mit der Illusion gibt man eine Hoffnung auf, verliert man einen Teil der Identität und

Selbstachtung. Dies ist der Grund, warum Selbsttäuschungen so dauerhaft sind und nur ungern aufgegeben werden."

3.2 Identitätsentwicklung als Suchprozeß - Bewältigungsstrategien

Das abrupte Wegbrechen des beruflichen Kommunikationsfeldes erschwert den unfreiwilligen Vorruheständlern den Prozeß lebenslanger Identitätsentwicklung. Berufliche Tätigkeit als Identifikationsbezug entfällt, und damit ist auch ein Verlust an sozialen Kontakten verbunden. Das Orientieren und Entscheiden muß nunmehr in anderen Lebensweltbereichen erfolgen und ist in erheblichem Maße von der Qualifikation und den jeweiligen sozialen Beziehungen abhängig. Insofern gibt es wie in anderen Personengruppen auch nicht *den* Vorruheständler oder *die* Vorruheständlerin und infolgedessen auch keine Möglichkeiten definierter Sozialisations- und Bildungsangebote. Vielfalt statt Einfalt ist auch hier geboten. Vor dem Hintergrund des Erlebens von Biographieentwertungen sind Konflikte, Barrieren und Blockaden zu erfassen und behutsam Interventionen vorzunehmen. Auf einen interessanten Differenzierungsansatz bei Vorruheständlern weist Barbara Haenschke (1994: 49ff) hin. Für die individuelle und gruppentypische Bewältigung werden vier Tendenzen der Identitätssuche und -findung aufgezeigt:

- „Neuverortung durch Assimilation", wobei westliche Werte und Deutungsmuster übernommen und alte Deutungsmuster und Erfahrungen verdrängt werden;
- „Neuverortung durch Distanzierung", hier werden gewohnte Werte, Verhaltensmuster und Lebensstile einfach beibehalten;
- „Neuverortung durch synthetische Verknüpfung", indem alte und neue Werte und Deutungsmuster kritisch durchdacht werden - dies wäre sicher der wünschenswerte Prozeß selbstbestimmten Lernens;
- eine Neuverortung erfolgt nicht, dies ist mit einer Beibehaltung und Herausstellung von DDR-Identität unter Ablehnung alles Neuen verbunden.

Beispiele ostdeutscher Manager, Intellektueller und Selbständiger zeigen insbesondere, wie aufgrund des veränderten Arbeitsfeldes Möglichkeiten einer Neuverortung im Sinne der „synthetischen Verknüpfung" gefunden wurden. Für Vorruheständler ist dieser Prozeß durch den Wegfall des Arbeitsfeldes und damit verbundener Verluste an Sozialkontakten, Kommunikationsmöglichkeiten und sozialer Anerkennung nicht so schnell erfolgreich kompensierbar.

Da Identitätsarbeit immer ein Prozeß der Auseinandersetzung des Individuums mit seiner Umwelt ist, beeinflußt ein gesellschaftlicher Wertewandel in hohem Maße den Prozeß der bewußten Erfassung der eigenen Individualität. Regionale Strukturbedingungen sowie soziale Milieus haben demnach einen erheblichen Einfluß auf das Resultat der Identitätsentwicklung.

Wie gelingt es Vorruheständlern, die Selbstbestimmung des Lebensstils und der Verhaltensweisen als wesentliches Merkmal der Lebensqualität für sich umzusetzen? Wie können dabei Prozesse selbstorganisierten Lernens nutzbar gemacht werden? Eine gelingende Identitätsentwicklung wird in hohem Maße davon abhängig sein, wie Prozesse der Selbstbestimmung im Lebenslauf bisher erreicht wurden, über welche diesbezüglichen Orientierungshilfen der einzelne verfügt. Eine aktive Lebensgestaltung braucht Zukunftsperspektiven und Lebenspläne (vgl. auch Rosenmayr/Kolland 1992: 71), was zu Beginn eines unfreiwilligen vorzeitigen Ruhestandes ein schwieriges Unterfangen sein dürfte. Und schließlich sind Daseinstechniken notwendig, die bei entsprechender aktiver Haltung des Vorruheständlers erlernbar bzw. entwickelbar sind. Eine pädagogische Unterstützung dieses Prozesses erfordert Ermutigung und Anregung zu Selbständigkeit, zu Selbstbestimmung und nicht lediglich Anpassungstechniken. Der enge Zusammenhang zu Bildungswilligkeit und lernstrategischen Voraussetzungen ist dabei offensichtlich.

Selbstbestimmung hängt wesentlich vom Selbstwertempfinden ab. Daraus läßt sich folgern, daß es aus pädagogischer Sicht lohnenswert ist, Selbstkonzepte bei Vorruheständlern zu stabilisieren und ihnen Orientierungshilfe - beispielsweise für Reflexionsprozesse - zu geben. Ruth Garett (1991: 48) hebt hervor: „Das Potential, neue Aktivitäten freizusetzen, entsteht aus der Stärkung des Selbstbewußtseins. Diese Stärkung kann das Selbstbild ändern und somit auch das Verhalten."

Den auf Stabilisierung des Selbstbildes von Vorruheständlern gerichteten Bemühungen der Betroffenen selbst bzw. deren Helfern und Initiatoren steht noch immer ein unbefriedigendes Bild dieser Altersgruppe durch die Medien gegenüber - „jung", „dynamisch", „im Beruf erfolgreich" ist ein Klischee, das an den Erfahrungen und Leistungsmöglichkeiten für den individuellen und gesellschaftlichen Bereich von Älteren vorbei orientiert.

4. Bildung, Geselligkeit, gesellschaftlich nützliche Arbeit - Beispiele und Anregungen für gesellschaftliches und pädagogisches Handeln

Eine Sichtung bisheriger praktischer Lösungsansätze und diesen zugrunde liegenden Konzepte zeigt, daß eine einseitige Orientierung auf Individualbildung nicht ausreicht, sondern daß eine Verbindung zu sozialer Bildung von den Betroffenen selbst gewünscht und von Initiatoren zielgerichtet angeregt und organisiert wird. Folgende Lösungsansätze werden praktisch beschritten und tragen in unterschiedlicher Weise durch Verbindung von Individual- und Sozialbildung zur Identitätsentwicklung älterer Menschen bei (vgl. dazu Abb. 1).

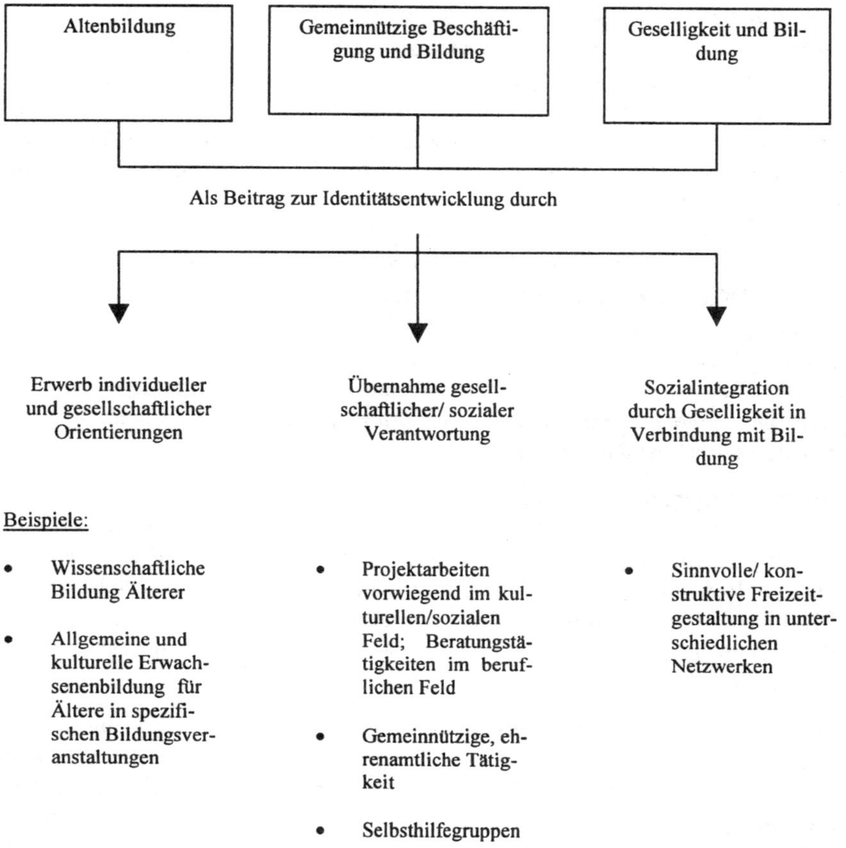

Abb. 1: Lösungsansätze für Bildung und gesellschaftlich nützliche Arbeit

Zunächst lassen sich drei Bereiche einer Verbindung von Individual und Sozialbildung Älterer unterscheiden - Altenbildung, gemeinnützige Beschäftigung in Verbindung mit Bildung sowie Geselligkeit in Verbindung mit Bildung. In allen diesen Bereichen wird in unterschiedlicher Art und Weise ein wichtiger Beitrag zur Identitätsentwicklung älterer Menschen geleistet. Während die Schwerpunkte bei der Altenbildung auf dem Erwerb individueller und gesellschaftlicher Orientierungen liegen[8], geht es in dem Bereich der gemeinnützigen Beschäftigung in Verbindung mit Bildung stärker um die Übernahme gesellschaftlicher bzw. sozialer Verantwortung innerhalb des entsprechenden Teams bzw. für die involvierten Zielgruppen, und schließlich ist der Bereich der Geselligkeit in Verbindung mit Bildung insbesondere auf eine Sozialintegration gerichtet.

8 Kade (1984:21) verweist in diesem Zusammenhang auf die Ziele der Autonomie und Sozialintegration.

Für jegliche Formen der Bildung im Alter sollte unter Anerkennung lebenslanger Bildungsmöglichkeit und Entwickelbarkeit auf Defizit- und Anpassungsmodelle verzichtet und das Modell der Kompetenzentwicklung favorisiert werden. Das Kompetenzmodell geht nach Erhard Olbrich (1992: 57) davon aus, daß „ein Mensch nicht schlechthin kompetent (ist), sondern kompetent zur Erfüllung altersspezifischer Anforderungen, zum Aufgreifen gegebener situativer Chancen oder zur Auseinandersetzung mit Belastungen nach Maßgabe seiner Wahrnehmungen und Bewertungen".

Unter Nutzung dieses Modells geht beispielsweise die Freizeitpädagogik für Ältere davon aus, daß nach Ilona Stehr (1992: 24) ein „Transfer von Lebens- und Arbeitskompetenzen unter einem neuen integrativen Sinnaspekt" förderbar ist. Dies bestätigt die Auffassung von Matthias Pfaff (1996: 241), daß auch Lernen im Alter Identitätslernen ist , was zu einem sich ändernden Rollenverständnis in Abkehr der Dominanz von Berufsrollen führen kann: „Wer im Alter - außer Oma oder Opa zu sein - sich selbst neu verstehen und definieren will, muß den schwierigen Such- und Lernprozeß auf sich nehmen, jenseits gesellschaftlich vorgeprägter Muster ein neues Selbstverständnis, eine neue Identität zu gewinnen."

Es kann an dieser Stelle nicht auf die vielfältigen konkreten Beispiele aktiver Lebensbewältigung von Vorruheständlern eingegangen werden. Unter der Vielzahl dokumentierter Beispiele sei besonders auf die Palette der Beschäftigungsprojekte in unterschiedlichen Regionen und sozialen Bereichen verwiesen, die im Rahmen eines Werkstattgespräches der Konzertierten Aktion Weiterbildung 1993 (Bundesministerium für Bildung 1994) erfolgte, auf die Betrachtung nachberuflicher, insbesondere ehrenamtlicher Tätigkeiten bei Wolfram Knöchel und Matthias Trier (1995: 126ff) sowie auf den europäischen Austausch zu Kompetenz und Produktivität im dritten Lebensalter (vgl. Stadelhofer 1996), der wissenschaftliche Weiterbildung Älterer zum Inhalt hatte.

Exemplarisch soll an dieser Stelle kurz auf gemeinnützige und ehrenamtliche Tätigkeit in Projekten eingegangen werden. Wolfram Knöchel und Matthias Trier (1995: 128) betonen, daß diese Tätigkeiten „... überwiegend nicht Tätigkeiten von Senioren für Senioren (sind), sondern Tätigkeiten, mit denen ältere Menschen bzw. Vorruheständler in die generationenübergreifenden sozialen Beziehungen und Gruppen eingebunden und damit am Leben der ganzen Gesellschaft beteiligt sind." Die Untersuchungen dieser Autoren zeigen aber auch, daß es bei älteren Menschen in Ostdeutschland noch sehr gespaltene Auffassungen zu ehrenamtlicher Tätigkeit gibt. Ganz entscheidend dabei ist, in welchem Maße die jeweilige ehrenamtliche Tätigkeit von den Älteren als sinnvoll erlebt wird und in welchem Maße diese Tätigkeit eine angemessene gesellschaftliche Anerkennung erfährt (vgl. dazu Knöchel/Trier 1995: 129f).

Im Zusammenhang aktiver Gestaltung nachberuflicher Lebensphasen wäre eine Weiterführung der Untersuchungen von Frank-Lothar Herbert et al. (1995: 47ff) zu Motiven kreativer Tätigkeit von arbeitslosen Akademikern zweckdienlich. Es ist zu erwarten, daß die ermittelten Motivgruppen, wie z.B. „auf Erkenntnis und Wissenserwerb gerichtete Motive", „auf Tätigkeitsergebnis und Bestätigung gerichtete Motive", „auf Kommunikation gerichtete Motive" und weitere - außer „auf neue Erwerbstätigkeit gerichtete Motive" - in hohem Maße auch das Handeln älterer Akademiker leiten.

5. Einige Schlußbemerkungen

Die sozialwissenschaftliche, insbesondere pädagogische Zuwendung zum vorzeitigen Ruhestand, vor allem zum unfreiwilligen vorzeitigen Ruhestand hat erst begonnen. Es lassen sich gegenwärtig mehr Fragen als Antworten formulieren. Die praktischen Probleme der konstruktiven Bewältigung des unfreiwilligen vorzeitigen Ruhestandes durch die Betroffenen erfordern gesellschaftliches Verständnis, ein Umdenken im Bild vom älteren Menschen und eine Ermöglichung gesellschaftlicher lebenssinnerfüllender Teilhabe dieser Personengruppe an der Gesellschaft. Diesen Prozeß forschend zu erhellen oder sozial- und erwachsenenpädagogisch praktisch zu begleiten, wäre eine mögliche Perspektive von Studien- oder beruflicher Tätigkeit im pädagogischen oder sozialen Feld.

Barbara Fegebank

Altengerechtes Wohnen - altersgerechtes Wohnen

Eine Problemsicht aus haushaltswissenschaftlicher Perspektive

Der Schutz des einzelnen bzw. der Gemeinschaft vor Witterungseinflüssen und feindlichen Lebewesen ist ein Grundbedürfnis des Menschen, das er von Anfang seines Lebens und Wirkens an zu befriedigen suchte und sucht und zwar durch räumliche Abgrenzung. Im Laufe der Geschichte hat sich daraus das Wohnen ergeben mit der Behausung als einem Kulturgut. Handwerk, Kunst, Architektur und nicht zuletzt Technik haben dazu beigetragen, die Behausung in Form des Hauses, der Wohnung, des Wohnraumes zu immer differenzierteren Formen zu gestalten, entsprechend menschlichen Wünschen, Lebensweisen und Möglichkeiten. Wohnen ist neben und im Zusammenhang mit Ernährung und Gesundheit die bedeutendste Funktion menschlicher Alltagsbewältigung in allen Lebensabschnitten. Mit zunehmendem Alter werden die Wohnung und Wohnumgebung zum Mittelpunkt der Alltagsgestaltung, die nicht einfach so als „natürlicher Altersvorgang" geschieht, sondern auf einem historischen Niveau und in einem bestimmten gesellschaftlichen Rahmen individuell ausgeführt wird. So geht dem Wohnen im Alter das Wohnen in jungen Jahren voraus, mithin dem „altengerechten Wohnen" das „altersgerechte"; das eine wäre ohne das andere nicht verstehbar, so daß zunächst grundlegende Fragen zu klären und allgemeine Erkenntnisse darzulegen sind.

So gilt es, sich mit terminologischen Fragen des Wohnens, der Behausung sowie der Wohnumgebung auseinanderzusetzen und Zusammenhänge dieser Tatbestände aufzuzeigen; sodann ist es sinnvoll, sich Wohnbedürfnissen und Wohnfunktionen zu widmen, um schließlich gezielt das Augenmerk auf das Wohnen im Lebenslauf richten und das Wohnen alter Menschen darlegen und verstehen zu können. In unserem Streben nach Perfektion werden wir auch bei der Auseinandersetzung mit dem altersgerechten Wohnen feststellen, daß es zwar Vorstellungen für altersgerechtes Wohnen gibt, seiner Verwirklichung jedoch noch zahlreiche Widerstände und Probleme entgegenstehen, so daß Empfehlungen hier angebracht scheinen.

1. Terminologische Grundlagen

1.1 Wohnen, Wohnung, Wohnumgebung

Wohnen, Wohnung und Wohnumgebung sind eng miteinander verbunden. Sie gehören zum täglichen Leben, bestimmen es, sind aber selbst auch Leben bzw. Ergebnis von Lebensgestaltung.

Mit den persönlichen Wohnerfahrungen und Wohnvorstellungen hat jeder ein individuelles Alltagswissen. Das ist die eine Seite. Andererseits „ist der Lebensbereich der Menschen, der mit dem Wort ‚Wohnen' erfaßt wird, Gegenstand wissenschaftlicher Untersuchungen" (Rughöft 1992: 9). Fächer wie Wohnökologie oder Wohnungsbau und Wohnungswesen sind u.a. Lehr- und Forschungsgebiete der Haushaltswissenschaft, wo es um das Alltagsleben, das menschliche Zusammenleben in dem dazugehörigen Lebensraum, das durch haushälterisches Handeln realisiert wird, geht.

Wohnen hat viele Dimensionen und wird somit von zahlreichen Wissenschaften erforscht. Dabei beleuchten unterschiedliche Perspektiven verschiedene Seiten desselben Gegenstandes, die aber letztlich wieder zusammen gedacht werden müssen, wenn man den Menschen in den Mittelpunkt rückt.

Im systemtheoretisch-ökologischen Ansatz der Haushaltswissenschaft (vgl. Fegebank 1994) ist *Wohnen eine Basisfunktion*, verknüpft mit anderen Funktionen, wie z.B. Ernährung, Körperpflege, Gesundheit, Freizeit, Konsum, die es durch zahlreiche Handlungen ein Leben lang zu erfüllen gilt. Geht man davon aus, daß haushälterisches Handeln durch das komplementäre Wirken von Strukturbewahrung und Strukturevolution gekennzeichnet ist, sind gleichermaßen Konstanz und Wandel dem Wohnen eigen. Im Laufe des Lebens wird in der Regel die Strukturrevolution zugunsten der Strukturbewahrung immer mehr zurückgedrängt: Mobilität und Veränderung sind eher bei jüngeren Menschen anzutreffen, Tradition und das Festhalten an Bewährtem eher bei den Älteren.

Untersuchungen zum Wohnen richten sich weniger auf die Funktionserfüllung, sondern mehr auf das *physische Substrat* der „Behausung", die eine *Wohnung*, ein Haus, ein Hotelzimmer, ein „Dach über dem Kopf" mit entsprechender Wohnumgebung sein kann. Dabei wird der Mensch häufig außer acht gelassen. Wohnungspolitik und Wohnbaumarkt sind an Architektur, Raumgestaltung, Haustechnik, Ressourcen, Materialien und vor allem Kosten eher interessiert als an den Menschen, die die Räume bewohnen sollen bzw. wollen. Beispiele dafür sind die zahlreichen Empfehlungen zum „familiengerechten" aber auch „alters- und behindertengerechten" Wohnen.

Geht man vom Menschen aus, so läßt sich mit Hartmut Häußermann und Walter Siebel feststellen, daß jede Art des Beisammenseins von Menschen einer bestimmten Ausgestaltung des Raumes entspricht (vgl. Häußermann/Siebel 1996: 12) und es sollte nicht umgekehrt sein. „Und so ist also der Niederschlag einer sozialen Einheit im Raume, der Typus ihrer Raumgestaltung eine handgreifliche, eine - im wörtlichen Sinne - sichtbare Repräsentation ihrer Eigenart" (Elias 1983: 70f).

In der Wohnung werden Bedürfnisse befriedigt, Bedarfe gedeckt. Die Wohnung ist Ausdruck der Persönlichkeit, sie „macht Arbeit", schützt, erlaubt Freizeitgestaltung. Sie trägt auch wesentlich zum „Wohlfühlen", mithin zur Gesundheit bei oder auch nicht.

Ähnliches trifft für die *Wohnumgebung* zu. Früher hat ein jeder zur eigenen Wohnraumgestaltung beigetragen, „heute wird professionell gebaut, und der Mensch versucht sich zurechtzufinden" (Rughöft 1992: 11). Wohnung und Wohnungsbau sind zu einem rein produktions-technischen Problem zur Erzeugung einer maximalen Anzahl umbauter Kubikmeter geworden. Geht es aber um die menschlichen Lebensbedingungen, muß unter veränderten Perspektiven Wohnungsbau gesehen und Wohnen als räumlich organisiertes Leben betrachtet werden.

Entsprechend der Vielgestaltigkeit der Auffassungen von Wohnen und Wohnung wird auch die *Wohnumgebung* unterschiedlich betrachtet. Sie macht einen *Teil der Umwelt* aus, die objektiv vorhanden ist, aber subjektiv wahrgenommen und entsprechend bewertet wird.

1.2 Wohnbedürfnisse und -bedarfe

Wohnbedürfnisse sind jene menschlichen Grundbedürfnisse, die in erster Linie die Erfüllung der Wohnfunktion bestimmen und durch sie - aber nicht allein durch sie - befriedigt werden. Michael Andritzky und Gert Selle nennen folgende: Schutz, Sicherheit, Geborgenheit, Beständigkeit, Vertrautheit, Verfügung und Selbstentfaltung sowie Selbstverwirklichung (vgl. Andritzky/Selle 1979: 104).

Wohnbedarfe sind die Wohnung selbst, das Haus, Einrichtungsgegenstände, Installationen, Heizsystem, um nur einiges zu nennen. Sie richten sich auf Quantitäten und Qualitäten. Mit dem Bedarf werden Forderungen an die Wohnung, das Haus usw. gestellt, die sich als Merkmale im *Wohnanspruch* manifestieren und damit Ausdruck eines *Wohnwertes* sind. Wird den Ansprüchen genügt, kann *Bedürfnisbefriedigung* eintreten. Bedarfe sind nicht nur von den genannten Bedingungen abhängig und einmalig zu bestimmen, sondern sie verändern sich im Zeitverlauf mit dem Wandel der Bedingungen und mit Alter und Lebenslauf desjenigen, der die Bedarfe artikuliert. Mithin ist das Alter nur eine Determinante in einem komplexen Kontext, der bei Fokussierung auf das Alter nicht außer acht gelassen werden darf.

2. Wohnen - Leben: Tatbestände und Anforderungen

Wohnen im Sinne von Wohnverhalten ist im Umbruch und bedarf einer Neuorientierung; das zeigt sich besonders in den neuen Ländern der Bundesrepublik Deutschland. Gründe dafür sind gesellschaftliche und wirtschaftliche Veränderungen sowie die Besinnung auf ökologische Zusammenhänge, die sich bereits auf Lebens- und Haushaltsformen ausgewirkt haben und erste Änderungen von Wohnformen sichtbar machen. Denn: Die Realisierung gewünschter Lebens- und Haushaltsformen hängt letztlich von der Wohnform und den damit verfügbaren Bedingungen ab.

Wohn-, Lebens- und *Haushaltsform* stehen in Wechselbeziehung zueinander. So spiegeln sich in der Art zu wohnen *Lebensweisen* wider und umgekehrt wirkt sich die Art zu leben auf die *Wohnweise* aus, wobei in jedem Fall äußere Bedingungen Einflußfaktoren, meist Begrenzungsfaktoren darstellen. Trends und Tatbestände sind unter anderem:

„– von der Energieverschwendung zu Sparmaßnahmen,
– von schädlichen Baustoffen zu gesundheitsverträglicheren Materialien,
– vom Wohnungsüberangebot zur Wohnungsnot, (...)
– vom tradierten Standard zur flexibleren Wohnung, (...)
– vom gewohnten Wohnen zum haushaltsgerechten Wohnen“ (Ahlert 1991: 34).

Entscheidenden Einfluß auf die Lebensform üben Haushaltsgröße und -zusammensetzung, Einkommen, Besitz, Ausbildung, Beruf und damit verbundene Lebenschancen sowie Merkmale der Wirtschaft, Gesellschaft und Umwelt aus. Die Organisation und Durchführung der Hausarbeit, die Formen der Freizeitgestaltung, das Verhältnis der Geschlechter und Generationen in einem Haushalt, die Interaktionsformen, das Gesundheits- und Umweltbewußtsein sowie die Zeit und mit ihr das Alter beeinflussen nachhaltig den Lebensstil, aus dem das konkrete Handeln resultiert.

Alte Menschen haben somit einen Wohnbedarf, der sich an ihrem bisherigen Wohnen orientiert und - wie auch schon in der Vergangenheit - bestimmt wird von neuen situativen, körperlichen, finanziellen und anderen Bedingungen. Jede gesellschaftliche Epoche und jedes Lebensalter schafft sich ihre besondere Wohnweise als wechselseitigen Zusammenhang von Lebensweise und Gehäuse. Global wird dies eher durch quantitative Merkmale beschrieben, individuell spielen vor allem qualitative Merkmale - wie Zufriedenheit, Geselligkeit, Gemütlichkeit, gute Nachbarschaft u.ä. - eine Rolle. So richteten und richten sich auch heute allgemeine Forderungen an die Wohnung im wesentlichen auf die quantitativen Wohnstandards (Raumzahl, Raumgröße, Geschoßhöhe in Hochhäusern, technische Ausstattung).

Forderungen an eine „altengerechte“ Wohnung betrafen und betreffen ebenfalls vorwiegend die räumliche und technische Ausstattung, die sich z.T. mit den Forderungen an „behindertengerechte“ Wohnungen deckten, so die Schwellenfreiheit in der Wohnung, breite Türen, rutschhemmende Fußböden, Griffe in Bad und WC, abgesenkte Fenstergriffe, in Sitzhöhe angebrachte Steckdosen und Lichtschalter, Fahrstuhl bei Etagenwohnungen, mindestens ein Fernsprecher, unter Umständen auch Rufanlagen u.a. So wird der alte Mensch in seinem Wohnen nur betrachtet, wenn er bereits gesundheitliche Einschränkungen erfahren hat. Vieles ist selbst dabei noch zu wenig differenziert und nicht auf den Individualfall abgestellt.

3. Wohnen alter Menschen

3.1 Das Alter

Heutige Aussagen zum Wohnen alter Menschen müssen den Paradigmenwechsel in der gerontologischen Forschung berücksichtigen. Alter ist längst nicht mehr mit Pflegebedürftigkeit gleichzusetzen, wenn auch chronische Krankheiten und leichte Behinderungen in der Regel mit dem Alter zunehmen. Männer und Frauen leben nicht nur länger, sondern bleiben im Durchschnitt auch länger selbständig und gesund. Ein altersbedingtes Angewiesensein auf Unterstützung in einigen Aspekten des Alltagslebens darf dabei nicht mit Hilfsbedürftigkeit oder gar Kompetenzverlust gleichgesetzt werden. So ist man in der gerontologischen Forschung von den Defizit-Modellen zu den *Kompetenz-Modellen* übergegangen. Drei heute anerkannte Sachverhalte verdeutlichen diese Feststellung (vgl. Höpflinger 1993: 256):

- Altern wird heute als sozial und kulturell geprägter Prozeß verstanden und man kann davon ausgehen, daß künftige Rentnergenerationen nicht nur besser gebildet sein dürften, sondern auch aktiver und selbständiger als es vorherige Generationen waren. „Gerontologische Ergebnisse aus früheren Jahrzehnten können deshalb nicht unbesehen auf heutige Verhältnisse übertragen werden, und lineare Extrapolationen der gegenwärtigen Situation sind vielfach irreführend".
- Altern wird individuell erfahren und damit verlaufen Alterungsprozesse keineswegs gleichförmig; sie resultieren aus dem Zusammenwirken der bereits genannten Faktoren biologischer, psychologischer, sozialer und kultureller Art. Somit ist weniger das kalendarische Alter bestimmend für Lebens- und damit Wohnweisen als eher Persönlichkeitsfaktoren, biographische Erfahrungen und Umweltfaktoren.
- Erfahrungen und Aktivitäten im Alter hängen in starkem Maße von früher erlerntem Bewältigungsverhalten und der Selbst-, Sach- und Sozial-Kompetenz eines Betagten ab.

Der Mensch hat die Fähigkeit, sich seine Welt selbst zu entwerfen. Der ältere Mensch hat dies bereits in seinem Leben mehrfach - erfolgreich oder nicht - getan. Für ihn gilt mehr und mehr, diese Welt zu erhalten. Das „Vertraute", die zu Gegenständen gewordene Vergangenheit wird immer wichtiger.

3.2 Das Wohnen

Vorrangige Wohnbedürfnisse älterer Menschen betreffen ihre

- Sicherheit,
- Unabhängigkeit und Selbständigkeit,
- Kontakte und Kommunikation sowie
- Beschäftigung, Aufgaben und Verantwortung (vgl. Reimann/Reimann 1994).

Das *Sicherheitsbedürfnis* bezieht sich sowohl auf materielle als auch auf medizinische Versorgung, wobei die Erhaltung der sozialen und gebauten Umwelt und der Nachbarschaft gleichermaßen bedeutungsvoll sind.

Das *Unabhängigkeits- und Selbständigkeitsbedürfnis* dokumentiert sich vor allem in dem Wunsch nach selbständiger Haushaltsführung in einer eigenen Wohnung. Informelle soziale Netzwerke in Form von Freunden, Verwandten und Nachbarn, die Unterstützung und emotionale Zuwendung bieten können sowie eine Haushaltshilfe und ambulante Dienste (Essen auf Rädern, Pflegedienste u.ä.) können das selbständige Wohnen älterer Menschen ermöglichen, auch wenn sie selbst nicht mehr in der Lage sind, den Haushalt selbständig zu führen und/oder die persönliche Versorgung zu bewältigen.

Die weiteren Bedürfnisse werden häufig nicht befriedigt. Isolation und Nicht-Mehr-Gebraucht-Werden sind für viele ältere Menschen bestimmend für eine als defizitär empfundene Lebensqualität. „Als Ersatz für Aufgaben und Verantwortung in Beruf und Familie können weniger die Ausübung individueller Hobbys und die Benutzung von Senioren-Kommunikationsstätten gelten als vielmehr die Anregung und Aktivitäten im Verbund der Familie, der Freundschaften, Nachbarschaften oder der Gemeinde. Vorhandene Fähigkeiten und Kompetenzen sowie Lernleistungen der Älteren werden gefordert, wodurch wiederum Alterungsprozessen entgegengewirkt wird“ (Rughöft 1992: 89).

Erhaltung der Kompetenzen im Alter ist wichtigste Aufgabe des alten Menschen und seines Helfers/seiner Helferin. Kompetenzen werden u.a. eingeschränkt durch die Reduktion räumlicher Bedingungen. Die selbständige Haushaltsführung in der eigenen Wohnung ist nicht nur das zentrale Element sozialer Unabhängigkeit im Alter, sondern steht bei den meisten alten Menschen auch an erster Stelle ihrer „Wunschliste“. Vielfach nimmt die eigene Haushaltsführung im Alter noch an Bedeutung zu. „Einerseits verbringen Betagte deutlich mehr Zeit in der Wohnung als in früheren Lebensphasen (Ausnahmen sind hier sicher das Baby- und Kleinkindalter, die Verf.), andererseits gewinnen Einrichtungs- und Ziergegenstände mit zunehmender Wohndauer an Erinnerungsträchtigkeit und emotionalem Gehalt und vermitteln dadurch Geborgenheits- und Heimatgefühl“ (Höpflinger 1993: 257).

Wohnstabilität und die Konstanz sozialer Bezugsnetze beeinflussen ebenfalls weitgehend soziale Identität und Integration, so daß die Aufrechterhaltung eigenständiger Lebensführung in angestammten Räumen auch Primat für Wohnungs- und Sozialpolitik sein muß (vgl. Madörin 1985: 159).

Wenn François Höpflinger sagt „In vielen Fällen sind Wohn- und Lebensformen betagter Menschen gerade nicht alterstypisch, sondern eine Kontinuität früherer Wohnformen" und „Die Mehrheit der Rentner/innen lebt weiterhin in sogenannten Normalwohnungen, die sich in keiner Weise von den Wohnungen anderer Altersgruppen unterscheiden" (Höpflinger 1993: 258), so klingt das wie ein Vorwurf. Wer sich nicht alt fühlt, aber das kalendarische Alter hat, sollte in eine altengerechte Wohnung einziehen, spätestens hier wird sich der Mensch dann auch seinem kalendarischen Alter entsprechend alt fühlen. Das gilt besonders für die bereits erwähnten Sonderwohnformen. In gewisser Weise sind aber François Höpflingers Ausführungen gerechtfertigt, denn viele ältere Menschen vernachlässigen ihre Haushaltsführung, weil sie nicht mehr die Kraft haben, schlecht sehen oder in anderer Weise in ihren Aktivitäten behindert sind und damit der Haushalt, die Wohnung hygienischen Anforderungen nicht mehr genügt, die Ernährung nicht altersgerecht ist, Körperpflege auf ein Minimum beschränkt wird u.ä. Das ist aber weniger ein Ergebnis der Art der Wohnung, sondern der Betreuung.

„Altersgerechtes Wohnen" ist ein Begriff, der sich nicht nur auf die Ausstattung der Wohnung bezieht, sondern auch auf den Standort und den Zugang zur Wohnung, auf die Miete sowie das Wohnumfeld" (Amstutz 1994: 114). Das Bundesamt für Wohnungswesen in der Schweiz hat formuliert: „Altersgerechte Wohnungen sind einzelne oder gruppiert in verschiedenen Gebäuden untergebrachte Normalwohnungen, die aufgrund ihres Standortes, ihrer Wohnlage, Grundrißkonzeption und Ausstattung dem Betagten erlauben, möglichst weitgehend und lange unabhängig zu leben. Sie sollen auch dem körperlich leicht behinderten Betagten das selbständige Wohnen erleichtern. (...) Die altersgerechte Wohnung ist nicht als ein spezieller Wohnungstyp anzusehen, sondern als eine gewöhnliche Wohnung, die ebensogut von Jüngeren bewohnt werden kann, die aber gleichzeitig auf die Bedürfnisse des Wohnens im Alter Rücksicht nimmt" (Amstutz 1994: 114).

Die vertraute Wohnung und Wohnumgebung gewinnt im Alter denn auch an Bedeutung, vor allem wenn der sozial-räumliche Aktionsradius kleiner wird. „Die Wohnung, wie auch die Wohnumgebung, ist für die alten Menschen nicht selten wichtigstes konstantes Glied in ihrer sich wandelnden Umwelt sowie einziger geschützter Ort. (...) Der Raum (und die „Dinge im Raum", die Verf.) ist Träger der persönlichen Geschichte und erhält im Laufe der Jahre symbolischen Wert. Er ist durchsetzt von Erlebnissen und Erinnerungen, ..." (Amstutz 1994: 111). Ein wichtiges Element der biographischen Verbundenheit und der Identifizierung mit einem Ort hat Graham D. Rowles (1978: 7) aufgrund seiner Untersuchungen zur Beziehung der alten Menschen zu ihrer räumlichen Umgebung als „geographical fantasy" bezeichnet. Diese ermöglicht das Eintauchen in die Vergangenheit sowie das Teilhaben an Gegebenheiten, die an einem anderen Ort stattfinden. Mit dem Begriff „geographical fantasy“ ist gleichermaßen eine gewisse Mobilität in Raum und Zeit gemeint, die den Lebensraum auf sehr persönliche und innere Art und Weise erweitert. „Der alte Mensch ist gerade angesichts seiner Einsicht in die Endlichkeit auch besonders empfänglich und dankbar für Schönheit: Die Gestaltung der Wohnung sollte dieser nicht bemeßbaren Qualität viel mehr Rechnung tragen, da Stille und Selbstbesinnung von Schönheit gestützt und getragen werden. Die Alten heute sind stärker individualisiert als die Generation vor ihnen. Ihre Lebenszufriedenheit hängt davon ab, wie sehr der Raum in dem sie leben, von ihnen geistig belebt werden kann. Wenn es gelingt, daß in einer Wohnung eine Aura entsteht, ein Fluidum, das aus künstlerisch-kultureller Quelle hervortritt, wären innere Stützen für Unbill und Einschränkung im Alter gegeben“ (Rosenmayr 1992: 185).

3.3 Sonderwohnungsbau

Sonderwohnungsbau stellt auf „Risikopopulationen“ ab, die aus wirtschaftlichen, sozialen oder gesundheitlichen Gründen gefährdet oder behindert sind. Der Sonderwohnungsbau hat familienentlastende Funktionen und „befriedigt“ die Ansprüche verschiedener Bedarfsgruppen. Besonders deutlich zeigt sich das in der Altenwohnversorgung.

Bei dem Wohnen in Institutionen handelt es sich um Mischgebilde aus Dienstleistungsbetrieb und Wohnort. Der Sonderwohnungsbau repräsentiert insgesamt eine Konzeption bedarfsgerechter Wohnversorgung, die auf physisch und sozial angepaßte Lebensmilieus setzt. Dabei wird hingenommen, daß in diesem gestuften System Bewohner, Änderungen von Lebenslagen folgend, sich bewegen, umziehen müssen; es wird hingenommen, daß eine Konsequenz der Spezialisierung die räumliche Konzentration und damit sozial-räumliche Segregation homogener Bewohnergruppen sein kann. Der Veränderungsdruck resultiert aus veränderten körperlichen, sozialen oder ökonomischen Bedingungen (vgl. Schnieder 1994: 252).

„Vom Menschen werden besonders in einer so rasch sich verändernden Umwelt lebenslang Anpassungsleistungen verlangt“ (Mitscherlich 1971: 77). Der Mensch des fortgeschrittenen Alters kann es nicht bei der bloßen Erinnerung an die Vergangenheit belassen, er muß sich Neuerungen zuwenden, neue „Rollen“ einüben, die z.T. noch keineswegs sicher definiert und tradiert sind.

> „Von wann an, so fragt der Anthropologe, braucht der alte Mensch ein Asyl? Auch darauf gibt es keine genormte Antwort. Das hängt ganz von der Gesellschaft ab und von ihrem Willen, auch dem alten Menschen Funktionen in sich zuzubilligen. Wir wissen, daß alte Menschen lange am Leben partizipieren können, wenn sie im Kontakt mit ihrer Mitwelt bleiben und wenn man etwas von ihnen fordert. Die Einsamkeitsideologie endet an den Pforten des Altenheims“, so Alexander Mitscherlich bereits 1971 (S. 89); und er fordert: Es gehört zu den Aufgaben der Stadtplanung für die zunehmend größere

Zahl alter Menschen Plätze inmitten der Gesellschaft zu schaffen. Aber: „Man kann natürlich für alte Menschen nicht vernünftig planen, solange man keine vernünftige Vorstellung von der Gesellschaft hat“ (Mitscherlich1971: 89).

Die Versorgung alter Menschen war und ist - trotz allen Fortschritts - noch heute ein Problem. François Höpflinger (1993) hat in Ergänzung seiner Arbeit mit Astrid Struckelberg (1992) eine schematische Zusammenstellung verschiedener Wohnformen für Betagte gegeben: Neben der „normalen“ Privatwohnung werden genannt: alters- und behindertengerechte Wohnung, Dreigenerationenhaushalt, Alterswohngemeinschaft, Seniorenhotel, Altersheim (Altenheim), Alterssiedlung, Alterszentrum, Pflegeheim/Krankenheim und geriatrische Klinik. Die Klientel dieser Wohnformen ist einerseits sehr spezifisch, zum anderen eher unspezifisch; ebenso ist entsprechend die Ausstattung der „Wohnungen“ der Klientel angepaßt und es lassen sich für alle Wohnformen mehr oder weniger Vor- und Nachteile nennen. Manche der Wohnformen - wie das Seniorenhotel und die Alterswohngemeinschaft - spielen zahlenmäßig noch eine geringe Rolle, andere - wie das Pflegeheim und die geriatrische Klinik - genügen alterspezifischen Notwendigkeiten und sind heute an Vorschriften des Pflegeversicherungsgesetzes gebunden.

Den insgesamt rund 17 Millionen Bundesbürgern über 60 Jahre bzw. den rund 12,5 Millionen Bundesbürgern über 65 Jahre standen 1994 insgesamt nur 682.220 Plätze in Alteneinrichtungen (Altenpflege-, Altenwohn- und Altenheim) zur Verfügung; hinzu kamen 331.303 Plätze in mehrgliedrigen Alteneinrichtungen (vgl. Statistischen Jahrbuch 1996 für die Bundesrepublik Deutschland). Während einerseits alte Menschen den Wunsch äußern, möglichst in der eigenen Wohnung eigenständig zu leben, ist andererseits die Nachfrage nach Heimplätzen derart, daß vielfach das Angebot bzw. das gewünschte Angebot nicht ausreicht, was die z.T. langen Wartezeiten über Jahre beweisen. Dafür sind unter anderem auch ökonomische Gründe maßgebend. Etwa ein Drittel aller Wohngeldempfänger sind Rentner und Rentnerinnen; bei den Haushalten Alleinstehender sind es sogar die Hälfte. Da Senioreneinrichtungen auch einen gewissen Anteil an „Selbstzahlern“ haben müssen, ergibt sich daraus, daß viele aufgrund ihrer finanziellen Situation einen Heimplatz nicht erhalten bzw. lange auf ihn warten müssen. Auch durch das Pflegeversicherungsgesetz sind Beschränkungen in dieser Hinsicht eingetreten. So wohnen nur ca. 3% der über 60jährigen und ca. 5% der über 65jährigen in den genannten Sonderwohnformen (die Zahl nimmt naturgemäß mit steigendem Alter zu); alle anderen leben in Ein- und Zweipersonenhaushalten. Von den über 65jährigen, die in Einrichtungen der Alten- und Behindertenhilfe leben, haben 63% einen erheblichen Pflegebedarf und sind in stationären Altenpflegeeinrichtungen untergebracht; ca. 37% leben im Altenheimbereich und etwa 30% im Altenwohnheimbereich mit noch weitgehend eigenständiger Haushaltsführung (vgl. Becker/Meifort 1997: 24).

3.4 Neue Forderungen an altengerechtes Wohnen

Die Organisation des Lebensabends wird zunehmend von den älteren Menschen selbst bewältigt. Der Trend ist, in einer Haus-(Wohn-)gemeinschaft oder im Generationenmix zu leben, um dem Heim oder der isolierten Altenwohnung zu entgehen. Dennoch leben ältere - nicht pflegebedürftige - Menschen in der Regel in „Normalwohnungen". Die folgenden „Alternativen" haben Modellcharakter, sind zumeist erst vor kurzem entstanden, so daß die Beschreibungen Einzeleindrücke wiedergeben. Wissenschaftliche, empirische Untersuchungen fehlen weitgehend zu diesem Bereich.

„Rheumas Töchter", „Spätlese", „Altweibersommer", „Antiquitäten", „Schrille Schmetterlinge", „Lebensbunt" oder „Offensives Altern" sind die klangvollen Namen, die sich Gruppen von gleichgesinnten älteren Menschen geben, um gemeinsame Interessen vertreten zu können. Schon vor langer Zeit setzten derartige Initiativen ein, von denen die bekannteste, weil auch politisch aktivste, die „Grauen Panther" waren. Man will u.a. dem Heim entgehen, den Kindern, die ohnehin oft räumlich entfernt leben, nicht zur Last fallen.

Die Patentlösung für altengerechtes Wohnen gibt es jedoch nicht. Dafür sind - auch unter alten Menschen - die Lebensstile und -formen, die Vorstellungen und Wünsche, die finanziellen und sonstigen Möglichkeiten zu unterschiedlich. Zu verschieden sind - auch im Alter - die Lebensperspektiven und Zukunftsvorstellungen, die auf sehr verschiedenen Genesen beruhen, welche bereits im bisherigen Wohnen manifest geworden sind und Änderungen erschweren. Aber: Dynamischer, vitaler und mobiler als frühere Generationen - das liegt sicher auch an den gestiegenen Lebenserwartungen - stellen die Neuen Alten höhere Ansprüche an den immer längeren Lebensabend (vgl. Uhmann 1996: 106). So wird bei Wohnberatungen immer öfter nach alternativen Wohnformen für Senioren gefragt. Nach einer Studie der Landesbausparkassen interessieren sich fast 40 Prozent der Älteren dafür, vor allem Frauen.

Kontaktbörsen zum Treffen Gleichgesinnter sind Volkshochschulen, Kirchengemeinden und auch Vereine „wie das Forum für gemeinschaftliches Wohnen im Alter oder das Kuratorium Deutsche Altenhilfe, die sich für das gemeinschaftliches Wohnen einsetzen. Nach den Erfahrungen von Beratern sind Wohngruppen im Idealfall nicht homogen, brauchen aber einen gemeinsamen Nenner bei der Art des Umgangs miteinander" (Uhmann 1996: 106f). 10 bis 20 Personen sind das Optimum; Wohngemeinschaften und Rentnerkommunen als radikale Formen haben wenig Chancen. Die meisten wollen Intimität auf Abstand, favorisieren Hausgemeinschaften, die ein Nebeneinander von abgeschlossenen Wohnungen und gemeinsam genutzten Bereichen bieten.

Wohnen und damit Haushalten im Alter bewegt sich allerdings oft in einem gewissen Spannungsfeld zwischen Privatheit und sozialer Unterstützung, zwischen dem Miteinander und dem Für-Sich-Sein: Einerseits wird im Dasein Eigenständigkeit präferiert und es ist stark häuslich ausgerichtet, andererseits muß bei Hilfe- und Pflegebedürftigkeit Eigenständigkeit aufgegeben werden, die „Privatheit“ wird öffentlich. Die soziale Unabhängigkeit ist in hohem Alter relativ oft von der Art der Einbettung in Netzwerke abhängig. Zunehmender privater Rückzug einerseits und zunehmende soziale Integration andererseits sind zwei Aspekte, die in modernen Wohn- und Lebensformen gleichermaßen zu berücksichtigen sind (vgl. Höpflinger 1993: 258).

In den genannten Wohngemeinschaften werden so gegenseitige Besuche, gemeinsames Kochen, Feste feiern und Arbeitsteilung in Gruppen organisiert; das Ausmaß der Hilfe „von außen“ variiert sehr stark, je nach Gesundheitszustand der älteren Menschen. „Es reicht von ständig anwesenden „guten Geistern“ bis zu ambulanten Pflegern und Therapeuten, die nur im Notfall gerufen werden. Die 24-Stunden Totalbetreuung ist überall ein rotes Tuch“ (Uhmann 1996: 108). Die alten Menschen empfinden ihre Gruppe - wie Siynet Uhmann weiterhin feststellt - als „Wahlfamilie“, ein echtes Miteinander wie es kaum in Heimen oder in Nachbarschaften entstehen kann. „Wo immer jemand erreichbar ist, fühlt sich niemand hilflos. Wo sich die Hilfe für Pflegebedürftige auf viele Schultern verteilt, ist niemand überfordert“. Die möglichen Kontakte schützen vor Depressionen und im Individualbereich der Wohnung kann der einzelne seine Persönlichkeit ausdrücken. „Die Bewohner genießen Unabhängigkeit statt Entmündigung, Entscheidungsgewalt statt Fremdbestimmung“. Nach außen hin sind solche Wohngruppen oft kreative Zellen einer Wohnumgebung oder gar einer Gemeinde. „Sie zeigen ökologisches Engagement oder managen soziale Netzwerke, die die öffentliche Hand entlasten“ (alle Zitate aus Uhmann 1996).

Besondere Aufmerksamkeit erfahren Mehrgenerationenprojekte. Gegenseitige Hilfe ist das Prinzip unter Alleinerziehenden, Familien, rüstigen Senioren und Pflegebedürftigen. Hier liegen große Spielzimmer neben den Altentreffs. Man will Brücken schlagen zwischen Jung und Alt, Toleranz und Verständnis fördern.

Beim „integrativen Wohnen“ sollen neben den Generationen auch verschiedene soziale Schichten zusammenleben. Um allen gleichwertige Wohnungen zu bieten, übernehmen zum Teil die Wohlhabenderen einen überproportionalen Anteil der Kosten. Das geht sicher nicht ohne einen gewissen Idealismus, und man hebt sich bewußt von den Luxus-Wohnanlagen ab, die nur finanzkräftigen Senioren offenstehen.

Die meisten Alten wollen keine pauschalen Betreuungspakete aufgedrängt bekommen, sondern flexibel nach Bedarf auswählen. Die Frage, wie Dienste von außen zu organisieren sind, wird unterschiedlich gelöst. Manche verwalten sich lieber selbst, andere möchten professionelle Hilfe, da eine mögliche Abhängigkeit von den Mitbewohnern befürchtet wird. Alle aber schätzen das Betreute Wohnen als nicht nur altengerechte, sondern auch alternsgerechte Wohnform, d.h. als letzte Stätte, in der man auch gepflegt werden und human sterben kann.

Gemeinsam wohnen kann und will nicht jeder. Die es wollen - so Siynet Uhmann weiter - müssen es lernen, oder einfach nur informiert werden. „In den Niederlanden oder Dänemark ist man da weiter: Die Gruppen lernen sich während gemeinsamer Freizeiten kennen und üben in Rollenspielen und Partnerarbeit die Bewältigung von Konflikten. Hierzulande geschieht so etwas eher durch eine unfreiwillig lange Wartezeit, denn die Suche nach geeignetem Bauland oder umbaufähigen Gebäuden dauert oft Jahre" (Uhmann 1996: 110). Auch mangelnde Förderung ist ein Hinderungsgrund. „Immerhin können nach neuer Gesetzeslage Bausparmittel auch für den Kauf von Wohnungen eingesetzt werden, bei denen gleichzeitig Pflegeansprüche erworben werden. Viele Gruppen suchen deshalb ihr Heil in der Gründung einer Genossenschaft, bei der die Nutzer zu Eigentümern werden. Genossenschaftsprojekte bieten außerdem Schutz vor Kündigung und setzen in besonderem Ausmaß Selbsthilfekräfte frei, da die Identifikation mit dem Projekt sehr stark ist" (Uhmann 1996: 111).

Als zukunftsträchtiges Modell der Wohnungsanpassung gilt heute auch der „Anpassbare Wohnungsbau", wobei primäre und sekundäre Barrieren fehlen; Einrichtungen sollten so beschaffen sein, daß sie z.B. unterfahrbar gemacht und in der Höhe reguliert werden können (besonders in Küche und Bad). „Innovationen sind nicht nur für die Grundeinrichtung der Wohnung und der Wohnungszugänge notwendig, sondern auch im Design jeglicher Gebrauchsgegenstände des Alltags" (Amstutz 1994: 114). Nach einem Dossier von Gero von Randow in Die Zeit, Nr. 13, 26. März 1993 wächst unter den Designern, Ergonomen und Ingenieuren in den USA, in Schweden und den Niederlanden eine Bewegung heran, die sich mit ‚transgenerational design' oder generationenübergreifendem Entwerfen befaßt. Davon ausgehend, daß die Alten von der technischen Welt immer wieder ausgeschlossen werden (manche Menschen bekommen im Alter aber auch eine „Technikangst"), sollen für alle Generationen benutzerfreundliche Produkte hergestellt werden. Als Beispiele werden angeführt, daß die digitalen Anzeigen der Mikrowellenherde, Videoapparate und Fahrschein- oder Geldautomaten nicht für das alternde Auge geschaffen sind. Auch sind hohe Frequenzen, wie etwa das „fertig"-Signal etlicher (Mikrowellen) Herde oder Eierkocher sowie leise und undeutliche Ansagen aus Bahnhofslautsprechern, von Telefonhörern oder aus Computern für alte Menschen schlecht wahrnehmbar. Ebenso sind zahllose Einrichtungen und Geräte für alte Menschen, deren Hände an Kraft, Geschick und Präzision verlieren, nur schwerlich benutzbar: „Für arthritische Frauenhände unerreichbare Reißverschlüsse am Rückenteil, nur mit Brachialgewalt zu öffnende Schraubgläser, Einkaufswagen, deren Räder nicht dorthin streben, wohin die Hand sie lenken will, winzige Aufnahmetasten, direkt neben winzigen Wiedergabetasten, die zum versehentlichen Löschen von Aufzeichnungen einladen, Teekannen, deren Schwerpunkt neben oder gar über dem Handgelenk liegt, in jedem Fall aber weit davon entfernt, so daß das Gelenk knickt - alle diese Gedankenlosigkeiten mögen für Kräftigere und Geschickte vielleicht bloß lästig sein, Gebrechlichen bescheren sie indes die pure Qual“ (Amstutz 1994: 115).

Bei all dem darf nicht vergessen werden, daß das Alter die Ernte des Lebens ist. „Wo nichts gesät und gepflegt wurde, ist nicht viel einzubringen“ (Mitcherlich 1971: 115). Ist der materielle Spielraum gering, beschränken sich alte Menschen vielfach auf die Beobachtung ihrer leiblichen Bedürfnisse, auf einen engen Horizont unmittelbarer Kontakte mit Nachbarn, Familie und/oder Pflegepersonen. Dieser Leerlauf hält länger und länger an, was zu den Erschwernissen des Alters zählt. Ein früh seelisch erstorbener Mensch kann auch durch eine angenehme Unterbringung nicht zu einem produktiven Leben erweckt werden (vgl. Mitcherlich 1971: 115). Hierin zeigt sich deutlich, daß u.a. Erziehung und Bildung wesentlicher Bestandteil für eine Vorbereitung auf das Leben im Alter sind, die das Leben im Alter „lebenswert“ sein lassen oder nicht.

4. Ausblick

Wohnen ist eine Basisfunktion, deren Erfüllung einem jeden Menschen obliegt. Der Wohnung als physischem Substrat des Wohnens und als räumlicher Mittelpunkt menschlichen Zusammenlebens kommt allgemein eine außerordentliche Bedeutung zu, im besonderen jedoch für die Qualität des Sozialisation- und damit Erziehungsprozesses von Kindern und Jugendlichen, für die Möglichkeit der persönlichen Entfaltung und Regeneration der einzelnen Haushaltsmitglieder sowie für die Qualität ihres Zusammenlebens. Damit stellen Wohnen und Wohnung einen wichtigen Aspekt der Lebensqualität dar. In der Art und Weise der Erfüllung der Wohnfunktion drücken sich Lebensformen aus. Mithin kann man es nicht der kommunalen Daseinsvorsorge überlassen, Wohnungs- und Siedlungsbedingungen zu fördern, sondern man muß die Bewohner in die Diskussion um Wohnen und Wohnumfeld mit einbeziehen. Das setzt Erziehung und Bildung voraus, einerseits gezielte familiäre und schulische Erziehung zum Wohnen, aber auch Erziehung durch Wohnen.

Wenn Hartmut Häußermann und Walter Siebel behaupten „im 19. Jahrhundert wird die Wohnung zur dritten Erziehungsanstalt neben Schule und Fabrik“ (Häußermann/Siebel 1996: 131), so übersehen sie, daß „Erziehung und Bildung allererst dem Haus zukommen, (...). Bis etwa zur sog. „Goethezeit“ erhielt sich ein fast natürliches Mißtrauen gegen die Schule als Institution“ (Fertig 1984: 39). Aber auch nach der Goethezeit spielte in der Erziehungs- und Bildungsgeschichte der Vater eine überragende Rolle. Bis heute ist der Anteil, den Haushalte im Erziehungs- und Bildungsprozeß haben, erheblich (vgl. Familie und Wohnen 1975: 15f.):

- Im Bereich der *physischen* Entwicklung werden durch entsprechende Rahmenbedingungen der Wohnung z.B. die freie Motorik, die Hygiene und eine ausgeglichenere Nerventätigkeit gefördert.

- Im Bereich der *kognitiven* Entwicklung können durch Wohnen und Wohnung z.B. Wahrnehmungs- und Orientierungsfähigkeit, Erkundungs- und Neugierverhalten, Konzentrationsfähigkeit, Leistungsmotivation und Kreativität positiv beeinflußt werden.
- Im Bereich der *sozial-emotionalen* Entwicklung haben Wohnen und Wohnung einen Einfluß auf die Kommunikationsfähigkeit, Anteilnahme und Teilnehmenlassen, Soziale Sensibilität, Initiative, Selbständigkeit und Autonomie, Entscheidungsfähigkeit, Selbstwertgefühl, Rollenflexibilität sowie Rollendistanz.

Da es sich immer um komplexe Beziehungsgefüge handelt, sind einzelne Komponenten und ihr Einfluß kaum isoliert zu betrachten, sie bilden vielmehr ein Determinantenbündel. Dennoch: Wohnerziehung und eine positive Wohnerfahrung in jungen Jahren bedeutet nicht nur Entscheidungs- und Handlungskompetenz auch im Alter, sondern es erweitert auch die gewünschte Eigenständigkeit und Selbstbestimmtheit in den späteren Jahren.

Man weiß schon vieles, jedoch längst noch nicht alles über die Zusammenhänge zwischen Wohnen, Wohnung und Lebensqualität, so daß Forschung hier noch aussteht, insbesondere auch Forschung, die das Wohnen alter Menschen in den Blick nimmt und Forschung, die die Qualität des Wohnens als Resultante von architektonischer Wohnungsgestaltung, Wohnungswahl und vor allem des Wohnverhaltens der Bewohner ermittelt.

Cornelia Schweppe

Biographisierung der Altersphase und soziale Altenarbeit

1. Ausgangspunkt: Die Biographisierung der Altersphase

Die bisherigen theoretischen Annäherungen an die Altersphase sind im wesentlichen dadurch gekennzeichnet, daß gerontologische Spezifika aus gesellschaftlichen Entwicklungen herausgelöst werden. In theoretischen Überlegungen zur Modernisierung der Gesellschaft findet Alter als Strukturmerkmal wenig Beachtung (vgl. Naegele/Tews 1993b); umgekehrt ist Alter bisher kaum unter Berücksichtigung modernisierungstheoretischer Fragestellungen und Theoriekonstrukten und im Rahmen der paradoxen Anforderungen einer Lebensführung innerhalb einer reflexiven Moderne thematisiert worden (Ausnahmen bilden Kade 1994a; Mader l995a,b; Birren et al. 1996; Böhnisch 1996; Schweppe 1996a, 1998; Backes 1997). Kategorien, wie Subjekt, Biographie, Risiko, Individualisierung, Pluralisierung etc., die beispielsweise in der Jugendforschung zum Standardrepertoire gehören (vgl. Karl 1991), haben die Diskussion über Alter und Altern nur in ersten Ansätzen erreicht (vgl. auch Ray 1996).

Betrachtet man Alter im Rahmen jener Prozesse gesellschaftlicher Modernisierung, die die gegenwärtige Gesellschaftsdynamik kennzeichnen, wird deutlich, daß Altern inmitten von Prozessen der Freisetzung, Pluralisierung und Detraditionalisierung geschieht, durch die Lebensentwürfe und Lebensformen dieser Altenphase nicht (mehr) von vornherein auf festgelegte und standardisierte Lebensentwürfe und Lebenswege fixiert und durch ein fixes Koordinatensystem antizipierbarer Lebensumstände vorhersehbar sind. Alter geschieht inmitten sozialer Räume und Möglichkeiten, die im Hinblick auf Tätigkeiten, Beziehungen, Wohnformen, Lebensstile, Lebenssinn, Freizeitgestaltung, Familienbeziehungen nicht durch verbindliche und kollektiv gültige Muster festgelegt und standardisiert sind. Alter kann nicht mehr durch den Rückgriff auf verbindliche kulturelle Altenbilder, -normen und -modelle, die alte Menschen in ihrem Handeln orientieren könnten, gestaltet werden. Traditionelle Leitbilder für die Altersphase wie das des Ruhestandes als Feierabend oder als Müßiggang des wohlverdienten Lebensabends (vgl. Schmidt/Zeman 1988) sind brüchig geworden. Das damit verbundene traditionelle Altersbild, das Alter ausschließlich unter der Defizitperspektive wahrnimmt und als Verlust und Abbau geistiger, psychischer, physischer und sozialer Kräfte wahrnimmt, ist nicht nur empirisch vielfach widerlegt worden (vgl. z.B. Mayer/Baltes 1996), sondern kann auch keine umfassenden Orientierungsmuster für die Gestaltung der Altersphase liefern. Die Ausweitung und Verlängerung der Altersphase ebenso wie die verbesserten materiellen (vgl. z.B. Wagner et al. 1996; Hauser/Wagner 1994), sozialen und gesundheitlichen (vgl. z.B. Mayer et al. 1996; Enquete Kommission 1994) Ressourcen führen dazu, daß alte Menschen sich diesem, zwischen einem Viertel und einem Drittel des gesamten Lebens umfassenden Zeitabschnitt nicht mehr tatenlos hingeben, sondern Gegenentwürfe zu Lebensperspektiven des Rückzugs und Nichtstuns entwickeln und entwickeln müssen (s.u.). Allerdings kann das als Gegenmodell zu den traditionellen Altersbildern entworfene ‚neue Altersbild', in dem altersspezifische Problemlagen und Belastungen kaum auftreten, ebensowenig verläßliche Orientierungen bieten. Beide Altersbilder sind nivellierende Stereotypen, in denen ausgeschaltet wird, was nicht hineinpaßt. Sie haben ausgrenzenden Charakter und „stigmatisier(en) das definitorisch nicht zu beseitigende Alter noch mehr (...)" (Göckenjan 1989: 1100; vgl. zur Debatte über Altersbilder Tews 1991). Obwohl empirische Befunde noch weitgehend fehlen, ist zu vermuten, daß alte Menschen selber längst eine Vielfalt von Altersbildern, Konzeptionen und Lebensstilen (vgl. dazu Infratest Sozialforschung u.a. 1991; Voges/Pongratz 1988; Tokarski 1993) entwickelt haben. Ein „übergreifendes kulturelles Konzept" (Zeman 1992: 36), das dieser Vielfalt besser gerecht und die Ambivalenzen der Altersphase, d.h. ihre Verluste und Gewinne, Stärken und Schwächen, Zwänge und Freiheiten, Chancen und Risiken aufgreifen würde, gibt es jedoch nicht. Alter ist eine Lebensphase, die kaum mit einer verbindlichen gesellschaftlichen Aufgabe bzw. einem kulturellem Aufgabenbereich verbunden ist, die dieser Lebensphase zugeschrieben wäre (vgl. Mader 1994). Woran sollen sich alte Menschen bei der Lebensgestaltung orientieren? Während die Kindheits- und Jugendphase durch Anforderungen der Bildung bzw. Ausbildung und die mittlere Erwachsenenphase durch Arbeitswelt und Familie bzw. Partnerschaft gesellschaftlich gerahmt ist, gibt es für die Altersphase keine gesellschaftliche Entsprechung. Die moderne Altersphase ist von den Zwängen der Erwerbsarbeit befreit, und ebenso haben alte Menschen heute die Möglichkeit, eine von der Kindergeneration unabhängige Existenz zu führen. Verbindliche gesellschaftliche Aufgaben oder Funktionen sind für die heutige Altersphase nicht vorgesehen.

Die Freisetzung aus vorgezeichneten Lebensformen im Alter bedeutet einerseits den Verlust von relativ stabilen sozialen Beziehungen, Bindungen und Sinnorientierungen, sie geht andererseits aber auch mit der Erweiterung von Lebensgestaltungs- und Handlungsmöglichkeiten einher. Alte drängen in Bereiche, die sonst nur jüngeren Generationen vorbehalten waren (z.B. Sport, Reisen) (vgl. Prahl/Schroeter 1996). Vielfältige Reiseangebote, die auf die besonderen Bedürfnisse von alten Menschen Rücksicht nehmen, Bildungsmöglichkeiten, Sportangebote, eine verbesserte Infrastruktur und Vergünstigungen bei

Bahn und Bus, die die Alten mobiler machen, stellen ein immer breiteres Aktivitätenspektrum und neue Tätigkeitsmöglichkeiten für alte Menschen bereit.

Freisetzungsprozesse und die Auflösung von vorgegebenen sozialen Lebensformen sind allerdings auch in der Altersphase mit neuen, durch gesellschaftliche Institutionen und Instanzen bedingte Prägungen, Orientierungen, Zwänge, Kontrollen, Abhängigkeiten und Standardisierungen der Lebensführung verbunden. Die Lebensgestaltung wird abhängig von den Vorgaben, Regelungen, Zwängen und Bestimmungen gesellschaftlicher Institutionen; sie bilden die Folie, auf der individualisiertes Alter gestaltet werden muß, ohne daß hierdurch verbindliche bzw. orientierende Leitfiguren und Leitbilder für die Lebensführung oder die Einbindung in neue verbindliche Muster der Lebensführung im Alter bereitgestellt würden. Obwohl auch die Frage nach der Institutionenabhängigkeit des Alters, ihren Auswirkungen und Ausprägungen bisher weitgehend wissenschaftlicher Analysen entbehrt, lassen sich vielfältige Anzeichen für die Institutionenabhängigkeit des Alters finden. So hat der Markt die Alten schon seit Jahren als finanzkräftige Bevölkerungsgruppe entdeckt und stellt sich auf ihre Kapitalressourcen und Konsumbedürfnisse ein. Die sozialstaatliche Institutionalisierung des Alters durch die staatlich organisierte Rentenversicherung und arbeitsrechtliche Regulierungen sowie die Einführung der Pflegeversicherung läßt sich ebensowenig übersehen. Die private und öffentliche Altenhilfe greift ebenso in die Lebensführung im Alter ein. Kondratowitz macht in diesem Zusammenhang auf die Normativität der an alte Menschen gerichteten bzw. altenpolitischen Institutionen und Maßnahmen aufmerksam. Während sich einerseits ein Zweifel an der schlüssigen Befindbarkeit von eindeutigen, kontinuitätssichernden und verpflichtenden gesellschaftlichen Altersnormen, -bildern und -modellen angesichts der Ambivalenzen, Widersprüchlichkeiten und Pluralitäten der Altersphase nachweisen läßt, wird andererseits versucht, ihn hektisch zu kompensieren „mit der oft forcierten Präsentation von normativ aufgeladenen Modellen und Konzeptionen, die neue Identifikationsmöglichkeiten und Integrationsperspektiven zu vermitteln versprechen" (Kondratowitz 1990: 231).

Es ist durch dieses Spannungsverhältnis zwischen abnehmenden Verbindlichkeiten von kollektiven Lebensmustern, dem Brüchigwerden traditioneller Lebensmuster im Alter, der Erweiterung von Entscheidungs-, Orientierungs- und Handlungsalternativen und der gleichzeitigen Einbindung in neue Regulierungen, Anforderungen und Zwänge, durch das die Biographie zur Lebensgestaltung auch im Alter an Bedeutung gewinnt. Die Altersphase ist gestaltbar und gestaltungsnotwendig geworden und muß durch eigenes Handeln, ohne den Rückgriff auf gemeinsam geteilte Lebensformen hergestellt werden. Die Altersphase wird zunehmend biographisiert, d.h. biographisch relevante Ereignisse und Situationen werden selbstreferenziell behandelt und thematisiert. Der Biographie kommt als regulativer Mechanismus zur Öffnung sozialer Räume und zum identitätsstiftenden Zusammenhalt eine wachsende Bedeutung zu (vgl. Brose/Hildenbrand 1988; Mader 1994). Freisetzungsprozesse und erweiterte

Handlungs- und Gestaltungsspielräume führen dazu, daß die Altersphase nicht mehr nur eine Restzeit ist, die unter vorgegebenen Vorzeichen und Bedingungen reaktiv und vorgezeichnet zu durchleben ist. Auch in dieser Lebensphase entfallen zunehmend die zwischen Individuum und Gesellschaft kollektiven Vermittlungen. Alter kann kaum noch durch generationsübergreifende Vergesellschaftungsformen und durch den Rückgriff auf gemeinsam geteilte Lebensstile, Werte und Überzeugungen durchlebt werden (vgl. Mader 1994). Individuum und Gesellschaft stehen auch in der Altersphase in einem direkten Verhältnis, durch das alte Menschen zur Gestaltung ihrer Lebenswege zunehmend auf sich zurückgeworfen werden (vgl. Karl 1993b). Das individuelle Lebensschicksal wird zunehmend dem einzelnen aufgebürdet (vgl. Nittel 1991) und muß durch Eigenleistungen hergestellt werden. Alte Menschen sind „auf die Ressourcen, die ihnen aus ihrer Biographie zufließen und die sie durch die biographische Konstruktion ihrer Lebensgeschichte mobilisieren können (angewiesen). Für alte Menschen bedeutet Individualisierung zumeist extreme Biographienotwendigkeit und Abhängigkeit von den im Lebenslauf angesammelten Ressourcen“ (Mader 1994: 96). Die Biographisierung gilt sowohl für die klassischen, mit der Altersphase verbundenen und auch heute noch weiter existierenden Problemlagen wie Pflegebedürftigkeit, Einsamkeit etc. als auch für die Bewältigung der der Altersphase inhärenten lebenszyklischen Entwicklungsaufgaben, wie die Bewältigung der gehäuft auftretenden kritischen Lebensereignisse und Übergangsphasen (z.B. Übergang in den Ruhestand, Auszug der Kinder, Partner- bzw. Partnerinnenverlust, Verlust nahestehender Personen) ebenso wie für die Bewältigung der durch den sozialen Wandel mitgebrachten neuen Anforderungen an die aktive Gestaltung von Lebensentwürfen. Alte Menschen können und müssen ihre Lebenswege durch eigenes Handeln zunehmend gestalten und die Qualität ihrer Umwelt selbst mit herstellen. Die Frage im Alter heißt deshalb nicht mehr: Was habe ich zu erwarten? Worauf muß ich mich einstellen, sondern: Wie gestalte ich meine Lebensbedingungen möglichst günstig entsprechend meinen Vorstellungen (vgl. Mader 1995b)? Die Normalisierung biographisierten Lebens im Alter „... kann (...) durchaus als ein Zurückholen oder eine *Reintegration des höheren Erwachsenenalters in die Normalität postmoderner Gesellschaften* (Hervorhebung im Original, C. S.) bezeichnen (werden)“ (Schmidt 1994: 62). Allerdings bedeutet dies nicht, daß hierdurch die Spezifika der Altersphase aufgelöst und obsolet werden und sich Lebensformen im Alter unter die des restlichen Erwachsenenalters subsumieren lassen. Vielmehr werden diese Entwicklungen durch die spezifischen Anforderungen, die Ressourcen und die Gegebenheiten der Lebensphase Alter ‚altersspezifisch geprägt'.

2. Stärkung der Subjektseite und die Öffnung sozialer Räume als Kernelement der Sozialen Altenarbeit

Die biographisierte Altersphase geht mit neuen Chancen, aber auch mit neuen Risiken und Konflikten einher. Eine erste Konfliktebene ergibt sich aus den möglichen Ungleichzeitigkeiten zwischen gefragten und vorhandenen individuellen Ressourcen zur Lebensbewältigung und Gestaltung im Alter. Die Gestaltung von Lebensläufen im Alter benötigt Subjektstrukturen, die den Anforderungen moderner Lebensführung gerecht werden können, so daß es sich fragt, inwieweit die heutige Altenpopulation über diese verfügt.

Ein mit aller Vorsicht zu interpretierender Trend gemeinsam geteilter Bedingungen des Aufwachsens der heutigen Altenpopulation weist darauf hin, daß sie in einer Zeit groß geworden ist und einen Teil ihres Erwachsenenalters, teilweise sogar ihres hohen Erwachsenenalters, in einer Zeit gelebt hat, deren Spielräume zur aktiven Gestaltung von Biographien und Lebensräumen durch materielle, finanzielle, geschlechtsspezifische, bildungsbezogene und schichtspezifische Zwänge für eine Mehrheit eher begrenzt waren. Die heutigen Alten werden dann im Laufe ihres Erwachsenenlebens mit Anforderungen einer biographisierten Lebensführung konfrontiert, die ein dynamisches Verhältnis zur eigenen Lebensgeschichte bzw. Biographie zur Voraussetzung der Lebensbewältigung macht. Das Verharren in und der Rückgriff auf alte Wissensbestände und Verhaltensmuster können für das Alter eher Hindernisse, gefährliche Diskontinuitäten (vgl. Mader 1995b) und problematische Lebenskonstellationen bedeuten. Denn Gefahren und Diskontinuitäten im Lebensentwurf von alten Menschen entstehen heute eher dadurch, wenn Verhaltensweisen, Werte oder Rollen ins Alter hinübergenommen werden, denen der reale Boden schon längst entzogen ist. Eine alte Frau beispielsweise, die aufgrund ihrer Lebensgeschichte, in der die Pflege von alten Menschen unwiderruflich durch Familienangehörige geleistet wurde und sie selbst sowohl ihre Mutter als auch pflegebedürftige Familienangehörige selbstverständlich gepflegt hat, ist in der Gefahr, die Begrenzung ihrer eigenen Pflege durch die Tochter auf das Wochenende als bösen Willen zu interpretieren und mit Trauer zu erleben, wenn sie nicht lernt, die Pflegemöglichkeiten durch die jüngere Generation realistisch und unter Berücksichtigung der sozialen, familialen und gesellschaftlichen Anforderungen an die jüngere Generation und im Rahmen des veränderten Generationenverhältnisses zu interpretieren. Eine Reinterpretation der Lebensgeschichte und lebensgeschichtlicher Deutungsmuster (vgl. Kade 1994b) ist erforderlich, um dem Fremdwerden der eigenen Biographie entgegenzuwirken (vgl. auch Tietgens 1994, 1991). Umorientierungsprozesse sind jedoch nicht nur aufgrund der biographischen Vergangenheit notwendig, sondern die sich schnell verändernden Lebensbedingungen machen auch im Alter fortwährend Veränderungs- und Anpassungsleistungen erforderlich. Es stellt sich damit die Frage, inwieweit alte Menschen diese Umorientierungen vollzogen haben bzw. vollziehen? Inwieweit verfügen sie über die nötigen biographischen bzw. subjektiven Voraussetzungen, um den Anforderungen einer modernen Lebensführung gerecht werden zu können? Inwieweit gelingt eine Umorientierung der Biographien, die stark von normalbiographischen Elementen geprägt waren, auf Biographien mit wahlbiographischen Anforderungen? Inwieweit lassen die innere Verfaßtheit alter Menschen und die inneren Ressourcen die Nutzung der neuen Gestaltungs- und Handlungsspielräume zu?

Da Biographie nie etwas in sich Abgeschlossenes, Beendetes ist und einem lebenslangen Umdeutungsprozeß unterliegt, liegen gerade in diesen lebenslangen biographischen Umdeutungs- und Umorientierungsprozessen auch die Möglichkeiten für das Alter, notwendige Umorientierungen und Anpassungsprozesse zu vollziehen. Allerdings sind solche Prozesse nicht beliebig und unbegrenzt möglich. Neue Erfahrungen und neues biographisches Wissen (vgl. Alheit/ Hoerning 1989) entstehen nicht losgelöst von der bisherigen Lebensgeschichte, sondern sind aufs engste mit ihr verbunden und durch sie begrenzt. Ebenfalls muß darauf hingewiesen werden, daß die nötigen Umorientierungs- und Anpassungsleistungen den besonderen lebenszyklischen Bedingungen und Bedürfnisse der Altersphase ausgesetzt sind und hierdurch Begrenzungen erfahren (können). Durch die Endlichkeit des Lebens, durch die die Vergangenheit und auch die Gegenwart zunehmend den Charakter des Endgültigen annehmen (vgl. Kade 1994b), wird von alten Menschen die Notwendigkeit, (zurückliegende) Ereignisse in eine umfassende und kohärente Ordnung zu bringen, herausgestellt (vgl. Kruse 1990). Durch das Bedürfnis nach ‚Abrundung des Lebens' am Lebensende und nach Kontinuität wird Erfahrungen, die mit dem bisherigen Leben nicht in Einklang zu bringen sind oder ihm gar diametral entgegenstehen, eher abwehrend und resistent gegenüber reagiert.

In der Stärkung der für die Lebensbewältigung und Lebensgestaltung im Alter notwendigen biographischen Anpassungsleistungen und subjektiven Kompetenzen liegt ein zentraler Anknüpfungspunkt für die soziale Arbeit mit alten Menschen. Konzepte hierzu lassen sich im biographischen Lernen und im Empowerment finden.

2.1 Biographisches Lernen und Empowerment

Biographisches Lernen basiert auf der Hervorbringung und Thematisierung von Lebensgeschichte und Lebensgeschichten und zielt auf die Selbstvergewisserung durch die kritische Auseinandersetzung und reflexive Aneignung der Lebensgeschichte (ausführlich dazu Kade 1994b). Biographisches Lernen enthält mehrere Möglichkeiten, die biographischen Anforderungen zur Bewältigung der Lebenssituation im Alter zu stärken. Biographisches Lernen geht dem Fremdwerden der eigenen Biographie voraus und verhindert die Gefahr eines Verharrens in der Vergangenheit, da die Gegenwart fremd geworden, nicht mehr verstanden und nur noch mit Trauer, Ärger und Verzweiflung begegnet werden kann. Biographisches Lernen bedeutet, die eigene Lebensgeschichte aus heutiger Sicht und damit aus der Sicht veränderter Lebensbedingungen Revue passieren zu lassen, um so das früher Erfahrene mit anderen Augen zu sehen und zu verstehen, möglicherweise Umdeutungen vorzunehmen, wenn dies nötig wird, und die angesichts veränderter Lebensbedingungen notwendigen Umorientierungen in der Lebenspraxis vornehmen zu können. Über die Thematisierung von Lebensgeschichte kann Vergangenes Gegenwärtigem gegenübergestellt und gefragt werden, was sich im Laufe des Lebens geändert hat, welche neuen Anforderungen dadurch an die einzelnen gestellt werden, wo Umorientierungen notwendig sind, welche Verhaltensweisen neu gelernt werden müssen usw. und dadurch reflektiert und durch neue Erfahrungen umgedeutet werden. Biographisches Lernen ermöglicht, das Frühere mit anderen Augen sehen zu lernen.

Es gibt verschiedene Möglichkeiten, durch die Soziale Arbeit biographisches Lernen im Alter fördern und unterstützen kann. In den bisherigen Konzepten des biographischen Lernens nimmt das Erinnern, Erzählen und Schreiben von Lebensgeschichte und Lebensgeschichten einen zentralen Raum ein, weil hierüber Lebensgeschichte hervorgebracht und thematisiert werden kann.

Während biographisches Lernen Möglichkeiten zur Förderung von biographischen Umorientierungen durch die lebensgeschichtliche Verarbeitung des neu Hinzukommenden ermöglicht, sind im Konzept des Empowerments vor allem Möglichkeiten gegeben, jene Subjektkompetenzen zu stärken, die notwendig sind, um die Anforderungen für die Bewältigung der ambivalenten, eigens zu gestaltenden und offenen Lebenssituation im Alter zu ermöglichen (ausführlicher dazu vgl. Böhnisch 1997). Dabei sind biographisches Lernen und Konzepte des Empowerment nicht als voneinander unabhängige Konzepte zu verstehen, sondern ergänzen sich und sind aufeinander bezogen. Biographisches Lernen bedeutet immer auch die Stärkung von Subjektkompetenzen, die zur Bewältigung der modernen Lebensführung notwendig sind. Umgekehrt ist Empowerment nicht losgelöst von biographischer Reflexion denkbar, weil die Stärkung von Subjektkompetenzen kaum unabhängig von biographischer Reflexion möglich ist.

Heiner Keupp (1996) definiert Empowerment als einen „...Prozeß, innerhalb dessen Menschen sich ermutigt fühlen, ihre eigenen Angelegenheiten in die Hand zu nehmen, ihre eigenen Kräfte und Kompetenzen zu entdecken und ernst zu nehmen und den Wert selbsterarbeiteter Lösungen schätzen zu lernen" (Keupp 1996: 164). Empowerment zielt auf die Befähigung des Einzelnen und auf die Sicherung der individuellen sozialen Ressourcen, die notwendig sind, um den Gestaltungs- und Bewältigungsanforderungen der Altersphase gerecht zu werden und in eigener Regie eine lebenswerte Lebenswelt und einen gelingenden Alltag herzustellen. Dabei ist es wichtig, jene Kompetenzen zu stärken und zu fördern, die Heiner Keupp (1992, 1994) als zentral für die Bewältigung individualisierten Lebens herausgestellt hat:

(1) Gestaltungskompetenz: Die vom Subjekt vermehrten Leistungen zur „eigenwilligen Verknüpfung und Kombination multipler Realitäten" (Keupp 1994:

345) sind auch bei alten Menschen gefragt. Eine aktive Eigenleistung ist gefordert; Fähigkeiten wie Initiative, Flexibilität, Planung, Entscheidungsfindung und Frustrationstoleranz sind notwendig. Aktives Bemühen, Eingreifen, Durchsetzungsvermögen, Verhandlungskompetenz, Selbstsicherheit sind gefordert.

(2) Die im Alltag immer brüchiger werdenden Normen und Regeln und die mangelhafte Möglichkeit des Rückgriffs auf Stabilitäten und die Übernahme von fertigen und vorgezeichneten Lebensformen und -wegen erfordern darüber hinaus Fähigkeiten, die es ermöglichen, Regeln, Ziele, Normen und Werte immer wieder aufs neue auszuhandeln. Dies schließt ein hohes Maß an Konfliktfähigkeit ein, die ebenso an lebensgeschichtliche Grenzen führt.

(3) Die wenig eindeutigen, stabilen und festgelegten Lebensverhältnisse, die durch eine hohes Maß an Ambivalenz gekennzeichnet sind, bringen vielfältige Unsicherheiten mit sich und erfordern zu lernen, Ambivalenzen auszuhalten, nicht alles nur als schlecht oder nur als gut einzustufen, einen ‚Eindeutigkeitszwang' zu überwinden und sich auf Situationen und Menschen offen einzulassen (vgl. Keupp 1994: 346).

(4) Ebenso sind soziale Ressourcen zum Knüpfen und Aufrechterhalten von sozialen Beziehungen und Bezügen notwendig. Da der Bestand schon vorhandener sozialer Beziehungen sich ändert und immer größere Teile des sozialen Beziehungsnetzes neu bzw. selbst geschaffen werden müssen, sind Beziehungsfähigkeiten gefragt.

Dabei wäre das Konzept des Empowerment mißverstanden, wenn es lediglich auf eine von Umwelt, Alltag und Lebenswelt losgelöste Stärkung der Subjektkompetenzen bezogen würde. Empowerment versucht, die Stärkung von Subjektkompetenzen durch die reflektierte Eigenerfahrung im jeweiligen Lebenskontext zu erzielen und schließt das Eingreifen in diese Lebenswelt mit ein. Heiner Keupp (1996) weist darauf hin, daß es nicht darum gehen kann, Subjekte in vorhandene soziale Zusammenhänge einzupassen, sondern daß es darauf ankäme, Menschen zu befähigen, sich selbst soziale Zusammenhänge zu schaffen. Gerade hierin liegt eine besondere Bedeutung zur Unterstützung der Lebensführung im Alter. Denn eine lediglich auf die Stärkung der Subjektseite zielende soziale Altenarbeit wäre unzureichend und wäre eine individualistische Verkürzung. Die Stärkung von Subjektstrukturen läuft ins Leere, wenn dies nicht in der Lebensumwelt mit entsprechenden sozialen und kulturellen Strukturen und Gelegenheiten verbunden werden kann. Die Bewältigung einer biographisierten Lebensführung im Alter braucht die Absicherung durch Strukturen bzw. Gelegenheiten in der Lebensumwelt.

2.2 Öffnung sozialer Räume

Dabei fragt sich, inwieweit sich gesellschaftliche Strukturen auf die veränderte Altersphase eingestellt haben und ihr entsprechen? Inwieweit findet die mit den Individualisierungsprozessen einhergehende Vervielfältigung sozialer Kategorien im Alter ihre Entsprechung in gesellschaftlichen Organisationen und Institutionen? Inwieweit lassen sich Ungleichzeitigkeiten und Diskrepanzen zwischen gesellschaftlichen Institutionen und Möglichkeiten und den Bedürfnis- und Lebenslagen der Alten finden?

Matilda W. Riley und John W. Riley Jr. (1994) gehen von einer strukturellen Diskrepanz zwischen den individuellen und den gesellschaftlichen Potentialen des Alters aus. Die Pluralität der Lebenslagen und -formen im Alter und das mit ihr verbundene individuelle Potential fände keine angemessene Entsprechung in gesellschaftlichen Strukturen und Optionen. Auch Paul B. Baltes (1996) meint, daß auf der Ebene der gesellschaftlichen Institutionen die sozial verfaßte Welt älterer Menschen relativ leer sei und alte Menschen einem Unterangebot an Opportunitätsstrukturen gegenüber ständen. Matilda W. Riley und John W. Riley Jr. (1994) sprechen von einem ‚cultural lag', einem Hinterherhinken gesellschaftlicher Strukturveränderungen gegenüber den Veränderungen der Altersphase. Obwohl der Diskurs des ‚cultural lags' Gefahren in sich birgt, weil er z.T. auf ungeprüften Annahmen basiert, die schnell zu neuen Normativitätsvorstellungen führen, wie dies etwa im neuen Wiederverpflichtungsdiskurs (vgl. Tews 1996; kritisch dazu Schmidt 1996) von alten Menschen zum Ausdruck gebracht wird, trifft er das gegenwärtige Verhältnis zwischen alten Menschen und gesellschaftlichen Institutionen in einigen Facetten richtig. Es gibt vielfältige Anzeichen dafür, daß sich die gesellschaftlichen Institutionen kaum den veränderten und vervielfältigten Lebensformen im Alter angenähert haben bzw. sogar im Widerspruch zu den Lebenslagen und Risiken im Alter stehen. Man denke beispielsweise an den Wohnbereich. Zwischen Alleinleben, den gefürchteten Sonderformen, z.B. Altenheime, und den wenigen, nicht selten ghettoähnlichen Formen des betreuten Wohnens und Altenwohnanlagen gibt es oft genug keine alternativen Wohnformen, die z.B. Möglichkeiten der Entwicklung sozialer Netzwerke oder neuer Hilfebeziehungen fördern (vgl. zu neueren Wohnformen z.B. Klünder/Sinclair 1996; Otto 1996; Bura/Kayser 1992; Brasse et al. 1993). Alte Menschen werden oft genug auf überholte Lebensentwürfe festgezurrt. Soziale Anstöße, die die Entwicklung von zeitgemäßen Lebensentwürfen im Alter ermöglichen, fehlen oft ebenso wie Vorbilder für öffentliche Foren eigenständigen Alterns.

Obwohl zur Entwicklung zeitgemäßer, altersgerechter sozialer und gesellschaftlicher Strukturen deutlich eine sozialpolitische Dimension angesprochen wird, kann der Sozialen Arbeit mit alten Menschen die Funktion zukommen, soziale Räume zu öffnen, bereitzustellen oder zu fördern und zur Schaffung bzw. Verbesserung jener Milieubedingungen beizutragen, die Empowerment erst begünstigen und stützen. Solche Räume zielen auf die Förderung einer Kultur eigenverantwortlich und selbstbestimmt gestalteten Alters und die Entwicklung individuellen Lebenssinns und Lebensbalance. Es geht um die Ermöglichung und Förderung der Entwicklung subjektiv als befriedigend und sinnvoll erlebter Lebensentwürfe, darum, sich in neuen Bezügen zu positionieren und sich Umwelt unter veränderten Bedingungen aneignen zu können. Es geht darum, das zu stärken, was Böhnisch (1997) mit dem Begriff des offenen Milieus beschreibt und dessen Stärkung er als wesentliche Aufgabe der Sozialpädagogik mit alten Menschen ansieht: „Hier stellt sich (...) die sozialpädagogische Aufgabe, (...) Milieus zu öffnen, damit sie nicht zu regressiven und stereotypen ‚Altenmilieus' werden, in denen alltägliche Verläßlichkeiten und Geborgenheit zum äußeren Ritual erstarrt sind. Offene Milieus in der Altenarbeit sind dagegen dadurch gekennzeichnet, daß sie Individualität und biographisch differenzierte Lebensstilansätze auch im sozialen Milieu zulassen und immer wieder behutsam aktivieren können" (Böhnisch 1997: 252).

Zur Realisierung einer derartigen Zielsetzung kann auf Ansätze der offenen sozialen Altenarbeit zurückgegriffen werden, die seit der zweiten Hälfte der achtziger Jahre entstanden sind und z.B. in den Modellprojekten ‚Erfahrungswissen älterer Menschen nutzen' (Berlin), ‚Bürgerschaftliches Engagement' (Baden-Württemberg) und in den Seniorenbüros (Bundesebene) ihren Ausdruck gefunden haben (vgl. Schweppe 1996b). Sie orientieren sich am Leitbild des Alters als zu gestaltende Lebensphase (vgl. Schmidt/Schweppe 1995).

Solche Ansätze setzen an der Pluralisierung von Lebensformen und -weisen im Alter an und verzichten auf vorab definierte Lebensentwürfe für diese Altersphase. Im Gegensatz zu starren Programmen, in denen die Inhalte, Zielsetzungen und Aktivitäten festgelegt sind und oft auf ein affirmatives Mittun reduziert sind, umfassen diese Ansätze und Maßnahmen einen offenen Rahmen und eine eher „allgemein gehaltene Programmatik" (Schmidt 1993: 12). Diese Offenheit der Programme wird mit mehreren Zielsetzungen verfolgt. Die Altenhilfe soll zumindest ein Stück weit von normierenden und standardisierenden Funktionen und Wirkungen befreit werden. Indem die Programme sich an die Subjekte mit einer offen gehaltenen Programmatik wenden, sind es nicht länger die Einrichtungen, die darüber entscheiden, was gut und was nicht gut ist im Alter, welchen Tätigkeiten, sozialen Einbindungen, Sinnbezügen und Geselligkeitsformen sie nachgehen sollen, sondern die Beteiligten werden dazu aufgefordert, dies selbst zu formulieren und einzuleiten. Nicht ExpertInnen oder Instanzen definieren, wie Alter gestaltet werden soll, sondern die Alten selbst, die die Lesarten eines gestalteten Lebens im Alter selbst produzieren.

Die offenen Programmstrukturen und die flexiblen Vorgaben ermöglichen und erfordern, daß sie von den Beteiligten handelnd interpretiert (vgl. Schmidt 1993: 12) und ausgestaltet werden und auf die eigene Lebenspraxis hin übersetzt werden müssen. Sie benötigen Übersetzungsleistungen der Beteiligten und lassen genügend Deutungsspielräume, die Vorgaben mit der eigenen Biographie und Lebenswelt in Einklang zu bringen bzw. daran ausrichten zu können. Hierdurch kann der Gefahr entgegengewirkt werden, in den angebotenen Hilfen keine biographische Anschlußfähigkeit entwickeln zu können und als ‚biographischer Fremdkörper' (vgl. Böhnisch 1997: 266) wieder abgestoßen zu werden. Dabei wären solche Programme falsch verstanden, wenn sie lediglich als ‚Aktivierung' von älter werdenden Menschen begriffen und darauf reduziert würden. Den Programmen unterliegt nicht ein „unreflektierter Aktivitätsbegriff" (Böhnisch 1997: 249), der angesichts neuer Potentialitäten des Alters nun meint, alte Menschen grenzenlos motivieren und aktivieren zu müssen, um diese Potentialitäten in Gebrauch zu nehmen. Sie grenzen sich von Konzepten der Altenarbeit ab, die sich am Leitbild der aktiven SeniorIn orientieren und Altenarbeit als „Animationsagentur (zwischen) Volkshochschule und Restaurationsbetrieb, Reisedienst und Informationsbörse: immer aber möglichst vieles zugleich" (Schmidt/Schweppe 1996: 140) verstehen. Die Programme begreifen sich vielmehr als „Werkstätten für Lebensstile", die auf vorhandene Wissensbestände und Talente der Teilnehmer und Teilnehmerinnen zurückgreifen, aber zugleich die Erprobung neuer Tätigkeiten, Erfahrungszusammenhänge und Erfahrungswelten, sozialer Einbindungen und Sinnbezüge ermöglichen. Es geht in den Projekten zwar auch um die Anwendung bereits vorhandener und ausgebildeter Fähigkeiten und Fertigkeiten, ihre Nutzung findet aber unter veränderten Bedingungen statt, was einen Perspektivenwechsel erfordert (vgl. Schmidt 1993) und Lernprozesse in Gang setzt. Diese Programme ermöglichen gleichzeitig Kontinuität und Entwicklung und stellen Lernanlässe her, werden aber auch dem Bedürfnis und Recht auf Rückzug im Alter gerecht, wenn dies gewollt ist. Sie streben eine „Balance zwischen selbstgewähltem Rückzug und selbstbestimmter Aktivität" (ebd.) an. Sie bieten alten Menschen Chancen und Möglichkeiten, sich auch im Prozeß des Älterwerdens neu zu positionieren und zu definieren (vgl. Schmidt 1993) und Alternativen zum Rückgriff auf konventionelle Altersstile zu entwickeln, ohne dies wiederum zur Norm werden zu lassen. Bei der Schaffung von Gelegenheiten zur Gestaltung und Entwicklung von Lebensentwürfen im Alter muß darauf geachtet werden, daß keine neuen Normierungen geschaffen werden, und es darf auch nicht zur Durchsetzung oder impliziten Vermittlung von neuen standardisierten Normalitätsentwürfen kommen. Es kann weder darum gehen, alte Menschen zum Aktiv-werden und zum Mitmachen zu animieren, um ihnen das Gefühl von Jugendlichkeit zu vermitteln und sie auf die Jagd nach Hobbys und Beschäftigung zu schicken. Es kann auch nicht einfach nur um eine Weiterführung und Abbildung der Werte der mittleren Jahre gehen. Das was solche Ansätze auf gesamtgesellschaftlicher Ebene signalisieren wollen, nämlich die Förderung selbstbestimmter, nicht von vornherein festgezurrter Lebensformen im Alter, muß auch in den programminternen Strukturen verankert und möglich sein.

Allerdings beschränken sich diese Ansätze nicht auf eine nach innen gerichtete Perspektive und wollen das „Sich-Einrichten in einer (...) sich absentierenden Sonderinstitution für Ältere" (vgl. Schmidt 1993) verhindern. Sie wollen keine isolierten Inseln in der Umwelt blieben, sondern gerade auf diese Umwelten zurückwirken, sie altengerechter und entsprechend den sich wandelnden Lebensentwürfen im Alter gestalten. Der lebensweltliche Bezug dieser Ansätze will verhindern, daß die Projekte vom Alltag der Beteiligten losgelöste Inseln werden, sondern gerade Rückwirkungsmöglichkeiten auf ihn einschließen und dadurch die strukturelle Absicherung und institutionelle Verankerung eigenverantwortliche Identitäten und Lebensentwürfe gewährleisten. Böhnisch (1997) macht in diesem Zusammenhang auf die Bedeutung von Netzwerkarbeit aufmerksam, die es ermöglichen kann, „eine Brücke zwischen den Beteiligten der primären sozialen Umgebung von Menschen und ihren Beziehungen zu den weitergehenden sozialen Gemeindestrukturen" (Nestmann 1989: 109, zit. nach Böhnisch 1997: 109) zu schaffen. Der Netzwerkanschluß ermöglicht die Erschließung von Ressourcen und Anschlüssen über das eigene Projekt hinaus. Diese Öffnung nach außen ermöglicht nicht nur für die Beteiligten selbst eine Erfahrungserweiterung durch die Organisation neuer Umweltauseinandersetzung, sondern beinhaltet Möglichkeiten der öffentlichen Artikulation, Organisation und infrastrukturellen Abfederung sozialer Problemlagen. Netzwerkarbeit bietet die Möglichkeit, neue Öffentlichkeiten zu schaffen, Ressourcen zu eröffnen, neue Räume zu erobern und neue Lebensentwürfe institutionell und strukturell abzusichern.

Die hier skizzierte Soziale Altenarbeit kann als eine von unten geförderte Pluralität von Lebensstilen bezeichnet werden, deren gesellschaftliche Bedeutung Böhnisch (1997) folgendermaßen beschreibt: „Lebensstile symbolisieren Teilhabe und Zugehörigkeit zum Gesellschaftlichen von unter her, vor allem dann, wenn von Gesellschaft über ihre starren und defizitär formulierten Altersrollen keine sozialintegrativen Impulse für das Alter ausgehen" (Böhnisch 1997). Und gerade hierin liegt auch die gesellschaftspolitische Funktion der sozialen Altenarbeit.

Gesamtbibliographie

Abeles, Ronald P. 1981: Social support, health, and aging. Paper presented at the international congress of gerontology. Hamburg

Ahlert, Elfriede 1991: Haushaltsgerechtes Wohnen. In: Hauswirtschaft und Wissenschaft 1: 34-39

Aldous, Joan 1995: New views of grandparents in intergenerational context. In: Journal of Family Issues 16: 104-122

Alheit, Peter und Erika Hoerring (Hg.) 1989: Biographisches Wissen. Beiträge zu einer Theorie lebensgeschichtlicher Erfahrung. Frankfurt/M.

Allmendinger, Jutta, Hannah Brückner und Erika Brückner 1991: Arbeitsleben und Lebensarbeitsentlohnung. Zur Entstehung von finanzieller Ungleichheit im Alter. In: K. U. Mayer, J. Allmendinger und J. Huinink (Hg.): Vom Regen in die Traufe: Frauen zwischen Beruf und Familie. Frankfurt/M.: 423-459

Amann, Anton 1998: Altwerden. Übergänge oder Brüche? In: W. Clemens und G. M. Backes (Hg.): Altern und Gesellschaft. Gesellschaftliche Modernisierung durch Altersstrukturwandel. Opladen: 121-144

Amstutz, Catherine 1994: Wohnen zu Hause im hohen Alter. Bern

Andritzky, Michael und Gert Selle (Hg.) 1979: Lernbereich Wohnen, Bd. 1. Reinbek

Antonucci, Toni C. 1985: Personal characteristics, social support, and social behavior. In: R. H. Binstock und E. Shanas (Hg.): Handbook of aging and social sciences. New York: 94-128

Antonucci, Toni C. und Hiroko Akiyama 1994: Convoys of attachment and social relations in children, adolescents, and adults. In: F. Nestmann und K. Hurrelmann (Hg.): Social networks and social support in childhood and adolescence. Berlin: 37-52

Antonucci, Toni C. und James S. Jackson 1990: The role of reciprocity in social support. In: B. R. Sarason, I. G. Sarason und G. R. Pierce (Hg.): Social support. An interactional view. New York: 173-198

Arbeitsmarktentwicklung und aktive Arbeitsmarktpolitik im ostdeutschen Transformationsprozeß 1990-1996 (1997): IAB-Werkstattbericht Nr. 5. Nürnberg

Arber, Sara und Jay Ginn (Hg.) 1995: Connecting gender and aging. A sociological approach. Buckingham

Ariès, Phillippe und Georges Duby (Hg.) 1989: Geschichte des privaten Lebens. Bd. 1: Vom römischen Imperium zum Byzantinischen Reich. Frankfurt/M.

Ariès, Phillippe und Georges Duby (Hg.) 1990: Geschichte des privaten Lebens. Bd. 2: Vom Feudalzeitalter zur Renaissance. Frankfurt/M.

Arling, Greg 1987: Strain, social support, and distress in old age. In: Journal of Gerontology 42: 107-113

Arnold, Brunhilde 1996: Older women students; their life at university. In: Education and Ageing 11: 115-126

Arnold, Hans und Raymond H. Teske 1988: Factors related to fear of crime. A comparison of the Federal Republic of Germany and the United States. In: G. Kaiser und I. Geissler (Hg.): Crime and criminal justice. Freiburg: 355-384

ASiD 1992 - Forschungsbericht Alterssicherung in Deutschland 1992, Infratest Sozialforschung. Hrsg. vom Bundesministerium für Arbeit und Sozialordnung. München 1994

ASiD 1995 - Forschungsbericht Alterssicherung in Deutschland 1995, Infratest Sozialforschung. Hrsg. vom Bundesministerium für Arbeit und Sozialordnung. München 1997

Atchley, Robert C. 1977: The social forces in later life. Monterey

Atchley, Robert C. 1993: Critical perspectives on retirement. In: T. R. Cole, W. A. Achenbaum, P. L. Jakobi und R. Kastenbaum (Hg.): Voices and visions. Towards a critical gerontology. New York

Auerbach, Alan/Laurence Kotlikoff/Willi Leibfritz (im Druck), Generational Accounting - Worldwide, Chicago

Bach, Hans-Uwe, Thomas Jung-Hammon und Manfred Otto 1998: Aktuelle Daten vom Arbeitsmarkt. IAB-Werkstattbericht 1.8. Nürnberg

Bäcker, Gerhard und Gerhard Naegele 1993: Alternde Gesellschaft und Erwerbstätigkeit. Köln

Backes, Gertrud M. 1981: Frauen im Alter. Ihre besondere Benachteiligung als Resultat lebenslanger Unterprivilegierung. Bielefeld

Backes, Gertrud M. 1983: Frauen im Alter. Ihre besondere Benachteiligung als Ergebnis lebenslanger Unterprivilegierung. Bielefeld

Backes, Gertrud M. 1987: Alter(n) als ‚gesellschaftliches Problem'? Zur Vergesellschaftung des Alter(n)s im Kontext der Modernisierung. Opladen

Backes, Gertrud M. 1993a: Frauen zwischen ‚alten' und ‚neuen' Alter(n)srisiken. In: G. Naegele und H.-P. Tews (Hg.): Lebenslagen im Strukturwandel des Alters. Alternde Gesellschaft - Folgen für die Politik. Opladen: 170-187

Backes, Gertrud M. 1993b: Weibliche Lebens- und Arbeitsverhältnisse und Altern. Beispiel: Ältere und alte Frauen in Berlin. In: Zeitschrift für Frauenforschung 11: 94-104

Backes, Gertrud M. 1998: Zur Vergesellschaftung des Alter(n)s im Kontext der Modernisierung. In: W. Clemens und G. M. Backes (Hg.): Altern und Gesellschaft. Gesellschaftliche Modernisierung durch Altersstrukturwandel. Opladen: 23-60

Baddeley, Alan D. 1986: Working memory. Oxford

Baltes, Margret M. 1995: Verlust der Selbständigkeit im Alter: Theoretische Überlegungen und empirische Befunde. In: Psychologische Rundschau 64: 159-170

Baltes, Margret M. und Paul B. Baltes 1990: Successful aging. Perspectives from the behavioral sciences. Cambridge

Baltes, Margret M. und Paul B. Baltes 1992: Gerontologie. In: P. B. Baltes und J. Mittelstraß (Hg.): Zukunft des Alterns und gesellschaftliche Entwicklung. Berlin: 1-34

Baltes, Margret M., Martin Kohli und Karl Sames (Hg.) 1989: Erfolgreiches Altern. Bedingungen und Variationen. Bern

Baltes, Paul B. 1996: Über die Zukunft des Alterns. Hoffnung mit Trauerflor. In: M. Baltes und L. Montada, (Hg.): Produktives Lebens im Alter. Frankfurt/M.: 29-68
Baltes, Paul B. und Margret M. Baltes 1994: Gerontologie. Begriff, Herausforderung und Brennpunkte. In: P. B. Baltes, J. Mittelstraß und U. M. Staudinger (Hg.): Alter und Altern. Ein interdisziplinärer Studientext zur Gerontologie. Berlin: 1-34
Baltes, Paul B. und Jürgen Mittelstraß (Hg.) 1992: Zukunft des Alterns und gesellschaftliche Entwicklung. Berlin
Baltes, Paul B., Jürgen Mittelstraß und Ursula M. Staudinger (Hg.): Alter und Altern. Ein interdisziplinärer Studientext zur Gerontologie. Berlin
Baltes, Paul B. und Leo Montada (Hg.) 1996: Produktives Leben im Alter. Frankfurt/M.
Baltes, Paul B. und Ursula M. Staudinger 1993: The search for a psychology of wisdom. Current directions. In: Psychological Science 2: 75-80
Bänder, Evelyne, Sylvia Heller, Gisela Muschter und Jürgen Roloff 1996: Mortalität/Morbidität von Frauen und Männern in Sachsen. In: Akademie für Gesundheit in Sachsen e.V. (Hg.): Gesundheit regional, Bd. 2: 2-4
Bank, Petra und Theo Hengesbach 1992: Wohnberatung und Wohnraumanpassung für ältere Menschen. Verein für Gemeinwesen und Sozialarbeit Kreuzviertel e.V., Dortmund
Barthel, Wilfried 1992: Lebensstile und Lebensqualität im deutschen Einigungsprozeß. In: D. Wittich (Hg.): Momente des Umbruchs. Sozialstruktur und Lebensqualität in Ostdeutschland. Berlin: 117-154
Baur, Rita et al. 1997: Datenreport Alter. Individuelle und sozioökonomische Rahmenbedingungen heutigen und zukünftigen Alterns. Stuttgart
Beauvoir, Simone de 1968: Das andere Geschlecht. Sitte und Sexus der Frau. Reinbek
Beauvoir, Simone de 1972: Das Alter. Reinbek
Becker, Wolfgang und Barbara Meifort 1997: Altenpflege. Eine Arbeit wie jede andere? Ein Beruf fürs Leben? Bielefeld
Beck-Gernsheim, Elisabeth 1998: Was kommt nach der Familie? Einblicke in neue Lebensformen. München
Bedford, Victoria H. und Rosemary Blieszner 1996: Personal relationships in later-life families. In: S. Duck (Hg.): Personal relationships. Chichester: 523-540
Behrend, Christoph, Margret Dieck und Hans-Joachim von Kondratowitz 1987: Graue Gesellschaft - rosa Zeiten? Argumentationslinien in der nationalen und internationalen Diskussion. In: Deutsches Zentrum für Altersfragen (Hg.): Die ergraute Gesellschaft. Berlin: 263-283
Belle, Deborah 1990: Der Streß des Versorgens. Frauen als Spenderinnen sozialer Unterstützung. In: C. Schmerl und F. Nestmann (Hg.): Ist Geben seliger als Nehmen? Frauen und Social Support. Frankfurt/M.: 36-52
Bengtson, Vern L. und Yvonne Schütze 1994: Altern und Generationenbeziehungen. Aussichten für des kommende Jahrhundert. In: P. B. Baltes, J. Mittelstraß und U. M. Staudinger (Hg.): Alter und Altern. Ein interdisziplinärer Studientext zur Gerontologie. Berlin

Bengtson, Vern L., Elisabeth O. Burgess und Tonya Parrott 1997: Theory, explanation, and a third generation of theoretical development in social gerontology. In: The Journals of Gerontology: 52: 72-88
Bengtson, Vern. L., Carolyn Rosenthal und Linda Burton 1990: Families, poverty, and the changing contract across generations. In: R. H. Binstock und E. Shanas (Hg.): Handbook of aging and the social sciences. San Diego: 263-287
Berger, Peter L. und Thomas Luckmann 1969: Die gesellschaftliche Konstruktion der Wirklichkeit. Eine Theorie der Wissenssoziologie. Frankfurt/M.
Berkman, Lisa F. und Leonard S. Syme 1979: Social networks, host resistance, and mortality. A nine year follow-up study of Alameda county residents. In: American Journal of Epidemiology 109: 186-204
Bernhard, Thomas 1975: Ein Kind. Salzburg
Bernhard, Thomas 1982: Die Ursache. Salzburg
Bertram, Hans 1995: Das Individuum und seine Familie. Lebensformen, Familienbeziehungen und Lebensereignisse im Erwachsenenalter. Opladen
Beske, Fritz und Axel Olaf Kern 1995: Kosten-Nutzen-Analyse der Behandlung dementieller Erkrankungen. In: Psycho 21: 724-730
BfLR - Bundesforschungsanstalt für Landeskunde und Raumordnung (Hg.) 1993: Forschungsfeld „Ältere Menschen und ihr Wohnquartier". EXWOST-Informationen Nr. 10/11. Bonn
Bickel, Horst 1994: Zur Inanspruchnahme von stationärer Pflege und Versorgung im Altersverlauf. In: Gesundheitswesen 56: 363-370
Bickel, Horst 1995: Epidemiologie der Demenzen. In: Psycho 21: 716-722
Birren, James et al. (Hg.) 1996: Aging and biography. Explorations in adult development. New York
Blosser-Reisen, Lore (Hg.) 1997: Altern. Integration sozialer und gesundheitlicher Hilfen. Bern
BMBW - Bundesministerium für Bildung und Wissenschaft (Hg.) 1994: Unfreiwillig in den vorzeitigen Ruhestand - kann Weiterbildung helfen? Werkstattgespräch mit Betroffenen und Projektträgern am 9. und 10. Juni 1993. Bonn
BMFS - Bundesministerium für Familie und Senioren. 1994: Die Alten der Zukunft. Bevölkerungsstatistische Datenanalyse. Forschungsbericht. Stuttgart
BMFS - Bundesministerium für Familie und Senioren (Hg.) 1994: Familien und Familienpolitik im geeinten Deutschland. Zukunft der Humanwissenschaften. 5. Familienbericht. Bonn
BMFSFJ - Bundesministerium für Familie, Senioren, Frauen und Jugend (Hg.) 1996: Zeit im Blickfeld. Ergebnisse einer repräsentativen Zeitbudgeterhebung. Stuttgart
BMFSFJ - Bundesministerium für Familie, Senioren, Frauen und Jugend (Hg.) 1998: Zweiter Altenbericht. Wohnen im Alter. Bonn
BMJFG - Bundesministerium für Jugend, Familie und Gesundheit (Hg.) 1975: Familie und Wohnen 1975. Stuttgart
Bobbio, Norberto 1997: Vom Alter - De senectute. Berlin
Boers, Klaus 1991: Kriminalitätsfurcht. Hamburger Studien zur Kriminologie 12. Pfaffenweiler
Boers, Klaus 1995: Sozialer Umbruch, Modernisierung und Kriminalität. In: Soziale Probleme 6: 153-215

Böhnisch, Lothar 1997: Sozialpädagogik der Lebensalter. Eine Einführung. Weinheim
Böhnisch, Lothar und Reinhard Winter 1997: Männliche Sozialisation. Bewältigungsprobleme männlicher Geschlechtsidentität im Lebenslauf. Weinheim
Böhnisch, Lothar und Klaus Blanc 1989: Die Generationenfalle. Von der Relativierung der Lebensalter. Frankfurt/M.
Böllert, Karin 1992: Prävention statt Intervention. In: H.-U. Otto, P. Hirschauen, H. Thiersch (Hg.): Zeit-Zeichen sozialer Arbeit. Entwürfe einer neuen Praxis. Neuwied: 155-164
Bolte, Karl Martin und Gerd Günter Voß 1988: Veränderungen im Verhältnis von Arbeit und Leben. In: L. Reyher und J. Kühl (Hg.): Resonanzen. Beiträge zur Arbeitsmarkt- und Berufsforschung Nr. 111 (JAB). Nürnberg: 72-93
Borscheid, Peter 1987: Geschichte des Alters. 16.-18. Jahrhundert. Münster
Borscheid, Peter 1994: Der alte Mensch in der Vergangenheit. In: P. B. Baltes, J. Mittelstraß und U. M. Staudinger (Hg.): Alter und Altern. Ein interdisziplinärer Studientext zur Gerontologie. Berlin: 35-61
Börsch-Supan, Axel 1997: Eine umfassende Verpflichtung zur Solidarität. In: A. Lepenies (Hg.): Alt und Jung. Das Abenteuer der Generationen. Eine Publikation des Deutschen Hygiene-Museums Dresden. Basel
Borst, Arno 1979: Lebensformen im Mittelalter. Frankfurt/M.
Bosse, Raymond, Carolyn M. Aldwin, Michael R. Levenson, Kathryn Workman-Daniels et al. 1990: Differences in social support among retirees and workers. Findings from the normative aging study. In: Psychology and Aging 5: 41-47
Brasse, Barbara, Michael Klingeisen und Ulla Schirmer (Hg.) 1993: Alt sein - aber nicht allein. Neue Wohnkultur für Jung und Alt. Münster
Braudel, Fernand 1985: Sozialgeschichte des 15. bis 18. Jahrhunderts. Der Alltag. München
Braun, Gerhard 1990: Altengerechtes Wohnen. Bonn
Braun, Lily 1908: Memoiren einer Sozialistin. Lehrjahre. In: L. Braun: Gesammelte Werke 2. und 3. Bd. Leipzig
Bräuninger, Bettina, Andreas Lange und Kurt Lüscher 1998: „Alterslast" und „Krieg zwischen den Generationen"? Generationenbeziehungen in aktuellen Sachbuchtexten. In: Zeitschrift für Bevölkerungswissenschaft 23: 3-17
Brech, Joachim und Philip Potter (Hg.) 1991: Älter werden - Wohnen bleiben. Europäische Beispiele im Wohnungs- und Städtebau. Opladen
Brecht, Bertolt 1954: Die unwürdige Greisin. In: B. Brecht: Kalendergeschichten. Berlin
Brose, Hans-Georg und Bruno Hildenbrand 1988: Biographisierung von Erleben und Handeln, In: H.-G. Brose und B. Hildenbrand (Hg.): Vom Ende des Individuums zur Individualität ohne Ende. Opladen: 11-30
Bruder, Jens 1994: Gerontopsychiatrische Erkrankungen. In: E. Olbrich, K. Sames und A. Schramm (Hg.): Kompendium der Gerontologie. Interdisziplinäres Handbuch für Forschung, Klinik und Praxis (Kap. V-16). Landsberg/Lech: 1-67
Budde, Gunilla-Friederike 1994: Bürgertum. Göttingen
Bundeskriminalamt 1996: Polizeiliche Kriminalstatistik 1995. Wiesbaden
Bundeskriminalamt 1997: Polizeiliche Kriminalstatistik 1996. Wiesbaden
Bundeskriminalamt 1998: Polizeiliche Kriminalstatistik 1997. Wiesbaden

Bura, Josef und Barbara Kayser 1992: Miteinander wohnen - Wohnprojekte für Jung und Alt. Hamburg

Burdach, Konrad 1987: „Violence Profile“ und Kultivierungsanalyse. Die Vielseherforschung George Gerbners. In: M. Schenk (Hg.): Medienwirkungsforschung. Tübingen: 344-365

Burke, Deborah M. und Leah L. Light 1981: Memory and aging: The role of retrieval processes. In: Psychological Bulletin 90: 513-546

Butler, Judith 1991: Das Unbehagen der Geschlechter. Frankfurt/M.

Cadura-Saf, Dorrit 1986: Das unsichtbare Geschlecht. Frauen, Wechseljahre und Älterwerden. Reinbek

Calasanti, Toni M. 1993: Bringing in diversity. Toward an inclusive theory of retirement. In: Journal of Aging Studies 7: 133-150

Calasanti, Toni M. und Annah M. Zajicek 1993: A socialist-feminist approach to aging. Embracing diversity. In: Journal of Aging Studies 7: 117-131

Cantor, Marjorie H. 1979: Neighbours and friends. An overlooked resource in the informal support system. In: Research on Aging 1: 434-463

Carp, Frances-Merchants und Abraham Carp 1981: It may not be the answer, it may be the question. In: Research on Aging 3: 85-101

Casagrande, Carla 1993: Die beaufsichtigte Frau. In: G. Duby und M. Pierrot (Hg.): Geschichte der Frauen. Bd. 2: Mittelalter. Frankfurt/M.: 85-117

Cavanaugh, John C. 1997: Adult development and aging (3. Aufl.). Pacific Grove, CA

Chiriboga, David A. 1982: Adaptation to marital separation in later and earlier life. In: Journal of Gerontology 37: 109-114

Chown, Sheila M. 1981: Friendship in old age. In: S. Duck und R. Gilmour (Hg.): Personal relationships II: Developing personal relationship. New York: 231-246

Clemens, Wolfgang 1998: Entwicklung und Stand der Soziologie des Alter(n)s. In: W. Clemens und G. M. Backes (Hg.): Altern und Gesellschaft. Gesellschaftliche Modernisierung durch Altersstrukturwandel. Opladen: 83-108

Cockerham, William C. 1997: The aging society. (2. Aufl.) Upper Saddle River, NY

Cole, Thomas R. und Mary G. Winkler 1988: „Unsere Tage zählen“. Ein historischer Überblick über Konzepte des Alterns in der westlichen Kultur. In: G. Göckenjahn und H.-J. von Kondratowitz (Hg.): Alter und Alltag. Frankfurt/M.: 35-66

Costa, Paul T. Jr., Alan B. Zonderman und Robert R. McCrae 1985: Longitudinal course of social support among men in the Baltimore longitudinal study of aging. In: I. G. Sarason und B. R. Sarason (Hg.): Social support. Theory, research and applications. Dordrecht: 137-154

Creek, J. C. und Nicholas Babchuk 1985: Affecting and the interweave of social circles: Life course transitions. In: W. A. Peterson und J. Quadragno (Hg.): Social bonds in later life. Aging and interdependence. Beverly Hills: 129-142

Cumming, Elaine und William E. Henry 1961: Growing old. The process of disengagement. New York

Cutrona, Carolyne E. 1986: Objective determinants of perceived social support. In: Journal of Personality and Social Psychology 50: 349-355

Dallinger, Ursula und Gerhard Naegele 1993: Sozialpolitik und Lebenslage älterer Menschen in den neuen Ländern. Wandel im System sozialer Sicherung und Versorgung. In: H.-P. Tews und G. Naegele (Hg.): Lebenslagen im Strukturwandel des Alters. Opladen: 301-313
Dannefer, Dale 1988: What's in a name? On account of the neglect of variability in the study of aging. In: J. Birren, V. L. Bengtson (Hg.): Emergent theories in aging. New York
Datenreport Alter 1997: Individuelle und sozioökonomische Rahmenbedingungen heutigen und zukünftigen Alters. Schriftenreihe des Bundesministeriums für Familie, Senioren, Frauen und Jugend, Bd. 137. Stuttgart
Denney, Nancy W., James R. Dew und Stephen Kroupa 1995: Perceptions of wisdom. What is it and who has it? In: Journal of Adult Development 2: 37-47
Depner, Charlene und Berit Ingersoll 1982: Employment status and social support: The experience of mature women. In: M. Szinovacz (Hg.): Women's retirement. Policy implications of recent research. Beverly Hills: 61-76
Deutscher Bundestag (Hg.) 1994: Zwischenbericht der Enquête-Kommission Demographischer Wandel. Bonn
Deutsches Zentrum für Altersfragen/Kuratorium deutscher Altershilfe (Hg.) 1991: Heimkonzept der Zukunft. Berlin
Dieck, Margret 1984: Zur Lebenssituation älterer Frauen. Problemfelder und Handlungsbedarf. In: Sozialer Fortschritt 7
Dieck, Margret 1994: Frauen als Zielgruppe der Alterssozialpolitik: Gleichbehandlung, Chancengleichheit, Risikoausgleich? In: Zeitschrift für Gerontologie 27: 52-56
Dieck, Margret und Gerhard Naegele 1993: „Neue Alte" und alte soziale Ungleichheiten. In: H.-P. Tews und G. Naegele (Hg.): Lebenslagen im Strukturwandel des Alters. Opladen: 43-60
Diehl, Manfred 1988: Das soziale Netzwerk älterer Menschen. In: A. Kruse, U. Lehr, F. Oswald und C. Rott (Hg.): Gerontologie. Wissenschaftliche Erkenntnisse und Folgerungen für die Praxis. München: 268-292
Diener, Ed 1984: Subjective well-being. In: Psychological Bulletin 95: 542-575
Dießenbacher, Hartmut 1990: Generationenvertrag, Ethik und Ökonomie. Ist das höhere Lebensalter noch finanzierbar? In: C. Sachße und H. T. Engelhardt (Hg.): Sicherheit und Freiheit. Zur Ethik des Wohlfahrtsstaates. Frankfurt/M.: 255-271
Dietzel-Papakyriakou, Maria 1993a: Ältere ausländische Menschen in der Bundesrepublik Deutschland. In: Deutsches Zentrum für Altersfragen (Hg.): Expertisen zum ersten Altenbericht der Bundesregierung III. Berlin: 1-154
Dietzel-Papakyriakou, Maria 1993b: Altern in der Migration. Die Arbeitsmigranten vor dem Dilemma: Zurückkehren oder bleiben? Stuttgart
Dietzel-Papakyriakou, Maria und Elke Olbermann 1996a: Zum Versorgungsbedarf und zur Spezifik der Versorgung älterer Migrantinnen und Migranten. In: Informationen zur Ausländerarbeit. Bonn: 82-89
Dietzel-Papakyriakou, Maria und Elke Olbermann 1996b: Soziale Netzwerke älterer Migranten. Zur Relevanz familiärer und innerethnischer Unterstützung. In: Zeitschrift für Gerontologie 29: 34-41
Diewald, Martin 1991: Soziale Beziehungen. Verlust oder Liberalisierung. Soziale Unterstützung in informellen Netzwerken. Berlin

Diewald, Martin 1993a: Hilfebeziehungen und soziale Differenzierungen im Alter. In: Kölner Zeitschrift für Soziologie und Sozialpsychologie 45: 731-754

Diewald, Martin 1993b: Netzwerkorientierungen und Exklusivität der Paarbeziehung. In: Zeitschrift für Soziologie 22: 279-297

Dillman, Don 1978: Mail and telefone surveys. New York

Dimova, Stanka 1998: Zum Selbstkonzept von LangzeitmigrantInnen aus Ostblockstaaten. Unveröff. Diplomarbeit, Technische Universität Dresden

Dinkel, Reiner H. 1990: Der Einfluß der Wanderungen auf die langfristige Bevölkerungsdynamik. In: Acta Demographica 1: 47-62

Dinkel, Reiner H. 1994: Demographische Alterung. Ein Überblick unter besonderer Berücksichtigung der Mortalitätsentwicklungen. In: P. B. Baltes et al. (Hg.): Alter und Altern. Ein interdisziplinärer Studientext zur Gerontologie. Berlin: 62-93

Duby, Georges 1984: Krieger und Bauern. Die Entwicklung der mittelalterlichen Wirtschaft und Gesellschaft bis um 1200. Frankfurt/M.

Duby, Georges 1992: Die Zeit der Kathedralen. Frankfurt/M.

Duby, Georges 1996: Héloise, Isolde und andere. Frauen im zwölften Jahrhundert (I). Frankfurt/M.

Duby, Georges 1997: Mütter, Witwen, Konkubinen. Frauen im zwölften Jahrhundert. Frankfurt/M.

Duby, Georges und Michelle Pierrot 1993a: Geschichte der Frauen. Bd. 1: Antike. Frankfurt/M.

Duby, Georges und Michelle Pierrot 1993b: Geschichte der Frauen Bd. 2: Mittelalter. Frankfurt/M.

Dunkel-Schetter, Christine und Camille B. Wortman 1981: Dilemmas of social support: Parallels between victimization and aging. In: S. B. Kiesler, J. N. Morgan und V. K. Oppenheimer (Hg.): Aging. Social change. New York: 349-381

Durenberger, Dave 1989: Education and the contact between the generations. In: The Generational Journal 2: 5-8

Ebberfeld, Ingelore 1992: „Es wäre schön, nicht so allein zu sein." Sexualität von Frauen im Alter. Frankfurt/M.

Ebberfeld, Ingelore 1993: Was ist Alterssexualität? Und was ist weibliche Sexualität im Alter? In: Zeitschrift für Frauenforschung 4: 65-72

Eckert, J. Kevin 1983: Dislocation and relocation of the urban elderly. Social networks as mediators of relocation stress. In: Human Organization 42: 39-45

Eder, Klaus 1980: Die Entstehung staatlich organisierter Gesellschaften. Ein Beitrag zu einer Theorie sozialer Evolution. Frankfurt/M.

Edwards, John N. und David L. Klemmack 1973: Correlates of life satisfaction: A reexamination. In: Journal of Gerontology 28: 499-502

Ehmer, Josef 1990: Sozialgeschichte des Alters. Frankfurt/M.

Eichenberg, Hans-Udo und Klaus Hurrelmann 1997: Warum fällt die Lebenserwartung von Männern immer stärker hinter die der Frauen zurück? Medizinische und soziologische Erklärungsansätze. In: Zeitschrift für Sozialisationsforschung und Erziehungssoziologie 17: 118-134

Elbing, Eberhard 1991: Einsamkeit. Psychologische Konzepte, Forschungsbefunde und Treatmentansätze. Göttingen

Elder, Glen H. 1991: Life course. In: E. F. Borgatta und M. L. Borgatta (Hg.): The encyclopedia of sociology. New York
Elder, Glen. H. 1974: Children of the Great Depression. Social change in life experience. Chicago
Elias, Norbert 1979: Über den Prozeß der Zivilisation. Soziogenetische und psychogenetische Untersuchungen. 2 Bde. Frankfurt/M.
Elias, Norbert 1983: Die höfische Gesellschaft. Frankfurt/M.
Elwert, Georg, Martin Kohli und Harald Müller (Hg.) 1990: Im Laufe der Zeit. Ethnographische Studien zur gesellschaftlichen Konstruktion von Lebensaltern. Breitenbach
Engel, Frank und Ursel Sickendiek 1991: Sozialökologische Planungsberatung. Das Wohn-Aktiv Minden. In: K. W. Frank, H. Knüppel und J. Wilhelm (Hg.): Soziale Altenarbeit im Stadtteil. Deutsches Zentrum für Altersfragen. Berlin: 59-76
Engel, Frank, Frank Nestmann, Gabriele Niepel und Ursel Sickendiek 1996: Weiblich, ledig, kinderlos und alt. Soziale Netzwerke und Wohnbiographien alter alleinstehender Frauen. Opladen
Engelbrech, Gerhard 1993: Zwischen Wunsch und Wirklichkeit. Einstellungen ostdeutscher Frauen zur Erwerbstätigkeit zwei Jahre nach der Wende. Ergebnisse einer Befragung. IAB-Werkstattbericht Nr. 8. Nürnberg
Engelbrech, Gerhard und Alexander Reinberg 1997: Frauen und Männer in der Beschäftigungskrise der 90er Jahre. IAB-Werkstattbericht Nr. 11. Nürnberg
Engelhardt, Tristan H. 1990: Die Einführung von Zugangsbestimmungen für kostenintensive lebensrettende medizinische Behandlung. In: C. Sachse und H. T. Engelhardt (Hg.): Sicherheit und Freiheit. Zur Ethik des Wohlfahrtsstaates. Frankfurt/M.: 289-312
Enquête-Kommission Demographischer Wandel 1994: Herausforderungen unserer älter werdenden Gesellschaft an den einzelnen und die Politik. Zwischenbericht. Hrsg. vom Deutschen Bundestag. Bonn
Erikson, Erik H. 1966: Identität und Lebenszyklus. Frankfurt/M.
Ernst, Jochen 1995: Frühverrentung in Ostdeutschland. Frankfurt/M.
Faltermaier, Toni, Philipp Mayring, Winfried Saup und Petra Strehmel 1992: Entwicklungspsychologie des Erwachsenenalters. Stuttgart
Fegebank, Barbara 1994: Der private Haushalt in systemtheoretisch-ökologischer Betrachtung. Frankfurt/M.
Ferraro, Kenneth F. 1989: Widowhood and health. In: K. Markides und C. L. Cooper (Hg.): Ageing, stress, and health. Bath
Ferraro, Kenneth F. 1995: Fear of crime. Interpreting victimization risk. New York
Fertig, Ludwig 1984: Zeitgeist und Erziehungskunst. Darmstadt
Filipp, Sigrun-Heide 1987: Das mittlere und höhere Erwerbsalter im Fokus entwicklungspsychologischer Forschung. In: R. Oerter und L. Montada (Hg.): Entwicklungspsychologie. Weinheim: 439-486
Fischer, Claude S. 1982: To dwell among friends. Personal networks in town and city. Chicago
Fisk, John E. und Peter Warr 1996: Age and working memory: The role of perceptual speed, the central executive, and the phonological loop. In: Psychology and Aging 11: 316-323

Fooken, Insa 1980: Frauen im Alter. Eine Analyse intra- und interindividueller Differenzen. Frankfurt/M.

Fooken, Insa 1984: Beziehungen älterer Frauen zu ihren Familien. In: Frauenforschung: Informationsdienst des Forschungsinstituts Frau und Gesellschaft: 47-51

Fooken, Insa 1986: Männer im Alter - Psychologische und soziale Aspekte. In: Zeitschrift für Gerontologie 4

Fooken, Insa 1989: Kompetenz im Alter - Ein Beitrag zur Psychologie des Mannes. In: Ch. Rott und F. Oswald (Hg.): Kompetenz im Alter. Vaduz 245-270

Fooken, Insa 1993: Frauen im Alter. In: J. Otto (Hg.): Die älter werdende Gesellschaft. Hrsg. vom Bundesinstitut für Bevölkerungsforschung. Wiesbaden: 195-216

Foucault, Michel 1976: Überwachen und Strafen. Die Geburt des Gefängnisses. Frankfurt/M.

Foucault, Michel 1978: Disposition der Macht. Über Sexualität, Wissen und Wahrheit. Berlin

Frevert, Ute 1986: Frauen-Geschichte. Zwischen bürgerlicher Verbesserung und Neuer Weiblichkeit. Frankfurt/M.

Frigessi-Castelnuovo, Delia, Michele Risso 1986: Emigration und Nostalghia. Sozialgeschichte, Theorie und Mythos psychischer Krankheit von Auswanderern. Frankfurt/M.

Fuchs, Johann 1996: Prognose 2000: Zahl der älteren Arbeitskräfte bleibt hoch. Frühverrentung und Beschäftigung - Teil 3. IAB-Kurzbericht Nr. 10. Nürnberg

Garett, Ruth 1991: Alter - Schicksal oder Zeit der Fülle? Lebenssituationen und Probleme älterer Menschen als gerontagogische Herausforderung. Regensburg

Garfinkel, Harold 1967a: Studies in Ethnomethodology. Englewood Cliffs

Garfinkel, Harold 1967b: Passing and the managed achievement of sex status in an ‚intersexed' person. In: H. Garfinkel: Studies in ethnomethodology. Englewood Cliffs: 116-185

Gather, Claudia, Ute Gerhard, Karin Prinz, Mechthild Veil (Hg.) 1991: Frauen-Alterssicherung. Lebensläufe von Frauen und ihre Benachteiligung im Alter. Berlin

Geissler, Erich 1988: Altern - pädagogische Aspekte. In: Bericht der Kommission ‚Altern als Chance und Herausforderung', im Auftrag der Landesregierung Baden-Württemberg. Stuttgart.

Gemende, Marion 1997: Ethnizität als Ressource. Ausländer in Sachsen. Akzeptanz und Gleichstellung statt Ignoranz und Benachteiligung. In: IZA - Zeitschrift für Migration und soziale Arbeit 21: 54-57

Gemende, Marion 1998: Familien ausländischer Herkunft. Im Spannungsfeld zwischen Assimilation und Ethnizität. In: L. Böhnisch und K. Lenz (Hg.): Familien. Eine interdisziplinäre Einführung. Weinheim: 283-297

Georgi, Hans 1989: Einige Stichworte aus familientherapeutischer Sicht. In: P. Zeman (Hg.): Hilfebedürftigkeit und Autonomie. Berlin

Gerhard, Ute 1992: Unerhört. Die Geschichte der deutschen Frauenbewegung. Reinbek

Giarrusso, Roseann et al. 1995: The „intergenerational stake" hypothesis revistited. Parent-child differences in perception of relationships 20 years later. In: V. L. Bengtson et al. (Hg.): Adult intergenerational effects. New York: 227-263
Gilmore, David 1991: Mythos Mann. Rollen, Rituale, Leitbilder. München
Ginn, Jay und Sara Arber 1995: Only connect. Gender relations and aging. In: S. Arber und J. Ginn (Hg.): Connecting gender and aging. A sociological approach. Philadelphia: 1-14
Glatzer, Wolfgang 1992: Die Lebensqualität älterer Menschen in Deutschland. In: Zeitschrift für Gerontologie 25: 137-144
Göckenjan, Gerd und Hans J. v. Kondratowitz (Hg.) 1988: Alter und Alltag. Frankfurt/M.
Göckenjan, Gerd 1989: Zwischen Alterskult und Altenlast. Die definitorische Bewältigung des Alters. In: Frankfurter Hefte 44: 1098-1104
Goffman, Erving 1969: Wir alle spielen Theater. Die Selbstdarstellung im Alltag. München
Goffman, Erving 1972: Asyle. Über die Situation psychiatrischer Patienten und anderer Insassen. Frankfurt/M.
Gold, Andreas und Marcus Hasselhorn 1991: Altersunterschiede beim Lernen und Behalten visuell-räumlichen Materials. In: Zeitschrift für Gerontopsychologie und -psychiatrie 4: 221-231
Goldberg, Gertrude, Ruth Kantrow, Eleanor Kremen und Leah Lauter 1990: Unverheiratete kinderlose Frauen und ihre soziale Unterstützung. In: C. Schmerl und F. Nestmann (Hg.): Ist Geben seliger als Nehmen? Frankfurt/M.: 215-242
Gottlieb, Benjamin H. 1981: Social networks and social support. Beverly Hills
Greve, Werner, Daniela Hosser und Peter Wetzels 1996: Bedrohung durch Kriminalität im Alter. Kriminalitätsfurcht älterer Menschen als Brennpunkt einer Gerontoviktimologie. Baden-Baden
Gronemayer, Reimer 1991: Die Entfernung vom Wolfsrudel. Über den drohenden Krieg der Jungen gegen die Alten. Frankfurt/M.
Großhans, Hartmut 1993: Wohnen im Alter. Köln
Groth, Silvia 1995: Hormonbehandlung der Menopause. In: Clio, Heft 41: 30-37
Grube, Dietmar, Marcus Hasselhorn und Johannes Weiß 1997: Defizite im phonologischen Arbeitsgedächtnis: Spielt die Verarbeitungspräzision des phonetischen Speichers eine Rolle? Forschungsbericht Nr. 16 aus dem Institut für Pädagogische Psychologie und Entwicklungspsychologie der TU Dresden
Grube, Dietmar, Marcus Hasselhorn und Johannes Weiß 1998: Altersdefizite im phonologischen Arbeitsgedächtnis: Spielt die Verarbeitungspräzision des phonetischen Speichers eine Rolle? In: Zeitschrift für Gerontopsychologie und -psychiatrie 11: 3-11
Grünheid, Evelyn 1998: Hochaltrige Menschen in Deutschland. In: BIB-Mitteilungen 19: 16-21
Grünheid, Evelyn und Ulrich Mammey 1997: Bericht 1997 über die demographische Lage in Deutschland. In: Zeitschrift für Bevölkerungswissenschaft 22: 377-480
Gubrium, Jaber F. 1975: Living and dying at Murray Manor. New York

Gubrium, Jaber F. 1993: Speaking of lifes. Horizons of meaning for nursing home residents. New York

Guillemard, Anne-Marie 1994: Europäische Perspektiven der Alterspolitik. In: P. B. Baltes, J. Mittelstraß und U. M. Staudinger (Hg.): Alter und Altern. Ein interdisziplinärer Studientext zur Gerontologie. Berlin: 614-639

Guillemard, Anne-Marie 1996: Equity between generation in aging societies. The problem of assessing public policies. In: T. K. Hareven (Hg): Aging and generational relations over the life course : a historical and cross-cultural perspective. University of Delaware Family Research. Symposium essays. Berlin

Habermas, Jürgen 1973: Legitimitätsprobleme im Spätkapitalismus. Frankfurt/M.

Habermas, Jürgen 1981: Theorie des kommunikativen Handelns. Bd. 2: Zur Kritik der funktionalistischen Vernunft. Frankfurt/M.

Haenschke, Barbara 1993: Weiterbildung und Identität, Quem-report. Schriften zur beruflichen Bildung in den neuen Ländern, Heft 1. Berlin

Haenschke, Barbara 1994: Transformation und Identität. Aspekte, Erfahrungen, Tendenzen. Quem-report. Schriften zur beruflichen Bildung in den neuen Ländern, Heft 24. Berlin

Haenselt, Roland 1989: Probleme der Inanspruchnahme familientherapeutischer Hilfe durch die Betroffenen. In: P. Zeman (Hg.): Hilfebedürftigkeit und Autonomie. Berlin

Hagemann-White, Carol 1988: Wir werden nicht zweigeschlechtlich geboren. In: C. Hagemann-White und M. Rerrich (Hg.): FrauenMännerBilder. Männer und Männlichkeit in der feministischen Diskussion. Bielefeld: 224-235

Hagestad, Gunhild O. und Bernice Neugarten 1985: Age and the life course. In: R. H. Binstock, E. Shanas (Hg.): Handbook of aging and the social sciences. New York

Hahn, Holger Paul von 1998: Ursachen des Alterns. In: Spektrum der Wissenschaft 21: 8-19

Hansson, Robert O. 1986: Relational competence, relationships, and adjustment in old age. In: Journal of Personality and Social Psychology 50: 1050-1058

Hansson, Robert O., Warren H. Jones und Wesla L. Fletcher 1990: Troubled relationships in later life. Implications for support. In: Journal of Social and Personal Relationships 7: 451-463

Harding, Sandra 1990: Feministische Wissenschaftstheorie. Zum Verhältnis von Wissenschaft und sozialem Geschlecht. Reinbek

Harding, Sandra 1994: Das Geschlecht des Wissens. Frankfurt/M.

Hartung, Ilona 1997: Alter und soziale Dienste. Hilfeangebote und Hilfebedürfnisse. Unveröff. Diplomarbeit an der Technischen Universität Dresden

Hartwig, Manfred 1998: Ansatz der Biogerontologie. Das Altern verlangsamen. In: Spektrum der Wissenschaft 21: 20-22

Hasselhorn, Marcus 1988: Wie und warum verändert sich die Gedächtnisspanne über die Lebensspanne? In: Zeitschrift für Entwicklungspsychologie u. Pädagogische Psychologie 20: 322-337

Hasselhorn, Marcus 1990: Altersdifferenzen und -invarianzen im Arbeitsgedächtnis: Eine gerontopsychologische Studie zum Wortlängen-Effekt. In: Zeitschrift für Gerontopsychologie und -psychiatrie 1: 181-189

Hasselhorn, Marcus 1993: Angst, Arbeitsgedächtnis und Alter. In: Schweizerische Zeitschrift für Psychologie 52: 248-253
Hasselhorn, Marcus 1998: Alter und Altern. In: H. Keller (Hg.): Lehrbuch Entwicklungspsychologie. Bern: 423-442
Hasselhorn, Marcus, Juliane Baumgart, Jörg Graubner, Christian Koseck, Paul Mueller, Bettina Pescheck und Brigitte Schneider 1997: Lassen sich kognitive Leistungseinbußen im Alter durch veränderte Selbstkonzepte erklären? Forschungsbericht Nr. 12 aus dem Institut für Pädagogische Psychologie und Entwicklungspsychologie der TU Dresden
Hasselhorn, Marcus und Willi Hager 1993: Altersprobleme in der Nutzungseffizienz von Abrufstrategien. Metagedächtnis- und/oder Kapazitätsdefizite? In: Zeitschrift für Gerontopsychologie und -psychiatrie 6: 207-215
Hasselhorn, Marcus, Willi Hager und Doris Cienciala 1989: Wiedererkennen und Reproduzieren von Wörtern: Altersabhängige Aktualisierung von Kontextinformationen beim Abrufen episodischer Gedächtnisinhalte. In: Zeitschrift für Gerontologie 22: 298-307
Hasselhorn, Marcus, Willi Hager, Marion Huber und Diana Gödecke 1995: Intelligenz- und Denkförderung bei älteren Menschen. Eine Evaluation des Aachener Denktrainings für Senior(inn)en. In: Zeitschrift für Gerontopsychologie und -psychiatrie 8: 169-180
Hasselhorn, Marcus, Margret Kamm und Elke Ueffing 1989: Altersdifferenzen bei der Verarbeitung zentraler und inzidenteller Bildinformation: Zur Analyse von Aspekten der Aufmerksamkeit. In: Zeitschrift für Entwicklungspsychologie und Pädagogische Psychologie 21: 124-145
Hauser, Richard und Gert Wagner 1994: Alter und Soziale Sicherung. In: P. B. Baltes, J. Mittelstraß und U. M. Staudinger (Hg.): Alter und Altern. Ein interdisziplinäarer Studientext zur Gerontologie. Berlin: 581-613
Häußermann, Hartmut und Walter Siebel 1995: Dienstleistungsgesellschaften. Frankfurt/M.
Häußermann, Hartmut und Walter Siebel 1996: Soziologie des Wohnens. Weinheim
Hautzinger, Martin 1992: Kognitive Verhaltenstherapie bei depressiven älteren Menschen. Erste Erfahrungen und Ergebnisse. In: Zeitschrift für Gerontologie 25: 369-372
Havighurst, Robert G. 1943: Human development and education. New York
Havighurst, Robert G. 1963: Dominant concerns in the life. In: L. Schenk-Danziger und H. Thomae (Hg.): Gegenwartsprobleme der Entwicklungspsychologie. Göttingen: 301-331
Havighurst, Robert G. 1963: Successful aging. In: C. Tibbits und W. Donahue (Hg.): Process of aging. New York: 299-320
Havighurst, Robert G. 1972: Developmental tasks and education. 3. Aufl. New York
Heckmann, Friedrich 1992: Ethnische Minderheiten, Volk und Nation. Soziologie inter-ethnischer Beziehungen. Stuttgart
Heidrich, Susan M. und Nancy W. Denney 1994: Does social problem solving differ from other types of problem solving during the adult years? In: Experimental Aging Research 20: 105-124
Hendricks, Jon 1992: Making something of our chromosomes. In: J. Hendricks und L. Glasse (Hg.): Gender and aging. New York. 1-4.

Hendricks, Jon 1993: Recognizing the relativity of gender in aging research. In: Journal of Aging Studies 7: 111-116
Herberich-Marx, Geneviève und Freddy Raphael 1988: Der verdrängte Körper. Sexualität und Körperpräsenz in Altenpflegeheimen. In: G. Göckenjahn und H.-J. v. Kondratowitz (Hg.): Alter und Alltag. Frankfurt/M.: 331-350
Herbert, Frank-Lothar et al. 1995: Trotzdem kreativ. Lebensabschnitte ohne Berufsarbeit sinnvoll nutzen. In: Arbeitsgemeinschaft Quem (Hg.): Studie. Berlin
Herlyn, Ingrid und Angelika Kistner 1997: Großmuttersein heute. In: Zeitschrift für Frauenforschung 15: 5-21
Heuft, Gereon 1994: Persönlichkeitsentwicklung im Alter - ein psychoanalytisches Entwicklungsparadigma. In: Zeitschrift für Gerontologie 27: 116-121
Hobsbawm, J. Eric 1995: Das Zeitalter der Extreme. Weltgeschichte des 20. Jahrhunderts. München
Hochschild, Arlie R. 1973: The unexpected community. Berkeley
Hofmann, Edeltraud 1996: Ältere Arbeitnehmer zwischen Beschäftigung, Arbeitslosigkeit und Ruhestand 1980-1995. Frühverrentung und Beschäftigung - Teil 2. IAB-Kurzbericht Nr. 9. Nürnberg
Hohmeier, Jürgen und Hans-Jürgen Pohl 1978: Alter als Stigma oder: Wie man alt gemacht wird. Frankfurt/M.
Höhn, Charlotte 1997: Bevölkerungsentwicklung und demographische Herausforderung. In: S. Hradil und S. Immerfall (Hg.): Die westeuropäischen Gesellschaften im Vergleich. Opladen: 71-95
Höhn, Charlotte und Gert Hullen 1993: Bestimmungsgründe der Alterung der Bevölkerung in Deutschland - Gestern, heute und morgen. Szenarien von 1871 bis 2060. In: J. Otto (Hg.): Die älter werdende Gesellschaft. Hrsg. vom Bundesinstitut für Bevölkerungsforschung. Wiesbaden: 7-39
Höhn, Charlotte und Juliane Roloff et al. (Hg.) 1994: Die Alten der Zukunft. Bevölkerungsstatistische Datenanalyse. Schriftenreihe des Bundesministeriums für Familie und Senioren, Bd. 32. Stuttgart
Höpflinger, François 1993: Haushaltsformen bei Betagten. Zwischen Selbständigkeit und Abhängigkeit. In: S. Gräbe (Hg.): Der private Haushalt im wissenschaftlichen Diskurs. Frankfurt/M.: 255-280
Höpflinger, François 1997: Bevölkerungssoziologie. Eine Einführung in bevölkerungssoziologische Ansätze und demographische Prozesse. Weinheim
Höpflinger, François und Astrid Struckelberg 1992: Alter und Altersforschung in der Schweiz. Zürich
Horeochi, Shiro 1991: Adressing the effects of mortality reduction on population ageing. In: Population Bulletin of the United Nations 31/31: 38-51
Horkheimer, Max (Hg.) 1936: Autorität und Familie. Forschungsberichte des Instituts für Sozialforschung. Paris
Horkheimer, Max und Theodor W. Adorno 1979: Dialektik der Aufklärung. Philosophische Fragmente. Frankfurt/M.
Hörl, Josef und Leopold Rosenmayr 1994: Gesellschaft, Familie, Alternsprozeß. In: H. Reinmann und H. Reimann (Hg.): Das Alter. Einführung in die Gerontologie. Stuttgart
Horn, John L. 1982: The aging of human abilities. In: B. B. Wolman (Hg.): Handbook of developmental psychology. Englewood Cliffs: 847-870

House, James S. 1987: Social support and social structure. In: Sociological Forum 2: 135-146
House, James S., Cynthia A. Robbins und Helen L. Metzner 1982: The association of social relationships and activities with mortality. Prospective evidence from the Tecumseh Community Health Study. In: American Journal of Epidemiology 116: 123-140
House, James S., Debra Umberson und Karl R. Landis 1988: Structure and processes of social support. In: Annual Review of Sociology 14: 293-318
Husmann, Gabriela 1992: „Die Einsamkeit ist das schlimmste Problem“. Lesben im Alter. In: Beiträge zur feministischen Theorie und Praxis 14: 105-112
Huyck, Margaret H. 1995: Marriage and close relationships of the marital kind. In: R. Blieszner und V. Bedford (Hg.): Handbook of aging and the family. Westport: 181-200
Imhof, Arthur E. 1981: Die gewonnenen Jahre. München
Imhof, Arthur E. 1984: Die verlorenen Welten: Alltagsbewältigung durch unsere Vorfahren und weshalb wir uns heute so schwer damit tun. München
Imhof, Arthur E. 1988: Die Lebenszeit. Vom aufgeschobenen Tod und von der Kunst des Lebens. München
Infratest Sozialforschung (Hg.) 1991: Zur Lebenssituation der 55- bis 70jährigen. Bonn
Institut für Demoskopie Allensbach 1993: Alte Menschen in Ost- und Westdeutschland. In: Deutsches Zentrum für Altersfragen (Hg.): Expertisen zum ersten Altenbericht der Bundesregierung: Aspekte der Alterssituation im Osten und Westen der Bundesrepublik. Berlin: 1-113
Irsiger, Franz und Arnold Lassotta 1989: Bettler und Gaukler, Dirnen und Henker. Außenseiter in einer mittelalterlichen Stadt. Köln 1300-1600. München
Jacobeit, Wolfgang 1980: Arbeit und Arbeitswerkzeuge. In: J. Kuczynski (Hg.): Geschichte des Alltags des deutschen Volkes. Bd. 1, Berlin: 342-373
Jeggle, Utz 1977: Kiebingen - eine Heimatgeschichte. Zum Prozeß der Zivilisation in einem schwäbischen Dorf. Tübingen
Jens, Walter und Hans Thiersch 1987: Deutsche Lebensläufe in Biographien und Briefen. Weinheim
Johnson, Colleen L. 1988: Relationships among family members and friends in later life. In: R. M. Milardo (Hg.): Families and social networks. Newbury Park
Johnson, Colleen L. und Barbara M. Barer 1996: Childlessness and kinship organisation. Comparisons of very old whites and blacks. In: Journal of Cross-Cultural Gerontology 10: 289-306
Jung-Stilling, Heinrich 1990: Jünglingsjahre. Stuttgart
Jung-Stilling, Heinrich 1992: Lebensgeschichte, 3. Aufl., Darmstadt
Kade, Sylvia 1992: Arbeitsplatzanalyse: Altersbildung. Frankfurt/M.
Kade, Sylvia (Hg.) 1994a: Individualisierung und Älterwerden. Bad Heilbrunn
Kade, Sylvia 1994b: Altersbildung. Ziele und Konzepte. Deutsches Institut für Erwachsenenbildung. Frankfurt/M.
Kade, Sylvia 1994c: Individualisierung und Älterwerden - der paradoxe Weg in die Moderne. In: S. Kade (Hg.): Individualisierung und Älterwerden. Bad Heilbrunn: 17-44
Kade, Sylvia 1997: Die andere Geschichte. Spurensicherung im Vorruhestand. Frankfurt/M.

Kahn, Robert L. 1979: Aging and social support. In: M. W. Riley (Hg.): Aging from birth to death. Interdisciplinary Perspectives. Boulder, CO: 77-92

Kahn, Robert L. und Toni C. Antonucci 1983: Supports of the elderly. Family, friends, professionals. Final report to the national institute on aging. Michigan, MJ

Kaiser, Heinz J. 1991: Altern als offenes Problem und die Rolle gesellschaftlicher Lebensformen. In: Zeitschrift für Gerontopsychologie und -psychiatrie 4: 169-180

Karl, Fred 1991: Gerontologie, Jugendpolitik und Generationenkonflikt. In: Neue Praxis 21: 122-129

Karl, Fred 1993a: Alter in Entwicklung. Die positive Aufhebung der Gerontologie. In: Psychologie und Gesellschaftskritik 17: 21-34

Karl, Fred 1993b: Strukturwandel des Alterns und Handlungspotentiale. In: G. Naegele und H. P. Tews (Hg.): Lebenslagen im Strukturwandel des Alters. Opladen: 259-270

Karthaus, Frank und Manfred Fuhrich 1991: Wohn- und Lebenshilfen für ältere Menschen. Hrsg. vom Kuratorium Deutsche Altershilfe. Köln

Kasl, Stanislav V. 1980: The impact of retirement. In: C. L. Cooper und R. Payne (Hg.): Current concerns in occupational stress. London: 137-186

Kasl, Stanislav V. und Lisa F. Berkman 1981: Psychosocial influences on health status of the elderly. The perspective of social epidemiology. In: J. L. McGaugh und S. B. Kiesler (Hg.): Aging. Biology and behavior. New York: 345-385

Kasl, Stanislav V. und Sarah Rosenfield 1980: The residential environment and its impacts on the mental health of the aged. In: J. Birren und B. Sloane (Hg.): Handbook of mental health and aging. Englewood Cliffs: 468-498

Kasten, Hartmut 1996: Weiblich-männlich. Geschlechterrollen und ihre Entwicklung. Berlin

Kaufmann, Franz-Xaver 1993: Generationenbeziehungen und Generationenverhältnisse im Wohlfahrtsstaat. In: K. Lüscher und F. Schultheis (Hg.): Generationenbeziehungen in „postmodernen“ Gesellschaften. Analysen zum Verhältnis von Individuum, Familie, Staat und Gesellschaft Konstanz: 95-108

Kaufmann, Franz-Xaver 1997: Generationenbeziehungen und Generationenverhältnisse im Wohlfahrtsstaat. In: J. Mansel, G. Rosenthal und A. Tölke (Hg.): Generationen-Beziehungen, Austausch und Tradierung. Opladen: 17-30

Kaufman, Sharon R. 1994: The social construction of frailty. An anthropological perspective. In: Journal of Aging Studies 8: 45-58

Kehoe, Monica 1988: Lesbians over 60 speak for themselves. In: Journal of Homosexuality 16: 32-41

Keupp, Heiner 1992: Verunsicherungen. Risiken und Chancen des Subjekts in der Postmoderne. In: T. Rauschenbach und H. Gängler (Hg.): Soziale Arbeit und Erziehung in der Risikogesellschaft. Neuwied: 165-183

Keupp, Heiner 1994: Ambivalenzen postmoderner Identität. In: U. Beck und E. Beck-Gernsheim (Hg.): Riskante Freiheiten. Frankfurt/M.: 336-350

Keupp, Heiner 1996: Empowerment. In: L. Kreft und I. Mielenz (Hg.): Wörterbuch Soziale Arbeit. Weinheim: 165-168

Kiel, Melanie und Heinz Werner 1998: Die Arbeitsmarktsituation von EU-Bürgern und Angehörigen von Drittstaaten in der EU. IAB-Werkstattbericht Nr. 7. Nürnberg

Kitzinger, Sheila 1997: Großmutter werden. München

Klauer, Karl-Josef 1994: Über den Einfluß eines Trainings zum induktiven Denken auf Variablen der fluiden Intelligenz und des Lernens bei älteren Menschen. In: Zeitschrift für Gerontopsychologie und -psychiatrie 7: 29-46

Kliemke, Christa, Doris Bartelmes und Jeffrey Butler et al. (Hg.) 1993: Ältere Menschen und ihr Wohnquartier. Technische Universität Berlin

Kliemke, Christa, Heide Knebel und Erhard Böttcher 1990: Wohnungsanpassung - Anpassung an die Wohnung. Technische Universität Berlin

Klünder, Torsten und Karen Sinolair 1996: „...kein Paradies auf Erden, sondern Alltag, Leben, dasein, selbstbestimmt...“. Das Pantherhaus in Hamburg - Eine Mehrgenerationenhausgemeinschaft. In: C. Schweppe (Hg.): Soziale Altenarbeit. Pädagogische Arbeitsansätze und die Gestaltung von Lebensentwürfen im Alter. Weinheim: 167-183

Knöchel, Wolfram und Matthias Trier 1995: Arbeitslosigkeit und Qualifikationsentwicklung. Perspektiven der beruflichen Weiterbildung in einer Gesellschaft im Übergang. Münster

Knopf, Monika 1987: Gedächtnis im Alter. Empirische Studien zur Entwicklung des verbalen Gedächtnisses bei älteren Menschen. Heidelberg

Koch-Straube, Ursula 1991: Zwischen den Stühlen. Zur Situation älterer Migrantinnen und Migranten in der BRD. In: Blätter der Wohlfahrtspflege 38: 102-106

Kohli, Martin (Hg.) 1978: Soziologie des Lebenslaufs. Neuwied

Kohli, Martin 1986: Gesellschaftszeit und Lebenszeit. Der Lebenslauf im Strukturwandel der Moderne. In: J. Berger (Hg.): Die Moderne. Kontinuität und Zäsur. Sonderheft Soziale Welt. Göttingen. 183-208

Kohli, Martin 1993: Engagement im Ruhestand. Rentner zwischen Erwerbstätigkeit, Ehrenamt und Hobby. Opladen

Kohli, Martin 1994: Altern in soziologischer Perspektive. In: P. B. Baltes, J. Mittelstraß und U. M. Staudinger (Hg.): Alter und Altern. Ein interdisziplinärer Studientext zur Gerontologie. Berlin: 231-259

Kohli, Martin 1997: Zwischen den Generationen. Entfernungen, Beziehungen, Leistungen. In: A. Lepenies (Hg.): Alt und Jung. Das Abenteuer der Generationen. Eine Publikation des Deutschen Hygiene-Museums Dresden. Basel: 49-56

Kohli, Martin und Harald Künemund 1997: Nachberufliche Tätigkeitsfelder. Stuttgart

Kohli, Martin, Harald Künemund, Andreas Motel und Marc Szydlik 1997: Generationenkonstellationen, Haushaltsstrukturen und Wohnentfernungen in der zweiten Lebenshälfte. Erste Befunde des Alters-Survey. In: R. Becker (Hg.): Generationen und sozialer Wandel. Generationsdynamik, Generationenbeziehungen und Differenzierung von Generationen. Opladen: 157-175

Koller, Barbara 1995: Vielen Älteren fehlt nichts weiter als ein Arbeitsplatz. IAB-Werkstattbericht Nr. 3. Nürnberg

Kondratowitz, Hans-Joachim v. 1990: Sozialpolitik in Verlegenheit. Normative Unbestimmtheiten im gegenwärtigen Diskurs über das Alter. In: C. Sachße und H. T. Engelhardt (Hg.): Sicherheit und Freiheit. Zur Ethik des Wohlfahrtsstaates. Frankfurt/M.: 228-254

Kondratowitz, Hans-Joachim v. (Hg.) 1994: Die gesellschaftliche Gestaltbarkeit von Altersverläufen. Deutsches Zentrum für Altersfragen. Berlin

Kondratowitz, Hans-Joachim v. 1998: Vom gesellschaftlich „regulierten“ über das „unbestimmte“ zum „disponierten“ Alter. In: W. Clemens und G. M. Backes (Hg.): Altern und Gesellschaft. Gesellschaftliche Modernisierung durch Altersstrukturwandel. Opladen: 61-82

Kosan, Kenan 1987: Die erste Generation der Arbeitsmigranten in der BRD wird älter. In: Alters-Perspektiven 2: 21-24

Krämer, Walter 1994: Altern und Gesundheitswesen. Probleme und Lösungen aus der Sicht der Gesundheitsökonomie. In: P. B. Baltes, J. Mittelstraß und U. M. Staudinger (Hg.): Alter und Altern. Ein interdiszipliniärer Studientext zur Gerontologie. Berlin: 563-581

Krappmann, Lothar 1997: Brauchen junge Menschen alte Menschen? In: L. Krappmann und A. Lepenies (Hg.): Alt und Jung. Spannung und Solidarität zwischen den Generationen. Frankfurt/M.: 185-204

Krause, Neal 1986: Social support, stress, and well-being among older adults. In: Journal of Gerontology 41: 512-519

Kreckel, Reinhard 1992: Politische Soziologie der sozialen Ungleichheit. Frankfurt/M.

Kretschmer, Anja 1998: Alter, soziale Netzwerke und räumliche Umwelt. Eine Interviewstudie mit über 80jährigen Frauen und Männern in Plauen. Unveröff. Diplomarbeit an der Technischen Universität Dresden

Krug, Walter und Gerd Reh 1992: Pflegebedürftige in Heimen. Schriftenreihe des Bundesministeriums für Familie und Senioren. Stuttart

Kruse, Andreas 1990: Potentiale im Alter. In: Zeitschrift für Gerontologie 23: 235-245

Kuczynski, Jürgen (Hg.) 1980: Geschichte des Alltags des deutschen Volkes. Bd. 1. Berlin

Kuczynski, Jürgen 1994: Ein hoffnungsloser Fall von Optimismus? Memoiren 1989-1994. Berlin

Kuczynski, Jürgen 1997: Ein treuer Rebell. Memoiren 1994-1997. Berlin

Kühnert, Sabine und Annette Niederfranke 1993: Sind psycho-gerontologische Theorien nützlich zur Erklärung sozialstruktureller Altersveränderungen? In: G. Naegele und H.-P. Tews (Hg.): Lebenslagen im Strukturwandel des Alters. Opladen: 82-99

Kühnert, Sabine und Gerhard Naegele (Hg.) 1994: Perspektiven moderner Altenpolitik und Altenarbeit. Dortmunder Beiträge zur Gerontologie und Altenarbeit. München

Küster, Christine 1997: Zeitverwendung und Wohnen im Alter. Expertise im Auftrag der Sachverständigenkommission zum Zweiten Altenbericht der Bundesregierung. Hannover

Lam, Dominic H. und M. J. Power 1991: Social support in a general practice elderly sample. In: International Journal of Geriatric Psychiatry 6: 89-93

Lampert, Thomas und Michael Wagner 1998: Zur Bedeutung der Gesundheit für die soziale Integration und die subjektive Befindlichkeit im Alter. In: W. Clemens und G. M. Backes (Hg.): Altern und Gesellschaft. Gesellschaftliche Modernisierung durch Altersstrukturwandel. Opladen: 187-215

Land, Franz-Josef und Maria Dietzel-Papakyriakou 1987: Migration und Gesundheit. Kommentierte Bibliographie. Berlin
Lang, E., K. Arnold und P. Kupfer 1994: Frauen werden älter. Biologische, medizinische und soziologische Ursachen. In: Zeitschrift für Gerontologie 27: 10-15
Lang, Frieder R. und Laura L. Carstensen 1994: Close emotional relationships in later life. Further support for proactive aging in the social domain. In: Psychology and Aging 9: 315-324
Langer, Nieli 1990: Grandparents and adult grandchildren. What do they do for one another? In: International Journal of Aging and Human Development 31: 101-110
Larson, Reed 1978: Thirty years of research on the subjective well-being of older Americans. In: Journal of Gerontology 33: 109-125
Larson, Reed, Jiri Zuzanek und Roger Mannell 1985: Being alone versus being with people. Disengagement in the daily experience of older adults. In: Journal of Gerontology 40: 375-381
Larson, Reed, Roger Mannell und Jiri Zuzanek 1986: Daily well-being of older adults with friends and family. In: Psychology and Aging 1: 117-126
Laslett, Peter 1995: Das dritte Alter. Historische Soziologie des Alterns. Weinheim
Lauterbach, Wolfgang 1995: Die gemeinsame Lebenszeit von Familiengenerationen. In: Zeitschrift für Soziologie 24: 20-39
Lauterbach, Wolfgang 1998: Die Multilokalität später Familienphasen. Zur räumlichen Nähe und Ferne der Generationen. In: Zeitschrift für Soziologie 27: 113-132
Lauterbach, Wolfgang und Kurt Lüscher 1996: Erben und die Verbundenheit der Lebensläufe von Familienmitgliedern. In: KZfSS 48: 66-95
Lauterbach, Wolfgang und Thomas Klein 1997: Altern im Generationenzusammenhang. Die gemeinsame Lebenszeit von Eltern und Kindern, Großeltern und Enkeln. In: J. Mansel, G. Rosenthal und A. Tölke (Hg.): Generationen-Beziehungen, Austausch und Tradierung. Opladen: 109-120
Laws, Glenda 1995: Understanding ageism: Lessons from feminism and postmodernism. In: The Gerontologist 35: 112-118
Lawton, Powell M. 1985: The elderly in context. Perspectives from environmental psychology and gerontology. In: Environment and Behavior 17: 501-519
Lazarus, Richard. S. und Erhard Olbrich 1983: Problems of stress and coping in old age. In: M. Bergener, U. Lehr, E. Lang und R. Schmitz-Scherzer (Hg.): Aging in the 80th and Beyond. New York: 272-287
LBS - Landesbausparkasse Hannover (Hg.) 1990: Ältere Menschen. Wohn- und Lebensbedingungen und ihre Änderungsbereitschaft. Bonn
Lee, Gary R. und Masako Ishii-Kuntz 1987: Social interaction, loneliness, and emotional well-being among the elderly. In: Research on Aging 9: 459-482
Lee, Gary R. und Marilyn Ihinger-Tallman 1980: Sibling interaction and morale. The effects of family relations on older people. In: Research on Aging 2: 367-391
Leeuwen, Hendrik van 1972: Ökologische Kriterien für die Beurteilung des Wohnwertes. In: Elektrizität 22: 21-24

Lehr, Ursula (Hg.) 1978: Seniorinnen. Zur Situation der älteren Frau. Darmstadt
Lehr, Ursula 1972: Psychologie des Alterns. Heidelberg
Lehr, Ursula 1980: Alterszustand und Alternsprozeß - biographische Determinanten. In: Zeitschrift für Gerontologie 13: 442-457
Lehr, Ursula 1987: Zur Situation der älterwerdenden Frau. München
Lehr, Ursula 1991: Psychologie des Alterns. 7. erw. Auflage. Heidelberg
Lenz, Karl 1998: Romantische Liebe. Ende eines Beziehungsideals? In: K. Hahn und G. Burkart (Hg.): Liebe am Ende des 20. Jahrhunderts. Opladen: 65-86
Lenz, Karl und Lothar Böhnisch 1997: Zugänge zu Familien. Ein Grundlagentext. In: K. Lenz und L. Böhnisch (Hg.): Familien. Eine interdisziplinäre Einführung. Weinheim: 9-63
Lesthaeghe, Ron 1992: Der zweite demographische Übergang in den westlichen Ländern. Eine Deutung. In: Zeitschrift für Bevölkerungswissenschaft 18: 313-354
Lewis, Megan A., Karen S. Rook und Ralf Schwarzer 1994: Social support, social control and health among the elderly. In: G. Penny, P. Bennett und H. Herbert (Hg.): Health psychology. A lifespan perspective. Harwood: 191-211
Liebau, Eckard (Hg.) 1996: Generation: Versuche über eine pädagogisch-anthropologische Grundbedingung. Weinheim
Liebau, Eckard (Hg.) 1997: Das Generationenverhältnis. Über das Zusammenleben in Familie und Gesellschaft. Weinheim
Liebau, Eckard und Axel Schwanebeck 1996: Alt und jung. Tutzinger Materialien 80. Tutzing
Lin, Nan 1986: Conceptualising social support. In: N. Lin, A. Dean und W. M. Ensel (Hg.): Social support, life events and depression. New York: 17-30
Lin, Nan, Alfred Dean, Walter M. Ensel und Mark Tausig 1980: Social support and depression in the age structure. Paper presented at the 75th annual meeting of the American Sociological Association. New York
Linde, Hans 1984: Theorie der säkularen Nachwuchsbeschränkung 1800 bis 2000. Frankfurt/M.
Linden, Martin v. d., Serge Brédart und Annick Beerten 1994: Age-related differences in updating working memory. In: British Journal of Psychology 85: 145-152
Lindenberger, Ulman et al. 1996: Stichprobenselektivität und Generalisierbarkeit der Ergebnisse in der Berliner Altersstudie. In: K. U. Mayer und P. B. Baltes (Hg.): Die Berliner Altersstudie. Berlin: 85-108
Litwak, Eugene 1985: Helping the elderly. The complementary roles of informal networks and formal systems. New York
Lopata, Helena Z. 1975: Widowhood. Societal factors in life-span disruption and alternatives. In: N. Datan und L. H. Gindsberg (Hg.): Life span developmental psychology. New York
Lowenthal, Marjorie F. 1967: Aging and mental disorder in San Francisco. San Francisco
Lowenthal, Marjorie F. und Betsy Robinson 1976: Social networks and isolation. In: R. H. Binstock und E. Shanas (Hg.): Handbook of aging and the social sciences. New York: 432-456

Luhmann, Niklas 1997: Die Gesellschaft der Gesellschaft. Frankfurt/M.
Lüscher, Kurt und Franz Schultheis (Hg.) 1995: Generationenbeziehungen in „postmodernen“ Gesellschaften. Analysen zum Verhältnis von Individuum, Familie, Staat und Gesellschaft. Konstanz
Mader, Wilhelm 1994: Emotionalität und Individualität im Alter. Biographische Aspekte des Alterns. In: S. Kade (Hg.): Individualisierung und Älterwerden. Bad Heilbrunn: 95-114
Mader, Wilhelm (Hg.) 1995a: Älterwerden in einer alternden Gesellschaft. Kontinuitäten und Krisen in biographischen Verläufen. Opladen
Mader, Wilhelm 1995b: Altwerden in einer alternden Gesellschaft? Auf dem Wege zu pluralen Alterskulturen. In: W. Mader (Hg.): Älterwerden in einer alternden Gesellschaft. Kontinuitäten und Krisen in biographischen Verläufen. Opladen: 13-36
Madörin, Ernst 1985: Wohnformen im Alter. Bern
MAGS - Ministerium für Arbeit, Gesundheit und Soziales des Landes Nordrhein-Westfalen (Hg.) 1994: Zu Hause älter werden. Wohnungsanpassung und Finanzierung. Dortmund
Marbach, Jan H. 1997: Sozialer Austausch unter drei familiär gebundenen Generationen. In: J. Mansel, G. Rosenthal und A. Tölke (Hg.): Generationen-Beziehungen, Austausch und Tradierung. Opladen: 85-96
Markides, Kyriakos S. und Harry W. Martin 1979: A causal model of life satisfaction among the elderly. In: Journal of Gerontology 34: 86-89
Mayer, Karl Ulrich (Hg.) 1990: Lebensverläufe und sozialer Wandel. Sonderheft 31 der KZfSS. Opladen
Mayer, Karl Ulrich et al. 1994: Gesellschaft, Politik und Altern. In: P. B. Baltes, J. Mittelstraß und U. M. Staudinger (Hg.): Alter und Altern. Ein interdisziplinärer Studientext zur Gerontologie. Berlin: 721-758
Mayer, Karl Ulrich et al. 1996: Wissen über das Alter(n). Eine Zwischenbilanz der Berliner Altersstudie. In: K. U. Mayer und P. B. Baltes (Hg.): Die Berliner Altersstudie. Berlin: 599-635
Mayer, Karl Ulrich und Paul B. Baltes (Hg.) 1996: Die Berliner Altersstudie. Berlin
Mayer, Karl Ulrich und Hans-Peter Blossfeld 1990: Die gesellschaftliche Konstruktion sozialer Ungleichheit im Lebenslauf. In: P. A. Berger und S. Hradil (Hg.): Lebenslagen, Lebensläufe, Lebensstile. Sonderband 7 der Sozialen Welt. Göttingen: 297-318
Mayer, Karl Ulrich und Harriet Zuckerman (Hg.) 1993: Generationendynamik in der Forschung. Frankfurt/M.
McMullin, Julie 1995: Theorizing age and gender relations. In: S. Arber und J. Ginn (Hg.): Connecting gender and aging. A sociological approach. Philadelphia
McNeil, D. N. 1973: Mortality among the widowed in Conneticut. New York
Mead, George Herbert 1968: Geist, Identität und Gesellschaft. Frankfurt/M. (orig. 1934)
Miegel, Meinhard und Stefanie Wahl 1996: Erwerbstätigkeit und Arbeitslosigkeit in Deutschland. Entwicklung, Ursachen und Maßnahmen -Teil 1. Kommission für Zukunftsfragen der Freistaaten Bayern und Sachsen. Bonn
Miller, Stuart und Judith K. Schlitt 1985: Interior space. New York

Minkler, Meredith 1985: Social support and health of the elderly. In: S. Cohen und S. L. Syme (Hg.): Social support and health. New York: 199-216
Minkler, Meredith 1996: Critical perspectives on aging. New challenges for gerontology. In: Ageing and Society 16: 467-487
Minkler, Meredith und Carroll L. Estes (Hg.) 1991: Critical perspectives on aging. The political and moral economy of growing old. Amityville
Minnemann, Elisabeth 1994: Geschlechtsspezifische Unterschiede der Gestaltung sozialer Beziehungen im Alter. In: Zeitschrift für Gerontologie 27: 33-41
Mitscherlich, Alexander 1971: Thesen zur Stadt der Zukunft. Frankfurt/M.
Mittelstraß, Jürgen et al. 1994: Wissenschaft und Altern. In: P. B. Baltes, J. Mittelstraß und U. M. Staudinger (Hg.): Alter und Altern. Ein interdisziplinärer Studientext zur Gerontologie. Berlin: 695-720
Mitterauer, Michael 1982: Problemfelder der Sozialgeschichte des Alters. In: H. Konrad (Hg.): Der alte Mensch in der Geschichte. Wien: 9-61
Mohl, Hans 1993: Die Altersexplosion - droht uns ein Krieg der Generationen? Stuttgart
Moody, Harry R. 1988: Towards a critical gerontology. The contributions of the humanities to theories of aging. In: J. E. Birren und V. L. Bengtson (Hg.): Emergent theories of aging. New York
Moody, Harry R. 1992: Gerontology and critical theory. In: The Gerontologist 32: 294-295
Moos, Richard H. und Sonne Lemke 1983: The multiphasic environmental assessment procedure. In: A. Jeger und R. Slotnick (Hg.): Community, mental health and behavioral ecology. New York
Morgan, David L. 1988: Age differences in social network participation. In: Journal of Gerontology 43: 129-137
Motel, Andreas und Harald Künemund 1996: Einkommen und materielle Absicherung älterer Menschen. Forschungsstand, Fragestellungen und das Erhebungsdesign des Deutschen Alters-Survey. Forschungsbericht 53 der Forschungsgruppe Altern und Lebenslauf. Berlin
Müller, Günter F. und Marie Müller-Andritzky 1987: Alte Menschen. In: G. W. Lauth und P. Viehbahn (Hg.): Soziale Isolierung. Ursachen und Interventionsmöglichkeiten. München: 71-84
Müller, Hans-Peter 1992: Sozialstrukturen und Lebensstile. Der neuere theoretische Diskurs über soziale Ungleichheit. Frankfurt/M.
Müller-Daehn, Sigrid und Insa Fooken 1992: Besondere Belange der Situation von Frauen im Alter. In: DZA (Hg.): Expertisen zum ersten Altenbericht der Bundesregierung III. Aspekte der Alterssituation im Osten und im Westen der BRD. Berlin
Münchmeier, Richard 1997: Von der Unterordnung zum Gegenüber. Zum Wandel im Generationenverständnis. In: K. Lenz und L. Böhnisch (Hg.): Familien. Eine interdisziplinäre Einführung. Weinheim: 113-128
Naegele, Gerhard und Hans Peter Tews (Hg.) 1993a: Lebenslagen im Strukturwandel des Alters. Alternde Gesellschaft - Folgen für die Politik. Opladen
Naegele, Gerhard und Hans Peter Tews 1993b: Theorieansätze und -kritik zur Altersentwicklung. Neue und alte sozialpolitische Orientierungen. In: G. Naegele und H. P. Tews (Hg.): Lebenslagen im Strukturwandel des Alters. Opladen: 329-367

Nestmann, Frank 1988: Die alltäglichen Helfer. Berlin
Nestmann, Frank 1997: Familie als soziales Netzwerk und Familie im sozialen Netzwerk. In: K. Lenz und L. Böhnisch (Hg.): Familien. Eine interdisziplinäre Einführung. Weinheim: 213-234
Nestmann, Frank und Christiane Schmerl (Hg.) 1991: Frauen - das hilfreiche Geschlecht. Dienst am Nächsten oder soziales Expertentum? Reinbek
Nestmann, Frank und Christiane Schmerl 1992: Wer hilft im Alltag? In: Gruppendynamik 23: 161-179
Nestmann, Frank und Thomas Niepel (Hg.) 1993: Beratung von Migranten. Neue Wege der psychosozialen Versorgung. Berlin
Nestmann, Frank, Friedemann Tiedt, Frank Engel und Ursel Sickendiek 1990: WohnAktiv Minden. Unveröfft. Projektbericht Universität Bielefeld
Neugarten, Bernice L. 1979: Time, age and the life cycle. In: The American Journal of Psychiatry 136: 887-894
Neugarten, Bernice L. 1985: Interpretative social science and research on aging. In: A. S. Rossi (Hg.): Gender and the life course. New York
Nittel, Dieter 1991: Report: Biographieforschung. Frankfurt/M.
Noelle-Neumann, Elisabeth und W. Rothenberg 1993: Erfahrungen und Einstellungen zum Alter. In: H. Klose et al. (Hg.): Altern hat Zukunft. Opladen
Noll, Heinz-Herbert und Helmut Schröder 1995: Öffentliche Sicherheit und subjektives Wohlbefinden in Ost- und Westdeutschland. In: W. Glatzer und H.-H. Noll (Hg.): Getrennt vereint. Frankfurt: 305ff
Obergfell-Fuchs, Joachim und Helmut Kury 1995: Verbrechensfurcht und kommunale Kriminalitätsprävention. Analysen anhand der Bevölkerungsbefragung in den Projektstädten und der bundesweiten repräsentativen Bevölkerungsumfrage. In: T. Feltes (Hg.): Kommunale Kriminalprävention in Baden-Württemberg. Empirische Polizeiforschung Bd. 9. Holzkirchen/Obb.: 31-68
Offer, Daniel 1981: Adolescence. A psychological self portrait. New York
Olbermann Elke und Monika Reichert 1993: Hochaltrigkeit und Strukturen gesundheitlicher und pflegerischer Versorgung. In: G. Naegele und H.-P. Tews (Hg.): Lebenslagen im Strukturwandel des Alters. Opladen: 200-214
Olbrich, Erhard 1988: Soziale Unterstützung im Alter: Die Rolle von Mensch und Tier. In: L. Kruse et al. (Hg.): Gerontologie. Beiträge zur 2. gerontologischen Woche. Heidelberg
Olbrich, Erhard 1989: Ein wärmendes Stück Leben. Die Bedeutung der Mensch-Tier-Beziehung im Alter. In: Altenpflege 7: 405-418
Olbrich, Erhard 1992: Das Kompetenzmodell des Alterns. In: J. Dettbarn-Reggentin und H. Reggentin (Hg.): Neue Wege in der Bildung Älterer. Bd. 1: Theoretische Grundlagen. Freiburg: 53-61
Olbrich, Erhard 1994: Konstanz oder Veränderung der Persönlichkeit im Alter? In: Zeitschrift für Gerontologie 27: 83-95
Olbrich, Erhard 1998: Das Alter. Generationen auf dem Weg zu einer „neuen Altenkultur“? In: E. Liebau (Hg.): Das Generationenverhältnis. Über das Zusammenleben in Familie und Gesellschaft. Weinheim: 175-194
Opitz, Claudia 1993: Frauenalltag im Spätmittelalter. In: G. Duby und M. Pierrot (Hg.): Geschichte der Frauen. Bd. 2: Mittelalter. Frankfurt/M.: 283-344

Opp, Karl-Dieter und Peter Schmidt 1976: Einführung in die Mehrvariablenanalyse. Grundlagen der Formulierung und Prüfung komplexer sozialwissenschaftlicher Aussagen. Reinbek

Ostner, Ilona 1992: Zum letzten Male. Anmerkungen zum „weiblichen Arbeitsvermögen“. In: G. Krell und M. Osterloh (Hg.): Personalpolitik aus der Sicht der Frauen. München: 107-122

Oswald, Wolf-Dieter und Thomas Gunzelmann (Hg.) 1995: Kompetenztraining. Ein Programm für Seniorengruppen. Göttingen

Otto, Ulrich 1996: Gemeinschaftliches Wohnen mit Älteren. Seniorengenossenschaften als geeignete Projektschmiede? In: C. Schweppe (Hg.): Soziale Altenarbeit. Pädagogische Arbeitsansätze und die Gestaltung von Lebensentwürfen im Alter. Weinheim: 133-166

Papastefanou, Christiane (1997): Auszug aus dem Elternhaus. Aufbruch und Ablösung im Erleben von Eltern und Kindern. Weinheim

Parkes, Colin Murray 1973: Bereavement. London

Pearlman, Deborah 1988: Loneliness. A life-span family perspective. In: R. M. Milardo (Hg.): Families and social networks. Newbury Park: 190-220

Peplau, Letitia A. und Daniel Perlman 1979: Blueprint for a social psychological theory of loneliness. In: M. Cook und G. Wilson (Hg.): Love and attraction. An international conference. Elmsford, NY: 101-110

Peplau, Letitia A., Tora K. Bikson, Karen S. Rook und Jacqueline D. Goodchilds 1982: Being old and living alone. In: L. A. Peplau und D. Perlman (Hg.): Loneliness. A sourcebook of current theory, research and therapy. New York: 135-151

Perlmutter, Marion 1988: Cognitive potential throughout life. In: J. E. Birren und V. L. Bengtson (Hg.): Emergent theories of aging. New York: 247-268

Pfaff, Matthias 1996: Lernen im Alter. Perspektiven des Seniorenstudiums für eine nachberufliche Tätigkeit. In: C. Stadelhofer (Hg.): Kompetenz und Produktivität im dritten Lebensalter. Bielefeld: 238-243

Pohlreich, Nebahat 1988: Ein türkischer Altenclub in Bielefeld. In: Informationsdienst zur Ausländerarbeit 11: 40-41

Poon, Leonard W. 1985: Differences in human memory with aging: Nature, causes, and clinical implications. In: J. E. Birren und K. W. Schaie (Hg.): Handbook of the psychology of aging (2. Aufl.). New York: 427-462

Prahl, Hans-Werner und Klaus R. Schroeter 1996: Soziologie des Alterns. Paderborn

Raffelhüschen, Bernd und Jan Walliser 1997: Was hinterlassen wir zukünftigen Generationen? Ergebnisse der Generationenbilanzierung. In: E. Knappe/A. Winkler (Hg.), Sozialstaat im Umbruch. Frankfurt/M: 65-90.

Ray, R. E. 1996: A postmodern perspective on feminist gerontology. In: The Gerontologist 35: 674-680

Reimann, Helga und Horst Reimann (Hg.) 1994: Das Alter. Einführung in die Gerontologie. Stuttgart

Reinharz, Shulamit 1986: Friends or foes. Gerontological and feminist theory. In: Women's Studies International Forum 9: 503-514

Reuband, Karl-Heinz 1980: Life histories. Problems and prospects of longitudinal designs. In: J. M. Clubb und E. K. Scheuch (Hg.): Historical social research. The use of historical and process produced data. Stuttgart: 135-163

Reuband, Karl-Heinz 1990: Krisenerfahrungen und Bewältigungsstrategien. Soziale Einflüsse auf das Depressionserleben und die Bedeutung sozialer Unterstütungsnetzwerke. In: W. Müller, P. Mohler, B. Erbslöh und M. Wasmer (Hg.): Blickpunkt Gesellschaft. Einstellungen und Verhalten der Bundesbürger. Opladen: 17-42
Reuband, Karl-Heinz 1992: Kriminalitätsfurcht in Ost- und Westdeutschland. Zur Bedeutung psychosozialer Einflußfaktoren. In: Soziale Probleme 3: 211-219
Reuband, Karl-Heinz 1996: Gesellschaftlicher Wandel, Kriminalität und Kriminalitätsfurcht. In: Neue Praxis 6: 494-504
Reuband, Karl-Heinz 1998a: Indikatoren zur Messung der Kriminalitätsfurcht. (Unveröffentlichtes Manuskript). Düsseldorf
Reuband, Karl-Heinz 1998b: Interpersonales Vertrauen und politische Kultur. (Unveröffentlichtes Manuskript). Düsseldorf
Reuband, Karl-Heinz 1999: Viktimisierung in sächsischen Großstädten. In: Kriminalistik (in Druck)
Revenson, Tracey A. und Jeffrey L. Johnson 1984: Social and demographic correlates of loneliness in late life. In: American Journal of Community Psychology 12: 71-86
Rie, Michael A. 1990: Ökonomische Grenzen der Lebensrettung. Zur Mikroallokation in der Gesundheitspolitik. In: C. Sachße und H. T. Engelhardt (Hg.): Sicherheit und Freiheit. Zur Ethik des Wohlfahrtsstaates. Frankfurt/M.: 272-288
Riedmüller, Barbara und Wolfgang Glatzer 1991: Die Lebenssituation alleinstehender Frauen. Stuttgart
Rifkin, Jeremy 1996: Das Ende der Arbeit und ihre Zukunft. Frankfurt
Riley, Matilda 1994: Aging and society. Past, present, and future. In: The Gerontologist 34: 436-446
Riley, Matilda und John W. Riley Jr. 1994a: Individuelles und gesellschaftliches Potential des Alterns. In: P. B. Baltes et al. (Hg.): Alter und Altern. Ein interdisziplinärer Studientext zur Gerontologie. Berlin: 437-460
Riley, Matilda und John W. Riley Jr. 1994b: Age integration and the lives of older people. In: The Gerontologist 34: 110-115
Riley, Matilda, Robert L. Kahn und L. Foner (Hg.) 1994: Age and structural lag. Society's failure to provide meaningful opportunities in work, family, and leisure. New York
Roberto, Karen A. 1997: Qualities of older women's friendships: Stable or volatile? In: International Journal of Aging and Human Development 44: 1-14
Roberts, Simon 1981: Ordnung und Konflikt. Eine Einführung in die Rechtsethnologie. Stuttgart
Robertson, Joan F. 1995: Grandparenting in an era of rapid change. In: R. Blieszner und V. Bedford (Hg.): Handbook of aging and the family. Westport: 243-260
Rohracher, Hubert 1971: Einführung in die Psychologie (10. Aufl.). Wien
Röhrle, Bernd 1994: Soziale Netzwerke und soziale Unterstützung. Weinheim
Roloff, Juliane 1996: Alternde Gesellschaft in Deutschland. Eine bevölkerungsstatistische Analyse. In: Aus Politik und Zeitgeschichte 35: 3-11

Roncière, Charles et al. 1990: Gesellschaftliche Eliten an der Schwelle zur Renaissance. In: P. Ariès und G. Duby (Hg.): Geschichte des privaten Lebens. Bd. 2: Vom Feudalzeitalter zur Renaissance. Frankfurt/M.: 161-297

Rook, Karen S. 1987: Social support versus companionship. Effects on life stress, loneliness, and evaluations by others. In: Journal of Personality and Social Psychology 52: 1132-1147

Rook, Karen S. 1990: Social relationships as a source of companionship: Implications for older adult's psychological well-being. In: B. R. Sarason, G. Sarason und G. R. Pierce (Hg.): Social support. An interactional view. In: New York: 221-250

Rook, Karen S., Paul D. Thuras und Megan L. Lewis 1990: Social control, health risk-taking, and psychological distress among the elderly. In: Psychology and Aging 5: 327-334

Rosenkranz, Doris und Norbert F. Schneider 1997: Wer pflegt morgen? Auswirkungen des Wandels der privaten Lebensführung auf die häusliche Pflege. In: R. Becker (Hg.): Generationen und sozialer Wandel. Generationsdynamik, Generationenbeziehungen und Differenzierung von Generationen. Opladen: 137-156

Rosenmayr, Leopold 1983: Die späte Freiheit. Das Alter - ein Stück gelebten Lebens. Berlin

Rosenmayr, Leopold 1991: Sozialgerontologie. In: W. D. Oswald, W. M. Herrmann, S. Kanowski, U. Lehr und H. Thomae (Hg.): Gerontologie. Medizinische, psychologische und sozialwissenschaftliche Grundbegriffe. Stuttgart: 530-538

Rosenmayr, Leopold 1992: Künftige Lebensstile älterer Menschen. In: Medizin, Mensch und Gesellschaft 17: 182-186

Rosenmayr, Leopold und Eva Köckeis (Hg.) 1965: Umwelt und Familie alter Menschen. Neuwied-Berlin

Rosenmayr, Leopold und Franz Kolland 1992: Wertewandel und Bildung im Alter. In: J. Dettbarn-Reggentin und H. Reggentin (Hg.): Neue Wege in der Bildung Älterer. Bd. 1: Theoretische Grundlagen. Freiburg: 62-81

Ross, Catherine R. 1995: Conceptualizing marital status as a continuum of social attachment. In: Journal of Marriage and the Family 57: 129-140

Rossi, Alice S. und Peter H. Rossi 1990: Of human bonding. Parent-child relations across the life course. New York

Rothgang, Heinz 1997: Ziele und Wirkungen der Pflegeversicherung. Eine ökonomische Analyse. Frankfurt/M.

Rousselle, Aline 1993: Der Körper und die Politik. In: G. Duby und M. Pierrot (Hg.): Geschichte der Frauen. Bd. 1: Antike. Frankfurt/M.: 323-372

Roux, Patricia et al. 1996: Generationenbeziehungen und Altersbilder. Ergebnisse einer empirischen Studie. Lausanne

Rowles, Graham D. 1978: Space, time and place in the older person's experience environment. Paper presented to 31st annual scientific meeting of the gerontological society.

Rubinstein, Robert L. 1990: Personal identity and environmental meaning in later life. In: Journal of Aging Studies 4: 131-147

Rubinstein, Robert L. 1992: Anthropological methods in gerontological research: Entering the realm of meaning. In: Journal of Aging Studies 6: 57-66

Rudolph, Martin 1996: Sozialisation von Landwirten. Empirische Regionalstudie zu Absolventen von Landwirtschaftsschulen. Sinzheim
Rughöft, Sigrid 1992: Wohnökologie - Grundwissen. Stuttgart
Rusting, Ricki L. 1993: Warum altern wir? In: Spektrum der Wissenschaft: 60-66
Ryser, C. und A. Sheldon 1969: Retirement and Health. In: Journal of the American Geriatrics Society 17: 180-190
Sachße, Christoph und H. Tristan Engelhardt (Hg.) 1990: Sicherheit und Freiheit. Zur Ethik des Wohlfahrtsstaates. Frankfurt/M.
Salthouse, Timothy A. 1990: Working memory as a processing resource in cognitive aging. In: Developmental Review 10: 101-124
Salthouse, Timothy A. 1994: The aging of working memory. In: Neuropsychology 8: 535-543
Saup, Winfried 1986: Coping im Alter. Ergebnisse und Probleme psychologischer Studien zum Bewältigungsverhalten älterer Menschen. Augsburger Berichte zur Entwicklungspsychologie und Pädagogischen Psychologie. Nr. 8. Augsburg
Saup, Winfried 1990: Formen der Lebensbewältigung im Alter. In: P. Mayring und W. Saup (Hg.): Entwicklungsprozesse im Alter. Stuttgart: 185-200
Saup, Winfried 1991: Konstruktives Altern. Ein Beitrag zum Altern von Frauen aus entwicklungspsychologischer Sicht. Göttingen
Saup, Winfried 1992: Ökologische Gerontologie. Eine Standortbestimmung. Augsburger Berichte zur Entwicklungspsychologie und Pädagogischen Psychologie Nr. 57. Universität Augsburg
Saup, Winfried 1993: Alter und Umwelt. Stuttgart
Schachtner, Christel 1988: Störfall Alter. Für ein Recht auf Eigen-Sinn. Frankfurt/M.
Schachtner, Christel 1989: Ein neues Leben. Alt werden in einer Wohngemeinschaft. Frankfurt/M.
Schaie, K. Warner und Sherry L. Willis 1995: Percieved family environments across generations. In: V. L. Bengtson, K. W. Schaie und L. M. Burton (Hg.): Adult intergenerational relations. Effects of societal change. New York
Schmähl, Winfried 1993 (Hg.): Mindestsicherung im Alter. Frankfurt/M.
Schmähl, Winfried 1997: Alterssicherung zwischen Vorsorge und Versorgung. Konzeptionen, Entwicklungstendenzen und eine Entwicklungsstrategie für die deutsche Alterssicherung. In: S. Hradil (Hg.): Differenz und Integration. Verhandlungen des 28. Kongresses der Deutschen Gesellschaft für Soziologie in Dresden 1996. Frankfurt/M: 1006-1020
Schmerl, Christiane und Frank Nestmann (Hg.) 1990: Ist Geben seliger als Nehmen? Frauen und Social Support. Frankfurt/M.
Schmid, Josef 1984: Bevölkerung und soziale Entwicklung. Der demographische Übergang als soziologische und politische Konzeption. Boppard
Schmidt, Gunther 1988: Drang und Lust. In: H. Kentler (Hg.): Sexualwesen Mensch. München
Schmidt, Roland 1993: Impulse zur Innovation von Lebenswelten. In: Sozialmanagement: 12-15

Schmidt, Roland 1994: Alter zwischen Individualisierung und Abhängigkeit. In: S. Kade (Hg.): Individualisierung und Älterwerden. Bad Heilbrunn: 59-73
Schmidt, Roland 1996a: Kontinuität und Entwicklung. Das Werkhaus Anti-Rost als Beispiel zur gestaltenden Umweltaneignung. In: C. Schweppe (Hg.): Soziale Altenarbeit. Pädagogische Arbeitsansätze und die Gestaltung von Lebensentwürfen im Alter. Weinheim: 107-130
Schmidt, Roland 1996b: Produktivität des Alters. Theoretische Perspektiven und praktische Implikationen. Vortrag auf der 2. Tagung der Gesellschaft Zur sozial- und verhaltenswissenschaftliche Gerontologie „Altern und kulturelle Entwicklung“ (vom 15.-16. Februar 1996) der Deutschen Gesellschaft für Gerontologie und Geriatrie in Berlin
Schmidt, Roland und Cornelia Schweppe 1995: Zur Entwicklung und Profilierung Sozialer Altenarbeit im offenen Bereich. In: A. Hedtke-Becker und R. Schmidt (Hg.): Profile Sozialer Arbeit mit alten Menschen. Berlin: 135-157
Schmidt, Roland und Peter Zeman 1988: Die Altersstruktur in der Altenhilfe. Rückzugsnische, Aktivprogramm, neues Alter? In: G. Göckenjan und H.-J. v. Kondratowitz (Hg.): Alter und Alltag. Frankfurt/M.: 270-299
Schneekloth, Ulrich et al. (Hg.) 1996: Hilfe- und Pflegebedürftige in privaten Haushalten. Endbericht. Bericht zur Repräsentativerhebung im Forschungsprojekt „Möglichkeiten und Grenzen selbständiger Lebensführung“. Schriftenreihe des Bundesministeriums für Familie, Senioren, Frauen und Jugend, Bd. 111.2. Stuttgart
Schneider, Klaus, Herbert Götzl und Sabine Henrich 1992: Veränderungen motivationaler Verhaltensdispositionen und emotionaler Reaktionsweisen im höheren Lebensalter und Möglichkeiten zur Beeinflussung dieses Wandels durch Verhaltenstraining. Arbeitsbericht Nr. 78 aus der AE Allgemeine und Entwicklungspsychologie der Ruhr-Universität Bochum
Schnieder, Bernd 1994: Familie, Haushalt, Wohnen. In: B. Salzmann et al. (Hg.): Demographie und familiale Aspekte von Arbeitsmarkt und Wohnungsbau. München: 241-264
Schubert, Herbert J. 1990: Mitglieder der erweiterten Familie in persönlichen Hilfenetzen. In: Zeitschrift für Familienforschung 3: 176-210
Schulenburg, J.-Matthias v. d. 1990: Die ethischen Grundlagen des Gesundheitssystems in der Bundesrepublik Deutschland. Versuch einer Positionsbestimmung. In: C. Sachse und H. T. Engelhardt (Hg.): Sicherheit und Freiheit. Zur Ethik des Wohlfahrtsstaates. Frankfurt/M.: 313-327
Schulz, Richard und Marie T. Rau 1985: Social support through the life course. In: S. Cohen und S. L. Syme (Hg.): Social support and health. New York: 129-149
Schütze, Yvonne 1997: Generationenbeziehungen. Familie, Freunde und Bekannte. In: L. Krappmann und A. Lepenies (Hg.): Alt und Jung. Spannung und Solidarität zwischen den Generationen. Frankfurt/M.: 97-111
Schwartz, F. W. 1989: Annahmen und Wissen zum Gesundheitszustand alter Menschen. In: F. Karl und W. Tokarski (Hg.): Die „neuen“ Alten. Kassel: 69-90
Schwarz, Karl 1997: Zur neueren Geburtenentwicklung im alten Bundesgebiet. In: BIB-Mitteilungen 18: 20-25

Schweppe, Cornelia 1996a: Altern im Strukturwandel der Moderne. In: C. Schweppe (Hg.): Soziale Altenarbeit. Pädagogische Arbeitsansätze und die Gestaltung von Lebensentwürfen im Alter. Weinheim: 11-32
Schweppe, Cornelia (Hg.) 1996b: Soziale Altenarbeit. Pädagogische Arbeitsansätze und die Gestaltung von Lebensentwürfen im Alter. Weinheim
Schweppe, Cornelia 1996c: Biographie als Grundkategorie der Theorie und Praxis sozialer Altenarbeit. In: C. Schweppe (Hg.): Soziale Altenarbeit. Pädagogische Arbeitsansätze und die Gestaltung von Lebensentwürfen im Alter. Weinheim: 251-262
Schweppe, Cornelia 1998: „... da mußte durch, sonst gehste ein wie ein Kaktus“ - Alter(n) auf dem Land aus biographischer Sicht. Habilitationsschrift, Philipps-Universität Marburg
Schwitzer, Klaus-Peter (Hg.) 1993: Altenreport 1992. Zur sozialen Lage und Lebensweise älterer Menschen in den neuen Bundesländern. Berlin
Selkoe, Denis J. 1992: Alterndes Gehirn - alternder Geist. In: Spektrum der Wissenschaft 15: 124-133
Sengenberger, Walter 1982: Strukturen und Funktionsweisen von Arbeitsmärkten. Frankfurt
Shanas, Ethel 1979: The family as social support system in old age. In: The Gerontologist 18: 169-174
Shumaker, Sally A. und Arlene Brownell 1984: Toward a theory of social support. Closing conceptual gaps. In: Journal of Social Issues 40: 11-36
Sickendiek, Ursel 1996: Alter als Zugangskriterium in der psychosozialen Beratung. In: Verhaltenstherapie und psychosoziale Praxis 28: 539-546
Smith, David W. 1997: Centenarians: Human longevity outliers. In: The Gerontologist 37: 200-206
Smith, David W. 1992: The biology of gender and aging. In: J. Hendricks und L. Glasse (Hg.): Gender and aging. New York. 5-14
Solano, Cecilia H. 1986: People without friends. Loneliness and alternatives. In: V. J. Derlega und B. A. Winstead (Hg.): Friendship and social interaction. New York: 227-246
Sommer, Bettina 1994: Entwicklung der Bevölkerung bis 2040. Ergebnis der achten koordinierten Bevölkerungsvorausberechnung. In: Wirtschaft und Statistik 94: 497-503
Spakes, Patricia 1979: Family, friendship, and community interaction as related to life satisfaction of the elderly. In: Journal of Gerontological Social Work 1: 279- 295
Spode, Hasso 1997: „Der Sauf bleibt ein allmächtiger Abgott bei uns Deutschen“. Trunkenheit als Baustein nationaler Identität. In: H.-J. Teuteberg, G. Neumann und A. Wierlacher (Hg.): Essen und kulturelle Identität. Europäische Perspektiven. Berlin
Stadelhofer, Carmen (Hg.) 1996: Kompetenz und Produktivität im dritten Lebensalter. Ein europäischer Vergleich und Austausch. Bielefeld
Statistisches Bundesamt 1992: Mikrozensus 1992. Wiesbaden
Statistisches Bundesamt 1997: Bevölkerung und Erwerbstätigkeit, Reihe 3: Haushalte und Familien. Mikrozensus 1995. Wiesbaden
Stehr, Ilona 1992: Kompetenztransfer. Zur theoretischen Begründung einer Freizeitpädagogik mit älteren Erwachsenen. Hohengehren

Steinhagen-Thiessen, Elisabeth et al. 1994: Innere Medizin und Geriatrie. In: P. B. Baltes, J. Mittelstraß und U. M. Staudinger (Hg.): Alter und Altern. Ein interdisziplinıärer Studientext zur Gerontologie. Berlin: 124-150

Steinhagen-Thiessen, Elisabeth und Markus Borchelt 1996: Morbidität, Medikation und Funktionalität im Alter. In: K. U. Mayer und P. B. Baltes (Hg.): Die Berliner Altersstudie. Berlin: 151-184

Stephens, R. C., Zena Blau, G. T. Oser und M. D. Millar 1978: Aging, social support systems, and social policy. In: Journal of Gerontological Social Work 1: 33-45

Stinchcombe, Arthur L., Rebecca Adams, Carol A. Heimer, Kim Lane Scheppele, Tom W. Smith und D. Garth Taylor 1980: Crime and punishment - changing attitudes in America. San Francisco

Stolarz, Holger 1986: Wohnungsanpassung. Maßnahmen zur Erhaltung der Selbständigkeit älterer Menschen. Hrsg. vom Kuratorium Deutsche Altershilfe. Köln

Stolarz, Holger, Klaus Friedrich und Rolf Winkel 1992: Wohnen und Wohnumfeld im Alter. Expertise für den ersten Altenbericht der Bundesregierung. Köln

Stoller, Palo E. 1993: Gender and the organization of lay health care. A socialist-feminist perspective. In: Journal of Aging Studies 7: 151-170

Streib, Gordon F. und Clement J. Schneider 1971: Retirement in American society. Ithaca

Stroebe, Wolfgang, Margaret S. Stroebe, Kenneth J. Gergen und Mary Gergen 1982: The effects of bereavement on mortality. A social psychological analysis. In: J. R. Eiser (Hg.): Social psychology and behavioral medicine. New York

Stueve, Ann und Laura Lein 1979: Problems in network analysis. The case of a missing person. Paper presented at the 32nd annual meeting of the Gerontological Society of America. Washington, DC

Stuhlmann, Wilhelm 1992: Angst und Selbstsicherheit bei alten Patienten. In: Zeitschrift für Gerontologie 25: 373-379

Sydow, Kirsten von 1992: Weibliche Sexualität im mittleren und höheren Erwachsenenalter: Übersicht über vorliegende Forschungsarbeiten. In: Zeitschrift für Gerontologie 25: 113-127

Sydow, Kirsten von 1994: Die Lust auf Liebe bei älteren Menschen. München

Szydlik, Marc 1995: Die Enge der Beziehung zwischen erwachsenen Kindern und ihren Eltern. In: Zeitschrift für Soziologie 24: 75-83

Szydlik, Marc 1997: Zur Qualität von Filiatationsbeziehungen. Ein Vergleich von Ostdeutschen und Westdeutschen. In: R. Becker (Hg.): Generationen und sozialer Wandel. Generationsdynamik, Generationenbeziehungen und Differenzierung von Generationen. Opladen: 177-198

Szydlik, Marc und Jürgen Schupp 1998: Stabilität und Wandel von Generationenbeziehungen. In: Zeitschrift für Soziologie 27: 297-317

Tartler, Rudolf 1961: Das Alter in der modernen Gesellschaft. Stuttgart

Tenbruck, Friedrich H. 1972: Gesellschaft und Gesellschaften: Gesellschaftstypen. In: A. Bellebaum (Hg.): Die moderne Gesellschaft. Freiburg: 55-71

Tesch-Römer, Clemens und Hans-Werner Wahl (Hg.) 1996: Hör- und Seheinbußen älterer Menschen. Darmstadt

Tews, Hans-Peter 1991: Altersbilder. Über Wandel und Beeinflussung von Vorstellungen vom und Einstellungen zum Alter. Kuratorium Deutsche Altershilfe. Köln
Tews, Hans-Peter 1993: Neue und alte Aspekte des Strukturwandels des Alters. In: G. Naegele und H.-P. Tews (Hg.): Lebenslagen im Strukturwandel des Alters. Opladen: 15-42
Tews, Hans-Peter 1996: Produktivität des Alters. In. M. Baltes und L. Montada (Hg.): Produktives Leben im Alter. Frankfurt/M.: 184-210
Thiersch, Hans 1995: Lebensweltorientierte Soziale Arbeit. (2. Aufl.) Weinheim
Thomae, Hans 1968: Psychische und soziale Aspekte des Alterns. In: Zeitschrift für Gerontologie 1: 43-55
Thomae, Hans 1971: Die Bedeutung einer kognitiven Persönlichkeitstheorie für die Theorie des Alterns. In: Zeitschrift für Gerontologie 4: 8-18
Thomae, Hans 1983: Alternsstile und Alternsschicksale. Ein Beitrag zur Differentiellen Gerontologie. Bern
Thomae, Hans 1994: Trust, social support and relying on others. In: Zeitschrift für Gerontologie 27: 103-109
Thon, Manfred 1996: Demographische Entwicklung und rechtliche Grundlagen. Frühverrentung und Beschäftigung - Teil 1. IAB-Kurzbericht Nr. 8. Nürnberg
Thon, Manfred und Hans-Uwe Bach 1998: Die Schätzung von Potential-Erwerbsquoten, stiller Reserve und Erwerbspersonenpotential für die alten Bundesländer 1970-1995. IAB-Werkstattbericht Nr. 8. Nürnberg
Tietgens, Hans 1991: Biographieforschung aus der Sicht der Erwachsenenbildung. In: E. Hoerning et al. (Hg.): Biographieforschung und Erwachsenenbildung. Bad Heilbrunn: 206-223
Tietgens, Hans 1994: Biographisches Lernen zum Älterwerden. In: S. Kade (Hg.): Individualisierung und Älterwerden. Bad Heilbrunn: 159-168
Tokarski, Walter 1993: Lebensstile: Ein brauchbarer Ansatz für die Analyse des Altersstrukturwandels? In: G. Naegele und H. P. Tews (Hg.): Lebenslagen im Strukturwandel des Alters. Opladen: 116-132
Tomas, Yan 1993: Die Teilung der Geschlechter im römischen Recht. In: G. Duby und M. Pierrot (Hg.): Geschichte der Frauen. Bd. 1: Antike. Frankfurt/M.: 105-171
Tornstam, Lars 1992: The quo vadis of gerontology. On the scientific paradigm of gerontology. In: The Gerontologist 32: 318-326
Tornstam, Lars 1996: „Gerotranscendence". A theory about maturing in old age. In: Journal of Aging and Identity 1. 37-50
Turner, Barbara F. und Lillian E. Troll (Hg.): Women growing older. Psychological perspectives. Thousand Oaks
Uhlenberg, Peter 1995: Commentary: Demographic influences in intergenerational relationships. In: V. L. Bengston, W. Schaie und L. Burton (Hg.): Adult intergenerational relations. Effects of societal change. New York: 19-26
Uhmann, Siynet 1996: Gemeinsam statt einsam. In: Natur 12: 106-111
Vaskovics, Laszlo A. 1993: Elterliche Solidarleistungen für junge Erwachsene. In: K. Lüscher und F. Schultheis (Hg.): Generationenbeziehungen in „post-

modernen“ Gesellschaften. Analysen zum Verhältnis von Individuum, Familie, Staat und Gesellschaft: 185-202

Vaskovics, Laszlo A. 1997: Solidarleistungen der Eltern für ihre erwachsenen Kinder in den neuen und alten Bundesländern. In: J. Mansel, G. Rosenthal und A. Tölke (Hg.): Generationen-Beziehungen, Austausch und Tradierung. Opladen: 97-108

Vaux, Alan (Hg.) 1988: Social support-theory, research, and intervention. New York

Vaux, Alan 1985: Variations in social support associated with gender, ethnicity, and age. In: Journal of Social Issues 41: 89-110

VDR 1995: Index spezial 4120. Frankfurt/M.

Voges, Wolfgang und Hanne Pongratz 1988: Retirement and the lifestyles of older women. In: Ageing and Society 18: 63-84

Voigt, Anne Friederike 1998: Zur Lebens- und Wohnsituation von über 55jährigen im kleinstädtisch-ländlichen Raum der Gemeinden Neustadt/ Sachsen und Hohwald. Eine Wohnbedarfsstudie. Unveröff. Diplomarbeit an der Technischen Universität Dresden

Vömel, Th. 1991: Biologische Alternstheorien. In: W. D. Oswald, W. M. Herrmann, S. Kanowski, U. Lehr und H. Thomae (Hg.): Gerontologie. Medizinische, psychologische und sozialwissenschaftliche Grundbegriffe. Stuttgart: 47-53

Wagner, Gert et al. 1996: Wirtschaftliche Lage und wirtschaftliches Handeln alter Menschen. In: K. U. Mayer und P. B. Baltes (Hg.): Die Berliner Altersstudie. Berlin. 277-299

Wagner, Michael und Johannes Huinink 1991: Neuere Trends beim Auszug aus dem Elternhaus. In: Acta Demographica 1: 39-62

Walden, Rotraut 1993: Lebendiges Wohnen: Entwicklung psychologischer Leitlinien zur Wohnqualität. Frankfurt/M.

Wan, Thomas T. 1982: Stressful life events, social support network and gerontological health. Lexington

Weede, Erich 1977: Hypothesen, Gleichungen und Daten, Spezifikations- und Messprobleme bei Kausalmodellen für Daten aus einer und mehreren Beobachtungsperioden. Kronberg/Ts.

Werner der Gärtner 1974: Helmbrecht. Stuttgart

Wesel, Uwe 1997: Geschichte des Rechts. Von den Frühformen bis zum Vertrag von Maastricht. München

Wetzels, Peter, Werner Greve, Eberhard Mecklenburg, Wolfgang Bilsky und Christian Pfeiffer 1995: Kriminalität im Leben alter Menschen. Stuttgart

Wiese, Michael 1994: Häufigkeit und Verteilung der hausärztlichen Diagnose „dementielle Erkrankungen“. In: Zeitschrift für Gerontopsychologie und -psychiatrie 7: 195-199

Wietert-Wehkamp, Johannes 1990: Projekt: Altenarbeit mit Spaniern. In: Deutscher Caritasverband e.V., Informationsblatt 26

Wilk, Liselotte 1993: Großeltern und Enkelkinder. In: K. Lüscher und F. Schultheis (Hg.): Generationenbeziehungen in „postmodernen“ Gesellschaften. Analysen zum Verhältnis von Individuum, Familie, Staat und Gesellschaft: 203-214

Wills, Thomas A. 1985: Supportive functions of interpersonal relationships. In: S. Cohen und S. L. Syme (Hg.): Social support and health. New York: 61-82

Windley, Paul G. und Rick J. Scheidt 1982: An ecological model of mental health among smalltown rural elderly. In: Journal of Gerontology 37: 235-242
Wischer, Robert und Christa Kliemke 1988: Zur Situation der alten Menschen in ihrem räumlichem Umfeld. In: Bundesforschungsanstalt für Landeskunde und Raumordnung (Hg.), Informationen zur Raumentwicklung 1/2. Bonn: 57-74
Wittfogel, Karl A. 1936: Wirtschaftsgeschichtliche Grundlagen der Entwicklung der Familienautorität. In: M. Horkheimer (Hg.): Studien zu Autorität und Familie. Forschungsberichte des Instituts für Sozialforschung. Paris: 473-522
Wolf, Jürgen 1994: Die soziale Logik von Entberuflichungsstrategien im Vergleich der alten und neuen Bundesländer. In: H.-J. von Kondratowitz (Hg.): Die gesellschaftliche Gestaltbarkeit von Altersverläufen. Beiträge zur Gerontologie und Altenarbeit. Berlin
Wolf, Jürgen und Martin Kohli 1998: Alternde Gesellschaft und die Entwicklung von Familien- und Netzwerkbeziehungen. In: W. Clemens und G. M. Backes (Hg.): Altern und Gesellschaft. Gesellschaftliche Modernisierung durch Altersstrukturwandel. Opladen: 171-185
Wood, Vivian und Joan F. Robertson 1978: Friendship and kinship interaction. Differential effects on the morale of the elderly. In: Journal of Marriage and the Family 40: 367-375
Yerkes, Robert M. 1921: Psychological examening in the United States Army. Washington
Zeman, Peter 1992: Innovative Seniorenkulturarbeit. In: H. Glaser und T. Röpke, (Hg.): Dem Alter einen Sinn geben. Heidelberg: 30-42
Zentrum für Türkeistudien (Hg.) 1997: Regionale Unterschiede der Wohnsituation älterer Migranten in Deutschland. Expertise für den Zweiten Altenbericht der Bundesregierung. Essen

Die Autorinnen und Autoren

Otto Bach ist Professor für Psychiatrie an der TU Dresden

Lothar Böhnisch ist Professor für Sozialpädagogik an der TU Dresden

Barbara Fegebank ist Professorin für Lebensmittel-, Ernährungs- und Hauswirtschaftswissenschaft/Berufliche Didaktik an der TU Dresden

Marcus Hasselhorn ist Professor für Pädagogische Psychologie und Entwicklungspsychologie an der Georg-August-Universität Göttingen

Karl Lenz ist Professor für Mikrosoziologie an der TU Dresden

Frank Nestmann ist Professor für Sozialpädagogik, Schwerpunkt Beratung und Rehabilitation an der TU Dresden

Karl-Heinz Reuband ist Professor für Soziologie (Methoden für empirische Sozialforschung) an der Heinrich-Heine-Universität Düsseldorf

Martin Rudolph ist wissenschaftlicher Mitarbeiter am Institut für Sozialpädagogik und Sozialarbeit an der TU Dresden

Cornelia Schweppe ist Professorin im Fachbereich Sozialpädagogik an der Fachhochschule Darmstadt

Ursel Sickendiek ist wissenschaftliche Mitarbeiterin am Institut für Sozialpädagogik und Sozialarbeit an der TU Dresden

Hans Thiersch ist Professor für Sozialpädagogik am Institut für Erziehungswissenschaft der Universität Tübingen

Gisela Wiesner ist Professorin für Erwachsenenbildung/Berufliche Weiterbildung einschließlich berufliche Bildung und Weiterbildung in Entwicklungsländern an der TU Dresden